Sittlichkeitsverbrechen

AF822827

Reihe »Geschichte und Geschlechter«
herausgegeben von Ute Daniel, Karin Hausen
und Heide Wunder
Band 28

Tanja Hommen, Dr. phil., studierte Geschichte in Bielefeld und promovierte am dortigen Graduiertenkolleg »Sozialgeschichte«.

Tanja Hommen

Sittlichkeitsverbrechen

Sexuelle Gewalt im Kaiserreich

Campus Verlag
Frankfurt/New York

Die Deutsche Bibliothek – CIP-Einheitsaufnahme

Hommen, Tanja:
Sittlichkeitsverbrechen: sexuelle Gewalt im Kaiserreich / Tanja Hommen. –
Frankfurt/Main; New York: Campus Verlag, 1999
(Reihe Geschichte und Geschlechter; Bd. 28)
Zugl.: Bielefeld, Univ., Diss., 1998
ISBN 978-3-593-36309-7

Das Werk einschließlich aller seiner Teile ist urheberrechtlich geschützt.
Jede Verwertung ist ohne Zustimmung des Verlags unzulässig.
Das gilt insbesondere für Vervielfältigungen, Übersetzungen, Mikroverfilmungen
und die Einspeicherung und Verarbeitung in elektronischen Systemen.
Copyright © 1999 Campus Verlag GmbH, Frankfurt/Main
Umschlaggestaltung: Atelier Warminski, Büdingen
Druck und Bindung: Druckhaus »Thomas Müntzer«, Bad Langensalza
Gedruckt auf säurefreiem und chlorfrei gebleichtem Papier.
Printed in Germany

Besuchen Sie uns im Internet: www.campus.de

Inhalt

Einleitung

Über Vergewaltigung, so schrieb vor einigen Jahren ein Historiker, wüßten konventionelle Wissenschaftler so wenig wie über die dunkle Seite des Mondes.[1] Ein nicht ganz unzutreffendes Bild. Allerdings geht es bei dem Thema sexuelle Gewalt nicht um die dunkle Seite des Mondes, sondern um unsere eigene Welt, nicht um etwas weit Entferntes, sondern um das, was in nächster Nähe geschieht. Und es geht um mehr als den gewaltsam erzwungenen, außerehelichen Geschlechtsverkehr, der mit dem Begriff der Vergewaltigung gemeint ist, nämlich um ein ganzes Kontinuum von sexualisierter Gewalt und gewalttätiger Sexualität, in das auch sexuelle Belästigung und die sexuelle Ausbeutung von Kindern gehören. Es gibt inzwischen zahlreiche Studien, die Ursachen und Folgen sexueller Gewalt erforschen.[2] Die Geschichtswissenschaft allerdings hat bisher nur zögerlich den Schritt vollzogen, diese Seite vergangener Gesellschaften in den Blick zu nehmen. In den letzten Jahren sind viele einzelne, zeitlich und regional disparate Aufsätze zur Geschichte sexueller Gewalt erschienen,[3] jedoch nur drei Monographien[4] und eine Aufsatzsammlung.[5] Diese Vernachlässigung läßt sich nicht einfach aus einer schwierigen Quellenlage oder methodischen Problemen erklären. Sexuelle Gewalt wurde bislang in der Geschichtswissenschaft nicht als relevanter Bereich menschlichen Alltagslebens und erst recht nicht als wichtiger Bestandteil gesellschaftlicher Beziehungen wahrgenommen.[6]

Das Ziel der vorliegenden Arbeit ist es, sexuelle Gewalt als Element des Geschlechterverhältnisses in der Gesellschaft des deutschen Kaiserreiches zu erfassen: auf der einen Seite die Definitionen und Konstruktionen sexueller Gewalt in Strafrecht und forensischer Medizin und Psychiatrie, auf der anderen Seite die subjektive Erfahrung und Wahrnehmung sexueller Gewalt im Alltag, als Teil der Lebens- und Vorstellungswelten von Männern, Frauen und Kindern. Damit wird das Thema »sexuelle Gewalt« in die Sozial- und Kulturgeschichte des Kaiserreichs integriert.

Das Kaiserreich bietet sich als Untersuchungszeitraum aus mehreren Gründen an. Mit der Reichsgründung wurde 1871 auch ein einheitliches Strafgesetzbuch für alle deutschen Staaten eingeführt. Die Bemühungen um möglichst genaue Definitionen der Tatbestände äußerten sich in zahlreichen Publikationen zu verschiedenen Delikten und juristischen Begriffen innerhalb des Reichsstrafgesetzbuches (RStGB). Außerdem war das RStGB in den Augen der Zeitgenossen weiterhin zu verbessern, so daß bald Anstrengungen zu einer Strafrechtsreform unternommen wurden, die zu weiteren Publikationen führten. Die letzten Jahrzehnte des 19. Jahrhunderts waren somit eine Phase heftiger Diskussionen über Strafrecht und Kriminalität. Zugleich nahm die Psychiatrie als wissenschaftliche Disziplin einen großen Aufschwung und wurde im Zuge der Beschäftigung mit »Kriminalität« und dem »Verbrecher« auch innerhalb des Rechtssystems zusehends wichtiger. Im Rahmen der ebenfalls entstehenden Sexualwissenschaft etablierte sich das Thema der sexuellen »Perversion« oder der »sexuellen Psychopathologie«, und so entstand ein verstärktes Interesse von Juristen und Ärzten an den »Verbrechen wider die Sittlichkeit« und dem »Sexualverbrecher«. Für eine Untersuchung über sexuelle Gewalt bietet sich daher im hier betrachteten Zeitraum ein relativ geschlossener Diskurs über die »Sittlichkeitsverbrechen«.

Theoretische und methodische Zugänge

Um Definitionen und Konstruktionen sexueller Gewalt zu untersuchen, wird hier eine diskursanalytische Perspektive im Sinne Foucaults eingenommen. Diskurse sind »historisch eingrenzbare thematische Redezusammenhänge, die Möglichkeiten und Grenzen sinnvoller Rede und kohärenten sozialen Handelns bestimmen«.[7] In Diskursen werden Definitionen getroffen und Deutungen angeboten, die, wie der Diskurs selbst, Fäden sind »im Gewebe der Kultur«.[8] Der Begriff des Diskurses verortet das Subjekt innerhalb der komplexen Machtverhältnisse, in denen es steht.[9] Dabei ist das Subjekt keine vorgegebene Realität, sondern Produkt von Macht- und Wissensbeziehungen. Diese Produktion des Subjekts ist jener Prozeß, den Foucault als Subjektivierung bezeichnete.[10] Die Subjektivierung des Menschen konstituiert ihn zugleich als Untertan und Subjekt.[11] Foucaults Diskursbegriff wird hier aufgrund dieser Implikationen verwendet: Diskurse im Sinne von Wahrheits- und Realitätenproduzenten, als Instrumente und Effekte von Machtbeziehungen, die menschliche Erfahrungsbereiche und Denkweisen (mit-)konstruieren.

Bei einer Diskursanalyse bleibt naturgemäß vieles unberücksichtigt, was in einer rechts- oder in einer sozialhistorisch angelegten Untersuchung unerläßlich wäre. So werden in dieser Arbeit die Aussagen der Juristen nicht als eine Debatte zwischen Anhängern unterschiedlicher rechtsphilosophischer Schulen betrachtet. Ebensowenig werden etwa die Professionalisierungsbestrebungen der Ärzte und Psychiater innerhalb der rechtspraktischen Institutionen berücksichtigt. Dagegen soll keineswegs vergessen werden, wer dort spricht, nämlich bürgerliche Männer mit einem bestimmten Bildungsstand, ausgestattet mit einer gewissen Definitionsmacht. Es handelt sich also um eine sozialhistorisch informierte Analyse, keineswegs um eine »reine« Diskursanalyse im Sinne Foucaults. Die Arbeit betrachtet auch die Subjekte des Diskurses, ihre Intentionen und konkrete Machtverhältnisse. Deshalb wird in dieser Arbeit der Machtbegriff zugrundegelegt, den Judith Walkowitz in Anlehnung an Foucault definierte. Ihr Machtbegriff geht nach wie von einer ungleichen Verteilung von Macht zwischen den Geschlechtern und sozialen Schichten aus sowie von einer ungleichen Definitionsmacht verschiedener »Geschichten« bei der Konstruktion kultureller Bedeutungen.[12]

Die Frage nach Erfahrungen und Wahrnehmungen sexueller Gewalt bedarf einiger grundsätzlicher Vorüberlegungen.[13] Die Berücksichtigung des spezifischen Kontextes ist hier, wie bei jedem anderen Themenbereich, unerläßlich. Sexuelle Gewalt hat, wie vermittelt auch immer, mit Sexualität zu tun. Sexualität aber ist mit einem Geflecht von Regeln umgeben, geschriebenen wie ungeschriebenen. Es gibt Formen von Sexualität, die breit akzeptiert und toleriert sind, und andere, die als abweichend gesehen und verurteilt werden. Welche das jeweils sind, hängt nicht nur von moralischen Einstellungen ab, sondern von sozialen Beziehungsgeflechten. Sexualität steht für menschliche, für soziale Beziehungen und ist immer eingebunden in den sozialen Kontext.

Sexuelle Gewalt ist aber auch eine Form physischer und psychischer Gewalt. In ihrer Einleitung zu dem Band *Physische Gewalt* schreiben Lindenberger und Lüdtke:

> »Nur detailgenaue Schilderungen, die nichts auszublenden suchen, vermögen die (Un-) Erträglichkeit von Gewalt erkennbar zu machen. Denn mit der Gewalt hat sich auch der ›Augensinn‹ der Beobachter in der ›Moderne‹ gewandelt. (...) Zu fragen und zu erproben wäre also, welcher Blick taugt, um die Schrecken wahrzunehmen und ihnen standzuhalten – die Schrecken, die sich mit Gewalt verbinden.«[14]

Dazu ist zunächst zu sagen, daß detailgenaue Schilderungen nur möglich sind, wenn sie in den Quellen enthalten sind. Doch bereits die Quellen sind durch einen bestimmten Blick auf die Gewalt geprägt: durch den Blick des einen Geschlechts auf das andere, durch den Blick der Richter, der Täter und der Zeugen auf die Frauen und Kinder und auf die Tat, aber ebenso durch den Blick der Opfer auf das Geschehene. Sexuelle Gewalt wurde meist heruntergespielt – und oft hielten die Opfer selbst den Schrecken am wenigsten stand und verdrängten sie. Die Historikerin blickt hier also weniger auf die Gewalt selbst, als vielmehr auf deren sozio-kulturelle Wahrnehmung und Beurteilung.

Dennoch wäre es fatal, den Aufzeichnungen und dem Blick der Zeit entsprechend die Erfahrungen der Frauen und Kinder zu negieren. Auch die Schrecken, die die Opfer erlebten und schilderten, sollen soweit wie möglich aufgezeigt werden. Postmodern gebildete LeserInnen werden an dieser Stelle aufhorchen. Ist hier die Rede von so etwas wie »authentischer« Erfahrung? Joan Scott kritisiert in einem Aufsatz das »Konzept der Evidenz von Erfahrung«.[15] Sie bezieht sich dabei auf die Geschichte der Homosexualität, die in einigen neueren Arbeiten als Geschichte der Repression eines unaufhaltsamen Begehrens entworfen wird. In einer solchen Konzeption erscheinen Kategorien wie Homo- und Heterosexualität oder Männlichkeit und Weiblichkeit als Konstanten, nicht als Konstrukte, deren Erschaffung und Wirkung zum Untersuchungsobjekt werden müßte.

»Making visible the experience of a different group exposes the existence of repressive mechanisms, but not their inner workings or logics (...). For that we need to attend to the historical processes that, through discourse, position subjects and produce their experiences. It is not individuals who have experience, but subjects who are constituted through experience.«[16]

Joan Scott plädiert also dafür, nicht eine unterdrückte oder vergessene Erfahrung ans Licht zu bringen, sondern jene historischen Prozesse zu betrachten, die über Diskurse Subjekte positionieren und deren Erfahrungen produzieren.[17] Gegenstand einer solchen Untersuchung wären nicht Individuen, die Erfahrungen machen, sondern Subjekte, die durch Erfahrung konstituiert werden. So wäre Erfahrung nicht mehr die Grundlage unserer Erklärungen, nicht die Evidenz (da sichtbar und fühlbar), die das Wissen begründet, sondern das, was wir zu erklären versuchen, das, worüber Wissen produziert wird. »To think experience in this way is to historicize it as well as to historicize the identities it produces.«[18]

Eine andere Debatte, ebenfalls dekonstruktivistisch und diskursanalytisch inspiriert, stellt die Frage nach der Historizität nicht nur von »Erfahrung«, sondern von »Körperlichkeit«, »Körperempfinden« oder dem »Körper« an sich.[19] »Dabei ist«, so Jakob Tanner, »die Vorstellung einer überzeitlich-ahistorischen menschlichen Physis, die als invariante Realität und als stable experience beschrieben und erklärt werden könne, durch eine Denaturalisierung und eine Historisierung dieses ›Untersuchungsobjektes‹ zurückgedrängt worden.«[20] Dennoch stellt sich die Frage, ob es möglich ist, Körpererfahrungen zu historisieren. Die physischen Verletzungen der Frauen und Kinder, die die Gerichtsmediziner im 19. Jahrhundert konstatierten, waren real – zugleich aber wurden sie auf eine bestimmte Weise interpretiert.

Wichtig ist daher nicht die Frage nach der Universalität körperlicher Erfahrungen, sondern die Frage nach den jeweiligen kulturellen Deutungen dieser Erfahrungen. So unterliegen auch der Schmerz, der Hunger und selbst der Tod diskursiven Interpretationen und kulturellem Wandel.[21] Es macht keinen Sinn, Körper oder Schmerz isoliert zu betrachten. Der Körper ist geprägt von Deutungsmustern, die ihrerseits »Bedeutungen produzieren, die in die Gesellschaft hineinwirken, die Alltagserfahrungen von Menschen prägen, hier mit neuen Sinnzusammenhängen angereichert und von organisierten Interessen in Beschlag genommen werden«.[22]

Der Kampf darum, was als Erfahrung gilt, wird innerhalb von Diskursen ausgetragen. Diskurse stellen den sprachlichen Rahmen zur Verfügung, der es ermöglicht, eine Erfahrung mitzuteilen und zu definieren. Diese sprachliche Vermittlung erfolgt unter Rückgriff auf ein diskursives Repertoire an Konzepten, Schemata, Skripten und Vokabular.[23] Erfahrungen werden also diskursiv und kulturell produziert. Damit erst sind sie individuell wahrnehmbar und möglich. Dies bedeutet, daß es keine »ursprüngliche« Erfahrung jenseits kultureller Deutungsmuster geben kann.

Der in der vorliegenden Arbeit verwendete Erfahrungsbegriff orientiert sich nicht nur an einer konstruktivistischen Auffassung, sondern ebenso an einer kulturanthropologisch ausgerichteten Definition von Erfahrung, die den Aspekt der Bedeutungszuschreibung durch das Subjekt betont. In diesem Sinne umfaßt Erfahrung ein Ereignis, also einen äußeren Anlaß, sowie das Erleben dieses Ereignisses, also den innerpsychischen Vorgang als Folge äußerer Anlässe.[24] Das Subjekt integriert ein Ereignis in seine äußere und innere Welt, es schreibt dem Ereignis Sinn zu – erst dann wird aus dem Ereignis eine Erfahrung. Diese Tätigkeit erfolgt vor dem Hintergrund sozial-kulturell produzierter und sozialisierter Wahrnehmungs-, Erfahrungs- und Orientierungsweisen.[25] Erfahrung – und eben auch die Erfahrung sexueller Gewalt – existiert demnach nicht für sich, sondern findet stets in einem sozialen, kulturellen und lebensweltlischen Kontext statt.[26] Erfahrung ist zugleich ein Bestandteil der Lebenswelt, sie prägt die Lebens- und Vorstellungswelten der Menschen und die Individuen selbst. Diese Arbeit hat daher das Ziel, vor dem Hintergrund der diskursiven Konstruktion von Erfahrung und des lebensweltlischen Kontextes, innerhalb dessen Individuen Erfahrungen machen, Bruchstücke subjektiver Erfahrung aufzufinden.

Vorab jedoch müssen zwei grundlegende Begriffe näher erläutert werden. Der eine ist der Begriff »sexuelle Gewalt«. Er umfaßt alle mit körperlicher oder nichtkörperlicher Gewalt verbundenen im weitesten Sinne sexuellen Handlungen.[27] In der feministischen Theorie wird sexuelle Gewalt als gesellschaftliches Phänomen betrachtet, als Mittel sozialer Kontrolle über Frauen, das in Verbindung mit Normen bezüglich der Geschlechterrollen und männlicher und weiblicher Sexualität funktioniert.[28] Damit ist sexuelle Gewalt ein Produkt des Geschlechterverhältnisses und stützt es zugleich.[29] Die vorliegende Untersuchung nimmt eine feministische Perspektive ein, geht also davon aus, daß die soziale Ungleichheit der Geschlechter und Vorstellungen über Männlichkeit und Weiblichkeit den Boden bilden, auf dem sich ungleiche Mikrobeziehungen entwickeln sowie individuelle Einstellungen und Verhaltensweisen, die zu den verschiedensten Formen sexueller Gewalt und sexueller Ausbeutung[30] führen können. Der Arbeit liegt daher die folgende Definition sexueller Gewalt zugrunde:

»1. Eine Person wird von einer anderen als Objekt zur Befriedigung von bestimmten Bedürfnissen benutzt. Diese Bedürfnisse sind entweder sexueller Natur und/oder es sind nicht-sexuelle Bedürfnisse, die in sexualisierter Form ausgelegt werden (...). 2. Dabei werden vor oder an der Person Handlungen vorgenommen oder von ihr verlangt, die kulturell mit Sexualität assoziiert sind. (...) 3. Die Handlungen erfolgen unter Ausnutzung von Ressourcen- bzw. Machtunterschieden gegen den Willen der Person.«[31]

Diese Definition hat den Vorteil, daß sie sehr offen ist. Einerseits erlaubt sie es, auch Formen sexueller Gewalt, die nicht mit ausgeprägter physischer Gewalt einhergehen, unter diesen Begriff zu fassen. Andererseits ist sie differenziert hinsichtlich des Zusammenhangs zwischen sexueller Gewalt und Sexualität. In der feministischen Forschung wurde vielfach darauf hingewiesen, daß Vergewaltigung keine Form von Sexualität sei, sondern brutale Gewalt. Trotz dieser wichtigen Entkopplung sexueller Gewalt von (möglicherweise doch irgendwie lustvoller) Sexualität muß bei der Analyse oder Beschreibung sexueller Gewalt das Bild von Sexualität und deren Bewertung (»natürlicher« und »abweichender«, männlicher und weiblicher, akzeptierter, marginalisierter und verfolgter Sexualität) einbezogen werden.[32] Das heißt jedoch nicht, den Konnex zwischen Sexualität und verschiedenen Formen sexueller Gewalt als gegeben und »natürlich« zu akzeptieren, sondern die Konstruktion dieser Verbindung nachzuvollziehen. Die Verflechtung von Vergewaltigung und sexuellem Kindesmißbrauch mit sexuellen Motiven ist nicht selbstverständlich, gleich in welcher Gesellschaft.

Eng mit dem Problem der Sexualität verknüpft ist die Frage, ob Männer womöglich von Natur aus mit einem unwiderstehlichen oder latent gewalttätigen Sexualtrieb oder -instinkt ausgestattet seien. Diese Ansicht wird in den meisten neueren Studien über sexuelle Gewalt zurückgewiesen.[33] Ein biologistischer Ansatz, der von einer biologisch bedingten Sexualität ausgeht, die aufgrund der physischen Differenz zwischen den Geschlechtern zu unterschiedlichen sexuellen und psychischen Konstitutionen führe, verneint jede Historizität von Sexualität und damit auch von sexueller Gewalt.[34] Doch die Verknüpfung männlicher Sexualität mit Aggressivität dient bis heute als gängiges Erklärungsmuster für sexuelle Gewalt, ebenso wie die Auffassung, der männliche Trieb sei wesentlich stärker als der weibliche. Dabei herrscht die Meinung vor, »Vergewaltiger« und »Kinderschänder« würden unter einem besonders starken oder einem pathologischen Sexualtrieb leiden.[35] Zugleich wird als eine Ursache sexueller Gewalt die Provokation des Täters durch das Opfer gesehen. Viele glauben, vergewaltigte Frauen hätten sich aufreizend gekleidet oder verhalten oder mißbrauchte Kinder würden sich durch ein anziehendes Äußeres auszeichnen. Die Opfer unterscheiden sich nach dieser Vorstellung von anderen Mädchen und Frauen, die Täter von anderen Männern. Solche Stereotypen, die sexuelle Gewalt als deviant konstruieren, tragen dazu bei, »daß sexuelle Gewalt verschwiegen, verharmlost oder nicht als solche anerkannt wird«. Sie liefern Erklärungen, »die mit den herrschenden Vorstellungsstrukturen und Machtverhältnissen in Einklang stehen: ein normaler Mann übt keine sexuelle Gewalt aus, also ist der Täter pathologisch«.[36] Damit wird sexuelle Gewalt gesellschaftlich zur Ausnahmeerscheinung erklärt und auf die »dunkle Seite des Mondes« verwiesen.

Einige Historiker, die sich mit sexueller Gewalt in der Vergangenheit beschäftigten, haben ähnliche Vorstellungen reproduziert. Alain Corbin schreibt im Vorwort zu der Aufsatzsammlung *Die sexuelle Gewalt in der Geschichte*: »In diesem Buch wird jedoch jenes Leiden zur Sprache gebracht, das die Befriedigung nicht beherrschbarer Begierden verursacht.«[37] Im selben Band schildert Jean-Pierre Leguay einen Fall von »Notzucht« aus dem Jahre 1466. Als Erklärung kommt ihm zuallererst »eine durch lange Ehelosigkeit übersteigerte sexuelle Begierde« in den Sinn: »Viele junge Männer, die nicht die finanziellen Mittel hatten, eine Familie zu gründen, ertrugen ihre Lage schlecht, und die Frustration trieb sie manchmal zu den schlimmsten Ausschweifungen.«[38] Freilich läßt sich diese Erklärung, wie er einräumt, auf den von ihm untersuchten Fall gar nicht anwenden – umso erstaunlicher, daß er als Historiker unhinterfragt »sexuelle Frustrationen« als Hauptursache für Vergewaltigungen in der frühen Neuzeit annimmt, ähnlich wie Corbin von »nicht beherrschbaren Begierden« spricht.[39]

Die Ursachen sexueller Gewalt in der Vergangenheit sind ebenso komplex wie die Faktoren, die in unserer heutigen Gesellschaft zu sexueller Gewalt führen. Auch eine historische Untersuchung über sexuelle Gewalt kann von Ergebnissen soziologischer und psychologischer Studien profitieren.[40] Allerdings sind einer historischen Arbeit über sexuelle Gewalt sehr viel engere Grenzen gesetzt als einem Projekt, das die Situation in heutigen Gesellschaften behandelt. Es ist weder möglich, Dunkelfeldforschung zu betreiben, um die Verbreitung sexueller Gewalt unabhängig von den selektiven Kriminalstatistiken festzustellen, noch ist es möglich, Befragungen durchzuführen, um individuellen Motiven der Täter oder verbreiteten Einstellungen zu Sexualität auf die Spur zu kommen. Daraus ergibt sich, daß eine genaue Erforschung der Realität,[41] der Ursachen und der Auswirkungen sexueller Gewalt in der Vergangenheit unmöglich ist.

Der zweite wichtige Begriff, der hier vorab geklärt werden muß, ist der des Traumas oder der traumatischen Situation. Der Begriff »Trauma« beinhaltet zwei Dimensionen: »die objektive Gewalt, die dem Subjekt zugefügt wird«, und »die psychischen Störungen, die dieses Ereignis im Subjekt hervorruft«.[42] In dieser Arbeit wird der Begriff der traumatischen Situation verwendet, um das Ereignis selbst zu bezeichnen; der des Traumas oder des traumatischen Erlebens verweist auf die psychische Dimension und die Folgen für das Subjekt.[43] Zur traumatischen Situation gehört ein extremes Macht-/Ohnmachtsgefälle zwischen Täter und Opfer.[44] Kennzeichnend für das Trauma sind daher Hilflosigkeit und Überwältigung sowie Gefühle wie Angst, Scham und Schmerz.[45] »Erst nachträglich ist das Ich des Opfers in der Lage, den ›objektiv sinnlosen Eingriff, den das Trauma immer darstellt‹, in seine subjektiven Sinnstrukturen zu integrieren und seine zerstörte Position zurückzugewinnen.«[46] Durch das Trauma wird also die Position des Ichs geschädigt oder zerstört, und es muß entsprechende Strategien entwickeln, um diese Schäden zu reparieren. Dies geschieht in Form von innerpsychischen Prozessen, doch zum Teil äußern sich diese Strategien in sichtbaren Verhaltensweisen, die auch in historischen Quellen durchaus überliefert sind.

Die bis hierhin gegebene Definition des Traumas sollte ausreichen, um die Äußerungen von Frauen, Kindern und Zeuginnen und Zeugen in den Quellen zu interpretieren. Freilich ist es nicht möglich, anhand der Akten innerpsychische Vorgänge zu rekonstruieren. Bezüglich des traumatischen Erlebens kann nur eine Spurensuche geleistet werden, die sich auf die unmittelbaren Folgen des Traumas bezieht. Das hier vorgestellte, psychoanalytisch begründete Konzept des Traumas ist zwar universal angelegt, und in der Tat zeigten manche Frauen und Kinder in den ausgewerteten Akten Verhaltensweisen, die heute als traumatische Reaktionen gedeutet werden können. Sexuelle Übergriffe werden deshalb in dieser Arbeit als Traumata bezeichnet und gesehen. Doch ist davon auszugehen, daß die Auslöser der traumatischen Reaktionen (etwa verinnerlichte Werte) andere waren als heute, daß andere Interventionsformen seitens des Umfeldes und andere Reaktions- und Verarbeitungsmöglichkeiten für die Opfer existierten. Gerade bei diesem Thema besteht die Gefahr, den eigenen Körper und die eigene Psyche als Brücke in die Vergangenheit zu nutzen. In den Quellen ist die Rede von Schmerzen, Erschrecken, Angst, Übelkeit. Doch wichtiger als die Frage nach der Universalität solcher Affekte und Emotionen – eine Frage, die sich niemals mit letzter Gewißheit beantworten lassen wird – ist die nach der Historizität der geschilderten Situationen und Verhaltensweisen, nach Bedeutungszuweisungen und Handlungsmustern, die in den Quellen sichtbar werden. Um aber diese Situationen und Handlungen überhaupt schildern, um bestimmte Handlungsmuster und Bedeutungszuweisungen interpretieren zu können, ist die Einbeziehung der psychischen Dimension unerläßlich.[47]

Die feministische Definition sexueller Gewalt bietet grundlegende Ansätze zur Erfassung des Phänomens an sich, während psychoanalytische Kategorien Zugänge zum Erleben der betroffenen Frauen und Mädchen erlauben. Um die Einstellungen und Reaktionen des sozialen Umfeldes zu untersuchen, bietet sich bei dem Thema sexuelle Gewalt auf den ersten Blick der Begriff des »abweichenden Verhaltens« als Bezugspunkt an. Die moderne Kriminologie definiert abweichendes Verhalten als eine Handlung, die Normen verletzt. Eine solche Form abweichenden Verhaltens ist Kriminalität. Die *labeling theory*, als Kritik am Begriff der Devianz entstanden, betont den Vorgang der Definition und Konstruktion bestimmter Verhaltensweisen als abweichend und kriminell. Kein Verhalten ist abweichend oder kriminell, ohne daß es als solches definiert würde.[48] Welche Verhaltensweisen als kriminell eingestuft werden, wird gesellschaftlich ausgehandelt – ein Prozeß, an dessen Endpunkt das Strafrecht bestimmte Verhaltensweisen als kriminell definiert. Damit bestätigt es symbolisch die Wertvorstellungen des Großteils der Gesellschaft und errichtet Normen.[49]

Außerhalb des Strafrechts ist die Aushandlung dessen, was als abweichendes Verhalten gilt, von moralischen Kategorien und Einstellungen bestimmt, die nicht immer deckungsgleich mit strafrechtlichen Definitionen sind. »Stereotypisierungen von Taten (›Kavaliersdelikte‹) und Personen, denen man ›schlimme‹ Handlungen zutraut, steuern die Bereitschaft der Bevölkerung, Konsequenzen zu ziehen, die von der Anzeigeerstattung bis zur privaten Lynchjustiz reichen können.«[50] Die Bereitschaft zu Konsequenzen hängt also von der Beurteilung der Tat und von der Person des Täters ab. Der Täter ist dabei einem Stigmatisierungsprozeß ausgesetzt, der zu seinem Ausschluß führen kann, zur Übergabe des Täters an die Justiz. Abweichend ist ein Verhalten demnach nur unter bestimmten Umständen. Sexuelle Gewalt wird deshalb in dieser Arbeit nicht per definitionem als abweichendes Verhalten etikettiert, sondern es wird danach gefragt, unter welchen Umständen ein bestimmtes Verhalten innerhalb eines bestimmten Umfeldes als abweichend gedeutet und welche Konsequenzen daraus gezogen wurden.

In bezug auf sexuelle Gewalt kann es jedoch nicht nur um die Kriminalisierung der Täter gehen. Oftmals wird das Opfer stigmatisiert, ist Gerüchten ausgesetzt, wird im Extremfall aus der Gemeinschaft ausgeschlossen. Nur wenn auch die Perspektive des Opfers einbezogen wird, kann der Kontroll- und Disziplinierungseffekt des Strafrechts in seiner geschlechtlichen Dimension erforscht werden. Es gibt Delikte, deren Ziel und/oder Wirkung die Diskriminierung der Opfer ist. Das gilt etwa für rassistische oder sexistische Angriffe. Wenn diese Diskriminierung der Opfer durch das Strafrechtssystem fortgesetzt wird, die Täter aber auf Verständnis und Milde treffen, stellt sich die Frage, wer hier eigentlich Gegenstand der sozialen Kontrolle durch das Strafrecht ist.[51]

Von der Soziologie abweichenden Verhaltens und der *labeling theory* beeinflußt ist die Historische Kriminologie, die in Deutschland vor allem durch Dirk Blasius etabliert wurde.[52] Sie betrachtet das Strafrecht und seine Institutionen als Herrschaftsinstrument, das nicht nur Normen errichtete, sondern – im 19. Jahrhundert – ebenso dem Schutz der bürgerlichen Gesellschaft diente. Dabei betont sie die Interaktion zwischen dem Strafrecht, das Normen und Einstellungen produziert, und den gesellschaftlichen Werten und Einstellungen, die ihrerseits auf das Strafrecht zurückwirken.[53] Von diesem Ansatz geht auch die vorliegende Arbeit aus. Darüber hinaus bietet sie allerdings keine historische Kriminalitätsforschung.[54] Vielmehr wird der Gegenstand der Kriminalität hier als Teil einer Sozial- und Kulturgeschichte untersucht,[55] die gesellschaftliche Wertvorstellungen sowie kulturelle Handlungs- und Deutungsmuster sichtbar machen will.

Fragestellung und Quellen

Über sexuelle Gewalt redeten zwischen 1870 und 1914 vor allem Juristen und Ärzte, letztere als Psychiater und Gerichtsmediziner. Die Juristen definierten, unter welchen Umständen eine sexuelle Handlung als strafbarer Akt zu verfolgen war, und begründeten diese Definitionen aus gesellschaftlichen und individuellen Interessen, den »Rechtsgütern«.[56] Die Ärzte forschten nach Ursachen und Folgen sexueller Gewalt – auf der Ebene der Gesellschaft wie auf der Ebene des Individuums. Die Gerichtsmediziner schließlich versuchten, Spuren von Gewalt und Sexualität am weiblichen Körper zu definieren und nachzuweisen. In allen drei Disziplinen wurde auf Sexualität Bezug genommen, und zwar auf eine spezifisch weibliche und eine spezifisch männliche Sexualität. Diese Sexualitäten wurden ihrerseits definiert und beschrieben auf dem Gebiet der Sexualwissenschaft. Mit der Definition dieser Sexualitäten nahmen die Ärzte eine durchaus unterschiedliche, ungleiche Positionierung von Männern und Frauen im Feld der

Sexualität vor. Diese Positionierung aber, ebenso wie die Definitionen von »natürlicher« Sexualität und von »pathologischen« Sexualitäten, war eng verknüpft mit der Definition, Wahrnehmung und Deutung sexueller Gewalt.[57] Bei der Analyse des Diskurses steht daher die Frage im Vordergrund, welche Vorstellungen von weiblicher und männlicher Sexualität in den juristischen Definitionen zum Ausdruck kommen und welche Positionen Männern und Frauen hier in bezug auf sexuelle Gewalt eingeschrieben wurden.

Der juristisch-medizinische Diskurs über sexuelle Gewalt war eingebunden in das Reden über Sittlichkeit und Kriminalität, über Männer und Frauen in der Gesellschaft des Kaiserreichs – Bezüge, die in der Arbeit stets hervorgehoben werden. Er hat überdies eine seit dem Zeitalter der Aufklärung währende Vorgeschichte. Mit der Aufklärung veränderten sich juristische Definitionen und Auffassungen ebenso wie medizinische Methoden und Erkenntnisinteressen. Diese Vorgeschichte wird in der Untersuchung an verschiedenen Stellen thematisiert – die Arbeit geht also über den Zeitraum des Kaiserreichs hinaus, um einzelne längerfristige Entwicklungen im Diskurs vor Augen zu führen. Als Quellen werden Kommentare zu Strafgesetzbüchern[58] sowie Aufsätze aus juristischen Fachzeitschriften verwendet. Besonders aufschlußreich sind Arbeiten einzelner Juristen, die in Zusammenhang mit der seit den 1870er Jahren geplanten Strafrechtsreform entstanden sind. Die wichtigsten Studien zum Thema »Sittlichkeitsverbrechen« stammen dabei von den Juristen Mittermaier und Weisbrod. Weisbrod publizierte 1891 eine Studie über *Sittlichkeitsverbrechen vor dem Gesetze*.[59] Mittermaier verfaßte eine Arbeit über *Verbrechen wider die Sittlichkeit*[60] im Rahmen einer 1906 erschienenen *Vergleichenden Darstellung des Deutschen und Ausländischen Strafrechts*, eines Sammelwerks, das als Vorarbeit zur Strafrechtsreform entstand. Ein weiterer wichtiger Autor ist der Staatsanwalt und Schriftsteller Erich Wulffen, der stark von den Forschungen der Sexualwissenschaftler beeinflußt war. Er popularisierte die Arbeiten aus dem Gebiet der Psychiatrie und Sexualwissenschaft sowie der jungen Kriminologie in zwei umfangreichen Werken: *Die Psychologie des Verbrechers* und *Der Sexualverbrecher*.[61] Schließlich sind auch die Abschnitte über »Verbrechen wider die Sittlichkeit« in den Strafrechtslehrbüchern einiger Juristen berücksichtigt, so von Liszt, Binding und Berner.[62] Hinzu kommen gerichtsmedizinische Handbücher sowie sexualwissenschaftliche Abhandlungen, die sich mit männlicher und weiblicher Sexualität beschäftigen. Darüber hinaus wurden Arbeiten einiger Psychiater (meist Gefängnis- und Anstaltsärzte und Psychiater, die als Sachverständige vor Gericht auftraten) herangezogen, die entweder den Typus des »Sittlichkeitsverbrechers« erforschten oder sich mit den Opfern sexueller Gewalt beschäftigten – letzteres meist in Zusammenhang mit angeblich falschen

Beschuldigungen. Auch einige Autoren aus anderen Ländern, so etwa die Österreicher Hans Gross, Richard von Krafft-Ebing oder Sigmund Freud, der Schweizer Auguste Forel oder der englische Autor Havelock Ellis, wurden berücksichtigt, sofern ihre Schriften im deutschen Kaiserreich in Fachkreisen rezipiert wurden.

Der untersuchte Diskurs bildete einen Teil des Rahmens, innerhalb dessen die Erfahrung sexueller Gewalt in der Gesellschaft des Kaiserreichs mitgeteilt und definiert werden konnte. Er stellte die Sprache, Bilder und Topoi zur Verfügung, auf die bei der sprachlichen Vermittlung oder Darstellung sexueller Gewalt zurückgegriffen wurde[63] – sowohl seitens der Opfer und Täter als auch seitens der Zeuginnen und Zeugen sowie der Richter und anderen Justizbeamten und der Ärzte. Ein anderer Teil dieses Rahmens waren die Bedingungen innerhalb der verschiedenen Lebenswelten, in denen sexuelle Gewalt stattfand. Wie sexuelle Gewalt im Alltag wahrgenommen, ausgeübt und erlitten wurde, hing außer vom Diskurs auch von der Wahrnehmung und Deutung von Sexualität, Geschlechter- und Generationenbeziehungen, von allgemeinen Normen und Wertvorstellungen innerhalb des konkreten Kontextes ab. Um den Umgang mit sexueller Gewalt innerhalb eines solchen Kontextes zu erforschen, wurden Gerichtsakten als Quellen ausgewählt. Sexuelle Gewalt hat in der Vergangenheit Spuren hauptsächlich in Strafprozeßakten hinterlassen. Überdies ist es sinnvoll, parallel zur Untersuchung strafrechtlicher Definitionen Akten aus Strafprozessen zu den behandelten Delikten auszuwerten. Die Bestände der bayerischen Staatsarchive in München und Landshut bieten demgegenüber eine große Anzahl von gut dokumentierten Fällen, die sich innerhalb eines relativ homogenen Umfelds abgespielt haben. Den Untersuchungsrahmen für historische Einstellungen und Verhaltensweisen gegenüber sexueller Gewalt im Alltag bildet hier also die ländliche Gesellschaft Bayerns um die Jahrhundertwende. Die Untersuchung von Akten aus einer ländlichen Gesellschaft bietet dabei den Vorteil, daß in ihnen einiges über die betreffenden Personen überliefert ist, was in einem städtischen Umfeld kaum zur Sprache gekommen wäre. Täter wie Opfer lebten innerhalb einer überschaubaren Dorfgemeinschaft, in der ihnen ein bestimmter Platz und ein bestimmter Ruf oder Leumund zugeschrieben waren. Die Zeuginnen und Zeugen äußerten sich zum Teil ausführlich zu Charakter und Verhältnissen der Beteiligten – Äußerungen, die auf kulturelle Deutungsmuster verweisen.[64]

Die Untersuchung des Diskurses auf der einen, des Alltagslebens auf der anderen Seite läßt somit Schlüsse darüber zu, ob die Bilder und Deutungen von männlicher, weiblicher und kindlicher Sexualität und von sexueller Gewalt, die sich im Diskurs finden, Teile kultureller Deutungsmuster waren und somit auch außerhalb des Diskurses und des städtisch-bürgerlichen

Umfeldes, in dem sie entstanden, zum Tragen kamen. Ein Deutungsmuster setzt sich zusammen aus einer Summe von Merkmalen, Zeichen und/oder Definitionen, vor deren Hintergrund einer Situation, einem Ereignis oder auch einer Person eine bestimmte Bedeutung zugewiesen wird.[65] Um solche Deutungsmuster innerhalb der Gerichtsakten zu identifizieren, ist eine genaue Analyse des juristisch-medizinischen Diskurses unerläßlich. Der Diskurs der Ärzte und Juristen seinerseits war durchtränkt von kulturellen Deutungsmustern, er schuf und veränderte sie ebenso wie sie in ihn eingingen. Insofern bestimmte der Diskurs auch, welche Erfahrungen sexueller Gewalt überhaupt wahrgenommen und artikuliert werden konnten. Die Untersuchung der Lebenswelten aber zeigt demgegenüber, wie der unmittelbare Lebenszusammenhang und Alltag die Wahrnehmungen der Menschen von der im Diskurs produzierten und vorausgesetzten Subjektivität entfernte. Sie zeigt die Tätigkeit des Subjekts, das einem über es hereinbrechenden Ereignis Sinn zuschreiben muß, indem es das Ereignis im Sinne eines Erlebnisses in seine äußere und innere Welt integriert. Diese Tätigkeit drückt sich in den Erzählungen der Frauen und Kinder aus, in den Reaktionen der Eltern und der Dörflerinnen und Dörfler und in den Erklärungen der Täter.

Nicht in die Untersuchung einbezogen wird sexuelle Gewalt gegen Jungen. Zwar wurden solche Fälle im Diskurs der Ärzte und Juristen erwähnt, und im § 176,3 des RStGB waren »unzüchtige Handlungen« an *Kindern*, also auch an Jungen unter 14 Jahren als strafbar definiert. In der Rechtspraxis waren Jungen als Opfer jedoch selten, und auch in den Schriften der Juristen und Mediziner spielten solche Fälle kaum eine Rolle. Wenn über die »unzüchtigen Handlungen« an Kindern geschrieben wurde, dann wurde über den weiblichen kindlichen Körper geschrieben – statt des kindlichen war im Grunde der noch nicht »geschlechtsreife« weibliche Körper Gegenstand des Redens und der Besorgnis. Dies drückt sich auch darin aus, daß die wenigen überlieferten Akten, in denen Jungen Opfer sexueller Übergriffe waren, kaum Informationen enthalten. Eine Einbeziehung sexueller Gewalt gegen Jungen scheitert aber nicht unbedingt an der Quellenlage – sicher wären in anderen Quellen und bei einem erweiterten Blick Aussagen auch zu diesem Thema möglich gewesen. Dies hätte aber die Fragestellung allzu sehr erweitert, denn dann hätte das Thema der Wahrnehmung und Kriminalisierung männlicher Homosexualität einbezogen werden müssen.

Voranstellen möchte ich dieser Untersuchung ein Zitat, das meine Schwierigkeiten beim Bearbeiten dieses Themas vermitteln soll, die stetig wiederkehrende Verstrickung in Gefühle und den Konflikt, in dem ich mich beim Verfassen dieser Arbeit stets befunden habe: zwischen Objektivität und Parteilichkeit, zwischen Nüchternheit und Empathie, zwischen Rationalität und Emotionalität, zwischen Distanz und Nähe. Tatsächlich aber stellen Gefühle in der historischen Forschung nicht nur eine »Verstrickung«, sondern auch eine Chance dar. Die Historikerin Arlette Farge schreibt:

»Alles, was zum Sinnlichen und Gefühlsmäßigen gehört, steht in der historischen Disziplin unter strenger Aufsicht. Man muß diesem Mißtrauen, das viele Sackgassen vermeiden hilft, Gerechtigkeit widerfahren lassen, insbesondere prekäre Augenblicke der Identifizierung mit dem Forschungsgegenstand, die zu peinlichen Anachronismus führen. Aber man muß auch – anders als vorgesehen – den Raum des Ästhetischen und des Gefühls durchmessen, der (...) gleich wesentlich für die Entdeckung bestimmter Texte ist. (...) In meinem Verständnis schließt die Emotion nicht, wie man so oft glaubt, die Vernunft aus (...). Im Gegenteil, die Emotion ist eine der Stützmauern, auf die sich der Akt des Verstehens, des Forschens gründet. (...) Das Gefühl kann denjenigen, der es erlebt, aus seinen Vorlieben, aus seinen Ideologien, aus seinen festgefügtesten Denkweisen herausreißen. Es erschüttert, weil es staunen macht: die Überraschung oder das Erschrecken, der Abscheu oder die Angst lassen einen außer sich sein.«[66]

I. Strafrecht, Kriminalität und bürgerliche Gesellschaft im Kaiserreich

1. Strafrecht und Sittlichkeit

Das 19. Jahrhundert gilt in der Rechtsgeschichte als Jahrhundert der Kodifikation, also der Ausarbeitung und Einführung von Strafgesetzbüchern in den deutschen Staaten, die mit den Überlieferungen des gemeinen Rechts mehr oder weniger radikal brachen.[1] An der Schwelle zum Übergang von der frühneuzeitlichen Strafgesetzgebung zum Strafrecht des 19. Jahrhunderts stand zwar bereits das Preußische Allgemeine Landrecht (ALR) von 1794, doch als erstes der neuzeitlichen Strafgesetzbücher gilt das Bayerische Strafgesetzbuch (StGB) von 1813.[2] Es beruhte auf einem Entwurf Feuerbachs (1775-1833), der eine präzise Begrifflichkeit und strenge systematische Ordnung des Strafrechts entwickelte.[3] Viele deutsche Staaten führten in den folgenden Jahren Strafgesetzbücher ein, denen das bayerische als Muster und Grundlage diente.[4] In Preußen trat am 1. Juli 1851 ein neues StGB in Kraft.[5] Es wurde in der Folge von einigen deutschen Staaten fast unverändert übernommen. In Bayern wurde schließlich 1861 ein neues StGB verabschiedet, das eng an das preußische angelehnt war.[6] 1869 wurde ein auf dem preußischen StGB beruhender Entwurf für das StGB des Norddeutschen Bundes vorgelegt, das am 1. Januar 1871 in Kraft trat. Nach der Reichsgründung wurde es umgewandelt in das StGB für das Deutsche Reich, das mit den Reichsjustizgesetzen am 1. Januar 1872 eingeführt wurde.[7]

Alle Strafgesetzbücher seit dem Bayerischen von 1813 bemühten sich um genaue Definitionen der jeweiligen Tatbestände. Die gängige Interpretation der Rechtshistoriker sieht darin den Wunsch ausgedrückt, den Bürger vor Willkür zu schützen, indem das richterliche Ermessen durch klare Definitionen eingegrenzt wurde. Dem Bürger sollte damit größtmögliche Rechtssicherheit gewährt werden.[8] Im Mittelpunkt der politischen Auseinandersetzungen um die einzelnen Strafgesetzbücher stand jedoch die Frage nach Art und Umfang der Strafen. Unterschiedliche Straftheorien konkurrierten miteinander, die sich zum Teil aus unterschiedlichen Auffassungen des Staates und des Verhältnisses zwischen Bürger und Staat herleiteten. Im sogenannten Schulenstreit, in dem vor allem die Juristen Karl Binding und Franz von Liszt unterschiedliche Auffassungen verfochten, ging es um die Definition des Verbrechens und um Ziel und Zweck der Strafe. Die Auseinandersetzung drehte sich unter anderem um die Frage, wie weit der Staat mit Hilfe des Strafrechts seine Interessen schützen durfte, indem er persönliche Freiheiten einschränkte.[9]

Für die Beantwortung dieser Frage war die Definition des »Rechtsgutes« mitentscheidend, eines Begriffs, den Karl Binding 1872 erstmals systematisch definierte. Das Verbrechen betrachtete er als schuldhaft normwidriges Verhalten, »bei dem sich ein rechtswidriger Wille selbst verwirklicht«. Zentral in seiner Rechtsphilosophie war der Begriff der Norm als Richtschnur menschlichen Handelns, die Unterlassungs- und Handlungspflichten begründet. Die Norm war notwendig zur Beschränkung individueller Willkür und zum Schutz der Rechtsgüter:

»Rechtsgut sei alles, was selbst kein Recht, doch in den Augen des Gesetzgebers als Bedingung gesunden Lebens der Rechtsgemeinschaft für diese von Wert sei, an dessen unveränderter und ungestörter Erhaltung sie nach seiner Ansicht ein Interesse habe, und das er deshalb durch seine Normen vor unerwünschter Verletzung und Gefährdung zu sichern bestrebt sei.«[10]

Von Liszt griff den Rechtsgutsgedanken auf und erweiterte den Begriff. In der Ausgabe seines Lehrbuchs aus dem Jahr 1900 gab er folgende Definition: Alle Rechtsgüter, schrieb er, seien »Lebensinteressen« des einzelnen oder der Gemeinschaft. Sie existierten vor dem Recht, doch erst das Recht erhebe sie zu Interessen, die es schütze.[11] Als Beispiele nannte von Liszt die persönliche Freiheit, das Hausrecht, das Briefgeheimnis. Da verschiedene Interessen gegeneinander stehen könnten, bedürfe es einer Ordnung, des Schutzes dieser und der Zurückweisung jener Interessen. Diese Aufgabe übernehme die Rechtsordnung: »sie gewährleistet die Freiheit, das Wollen-Dürfen und verbietet die Willkür; sie erhebt die Lebensbeziehungen zu Rechtsbeziehungen, die Lebensinteressen zu Rechtsgütern«. Sie stelle Normen auf, die die Rechtsgüter schützten. Die Aufgabe des Strafrechts sei dabei »der verstärkte Schutz besonders schutzwürdiger und besonders schutzbedürftiger Interessen durch Androhung und Vollzug der Strafe als eines den Verbrecher treffenden Übels«.[12]

Die Debatte zwischen den »Schulen« drehte sich darum, welche Rechtsgüter wichtiger seien als andere und wo das Interesse des Staates über den Interessen des einzelnen stehe und umgekehrt. Hinter der Frage nach dem zu schützenden Rechtsgut aber standen die Einstellungen der jeweiligen Autoren zum Staat. Nach von Liszt ist der Staat »ein Zweckverband von Menschen, der gemeinsamen Verfolgung gemeinsamer Ziele dienend; seine

Rechtsordnung soll die Erreichung der gemeinsamen Zwecke gewährleisten«. Staatszwecke seien unter anderem die »Erhaltung der Individuen, Gruppen und des Gemeinwesens« und der »Schutz der Lebensbedingungen und Allgemeinwohlbelange« sowie der »Schutz der Rechtsordnung«.[13] Die zu schützende Gesellschaft aber und der zu schützende Staat waren bei von Liszt »Gesellschaft und Staat der maßgebenden Teile der Bevölkerung des deutschen Reiches nach 1871; die zu schützenden Rechtsgüter, die Lebensbedingungen sind die Güter, die Lebensbedingungen der deutschen Bürger am Ende des 19. und am Anfang des 20. Jahrhunderts«.[14]

Es ging also um den Schutz der bürgerlichen Gesellschaft,[15] und dieser war auch in der strafrechtlichen Debatte über die »Sittlichkeitsdelikte« vorrangig: Die Stimmen, die sich hier zu Worte meldeten, waren die jener Bildungsbürger, die sich am Ideal der bürgerlichen Gesellschaft orientierten. Die Ansichten der Juristen waren geformt durch eine spezifisch männliche, bildungsbürgerliche[16] Sicht auf die Welt. Das Strafrecht und damit auch das Sexualstrafrecht waren bürgerlich geprägt, sie reproduzierten »die normativen Grundlagen der vorbildhaften Lebensführung und des Sexualverhaltens, des Arbeitsethos und der verhaltensdirigierenden Weltbilder«.[17] Der Staat, den die Juristen als Träger des Rechts sahen – Bewahrer der sozialen Ordnung ebenso wie Schutzobjekt – war ein genuin bürgerlicher Staat, der bürgerliche Werte vertrat. Das Recht wurde von ihnen[18] als Mittel zur Wahrung der Interessen des bürgerlichen Staates und der bürgerlichen Gesellschaft gesehen.[19] Zugleich aber wurden – entsprechend der bürgerlichen Auffassung vom Individuum – der staatlichen Gewalt über die Privatperson Grenzen gesetzt.[20] Diese Grenzen wurden unter anderem durch das bürgerliche Verständnis von Familie gesetzt: »die Familie als sich selbst begründende, als Selbstzweck begreifende Gemeinschaft« und »als rechtlich geschützter (...) Innenraum der Privatheit«.[21] Die Privatsphäre der bürgerlichen Familie und des bürgerlichen Individuums sollte soweit wie möglich von staatlichem Zugriff ausgeschlossen sein.[22] Die Rechte des Individuums standen den Rechten des Staates und der Gesellschaft als ganzer gegenüber.[23]

Der Abschnitt »Verbrechen und Vergehen wider die Sittlichkeit« des RStGB umfaßte eine große Bandbreite unterschiedlicher Straftatbestände, deren einzig gemeinsames Merkmal es war, daß sie im weitesten Sinne mit dem »Geschlechtsleben« zusammenhingen. Vom Ehebruch über die »Notzucht« bis zu Homosexualität, von der Prostitution beziehungsweise Kuppelei über die Erregung öffentlichen Ärgernisses bis zur Verbreitung unzüchtiger Schriften reichten die Tatbestände. Was alle diese Delikte einte, war, daß sie die sexuelle »Sittlichkeit«, die Moral der Gesellschaft gefährdeten und damit die soziale Ordnung. Im Vorentwurf zu einem neuen

RStGB von 1909 hieß es, »Sittlichkeit« beziehe sich im entsprechenden Abschnitt hauptsächlich auf das »Geschlechtsleben« und bedeute »die Bewahrung derjenigen Grundsätze (...), die nach der Entwickelung innerhalb des deutschen Volkes bezüglich der geschlechtlichen Verhältnisse maßgebend geworden sind«.[24] Demgegenüber hatte der Begriff »Sittlichkeit« in der bürgerlichen Gesellschaft auch eine weitergehende Bedeutung im Sinne von »Seelenstärke«, die durch die Beherrschung der Leidenschaften eine sittliche Lebensführung ermögliche. Sittlichkeit beinhaltete Werte wie Humanität und Toleranz und umfaßte das ganze geistige Leben.[25]

Mit dem Bayerischen StGB von 1813 waren zunächst alle konsensualen sexuellen Handlungen entkriminalisiert worden. Die Tatbestände des Konkubinats, der Sodomie und der Kuppelei waren nicht aufgenommen worden. Es gab keinen gesonderten Abschnitt über »Fleischesverbrechen«, denn die »Moral« sollte laut Feuerbach kein Rechtsgut darstellen.[26] Im Laufe des 19. Jahrhunderts habe jedoch, so etwa die Sicht des Juristen Rosenberger, eine »Sittlichkeitskampagne« die Restauration früherer sittlicher Wertvorstellungen durchgesetzt.[27] Die »öffentliche Moral« sei zum Grundpfeiler des Staates erklärt worden, was zu erneuten Verschärfungen im Sexualstrafrecht geführt habe. Rosenberger vertritt die These, daß die »Unsittlichkeit« dem Bürgertum des 19. Jahrhunderts aufgrund der »anarchischen und autoritätsfeindlichen Kraft des Eros« bedrohlich erschienen sei.[28] Nicht zuletzt vor dem Hintergrund der Arbeiten Foucaults muten solche Thesen inzwischen überholt an. Die Betonung der »Sittlichkeit« als Trägerin des Staates und des Gemeinschaftswesens erfüllte eine Funktion für die Selbstdefinition des Bürgertums und beruhte nicht auf einer per se vorhandenen subversiven Kraft des Eros.

Allerdings sahen viele Ärzte und Juristen des späten 19. Jahrhunderts in einem »regellosen« Sexualleben durchaus eine Bedrohung. Geschlechtskrankheiten könnten sich ausbreiten, eine unkontrollierte Fortpflanzung könnte zur Vermehrung degenerativer Erscheinungen führen, so hieß es. Überdies fürchtete man, daß ein regelloses Sexualleben den Verfall der Institutionen Ehe und Familie mit sich bringen könnte. Obwohl der Anteil der Sittlichkeitsverbrechen, die in den Bereich der sexuellen Gewalt gehören, an der Gesamtkriminalität gering war,[29] waren sie Anlaß für Warnungen vor dem moralischen Niedergang. Entsprechend zum Bevölkerungswachstum stieg die absolute Zahl der Sittlichkeitsverbrechen stetig an – Grund genug, deren Zunahme zu beklagen.[30] Im Verhältnis zur Bevölkerung freilich bewegten sich die Zahlen auf einem relativ gleichbleibenden Niveau.[31] Doch der absolute Anstieg der »Sittlichkeitsverbrechen« erregte die Aufmerksamkeit der bürgerlichen Öffentlichkeit und zog Forderungen nach gesetzlichen Maßnahmen nach sich.[32]

Das Geschlechtsleben bedurfte eben gewisser Regelungen. Die Bürger definierten sich unter anderem durch ihr selbstverständliches Einhalten von Anstand und Sitte. Die bürgerliche Frau bewahrte ihre »Geschlechtsehre«, der bürgerliche Mann hielt seine Triebe im Zaum.[33] Ein gesundes und erfülltes Sexualleben wurde zwar vor allem seit der Jahrhundertwende von vielen als wünschenswert, sogar als notwendig gesehen, doch mußte es in Form einer legitimierten heterosexuellen Beziehung, der Ehe, gesucht und gefunden werden.[34] Die heterosexuelle, »sittliche« Beziehung wurde eines der Prinzipien zur Aufrechterhaltung der bürgerlichen Gesellschaft.[35]

Dennoch verzichtete das bürgerliche Recht darauf, jede Form des außerehelichen Geschlechtsverkehrs zu kriminalisieren. Hier erlegte die Freiheit des Individuums der staatlichen Intervention in das Privatleben Grenzen auf.[36] Als strafbar wurden vor allem Handlungen definiert, die geeignet waren, die öffentliche Ordnung zu stören. Die Prostitution wurde zwar als notwendiges Übel betrachtet, aber sie mußte überwacht und reguliert werden, war sie doch der Hort vieler Verbrechen.[37] Unzüchtige Schriften galten ebenfalls als gefährlich, weil sie die Sinne anreizen könnten.[38] Entsprechend waren im RStGB die Tatbestände der Kuppelei und der Verbreitung unzüchtiger Schriften definiert. Der Tatbestand der »Unzucht«, des außerehelichen Geschlechtsverkehrs, der in den Gesetzbüchern der Frühen Neuzeit bestanden hatte,[39] war im RStGB jedoch nicht mehr enthalten. Die Ausübung des Geschlechtsverkehrs war unter drei Bedingungen strafbar: Wenn sie von der als »natürlich« angesehenen Form körperlicher Liebe abwich, wenn sie seitens des Mannes mit Gewalt erzwungen wurde oder wenn anzunehmen war, daß der Geschlechtsverkehr nicht in gegenseitigem Einverständnis erfolgte. Strafbar war daher laut Paragraph 175 RStGB die »widernatürliche Unzucht, welche zwischen Personen männlichen Geschlechts oder von Menschen mit Tieren begangen wird«, wobei mit »widernatürlicher Unzucht« dem Geschlechtsverkehr ähnliche Handlungen gemeint waren.[40]

Die »Notzucht« gehört zu den ältesten Straftatbeständen der Rechtsgeschichte. In der Carolina von 1532, die bis ins 19. Jahrhundert in weiten Teilen des Deutschen Reiches gültig war, hieß es in Artikel 119 über die »Notzucht«:

> »Item so jemandt eyner vnuerleumbten ehefrawen, witwenn oder jungkfrawen, mit gewalt vnd wider jren willen, jr jungkfrewlich oder frewlich ehr neme, der selbig übelthetter (...) soll auff beklagung der benöttigten (...) eynem rauber gleich mit dem schwert vom leben zum todt gericht werden.«[41]

Als Opfer der »Notzucht« kam demnach nur eine unverleumdete Frau in Frage, denn nur ihr konnte die Ehre geraubt werden. Dieser Raub der Ehre stand im Vordergrund, weshalb den Täter dieselbe Strafe ereilen sollte wie einen Räuber. Die ersten Gesetzgebungen, in denen die Ehre oder Unbescholtenheit des Opfers kein explizites Tatbestandsmerkmal der »Notzucht« war, waren das ALR und das Bayerische StGB von 1813. Feuerbach war der Ansicht, die »Notzucht« verletze das Recht auf die »geschlechtliche Dispositionsfreiheit«:[42] Die Ehre rückte in den Hintergrund. Dennoch spielte sie weiterhin eine entscheidende Rolle für die Strafzumessung, bei der Persönlichkeit und Lebensführung des Opfers berücksichtigt wurden. Auch Ende des 19. Jahrhunderts war die »Geschlechtsehre« der Frau das wichtigste durch die Bestrafung der »Notzucht« geschützte Rechtsgut.[43] Im Text des Paragraphen 177 des RStGB von 1871/72 war sie freilich nicht erwähnt. Dort hieß es:

»Mit Zuchthaus wird bestraft, wer durch Gewalt oder durch Drohung mit gegenwärtiger Gefahr für Leib oder Leben eine Frauensperson zur Duldung des außerehelichen Beischlafs nöthigt, oder wer eine Frauensperson zum außerehelichen Beischlafe mißbraucht, nachdem er sie zu diesem Zwecke in einen willenlosen oder bewußtlosen Zustand versetzt hat.«[44]

Außer der »Notzucht« gab es im RStGB das Delikt der »unzüchtigen Handlungen«, das in Paragraph 176 definiert war. Hier wurden drei Tatbestände unterschieden: die gewaltsamen »unzüchtigen Handlungen«, der Mißbrauch einer willen- oder bewußtlosen oder einer »geisteskranken« Frau sowie die »unzüchtigen Handlungen« an Kindern. In der Carolina und im gemeinen Recht hatte es den Tatbestand der »Unzucht« mit Kindern nicht gegeben. Es gab lediglich die »Notzucht« an Kindern unter zwölf Jahren als »qualifizierte Notzucht«.[45] Diese Unterscheidung traf auch das preußische ALR von 1794. Ein zusätzlicher Paragraph legte fest, daß jede an einem Kind verübte »Unzucht« als »Notzucht« gesehen werden sollte, die, »wenn ein eigentlicher Zwang zur Gestattung des Beischlafs nicht ausgemittelt ist«, milder bestraft werden sollte als die »Notzucht«, ansonsten aber härter bestraft wurde.[46] Die preußische Kabinettsorder vom 9. November 1815 bestimmte schließlich, »daß jede an einer solchen unerwachsenen Person [unter zwölf Jahren] verübte Brutalität dieser Art für erzwungen erachtet werden sollte, auch wenn keine Gewalt gegen sie ausgeübt worden sei«.[47] Im preußischen StGB von 1851 wurde die Grenze auf 14 Jahre angehoben und der Tatbestand auf Kinder beiderlei Geschlechts ausgeweitet.[48]

Auch in anderen Gesetzbüchern des frühen 19. Jahrhunderts wurde die »Unzucht mit Kindern« bestraft. Im 1833 für das Königreich Sachsen verabschiedeten Gesetz über die Bestrafung der »Unzuchts- und Fleischesverbrechen« bestand dieses Delikt im »Mißbrauch« von Kindern unter 14 Jahren »zum Beischlafe, oder zur widernatürlichen Befriedigung des Geschlechtstriebes«. Der Artikel bezog sich auf Kinder beiderlei Geschlechts.[49] Die Anwendung von Gewalt gehörte nicht zum Tatbestand.

Ebensowenig waren im RStGB bei »unzüchtigen Handlungen an Kindern« Gewaltanwendung oder Drohungen erfordert. Dort hieß es in Paragraph 176,3:

»Mit Zuchthaus bis zu zehn Jahren wird bestraft, wer (...) mit Personen unter vierzehn Jahren unzüchtige Handlungen vornimmt oder dieselben zur Verübung oder Duldung unzüchtiger Handlungen verleitet.«[50]

Der Tatbestand sollte selbst dann gegeben sein, wenn das Kind der Handlung zugestimmt hatte, »da es auf den Willen solcher jungen Personen nicht ankommen kann«.[51] Der Gesetzgeber ging davon aus, daß ein Kind keinen Willen besaß, den es dem Willen des Täters entgegensetzen konnte. »Man rechnet«, schrieb der Staatsanwalt Erich Wulffen, »mit der Wahrscheinlichkeit, daß Kinder schon aus Angst und bloßer Furcht vor gar nicht angekündigter Strafe von ernstlichem Widerstand absehen.«[52] Die Strafbarkeit der Handlung beruhte also nicht auf der Anwendung von Gewalt, sondern auf einem Mißbrauch, auf dem Ausnutzen einer Schwäche, ähnlich wie der in Absatz 2 des Paragraphen 176 genannte Mißbrauch einer »geistig Schwachen oder Kranken«.[53] Die Schwäche eines Kindes ergab sich einerseits aus seinem fehlenden freien Willen, andererseits aus seiner mangelnden Einsicht und Urteilsfähigkeit und der völligen »Unkenntniß der Bedeutung der Handlung«.[54] Somit bestand der »Mißbrauch« auch im Ausnutzen der körperlichen und sittlichen Unreife des Kindes durch »das intellektuelle oder konventionelle Übergewicht des Thäters über die mißbrauchte Person«.[55] Ein Mißbrauch fand daher ebenso statt, wenn das Opfer zwar älter als 14 Jahre war, sich aber in einem Untergebenen- oder Abhängigkeitsverhältnis zum Täter befand. Deshalb wurden »unzüchtige Handlungen« von LehrerInnen an SchülerInnen und von Pflegeeltern und Vormündern an Pflegekindern und Mündeln ebenfalls bestraft (Paragraph 174 RStGB).[56]

Strafbar war außerdem die »Verführung« eines »unbescholtenen« Mädchens unter 16 Jahren zum außerehelichen »Beischlaf« (Paragraph 182 RStGB). Dieser Tatbestand war ebenfalls neu. In der Carolina gab es die Entführung einer unverleumdeten Jungfrau oder einer Ehefrau als Tatbestand. Hier konnte der Ehemann oder Vater klagen, selbst wenn die Entführte die Entführung gewünscht hatte.[57] »Opfer« war hier also das beraubte Familienoberhaupt. Bei der im RStGB definierten »Verführung« stand dagegen der Aspekt der sexuellen Unerfahrenheit des Mädchens im Vordergrund. Der Täter, so wurde vorausgesetzt, nutzte diese Unerfahrenheit aus. Daher war die Unbescholtenheit des Mädchens ein entscheidendes Tatbestandsmerkmal. Freilich wurde über diesen Begriff ausgiebig debattiert – nicht zuletzt deshalb, weil bei der Verführung zwar der Raub der Ehre nicht mehr im Vordergrund stand, aber dennoch weiterhin von Bedeutung war. Wie bei der frühneuzeitlichen Entführung ging es bei der Verführung um die Verletzung der Familienehre, der Ehre des Vaters.[58]

Schließlich wurde im RStGB auch das Delikt der »Blutschande« unter Strafe gestellt. In der Carolina bezog sich die in Artikel 117 beschriebene »Straff der vunkeusch mit nahende gesipten freunden« noch auf die Stief- und die Schwiegertochter und auf die Stiefmutter; als Täter wurde der Mann angesehen.[59] Im Bayerischen StGB von 1813 war nur der Inzest unter Geschwistern strafbar. 1861 wurde dann auch der Verkehr zwischen Verwandten auf- und absteigender Linie sowie zwischen angeheirateten Verwandten (Stiefeltern und -kinder, Schwiegereltern und -kinder, Schwager) unter Strafe gestellt, wobei die Möglichkeit des Freispruchs für Deszendenten eingeräumt wurde, da sexuelle Handlungen von Eltern und Stiefeltern Zwangscharakter für die Kinder haben könnten.[60] Im sächsischen Recht von 1833 wurde schon durch die Wortwahl deutlich gemacht, welchen Teil im Falle des Inzestes die Hauptschuld traf:

»Diejenigen, welche Verwandte in absteigender Linie zum Beischlaf missbrauchen, sind mit ein- bis dreijähriger Zuchthausstrafe, so wie die Descendenten, welche sich dazu hingeben, mit ein- bis sechsmonatlicher Gefängnisstrafe zu belegen.«[61]

Bestraft wurden auch leibliche und Stiefgeschwister sowie angeheiratete Verwandte. Dies war im RStGB, wo der Tatbestand als »Blutschande« bezeichnet wurde, ähnlich:

»Der Beischlaf zwischen Verwandten auf- und absteigender Linie wird an den ersteren mit Zuchthaus bis zu fünf Jahren, an den letzteren mit Gefängniß bis zu zwei Jahren bestraft. Der Beischlaf zwischen Verschwägerten auf- und absteigender Linie, sowie zwischen Geschwistern wird mit Gefängniß bis zu zwei Jahren bestraft. (...) Verwandte und Verschwägerte absteigender Linie bleiben straflos, wenn sie das achtzehnte Lebensjahr nicht vollendet haben.«

Der Tatbestand der »Blutschande« war also durch den vollendeten Geschlechtsverkehr zwischen nahen Verwandten erfüllt. Täter wie Opfer konnten sowohl männlichen als auch weiblichen Geschlechts sein, wobei der Aspekt, daß etwa die Tochter, die mit ihrem Vater sexuell verkehrte, »Opfer« sein konnte, neu war. Hier wurde die Altersgrenze sogar auf 18 Jahre gesetzt.

Die einzelnen Paragraphen im RStGB beinhalteten neben den im Text gegebenen Definitionen weitere Implikationen, die für die Feststellung des Tatbestandes und für das jeweilige Strafmaß ausschlaggebend waren. So fragt sich, was etwa der Gewaltbegriff im Paragraphen 177 oder der Begriff der »Bescholtenheit« im Paragraphen 182 genau bedeuteten. Nähere Definitionen erfolgten in juristischen Kommentaren und Abhandlungen und zum Teil durch die Rechtsprechung, wobei das Reichsgericht die oberste Instanz war. Andererseits bleibt zu klären, mit welchen Begründungen die einzelnen Delikte als Straftatbestände ins RStGB aufgenommen wurden, welche »Rechtsgüter« dadurch geschützt werden sollten. Beide Fragen werden in den Kapiteln II und III behandelt.

2. Die Entstehung der Kriminologie

Nicht nur das Strafrecht wurde im 19. Jahrhundert umfassend erneuert. Zugleich veränderten sich die Wahrnehmung von und der Umgang mit Kriminalität und »Kriminellen«.[62] Die Strafe sollte sich nicht mehr auf die Tat allein beziehen, sondern ebenso auf den Täter, auf seinen »verbrecherischen Willen« und sein Motiv. Man begann, über den Typus des Verbrechers als solchen zu forschen. Dabei wurde nicht nur Wissen produziert, sondern es wurden kriminelle Identitäten konstruiert und Bilder geschaffen: »Bilder vom Verbrechermenschen«.[63] Diese Bilder zeigten stets das »andere«: die unteren Schichten, das verwahrloste Kind, den Degenerierten, den Geisteskranken. Peter Becker stellt fest, daß die Konstruktion von kriminellen Identitäten durch bürgerliche Autoren auf Ausgrenzung zielte. Sie »beruhte auf einer Identitätskonstruktion, die der bürgerlichen diametral entgegengesetzt war«.[64]

Der erste, der dem »Verbrecher« mit wissenschaftlichen Messungen und Beobachtungen auf den Leib rückte und ihm eine Identität außerhalb der bürgerlichen Gesellschaft einschrieb, war der italienische Arzt und Professor für Psychiatrie und Kriminalanthropologie Cesare Lombroso.[65] 1876 veröffentlichte er sein berühmtestes Werk *L'uomo delinquente*, das ihn mit einem Schlag international bekannt machte. Der »geborene Verbrecher« war laut Lombroso ein Mensch mit verschiedenen physischen Anomalien atavistischer und degenerativer Art. Ein Atavismus galt als Rückfall auf eine primitivere Stufe des Menschseins und sollte sich in körperlichen Stigmata zeigen.[66] Die Mentalität eines solchen Individuums sei, so Lombroso, die eines »primitiven« Menschen, weshalb sein Verhalten zwangsläufig den Regeln der zivilisierten Gesellschaft zuwiderlaufen müsse. Später ergänzte Lombroso das Konzept des Atavismus um das der Degeneration.[67] Diese entstehe aus Vererbung und äußeren Bedingungen und manifestiere sich in physischen und psychischen Abweichungen. Lombroso sah die Degeneration als eine pathologische Anlage im Individuum, als Folge von krankhaften Veränderungen der Vorfahren. Schließlich kam Lombroso zu dem Schluß, daß der Verbrecher kein Abweichen von der Norm war, wie er anfangs angenommen hatte, sondern eine eigene Spezies mit besonderen körperlichen und geistigen Merkmalen. Zu den physischen Stigmata kamen als Kennzeichen des »geborenen Verbrechers« fehlende Moral, Zynismus, Impulsivität, Faulheit.[68] Damit vereinigte er zahlreiche vom Bürgertum als unmoralisch angesehene Eigenschaften auf sich, während ihm die positiven Charakterzüge des bürgerlichen Individuums – moralischer Sinn, Sensibilität, Selbstbeherrschung – gänzlich fehlten.[69]

Lombrosos Theorie rief bald sowohl in Frankreich als auch in Deutschland zahlreiche Gegner auf den Plan, die sie als deterministisch kritisierten. Der französische Gerichtsmediziner Lacassagne gründete 1886 die *Archives de l'Anthropologie Criminelle et de Sciences Pénales* als Organ der soziologisch orientierten »Ecole de Lyon«. Lacassagne vertrat die Auffassung, daß das soziale Milieu und ökonomische Faktoren die Auslöser für Kriminalität waren. Es entspann sich eine Diskussion um die Frage »Anlage oder Umwelt«.[70] Der Psychiater Gustav Aschaffenburg[71] war einer jener deutschen Kriminalitätsforscher der Jahrhundertwende, die bestrebt waren, die beiden widerstreitenden Ansätze zu vereinen. Diese »Vereinigungstheorie« ist zurückzuführen auf Franz von Liszt, der 1889 die »Internationale Kriminalistische Vereinigung« gründete. Sie sollte die Zusammenarbeit der verschiedenen Ansätze fördern. In seinem Strafrechtslehrbuch unterschied von Liszt zwischen Kriminalbiologie und Kriminalsoziologie, wobei erstere nach seiner Definition die individuellen Ursachen des Verbrechens erforsche, letztere das Verbrechen als Ereignis des gesellschaftlichen Lebens schildere und es in seiner sozialen Bedingtheit untersuche. Von Liszt betonte, daß nur die Verbindung beider Richtungen zur Erkenntnis des Verbrechens führen könne.[72] Die Erkenntnis des Verbrechens aber galt als Vorbedingung für die Lösung des Grundproblems, das Aschaffenburg prägnant formulierte: »Wie behandeln wir diese Wunde am Körper der menschlichen Gesellschaft?«[73]

Um diese Frage zu beantworten, schien es unerläßlich, den Verbrecher selbst zu erforschen, seiner Persönlichkeit, seinen Motiven, den individuellen Ursachen seines kriminellen Verhaltens auf den Grund zu gehen. Bei ihren Untersuchungen stellten die Ärzte (angefangen mit Lombroso) fest, daß der Verbrecher in den allermeisten Fällen pathologische Erscheinungen aufweise. Zur zentralen Figur in der kriminologischen Literatur des Kaiserreichs wurde neben dem »Gewohnheitsverbrecher«[74] der pathologische, der geisteskranke, der irre Verbrecher. Im Laufe des 19. Jahrhunderts kam es außerdem zu einer wachsenden Verankerung der darwinschen Evolutionslehre mit ihrem Gedanken der Vererbung sowohl guter als auch schlechter körperlicher und geistiger Anlagen von Generation zu Generation.[75] Sozialdarwinistische Anschauungen faßten zusehends Fuß, und das wachsende Gefühl einer Bedrohung der (bürgerlichen) Gesellschaft durch die gefährlichen Klassen und kriminelle Elemente verstärkte das Bedürfnis, Kranke,

Degenerierte und Kriminelle frühzeitig auszusondern und unschädlich zu machen.[76] Hier traten die Psychiater auf den Plan.

Im deutschen Kaiserreich versuchten die Behörden als Institutionen der »Ordnungspsychiatrie«, die öffentliche Sicherheit zu gewährleisten, indem »gewohnheitsmäßige Rechtsbrecher« bei der Ankunft im Gefängnis auf ihren Geisteszustand untersucht, häufig als geisteskrank eingestuft und dauerhaft in die Anstalt eingewiesen wurden.[77] Es kam zur von Foucault konstatierten »psychiatrization of criminal danger«.[78] Sie äußerte sich zum einen in den Bemühungen der Psychiatrie, Stigmata ausfindig zu machen, durch die das gefährliche Individuum identifiziert werden konnte. Zum anderen entwickelte sich aus ihr die Tendenz, bei unverständlich erscheinenden Taten auf eine geistige Störung des Täters zu schließen, die seine Verantwortlichkeit für die Tat ausschloß oder herabsetzte.[79] Darüber hinaus wurde bei der Frage nach der strafrechtlichen Verantwortlichkeit nicht nur die Vernunft geprüft, mit der die Tat ausgeführt wurde, sondern ebenso Lebensführung, Charakter und Vorgeschichte des Täters. Gleichzeitig setzte sich die Auffassung durch, daß eine Geisteskrankheit nicht nur das Denken oder das Bewußtsein störe, sondern auch die Emotionen und Triebe. Aus dieser Annahme entwickelte sich als Hauptthema seit den 1870er Jahren die sexuelle Perversion; die Verknüpfung der sexuellen mit der geistigen Pathologie wurde zum Gemeinplatz.[80]

Doch konnte nicht jeder Verbrecher, der eine scheinbar irrationale Tat beging, für unzurechnungsfähig erklärt werden. Die meisten Psychiater vertraten die Ansicht, daß es zwischen der vollen und der ausgeschlossenen Zurechnungsfähigkeit auch Zustände einer geminderten Zurechnungsfähigkeit gebe. Sie dienten sich der Justiz (und der Gesellschaft) als Sachverständige an, die allein entscheiden könnten, ob ein Straftäter für seine Tat voll, nur zum Teil oder gar nicht verantwortlich sei und welcher Umgang mit ihm daher angezeigt wäre.[81] Einige Täter trugen schon aufgrund des Charakters ihrer Tat das Mal der psychischen Abweichung auf der Stirn. Dazu gehörten allen voran die »Lustmörder«[82] und »Kinderschänder« und mit ihnen der Großteil der »Sittlichkeitsverbrecher«. Die Debatten der Juristen und Ärzte über die rechte Definition der »Notzucht« und der »unzüchtigen Handlungen an Kindern« und die Versuche der Psychiater, »Sittlichkeitsverbrecher« zu kategorisieren und einen geeigneten Umgang mit ihnen anzuraten, ordnen sich einerseits in diese größeren Entwicklungslinien im Strafrecht und im Umgang mit Kriminalität ein. Andererseits waren die »Sittlichkeitsverbrechen«, bedenkt man, daß sie nicht zu den häufigsten Delikten gehörten,[83] in besonderem Maße Gegenstand der Auseinandersetzungen. Sie rüttelten in spezifischer Weise an den Grundlagen bürgerlicher Identitätszuschreibungen und Moralvorstellungen. Sie bildeten eine »gefährliche Herausforderung«, und überall, wo solche Herausforderungen »durch die Decke bürgerlicher Zivilisation hindurchstoßen könnten, werden hohe institutionelle und moralische Mauern errichtet, die Schutz gewährleisten sollen«.[84] Freilich zeigt sich bei näherer Betrachtung in den folgenden Kapiteln, daß diese Mauern, sofern sie sexuelle Gewalt verhindern sollten, einige Schlupflöcher offenhielten.

II. Die Tatbestandsmerkmale: Gewalt, »Geschlechtslust« und »außerehelicher Beischlaf«

1. Der Begriff der Gewalt

Der Gewaltbegriff, der den Paragraphen 177 und 176,1 des RStGB zugrundelag,[1] bezeichnete eine physische, »äussere Gewalt«, eine Handlungsweise, »die ohne Berechtigung und auf Grund einer tatsächlichen, besonders körperlichen Überlegenheit vorgenommen wird, um den Widerstand eines anderen zu überwinden und ihn zu einem bestimmten Verhalten zu zwingen«.[2] Der Täter zwang durch, wie es in einem Kommentar zum Preußischen StGB von 1851 hieß, »die Ueberwältigung eines thätlichen Widerstandes« dem Opfer gegen dessen Willen eine Handlung auf.[3] Was mit tätlichem Widerstand gemeint war, erklärte der Jurist von Schwarze 1873 in einem Kommentar zum RStGB: »das bloße ›Sträuben‹ macht die Kraftanwendung noch nicht unbedingt zur ›Gewalt‹«.[4] Binding hob 1902 außerdem hervor, daß die Frau ihre Gegenwehr zu keinem Zeitpunkt aufgeben durfte, sofern sie sich nicht in einer hoffnungslosen Lage befand. Sie mußte »widerstrebt, dieses Widerstreben gezeigt und es, wenn sich ihr nicht die Ueberzeugung von der Hoffnungslosigkeit weiteren Widerstandes aufdrängt, während des ganzen Aktes festgehalten haben«.[5] Erst durch den massiven, ernsthaften und fortwährenden Widerstand des Opfers und dessen gewaltsame Überwindung durch den Täter war der Tatbestand der »Notzucht« erfüllt. Das heißt, daß sich die Gewalt nicht am Kraftaufwand des Täters, sondern an dem des Opfers maß, an ihrer Gegenwehr, die erst die Gewalt des Mannes hervorrief und mit der die Frau dem Angreifer ihren Willen entgegensetzte. Wie auch noch in der heutigen Rechtsprechung hieß »Gewalt« demnach »brachiale Gewalt«[6] – der Täter mußte den Willen der Frau erst brechen. Diesen Willen mußte die Angegriffene durch ihre massive und durchgängige Gegenwehr zum Ausdruck bringen.

Viele Juristen und Gerichtsmediziner waren der Meinung, daß eine vollendete »Notzucht« gegen den Willen der Frau gar nicht gelingen könne. Der Gerichtsarzt Maschka schrieb 1881, ein einzelner Mann könne eine gesunde Frau nur unter ganz besonderen Umständen zum »Beischlaf« zwingen, »indem schon ein festes Aneinanderpressen der Oberschenkel und Bewegungen des Beckens im Stande sind, ein Eindringen des Gliedes in die Scheide zu verhindern, und ein derartiger ernstlich geleisteter Widerstand auch den Mann ermüdet und die Erection des Gliedes behebt«.[7] Nur wenn sich die Frau in wehrlosem Zustand befände, etwa gefesselt sei oder betäubt, könne es zur »Notzucht« kommen. Wenn aber eine Frau ihren »wehrlosen Zustand« geltend machte, sollte etwa nach Wulffens Empfehlung der Tatort in Augenschein genommen und der Hergang des Verbrechens nachgestellt werden, um »die Glaubwürdigkeit der Genotzüchtigten und die Möglichkeit eines Gewaltaktes zu prüfen«.[8] Der Gerichtsmediziner Strassmann dagegen akzeptierte die Ansichten Maschkas und anderer Kollegen nicht:

»Gewiss ist es dem Weibe möglich, durch Beckenbewegungen das Eindringen des Gliedes zu verhindern; es ist aber zu bedenken, dass nach anfänglichem Widerstand die Kräfte erlahmen und es so dem stärkeren Manne nach längerem Kampfe gelingen kann, den Widerstand zu überwinden (...). Heftiger Schmerz bricht den festesten Willen, zumal wenn er noch mit der lähmenden Wirkung des Schreckes bei plötzlichem Ueberfall verbunden ist.«[9]

Strassmann war einer der wenigen, die den Schreck und die Todesangst während einer Vergewaltigung erwähnten.[10] Maschka ging zwar auf die Wirkung des lähmenden Schrecks ein, ließ sie aber nur unter ganz bestimmten Umständen als glaubhafte Begründung für mangelnde Gegenwehr gelten. Werde sie, so erklärte er, von einem »jungen, unerfahrenen, unschuldigen Mädchen vorgebracht, geschah das Attentat an einem einsamen, entlegenen Orte von einem unbekannten Mann, so wird der Aussage wohl Glauben geschenkt werden können«.[11] Maschka rekurriert hier auf ein bestimmtes Bild der »Notzucht«, den Überfall durch einen Fremden an einem einsamen Ort. Dieses Bild findet sich auch vor Gericht wieder, wie ein Blick in die Akten zeigt. Von den hier untersuchten 29 Notzuchtsfällen ereigneten sich 21 auf einem Weg oder einer Straße, wobei sich Opfer und Täter in zehn Fällen gar nicht, in sieben Fällen nur flüchtig kannten. Bis heute ist dieser Topos des »stranger-behind-the-bushes-at-night« verbreitet.[12]

Vor Gericht sollte freilich nicht nur festgestellt werden, ob sich die Frau überhaupt gewehrt hatte. Entscheidend war die Frage nach der Ernsthaftigkeit des Widerstandes. Der Jurist Hugo Meyer schrieb in seinem Lehrbuch 1888: »Immer aber muß der Widerstand ein ernster sein, sodaß eine vis haud ingrata nicht ausreicht.«[13] Diese Äußerung erklärt sich aus einer bestimmten Sicht auf männliche und weibliche Sexualität, die zwei Bewertungen enthält, die eine bezüglich des männlichen, die andere bezüglich des weiblichen Verhaltens. Viele der hier zitierten Autoren gingen davon aus, daß Männer beim »Liebeswerben«[14] ebenso wie beim Geschlechtsverkehr selbst Gewalt anwendeten. Der Jurist Mittermaier erklärte 1906, es liege »in der Natur des Aktes, daß der Mann gegen die Frau Gewalt anwendet«.[15] Frauen wiederum reagierten nach diesem Bild mit einem scheinbaren Sträuben. Es gebe, konstatierte der Rechtsanwalt Bruno Meyer 1911, eine der Frau nicht unwillkommene Gewalttätigkeit seitens des Mannes, die allein deshalb zum Ziel führe, weil die Abwehr nur eine scheinbare sei und gar nicht erfolgreich sein solle.[16]

Noch weiter in dieser Argumentation ging der englische Sexualwissenschaftler Havelock Ellis, dessen Schriften um die Jahrhundertwende in Deutschland äußerst populär waren.[17] Er verwies in einem Text von 1903 auf den männlichen Sadismus:

»Wir müssen zugeben, dass eine gewisse Freude des Mannes an der Unterwerfung der Frau und den ihr zugefügten Schmerzen als ein Überbleibsel aus dem primitiven Liebesleben und als beinahe oder ganz normale Begleiterscheinung des männlichen Geschlechtstriebes zu betrachten ist.«

Allerdings, so schränkte Ellis ein, sei der normale, gesunde und ausgeglichene (also bürgerliche) Mann in der Lage, diese »Begleiterscheinung« seines Sexualtriebes in Schach zu halten. Dagegen sei es für den Mann nicht immer möglich zu unterscheiden, ob die Frau während des Geschlechtsverkehrs Schmerz oder Lust empfinde. Die »normalen Manifestationen des Geschlechtsgenusses beim Weibe« seien ihren Schmerzäußerungen sehr ähnlich.

»Die äusseren Anzeichen des Schmerzes, (...) Tränen, Schreie etc., (...) sind gar nicht sehr verschieden von den Ausbrüchen der höchsten sexuellen Extase, wenn das Weib den Mann beschwört, sie frei zu geben, was doch gerade das Gegenteil ihrer Wünsche ist.«[18]

Demnach neigte also der Mann »von Natur aus« dazu, der Frau beim Geschlechtsverkehr Schmerzen zuzufügen, während die Äußerungen der Frau während des »Liebesaktes« ihm oftmals ein Rätsel blieben. Hinzu kommt die Vorstellung vom ambivalenten Fühlen und Verhalten der Frau: Sie bitte den Mann, von ihr zu lassen, während sie in Wirklichkeit den Geschlechtsverkehr herbeisehne.

Der Unterschied zwischen männlichem und weiblichem Geschlechtstrieb war ein grundlegender Topos der entstehenden Sexualwissenschaft. Krafft-Ebing schrieb dem Mann »ein lebhafteres geschlechtliches Bedürfnis« zu als der Frau: »Dem mächtigen Drange der Natur folgend, ist er aggressiv und stürmisch in seiner Liebeswerbung.« Die »geistig normal entwickelt[e]« und »wohlerzogen[e]« Frau dagegen habe ein geringes sinnliches Verlangen. »Das Weib wird um seine Gunst umworben. Es verhält sich passiv.«[19] Havelock Ellis griff bei seiner Beschreibung der Unterschiede im Geschlechtstrieb auf die Sprache des Naturwissenschaftlers zurück. Damit waren die unterschiedlichen Verhaltensweisen von Mann und Frau aus der Natur erklärt und evolutionstheoretisch begründet:

»Der erste und deutlichste sexuelle Unterschied der Geschlechter ist durch die Passivität der Frau veranlaßt. (...) Unbewußt wird das Männchen angriffslustig, das Weibchen spröde, um in wirksamer Weise schließlich die Vereinigung der Geschlechter zustande zu bringen. Mit dem scheinbaren Widerstreben beabsichtigt das Weibchen nicht, die sexuelle Tätigkeit, sei es beim Männchen, sei es bei ihm selbst zu hemmen, es will vielmehr die sexuelle Tätigkeit damit verstärken.«[20]

Auch die Juristen waren von diesem Geschlechterunterschied überzeugt. So hieß es in einer Schrift des Rechtsanwalts Max Thal: »wie im gesamten Tierreich, so [ist] auch beim Menschen die Rolle des werbenden Teiles dem Manne, die Rolle des zu umwerbenden Teiles der Frau von der Natur selbst zugewiesen«. Der Mann kämpfe gegen seine Rivalen, dann »folgt der Kampf gegen die Frau mit Angriff und Abwehr, Belagerung und Übergabe, Sieg und Unterwerfung. Stets aber fällt hierbei normaler Weise die Rolle des Angreifers dem Manne, die Aufgabe, die Feste zu verteidigen, der Frau zu (...). Der Mann will erobern, die Frau sich erobern lassen«. Diese Rollenverteilung führe »zur Abwehr geschlechtlicher Attacken und Versuchungen« durch die Frau – eine Abwehr, die im allgemeinen nicht ernst gemeint sei. Sie gehöre zum Spiel der Geschlechter. Eine Frau, die sich sträube, übe auf den Mann die stärkere Anziehungskraft aus, eine, die »gleich auf den Rücken fällt«, werde dagegen mißachtet. »Aus tausend Formen der Versagung kann die echtere Frau deutlich genug die Gewährung erkennen lassen, und manch eine stammelt noch ein abwehrendes, rührend tiefes: ›Nicht doch!‹, wenn – alles schon vorüber ist.«[21]

Wie also sollte der Mann unterscheiden, ob eine Frau ihre Gegenwehr ernst meinte oder nur ihre Rolle besonders gut erfüllte? Erich Wulffen erklärte:

»Auch von den sogenannten ›anständigen Mädchen‹ erwartet der Mann bei seinem zudringlichen Liebeswerben einen gewissen passiven Widerstand. (...) ›Ein wenig Sperren und Zieren‹ des Weibes wird deshalb der Mann nicht für einen ernstlichen Widerstand (...) ansehen. Hier kommt alles darauf an, daß die Ernstlichkeit der Widerstandsleistung seitens des Weibes genügend zum äußeren Ausdruck gekommen ist. (...) Es bedarf in solchen Fällen einer sorgfältigen Erhebung und Würdigung der Beweise.«[22]

Für diese Beweisführung wurde zunächst geprüft, ob die Angegriffene sich tatsächlich bis zu ihrer endgültigen Überwältigung gewehrt hatte. Gab eine Frau ihre Gegenwehr nach einiger Zeit auf, konnte der Mann davon ausgehen, daß sie doch noch einwilligte. Mochte sie anfangs gebeten, geschrien und um sich geschlagen haben, mochte sie durch Schläge eingeschüchtert worden sein – es lag keine »Notzucht« vor, »wenn der anfängliche Widerstand der Angegriffenen in Einwilligung überging«.[23] Die Annahme, daß die Frau nach einiger Zeit ermattet, verängstigt oder entmutigt ihre Gegenwehr aufgegeben haben könnte, ohne mit dem »Beischlaf« einverstanden gewesen zu sein, ließen manche Autoren zumindest in der Theorie nur für einen Fall gelten: Wenn die »Einwirkung auf den Körper« so stark war, daß die Frau keine »freie Verfügung« mehr über ihren Körper besaß, war auch in den Augen der Juristen jeder Widerstand unmöglich.[24]

Nachdem festgestellt war, ob die Frau sich zur Wehr gesetzt hatte, wurde erhoben, ob sie den Täter anfangs ermutigt hatte und ob sie als bescholtene Person bekannt war. Dazu mußte der Richter die Umstände der Tat genau untersuchen und die Persönlichkeiten von Opfer und Täter sowie ihre Beziehungen zueinander vor und nach der Tat so weit wie möglich erforschen. In den überlieferten Gerichtsakten findet sich stets ein Zeugnis über den Leumund der Klägerin, das offenbar routinemäßig angefordert wurde. Einige der Beschuldigten verteidigten sich, indem sie die Sittlichkeit der Frau in Frage stellten und sie der Prostitution bezichtigten.[25] »Die Ernstlichkeit des Widerstands ist ein subjectives Moment und muß daher mit Rücksicht auf die Persönlichkeit der Gemißbrauchten behandelt werden«, merkte von Schwarze in seinem Kommentar zum RStGB an.[26] Zwar verlangte etwa Mittermaier, daß eine »bescholtene Person« oder eine Dirne nicht gesondert behandelt werden sollten, denn das führe »sicher zu den gemeinsten Einreden des Beschuldigten und zu den schikanösesten Untersuchungen«. Gleichzeitig meinte er aber: »Ob Gewalt bei einer Bescholtenen oder Dirne überhaupt vorlag, muß der Richter erwägen.«[27]

In jedem Fall konnte der Täter vor einer Anklage »bewahrt« werden, wenn er Anlaß hatte zu glauben, »daß das angebliche Opfer des Attentates seinen wenn auch stürmischen Werbungen nicht abhold gewesen sei«.[28] Wulffen führte das Beispiel einer 14jährigen Magd an, die von einem Knecht vergewaltigt worden war. Der Täter brachte zu seiner Rechtfertigung vor:

»die Kleinmagd habe bei schlüpfrigen Gesprächen gelacht, auf zotige Fragen geantwortet, sich an den Brüsten und Beinen begreifen lassen; er habe deshalb geglaubt, sie werde mit der Beischlafsvollziehung einverstanden sein, und ihr Sträuben nicht ernstlich aufgefaßt. Staatsanwalt und Richter können nicht umhin, dem Täter eine solche Auffassung der Sachlage zu glauben.«[29]

Dem Täter wurde also abgenommen, daß er das Mädchen gar nicht vergewaltigen wollte – obwohl er körperliche Gewalt angewendet hatte. Der Magd jedoch wurde unterstellt, daß sie mit dem Geschlechtsverkehr einverstanden war – obwohl sie sich offensichtlich widersetzt hatte. Die beobachteten und bestätigten Handlungen der Beteiligten waren nebensächlich, bewiesen werden mußte der hinter diesen Handlungen stehende »Wille«. Und der wiederum wurde »belegt« durch Interpretationen, die allein die männliche Perspektive in Betracht zogen und die auf Vorurteilen und

Alltagstheorien beruhten.[30] Bestimmte Verhaltensweisen führten dazu, daß eine junge Frau als leichtfertig galt. Wurde sie von den Zeugen vor Gericht entsprechend beschrieben, war es für sie schwierig, mit einer Anklage wegen »Notzucht« Erfolg zu haben. In einer der hier ausgewerteten Gerichtsakten wurde eine Magd als »gescherzig gegen Mannsleute« geschildert; über eine andere junge Frau äußerte ein Zeuge, sie solle »ein Luder« sein. In beiden Fällen betrachteten die Zeugen die Vorfälle nicht als »Notzucht«. Im zweiten Fall wurde der Täter verurteilt, der erste Fall gelangte jedoch nicht zur Anklageerhebung.[31]

Der beste Beweis für die Ernsthaftigkeit des Widerstandes war es, wenn die »Notzucht« nicht gelang, weil die Frau sich erfolgreich wehrte. In einem solchen Fall stellte sich jedoch die Frage, ob der Täter die Frau wirklich vergewaltigen, also zum Geschlechtsverkehr zwingen wollte. Dazu schrieb von Schwarze 1874:

»Häufig begegnet man dem, nicht unbedingt verwerflichen Einwande, daß diese Absicht nicht obgewaltet habe, vielmehr der Thäter gehofft habe, daß die Frau ihren Widerstand aufgeben werde, überhaupt den Widerstand nur zum Scheine leiste, um nicht als eine liederliche Dirne angesehen zu werden, welche sich dem an sie gestellten Verlangen sofort füge.«[32]

Mißlang die »Notzucht«, mußte demnach entschieden werden, ob ein Notzuchtsversuch vorlag oder ob der Täter freiwillig von der Vergewaltigung Abstand genommen hatte. In letzterem Fall lag lediglich der Tatbestand der gewaltsamen »unzüchtigen Handlung« vor. Dieses Delikt aber wurde milder bestraft als die »Notzucht«. Eine zusätzliche Strafmilderung konnte überdies eingeräumt werden, wenn der Täter nachweisen konnte, daß er die »berechtigte« Hoffnung gehegt hatte, die Frau werde seinen Zudringlichkeiten nachgeben.

Zum Begriff der Gewalt gehörte schließlich auch die Klausel der »Drohung mit gegenwärtiger Gefahr für Leib oder Leben«. Die Drohung galt als eine Form der psychischen Gewalt.[33] Wie die physische Gewalt, so mußte auch die Gefahr, mit der gedroht wurde, »unabwendbar« sein. Sie mußte vor allem größer sein als »die Schande (...), welche der Angegriffenen bereitet werden soll«. Wieder sollte die Entscheidung beim Richter liegen, ob die Gefahr groß genug gewesen sei, um eine Frau zum »Preisgeben ihrer Ehre« zu bewegen.[34] Von Schwarze schrieb hierzu:

»Eine Frau, deren höchstes Gut angetastet wird, wird, wenn sie den Widerstand ernstlich meint, nicht schon in jeder, sei es auch entfernteren Drohung einen ausreichenden Zwang finden; – das höchste Gut [ihre Ehre] kann ihr nur abgerungen sein, wie ihr ein andrer, schwerer Verlust angedroht wird, welchen sie augenblicklich nicht beseitigen kann.«[35]

Eine Frau, die keinen Widerstand geleistet hatte, konnte dies damit begründen, daß sie bedroht worden sei, doch die Einschränkung blieb bestehen, daß die Drohung eine Nichteinwilligung brechen mußte, nicht ein nur scheinbares Widerstreben, »hinter welchem die Bedrohung willkommen geheißen wurde, um die Schmach des freiwilligen Waffenstreckens zu bemänteln.«[36]

Der Tatbestand der »Notzucht« war demnach nicht durch den Umstand gegeben, daß der Täter eine Frau angegriffen, daß er sie verletzt oder bedroht hatte (physisch wie psychisch), sondern durch den eindeutigen und ernsthaften Widerstand des Opfers. Es gab in der Vorstellung der Autoren außerdem eine »berechtigte« Anwendung von Gewalt. Diese Berechtigung war gegeben, wenn die Frau sich »entgegenkommend« verhielt oder ihre ganze Lebensführung und Persönlichkeit darauf hindeuteten, daß sie sexuell aktiv war. Hier kommt eine männliche Perspektive auf weibliche Sexualität zum Ausdruck. Eine Frau, die häufiger sexuelle Beziehungen einging, galt aus dieser Perspektive als wenig wählerisch bezüglich des Partners und jederzeit zum Geschlechtsverkehr bereit. Zugleich offenbart sich hier die Sicht bürgerlicher Männer auf die Sexualität anderer Schichten. So bezieht sich Wulffen explizit auf das »ländliche Milieu«, in welchem nach seiner Vorstellung die Menschen – auch die Frauen – eine aktive Sexualität lebten.[37] Seine Beispiele handeln dabei nicht von den dörflichen Oberschichten, sondern von Knechten und Mägden. »Daß ›anständige‹ Frauen die Initiative ergriffen und Männer zum Beischlaf verleiteten«, so Ute Frevert, »war für die Zeitgenossen undenkbar und unstatthaft – widersprach es doch dem liebevoll gepflegten Topos weiblicher Passivität und männlicher Aktivität.«[38] Dieser Topos bezog sich vor allem auf die bürgerliche Frau. So schrieb ein Arzt, daß Arbeiterinnen, Dienstmädchen und Frauen aus der ländlichen Bevölkerung einen ausgeprägteren Trieb besäßen als Frauen der höheren Klassen, bei denen Anlage, Erziehung und Intelligenz die Libido senken würden.[39]

Die von Mittermaier befürchteten schikanösen Untersuchungen[40] ließen sich bei der bis hierher skizzierten Definition der »Notzucht« gar nicht vermeiden. Die Annahmen bezüglich der weiblichen Sexualität führten zu großem Mißtrauen gegen vergewaltigte Frauen, die Prämissen bezüglich der männlichen Sexualität führten dagegen zu einer gewissen Nachsicht gegenüber den Tätern. Zur Debatte standen weniger das Verhalten und der Wille des Täters, als vielmehr das Verhalten und der Wille der Frau, ihre eventuelle Mitschuld.[41] Die Wortwahl der Juristen ist deutlich genug: Da ist die Rede von »angeblichen Opfern«, von »scheinbarem Widerstand«, vom »Liebes«werben seitens des Mannes, von *seiner* Auffassung der »Sachlage« und von seinem »nicht unbedingt verwerflichen Einwand«, er habe auf die Einwilligung der Frau »gehofft«. Die objektive Gewaltanwendung des Täters war noch kein Beweis, daß eine »Notzucht« vorlag. Männer mußten vor der (nach Meinung der Zeitgenossen oftmals fälschlichen) Anklage wegen »Notzucht« »bewahrt« werden, indem die »sorgfältige Erhebung und Würdigung der Beweise«, die Erforschung der Persönlichkeiten und ihrer Beziehung zueinander unbedingt zu leisten waren, um eine Mitschuld der Frau auszuschließen. Den Angaben der Frau aber mußte »mit Mißtrauen begegnet« werden. Kein Wunder also, daß die wenigsten Anzeigen wegen »Notzucht« zur Anklageerhebung führten.[42]

Hinzu kam die oft geäußerte Befürchtung, Männer könnten von Frauen mit einer Anzeige wegen »Notzucht« erpreßt werden. Viele Juristen führten als Begründung für die strenge Definition der »Notzucht« und die genaue Prüfung der Umstände den Schutz bürgerlicher Männer an.[43] Mittermaier bildete hier eine Ausnahme. Er erwog zwar die Möglichkeit der Erpressung, schränkte jedoch ein, daß diese bei der »Notzucht« nicht größer sei als bei vielen anderen Delikten. Im großen und ganzen befand er die Erpressungsgefahr bei den Sittlichkeitsdelikten als unerheblich, denn: »im Leben ist doch immer die Frau (...) den Geschlechtsangriffen stark ausgesetzt, und in der Rechtsprechung wird selten ihr alleiniges Zeugnis genügen.«[44] Womit er eine seltene Scharfsicht auf das Geschlechterverhältnis und die Rechtspraxis seiner Zeit bewies.

Die Definition des Gewaltbegriffs im Paragraphen 177 engte den Tatbestand der »Notzucht« stark ein – viele Formen sexueller Gewalt waren nicht strafrechtlich verfolgbar. Anders herum läßt sich sagen, daß Männern ein großer Spielraum blieb, sexuelle Handlungen von Frauen zu erzwingen oder an Frauen zu verüben. Daraus läßt sich nicht der Schluß ziehen, daß heterosexuelle Beziehungen grundsätzlich von Gewalt geprägt waren oder daß Gewalt als legitimes Mittel zur Erlangung sexueller Befriedigung für den Mann angesehen wurde. Doch waren die Positionen und Rollen der Geschlechter innerhalb der Gesellschaft wie innerhalb der persönlichen Beziehungen ideologisch fixiert. Der Mann war der aktive, handelnde Part, die Frau gab ihm grundsätzlich nach, ließ sich von ihm leiten und führen – auch im Sexualleben.[45] In diesem Sinne gehörte ein gewisses Maß an Aggressivität und Gewalt zum männlichen Verhaltensrepertoire. Die Rolle der Frau im Spiel der Geschlechter war die der Verteidigerin. Es war nicht die Sache des Mannes zu unterscheiden, ob die Frau vor Verlangen bebte oder vor Angst zitterte. Es war die Sache der Frau, ihre »Geschlechtsehre« mit allen Mitteln zu verteidigen, und damit konstituierte in erster Linie ihr Verhalten den Tatbestand der »Notzucht«.

2. »Beischlaf« und »Geschlechtslust«

Der »Beischlaf« war Tatbestandsmerkmal der »Notzucht«, die Befriedigung oder Reizung der »Geschlechtslust« als Motiv konstituierte den Tatbestand der »unzüchtigen Handlungen«.[46] Im allgemeinen wurde unter dem »vollendeten Beischlaf« die »Vereinigung der Geschlechtsteile« verstanden, genauer: »ein wirkliches Eindringen des männlichen Gliedes in die weibliche Scheide«.[47] Dabei mußte es jedoch nicht unbedingt zur Entjungferung oder zum Samenerguß kommen. Die gängige Formel zur Benennung des vollendeten Geschlechtsverkehrs in der Gerichtsmedizin war Ende des 19. Jahrhunderts der Terminus »immissio penis«, während in früheren Jahren mitunter die »immissio seminis« verlangt wurde, das Eindringen des männlichen Samens.[48] Um die Penetration festzustellen, führten die Richter ausgiebige, detaillierte Verhöre mit vergewaltigten Frauen und Mädchen. Gefragt wurde, besonders bei jungen Mädchen, ob es zum Samenerguß gekommen sei und ob das Opfer Schmerzen verspürt oder gar geblutet habe. Man versuchte sogar herauszufinden, wie tief der Penis eingedrungen war. Wenn er etwa nur bis in den »Scheidenvorhof« gelangt war, konnte das Gericht statt auf »Notzucht« auf Notzuchtsversuch erkennen.[49]

Es mag aus heutiger Sicht befremdlich wirken, daß so genau über den Grad der Penetration, über die Frage, wann der »Beischlaf« und damit die »Notzucht« vollendet sei, nachgedacht und -geforscht wurde. Der Schluß liegt nah, daß sich hier die Fixierung auf diese Form männlich zentrierter Sexualität ausdrückt. Freilich ist dies nicht der einzige Gesichtspunkt. Da die »Notzucht« vor allem wegen der Verletzung oder Vernichtung der weiblichen »Geschlechtsehre« strafbar war,[50] mußte abgewogen werden, wann die Ehre der Frau verletzt oder zerstört wurde: mit dem Mißbrauch zur geschlechtlichen Befriedigung? mit der Defloration? oder erst mit der Möglichkeit der unehelichen Schwängerung (immissio seminis)? Erneut zeigt sich eine männliche Sicht, die das Faktum des körperlichen Schmerzes der Frau ausblendete: Wenn der Mann sein Glied nur bis in den Scheidenvorhof einführte, konnte dies für die Frau ebenso schmerzhaft sein wie ein vollständiges Eindringen, von Empfindungen wie Demütigung und Angst gar nicht zu reden. Andererseits jedoch bot die unklare Definition des »Beischlafs« den betroffenen Frauen mitunter eine Möglichkeit zur Wahrung ihrer Ehre. Sie selbst konnten definieren, ob der Täter den »Beischlaf vollzogen« hatte, und so manche Frau verneinte dies, obwohl es zu einer Penetration gekommen war.[51]

Auch das Tatbestandsmerkmal der »Geschlechtslust« bei den »unzüchtigen Handlungen« war Anlaß für Auseinandersetzungen und Definitionsversuche. Laut Definition des Reichsgerichts gehörte zur »unzüchtigen

Handlung« die »wollüstige Absicht« des Täters, während einige Autoren meinten, die »geschlechtliche Richtung« und die Verletzung des »geschlechtlichen Schamgefühls« seien entscheidend.[52] Oppenhoff schrieb in seinen Kommentaren sowohl zum Preußischen StGB von 1851 als auch zum RStGB: »es bedarf daher der Feststellung einer auf Befriedigung des Geschlechtstriebes und auf Vollziehung des Beischlafs gerichteten Absicht in keiner Weise«.[53] Weisbrod sah in diesem Sinne jede »unkeusche Berührung (...), die der weibliche Körper erfährt«, als »unzüchtige Handlung« an.[54] Der Jurist Fuld dagegen gab 1882 zu bedenken, daß bei einer zu weiten Auslegung jede »frivole Berührung eines weiblichen Körpers« eine »unzüchtige Handlung« im Sinne des Paragraphen 176 wäre.[55] Er plädierte dafür, daß »ein frecher Griff unter die Röcke eines Mädchens« als Beleidigung zu werten sei, nicht als ein »Verbrechen wider die Sittlichkeit«.[56] Es scheint dies ein recht offenherziger Versuch zu sein, gewisse Vorrechte der Männer zu verteidigen. Schließlich sollte nicht jeder Mann, der sich einen derben »Spaß« erlaubte, für mindestens sechs Monate hinter Gitter geschickt werden.

Eine genaue Klärung der Frage, wie die wollüstige Absicht des Täters zu beweisen sei, lieferten weder das Reichsgericht noch die Rechtsgelehrten. Da jedoch der »Beischlaf« in der Vorstellung der Autoren stets auf die Befriedigung der »Geschlechtslust« zielte, sollte in jedem Fall der Nachweis genügen, daß der Täter den »Beischlaf« vollziehen wollte. Daher wurde von den Richtern als erstes erhoben, wie nahe die Handlung dem Geschlechtsverkehr kam. Die Entblößung des Gliedes, das Berühren des weiblichen Körpers mit dem Penis, die Aufforderung an das Opfer, das Glied in die Hand zu nehmen – all dies waren wichtige Hinweise. Die wichtigsten Fragen an die Opfer, die in den hier untersuchten Gerichtsakten immer wieder gestellt wurden, waren, ob die Zeugin etwas Nasses gefühlt habe (ob also Samenerguß erfolgt sei) und ob sie Schmerzen verspürt habe (ob also der Täter versucht hatte, das Glied in die Vagina einzuführen). Davon abgesehen galt eine Berührung der äußeren Geschlechtsteile und erst recht das Einführen eines Fingers in die Scheide in der Rechtspraxis prinzipiell als »unzüchtige Handlung«. In den Urteilsbegründungen erklärten die Richter in solchen Fällen, daß ein Griff an die »Scham« nur dem einen Zweck dienen könne: der Erregung der eigenen und der »Geschlechtslust« des Opfers.[57]

Demnach war in der Rechtspraxis die Berührung des Körpers konstitutiv für den Tatbestand, wobei die Richter bei Berührung der weiblichen Genitalien durch den Täter oder des weiblichen Körpers durch die Genitalien des Täters eine »unzüchtige Handlung« als gegeben ansahen. Wenn der Täter die Schenkel statt der Genitalien berührt hatte, lag allenfalls der

Versuch einer »unzüchtigen Handlung« vor.[58] Dies bestätigt der Blick in die Akten. Konnte der Staatsanwalt dem Beschuldigten nur eine Berührung etwa der Beine oder des Bauches, zumal über den Kleidern, nachweisen, kam es zu keiner Anklageerhebung.[59]

Sowohl bei der »Notzucht« als auch bei den »unzüchtigen Handlungen« wurde also vorausgesetzt, daß das Motiv des Täters die »Geschlechtslust« sei. Damit wurden diese Handlungen als Spielarten der Sexualität definiert, abweichend zwar, strafbar, pervers, aber – im Falle der »Notzucht« – nur schwer zu unterscheiden von »normaler«, erlaubter Sexualität. Dadurch wurde die Annahme gestützt, daß eine Vergewaltigung oder eine »unzüchtige Handlung« das Opfer sexuell erregen könne.[60] So schrieb Mittermaier, daß »unzüchtige Handlungen« »die Geschlechtslust auch in dem Weibe wachrufen müssen«.[61] Strassmann zitierte 1895 einen älteren Kollegen, bei dem diese Vorstellung besonders makabre Blüten trieb. Jener Autor hatte 1848 von einer »Notzucht« berichtet, in deren Verlauf das Mädchen getötet worden war. Der Täter hatte sie erstickt, als er ihr Mund und Nase zuhielt:

»Wenn der Autor in diesem gewiss nicht dazu angethanen Falle ›in der Physiognomie deutlich jene Verzückung oder Extase ausgesprochen fand, die beim Coitus einzutreten pflegt‹ und meint, ›es lag in ihr der Ausdruck der höchsten Geschlechtslust‹, so dürfte seine Phantasie wohl über die nüchterne Beobachtung gesiegt haben.«[62]

Bis heute ist die Verquickung von Vergewaltigung und Sexualität nicht aufgelöst, bis heute wird die Vergewaltigung erotisiert, und bis heute hält sich die Vorstellung, Vergewaltigung sei eine Art »Sex«. Heute jedoch kann eine betroffene Frau ihre Erfahrung in Worte fassen wie diese: »there is no ›sex‹ in rape. There is only pain – traumatic, physical pain«.[63] Diesen Schmerz haben sicher auch die Frauen der Jahrhundertwende empfunden. Doch das Kriterium der »Geschlechtslust« und die Annahme, eine Frau leiste dem Mann oft nur zum Schein Widerstand, sind Indizien dafür, daß für diesen Schmerz, für die weibliche Erfahrung sexueller Gewalt, im juristischen Diskurs des 19. und frühen 20. Jahrhunderts kein Raum war.[64] Allzu fest waren bestimmte Topoi hinsichtlich der Geschlechtsrollen und -charaktere im Denken der Rechtsgelehrten verankert. Was sie äußerten, der Diskurs, aus dem das Sexualstrafrecht des Kaiserreichs entstand, das im übrigen bis in die 1970er Jahre nahezu unverändert blieb, war Teil eines umfassenden Diskurses über Männer und Frauen, über männliche und weibliche Sexualität und über das Geschlechterverhältnis insgesamt.

3. Der »außereheliche Beischlaf«

Ein weiteres Tatbestandsmerkmal der »Notzucht« war der *außereheliche* Geschlechtsverkehr. Eine »Notzucht« in der Ehe gab es demnach im Strafrecht nicht. Nur bei gewaltsamen »unzüchtigen Handlungen« konnte eine Frau ihren Ehemann verklagen. Gemeint waren hier »widernatürliche« Sexualpraktiken, insbesondere Anal- und Oralverkehr.[65] »Doch wird man sehr genau überlegen müssen«, so die Ansicht Mittermaiers, »was denn eigentlich als ›Unzucht‹, d.h. die Sittlichkeit verletzend in der Ehe gilt; die Frage ist der Rechtsprechung zu überlassen.«[66] Dies meint konkret, daß im Einzelfall der Richter entscheiden müsse, ob die Klage einer Ehefrau berechtigt sei. Den Richtern aber wurde in solchen Fällen Vorsicht angeraten. Wenn Ehefrauen ihre Männer wegen »widernatürlicher Unzucht« verklagten, schien Mißtrauen angebracht. Der französische Gerichtsmediziner Tardieu schilderte 1860 einen Fall, in welchem er die Klägerin zu untersuchen hatte. Es habe sich herausgestellt, »dass er [der Ehemann] in der Begehrung unersättlich sei und dem Liebeswerke auf etwas brutale Weise obliege; von einer widernatürlichen Befriedigung war gar keine Rede«.[67] »Etwas brutal« durfte ein Ehemann demnach sein, der Frau blieb in solchem Fall keine Möglichkeit, rechtlich gegen ihn vorzugehen.

Eheliche Sexualität sollte vor dem direkten staatlichen Zugriff geschützt bleiben. Überdies war die Frau zum Geschlechtsverkehr mit ihrem Mann verpflichtet, die Versagung der »ehelichen Pflicht« war ein Scheidungsgrund. Dies galt zwar für beide Geschlechter, doch die zivilrechtliche Stellung der Frau in der Ehe implizierte, daß die Frau dem Mann zu Gehorsam verpflichtet war und nicht umgekehrt.[68] Daß sexuelle Gewalt in der Ehe nicht selten war, läßt sich zum Beispiel aus folgender Bemerkung der Ärztin Fischer-Dückelmann aus dem Jahr 1903 schließen:

> »[Die Ehe] ist nicht ein Bequemlichkeitsinstitut für den Mann (...) zur sexuellen Befriedigung (...). Nicht nur das Verlangen des Mannes im Geschlechtsverkehr sei maßgebend, sondern das ihre im gleichen Masse. (...) Nie aber gelte die Forderung des Ehemannes, dem sich die Frau nur klagend fügt, wie wir es in deutschen Ehen auch bei Gebildeten oft in brutalster Form finden.« – »Es giebt keine ›eheliche Pflicht‹ und für das Weib allein geschaffen vor dem Richterstuhle der Moral und Vernunft, und es giebt auch keinen ›Herrn‹, der über ihre Seele und ihren Leib zu gebieten hätte.«[69]

Die Juristen jedoch sahen keinen Bedarf, den Notzuchtsparagraphen auf den erzwungenen ehelichen Geschlechtsverkehr auszuweiten. Sie waren der Ansicht, daß Ehefrauen durch andere Paragraphen vor gewalttätigen Ehemännern geschützt wären. Von Liszt schrieb 1899 bezüglich des Paragraphen 176,1, der im Gegensatz zum Paragraphen 177 nicht auf außereheliche »unzüchtige Handlungen« begrenzt war:

»Daß die Ehefrau der Roheit des Gatten (...) schutzlos preisgegeben sei, darf nicht behauptet werden; jede Berechtigung ist an gewisse Schranken gebunden, deren Überschreitung das Recht zum Unrecht stempelt. Anders als bei der eigentlichen Notzucht, bei welcher das Gesetz ausdrücklich außerehelichen Beischlaf verlangt; doch kann auch hier immer noch strafbare Nötigung vorliegen.«[70]

Bis heute ist die Vergewaltigung in der Ehe ein umstrittenes Thema, erst nach umfassenden Debatten und unter großen Vorbehalten wurde sie 1996 als Tatbestand ins Strafrecht aufgenommen. Bereits 1907 führte der Jurist Dorn Bedenken an, die ähnlich auch in den 1990er Jahren gegen den Tatbestand der Vergewaltigung in der Ehe erhoben wurden: »Lediglich die Rücksicht auf die Intimität der Ehe und der Grundsatz, nur in dringenden Fällen zu Strafdrohungen zu schreiten, rechtfertigt die Straflosigkeit dieser Fälle.«[71] Die Ehe, Grundpfeiler der bürgerlichen Gesellschaft, sollte als »rechtlich geschützter Innenraum der Privatheit«[72] bestehenbleiben.

III. Rechtsgüter: Schutz der bürgerlichen Gesellschaft

1. »Notzucht«: Weibliche Ehre, geschlechtliche Freiheit, Ehe

Je nach ihrer rechtstheoretischen Einstellung nannten die Juristen unterschiedliche »Rechtsgüter«, welche die Strafbarkeit der »Notzucht« begründeten. Die Frage, ob die Interessen des einzelnen oder die der Allgemeinheit im Vordergrund stehen müßten, war dabei ebenso wichtig wie in der allgemeinen rechtsdogmatischen Auseinandersetzung um die »Rechtsgüter«. Im Kern ging es darum, welches Recht und welches Interesse der Staat habe, in das »geschlechtliche Leben« des einzelnen einzugreifen. In den Strafgesetzbüchern aus der ersten Hälfte des 19. Jahrhunderts, die aus der Kritik der Aufklärung am frühneuzeitlichen Recht hervorgegangen waren, das auch den konsensuellen außerehelichen Geschlechtsverkehr als »Unzucht« bestraft hatte, wurden die »Notzucht« und die »Schändung« mitunter den Freiheitsdelikten zugeordnet. Der Angriff auf die Einzelperson war der wichtigste Gesichtspunkt.[1] Nach und nach trat jedoch die staatliche Regulierung der Sexualität in den Vordergrund. Im preußischen Entwurf von 1845 wurden die »Verbrechen gegen die Sittlichkeit« zu den »Delikten gegen die Allgemeinheit« gestellt. Dem lag die Auffassung zugrunde, »daß hier wichtige geistige Interessen des Staates wie die öffentlichen Sitten, die Heiligkeit der Ehe und die Reinheit der Familienverhältnisse betroffen seien«.[2]

Im RStGB waren alle »geschlechtlichen Delikte« zu einer Gruppe zusammengefaßt. Sie verstießen nach Auffassung der meisten Juristen nicht nur gegen Rechtsgüter, »über die nur der einzelne weitgehend frei verfügt – Freiheit, Ehre, Vermögen, auch Gesundheit und Körperintegrität«. Die Sittlichkeit sei vielmehr ein Rechtsgut, dessen Träger zwar der einzelne sei, dessen Verletzung aber auch andere gefährde, »so daß der Staat (...) für die Erhaltung seiner Integrität auch ohne Zutun seines Trägers sorgen muß«.[3] Die »Sittlichkeit« wurde zum staatstragenden Element. Dies führte dazu, daß 1876 die Paragraphen 176 und 177 von Antrags- in Offizialdelikte umgewandelt, fortan also von Amts wegen auch ohne Strafantrag verfolgt wurden.

Von Liszt, der als wesentliche Aufgabe des Staates die Erhaltung der Individuen und des Gemeinschaftswesens sowie den Schutz der Lebensbedingungen nannte, sah die persönliche Freiheit als ein wesentliches durch den Tatbestand der »Notzucht« geschütztes Rechtsgut: »Die geschlechtliche Sittlichkeit, d.h. die Einhaltung der durch die jeweilige Sitte dem geschlechtlichen Verkehr gezogenen Schranken, ist kein um seiner selbst willen geschütztes Rechtsgut der Gesamtheit.« Der Staat widme dem außerehelichen »Geschlechtsleben« seine Aufmerksamkeit nur, wenn und soweit es in den Rechtskreis einzelner verletzend oder gefährdend eingreife, insbesondere bei Verletzung der »freien Selbstbestimmung über den geschlechtlichen Verkehr«:

»ein eigenartiges, mit dem Rechtsgute der Freiheit nahe verwandtes Interesse, welches aber wegen der sozialen Bedeutung des Geschlechtslebens auch mit der Ehre, wegen dessen physiologischer Wichtigkeit (insbesondere für das Weib), auch mit der körperlichen Unversehrtheit in nächsten Beziehungen steht.«[4]

Während von Liszt hier die Ehre im Grunde gleichrangig neben den Schutz der persönlichen Freiheit stellte, verlieh Mittermaier dem Aspekt der Ehre eine geringere Bedeutung. Er war der Ansicht, »daß die geschlechtliche Freiheit zu schützen ist, d.h. die freie Selbstbestimmung über das eigene Geschlechtsleben«.[5] Aus diesem Grunde kritisierte er, daß Gewalt gegen die »Frauenehre« zu den Sittlichkeitsdelikten gezählt, mit Gewalt vorgenommene sexuelle Handlungen an einem Mann oder an einer Prostituierten dagegen zu den Freiheitsdelikten gerechnet und lediglich als Nötigung betrachtet wurden. Wenn die Verletzung der geschlechtlichen Freiheit der Hauptgesichtspunkt wäre, argumentierte Mittermaier, dann müßten die Paragraphen 176,1 und 177 geschlechtsneutral formuliert sein. Entsprechend hatte das Bayerische StGB von 1813 die »Notzucht« auch auf den Mann bezogen, da sie nach Feuerbach das Recht auf die »freie Disposition über den Körper« verletzte.[6] Doch bereits im Entwurf von 1831 wurde der Artikel 228 allein auf die Frau als Opfer bezogen. Die Begründung dafür lieferte Wächter in seinen Abhandlungen von 1835: »Die Verletzung der weiblichen Geschlechtsehre gibt den wahren Gesichtspunkt bei der Nothzucht.«[7] In der zweiten Hälfte des 19. Jahrhunderts schließlich wurde zwar das Rechtsgut der geschlechtlichen Freiheit häufig genannt, jedoch stets verknüpft mit der »Geschlechtsehre« als dem »höchste[n] Gut« der Frau.[8]

Ehre war im 19. Jahrhundert noch immer ein zentraler Begriff, wobei unterschieden wurde zwischen innerer und äußerer, bürgerlicher und adeliger, männlicher und weiblicher Ehre.[9] Dazu schrieb die Frauenrechtlerin Marie Raschke 1897:

»Während die männliche Ehre sich hauptsächlich nach dem Berufe bemißt und ein Ausfluß des bürgerlichen Sonderrechts des Mannes ist, wurzelt nach den willkürlichen Einrichtungen unserer Zeit, welche der Frau jede bürgerliche Ehre versagen, die weibliche Ehre hauptsächlich im Geschlecht.«[10]

Die Ehre einer Frau beruhte auf ihrer »geschlechtlichen Integrität«, auf ihrem Verzicht auf vor- und außereheliche sexuelle Beziehungen. Sie war das Kapital, das die Frau mit in die Ehe brachte.[11] Die »Geschlechtsehre« war jedoch nicht mit der Jungfräulichkeit gleichzusetzen. Der Arzt Hermann Rohleder bezeichnete 1907 als »Geschlechtsehre« der Frau zwar ihre »sexuelle Intaktheit«, erklärte jedoch, daß damit nicht zwangsläufig die Jungfräulichkeit gemeint war, sondern das Recht der Frau, »sich nur dem Manne hingeben zu brauchen, den sie liebt bzw. dem sie will«. Dieses Recht müsse unbedingt gesetzlich geschützt werden.[12]

Wie Rohleder versuchten viele Juristen, die »Geschlechtsehre« von der Jungfräulichkeit, sprich der Unversehrtheit des Hymens, zu entkoppeln – ein Unterfangen, bei dem sie sich oftmals in Widersprüche verwickelten. Das Konzept der »Geschlechtsehre« und die damit einhergehende Stilisierung der Jungfräulichkeit zum wertvollsten Gut der Frau vor der Ehe ließen sich nicht widerspruchsfrei mit dem Konzept der freien Verfügung über den eigenen Körper vereinbaren. Eine weit gefaßte, vom Merkmal der Jungfräulichkeit völlig gelöste und überdies geschlechtsneutrale Definition der »Geschlechtsehre« gab Karl Binding in seinem Lehrbuch von 1902:

»Das Rechtsgut der Geschlechtsehre besteht in einem Dreifachen: in der Regelung des eigenen Geschlechtslebens innerhalb der Schranken von Recht und Sitte; ferner darin, auch nicht als Objekt oder Werkzeug fremder Wollust gedient zu haben; endlich darin, nicht behufs Erregung, Steigerung oder Befriedigung des Geschlechtstriebes fremde Geschlechtsehre verletzt zu haben.«[13]

Als »Objekt fremder Wollust« gedient zu haben, war in Bindings Augen eine Entwürdigung. Eine ähnliche Sichtweise formulierte 1852 der Gerichtsmediziner Johann Casper. Er sprach von einem »empörenden Attentat auf die Würde des Menschen (...), der hier zur Sache herabgewürdigt wird, die ein Anderer, in seinem Nutzen, gebraucht«.[14] Der Jurist Hälschner schrieb 1884: »Wer eine andere Person als Mittel zur Befriedigung der Geschlechtslust behandelt, vergeht sich ohne Zweifel in schwerer Weise an der Ehre derselben.«[15] Diese Definitionen lassen den Aspekt der Gewaltanwendung in den Hintergrund treten. Das Verwerfliche der »Notzucht« ebenso wie anderer Formen sexueller Gewalt wäre nach dieser Sichtweise, daß der Täter eine andere Person zum »Objekt« degradierte, »benutzte« oder »gebrauchte«. In diesem Falle wäre das Opfer des eigenen Willens und damit seiner »Subjektivität«, seiner Menschlichkeit schlechthin beraubt. Diese Definition der »Geschlechtsehre« war deutlich noch der Aufklärungsphilosophie verpflichtet. Das Ideal des freien Willens, der den Menschen erst zum Menschen machte, blieb im juristischen Diskurs bis ins 20. Jahrhundert ein zentraler Topos, insbesondere in der Debatte um die Zurechnungsfähigkeit. Doch die Gleichsetzung der Ehre mit der Würde des Menschen als Subjekt setzte sich im Diskurs über die »Notzucht« ebenso wenig durch wie Feuerbachs Auffassung vom Recht auf die freie Disposition über den Körper. Beide Perspektiven hätten zu einer geschlechtsneutralen Formulierung der Paragraphen 176,1 und 177 führen müssen.

Die meisten Juristen vertraten jedoch die Ansicht, daß zwischen der »Geschlechtsehre« der Frau und der Ehre des Mannes ein großer Unterschied zu machen und die »sittliche Freiheit« der Frau von besonderer Wichtigkeit sei.[16] Aus diesem Grunde konnte nur eine Frau Opfer einer »Notzucht« werden, da bei ihr, wie Weisbrod formulierte, »die ganze Persönlichkeit, ja das ganze Lebensglück (...) eine schwere Verletzung erleidet, dass ihre Ehre in einem Grade geschändet wird, von dem bei dem Manne in ähnlicher Lage nicht die Rede sein kann«.[17] Die Auffassung, daß der »Geschlechtsehre« der Frau besondere Bedeutung zukomme, schrieb eine doppelte Moral fort und definierte die Frau als Opfer per se. Die »Notzucht« galt als »furchtbares Schicksal« für die Frau.[18] Die Identität der Frau wurde unlösbar mit ihrer Sexualität verknüpft. Dem Mann aber wurde Macht über die Sexualität der Frau und damit über ihre Identität zugewiesen. Eine Macht, deren Mißbrauch wohl unter Strafe gestellt wurde, die aber gleichwohl eine allgegenwärtige Gefahr für die Frau darstellte. Indem der größte Verlust der Frau bei einer Vergewaltigung ihre Ehre war, mit deren Verlust ihr das »Lebensglück«, die soziale Identität genommen wurde, waren die Machtverhältnisse zwischen den Geschlechtern in sexueller Hinsicht klar definiert: Sexuelle Gewalt wurde zur ständigen Bedrohung für Frauen. Sie waren gehalten, um jeden Preis ihre »Geschlechtsehre« zu schützen, was implizit bedeutete, gefährliche Orte und Situationen tunlichst zu meiden.

Dies war keineswegs eine neue Entwicklung, auch in der frühen Neuzeit gab es das Konstrukt der weiblichen Ehre, durch die das Verhalten von Frauen wesentlich beeinflußt wurde. Bereits im 16. Jahrhundert war »weibliche Ehre« ein zentraler Bestandteil der Geschlechtsidentität von Frauen. Sexuelle Beziehungen bedeuteten für Frauen stets ein Moment der Bedrohung und Gefährdung ihres sozialen Status.[19] Ende des 19. Jahrhunderts wurden sexuelle Beziehungen für Frauen gar als lebensgefährlich konstruiert. Die Mythen um Jack the Ripper etwa, die seit Ende der 1880er Jahre kursierten, waren Ausdruck und Mittel von *gender conflicts*, an deren Ende die Aufteilung des öffentlichen Raums stand.[20] Ebenso wurde im wilhelminischen Deutschland um Bewegungsfreiheit vor allem im städtischen Raum gerungen. Dies verdeutlichen die Worte der Frauenrechtlerin Minna Cauer aus einem Artikel in *Die Frauenbewegung* von 1902:

»Die absolute Rechtlosigkeit der Frau auf Straßen und Plätzen, sobald das nächtliche Dunkel jeden Insult gegen sie seitens eines feigen Mannes deckt, ist noch so tief im Volksbewußtsein eingewurzelt, und wird durch unsere gesellschaftlichen Zustände...so sehr unterstützt, daß noch Jahrzehnte vergehen werden, bis man sich daran gewöhnt, der weiblichen Steuerzahlerin auch nächtlicher Weile die ungehinderte Mitbenutzung der öffentlichen Verkehrswege...zu überlassen.«[21]

Neben den auf die Einzelperson bezogenen Rechtsgütern der geschlechtlichen Freiheit und der »Geschlechtsehre« stellten einige Juristen die Ehe als Rechtsgut in den Mittelpunkt ihrer Betrachtungen über die Sittlichkeitsdelikte. Die »Notzucht«, so Weisbrod 1891, beschränke nicht nur die persönliche Freiheit der Frau, sondern gefährde die Ehe selber in deren Grundlagen: »erst dann greift der Staat zu härteren Strafen, durch die er aber nicht das geschändete Weib allein, sondern sehr viel mehr sich selbst zu schützen die Absicht hat«.[22] Die Ehe bildete nach Weisbrods Ansicht neben dem Eigentum die Basis des Staates.[23] Ebenso sah Berner 1871 in der »Notzucht« und anderen Sittlichkeitsdelikten ein Verbrechen gegen das »ethische Eheprinzip«, das der Staat im eigenen Interesse strafen müsse. Wie weit er dabei gehe, hänge »davon ab, wie weit der Staat der geschlechtlichen Reinheit zur Aufrechterhaltung des staatlichen Ganzen und der bürgerlichen Ordnung bedarf.« – »Das ethische Eheprincip setzt die natürlichen Verhältnisse des Geschlechtes voraus«, daher stelle sich die Abirrung vom Eheprinzip als stufenweise Entfernung von der Natur dar: von der »nicht naturwidrigen Unzucht« über die »unfreiwillige Schwächung« und »Notzucht« bis zur schlechthin »naturwidrigen Unzucht«.[24] Weisbrod betonte, daß das »gesunde Familienleben«, die Grundlage des Staates, nur in »sittengesetzmäßiger, normaler Ausübung des Geschlechtstriebes und in strenger Enthaltsamkeit von allen Verstößen hiergegen« bestehen könne.[25] Berner und Weisbrod stellten also den Schutz von Ehe und Familie und damit den Schutz des Staates in den Vordergrund.

Die »Notzucht« war demnach als Straftatbestand definiert, um den Staat zu schützen – die Ehe als dessen Grundpfeiler und die weibliche »Geschlechtsehre« als Garant für weibliches Wohlverhalten. Die Ehre bildete den »Talisman der Frau gegen das Verbrechen«[26] und die Voraussetzung dafür, daß die Frau den Hafen der Ehe erreichte und ihre Rolle innerhalb der bürgerlichen Gesellschaft erfüllte. Die Konzeption der »Geschlechtsehre« als wichtigstem zu schützenden Rechtsgut schloß viele Frauen von dem Schutz aus, den die Paragraphen 176,1 und 177 gewähren sollten. Da waren zunächst jene, die außereheliche sexuelle Beziehungen eingingen, vor allem Prostituierte, aber auch junge Frauen, die vor ihrer Heirat Beziehungen angeknüpft hatten. Zwar äußerten einige Autoren, daß auch Prostituierte und »bescholtene« Frauen nicht gegen ihren Willen zum Geschlechtsverkehr gezwungen werden dürften, doch hatten die Täter in solchen Fällen meist nur die Mindeststrafe zu gewärtigen – falls es überhaupt zur Verurteilung kam. Das Konzept der »Geschlechtsehre« war überdies ein weiterer Grund dafür, daß eine Vergewaltigung in der Ehe nicht als »Notzucht« galt: Der Ehemann konnte seiner Ehefrau durch den »Beischlaf« nicht die Ehre nehmen. So führten die Vorstellung von der weiblichen »Geschlechtsehre« und die enge Definition des Gewaltbegriffs dazu, daß ein Teil sexueller Gewalt von der strafrechtlichen Verfolgung ausgenommen war.

2. »Unzüchtige Handlungen an Kindern« und »Verführung«: Schutz der Kindheit und Jugend

Der Gedanke eines staatlichen und rechtlichen Schutzes von Kindern und die Idee, Kinder besäßen ein Recht auf angemessene Behandlung durch die Eltern, etablierten sich gegen Ende des 19. Jahrhunderts. In mehreren europäischen Ländern wurden Kinderschutzorganisationen ins Leben gerufen,[27] die Mißhandlungen von Kindern durch ihre Eltern anprangerten und Gesetze forderten. In England wurde auch der sexuelle Mißbrauch von Kindern innerhalb der Familie thematisiert, und als Endpunkt einer längeren Kampagne wurde 1908 der *Punishment of Incest Act* verabschiedet. Die in den 1880er Jahren in verschiedenen Städten (etwa in London und Liverpool) gegründeten *Societies for the Prevention of Cruelty to Children* (SPCC) setzten *cruelty men* ein, um in den Siedlungen der Arbeiter Fälle von Kindesmißbrauch aufzuspüren und geeignete Maßnahmen zu ergreifen. Sie reichten von Gesprächen mit den Eltern bis zur gerichtlichen Klage und der Einweisung des betroffenen Kindes in ein Heim oder eine Pflegefamilie. Bedenken gegen solche Eingriffe in die Rechte der Eltern (beziehungsweise des Vaters) und die Sphäre der Familie wurde mit dem Argument begegnet, Kinderschutz sei Schutz der Familie. Die nationale Verbesserung mußte in der Familie beginnen, und Kinder waren diejenigen, die das Familienleben der Zukunft beeinflussen würden.[28]

In den USA wurde 1874 in Massachusetts ebenfalls eine *Society for the Prevention of Cruelty to Children* gegründet, die für eine Trennung der Kinder von ihren Familien im Falle von Mißhandlungen oder der Gefahr des »moralischen Verderbs« eintrat.[29] In Frankreich und Belgien gab es seit den 1890er Jahren eine breite Bewegung, die sich für eine Gesetzgebung zum Schutz von Kindern und Jugendlichen einsetzte. Auch hier wurde eine Gesellschaft ins Leben gerufen, die mißhandelten Kindern helfen sollte, die

Société Royale des Enfants Martyrs. 1889 wurde in Belgien die Abschaffung der *puissance paternelle* beschlossen, 1898 ein Gesetz gegen Kindesmißhandlung eingeführt.[30] In Deutschland wurde durch die Strafgesetznovelle vom 19. Juni 1912 der Schutz von Kindern vor elterlicher Mißhandlung verbessert. Absatz 2 des Paragraphen 223a RStGB legte fest, daß eine qualifizierte Körperverletzung gegeben war, wenn eine noch nicht 18 Jahre alte oder gebrechliche oder kranke Person, die der Obhut des Täters unterstand und seinem Haushalt angehörte, durch diesen grausam oder boshaft mißhandelt wurde.[31]

Seit der Aufklärung wurde der Zeitraum der Kindheit in der Wahrnehmung der Menschen immer weiter ausgedehnt. Es ist sicher auch auf diese Entwicklung zurückzuführen, daß die Altersgrenze im Paragraphen 176,3 des RStGB schließlich auf 14 Jahre angehoben wurde.[32] Viele Autoren forderten gar die Anhebung auf 16 Jahre, bei der »Verführung«, dem Paragraphen 182, entsprechend von 16 auf 18 Jahre.[33] Die Zeit der erwachenden Sexualität wurde als besonders gefährlich angesehen. Mittermaier meinte, bei der Frage der Altersgrenze sei die Phase der geschlechtlichen Unerfahrenheit maßgebend, »die bei unserer Erziehungsart ja oft bei Mädchen sehr lange dauert«. Allerdings räumte er ein, daß in Arbeiterkreisen und auf dem Lande die sexuelle Reife und die ersten sexuellen Erfahrungen früher einsetzten als in den anderen Ständen, weshalb die Grenze nicht zu hoch angesiedelt werden dürfe.[34] Wulffen plädierte dafür, »im Interesse der sexuellen Evolution« das »Schutzalter« auf 16 Jahre zu setzen, da gerade in der Pubertät die Sexualität leicht irregeleitet werden könne.[35] Andere Autoren wollten die Altersgrenze eher herabsetzen oder flexibel halten. Bereits Haeberlin hatte 1848 die Frage erörtert, ob nicht die »Mannbarkeit« des Mädchens das Kriterium sein müßte.[36]

Mittermaier wandte gegen dieses auch Ende des Jahrhunderts noch aktuelle Argument ein, daß die Geschlechtsreife schwierig nachzuweisen sei. Er plädierte für eine feste Altersgrenze, die hoch genug sei, um die meisten noch nicht reifen Kinder zu schützen, die aber nicht zu hoch gesteckt sein dürfe. Das Argument, daß bei einer solchen Regelung auch der Verkehr mit »entwickelten Menschen« strafbar würde, wies Mittermaier zurück: Wenngleich ein halbwüchsiges Mädchen kein Kind mehr sei, sei es doch nicht vollständig entwickelt. Im Gegenteil: »Gerade in der Zeit des eben erwachten Geschlechtstriebes ist die Gefahr des Verderbens am größten und strenger Schutz daher am nötigsten.«[37] Diese Ansicht findet sich bereits in den Entwürfen von 1827 und 1831 für ein bayerisches StGB. In den Motiven hieß es als Begründung für die Ausdehnung des Schutzes auf Kinder (beiderlei Geschlechts) zwischen zwölf und 15 Jahren, »daß gerade die Jahre von 12 auf 15 die kritischsten sind, in denen unübersehbares

Unglück fürs ganze Leben für Familien und Generationen durch Ausschweifungen verbreitet wird«.[38] Auf ein letztes gängiges Argument für eine niedrige oder flexible Altersgrenze entgegnete schließlich Mittermaier: »Der Umstand, daß eben mannbar gewordene Mädchen selbst Anlaß zum Mißbrauch geben, darf ihren Schutz nicht beeinträchtigen.«[39] In eine ähnliche Richtung äußerte sich Wulffen: »So entschuldbar subjektiv häufig die an Schulmädchen verübten Sittlichkeitsverbrechen sein mögen, so schwer wiegt objektiv die Schädigung, welche sie bringen.« Daher müßten junge Mädchen in jedem Fall »vor zu frühen brutalen und widerwärtigen Angriffen bewahrt werden«.[40] Die Ansicht, daß junge Mädchen des öfteren ehrbare Männer verführten, war fest im Denken der Juristen verankert;[41] mit einem Anflug von Bedauern beharrten sie jedoch darauf, daß der Schutz der Jugend wichtiger war als das Verständnis für die Schwäche des männlichen Geschlechts.

Denn Jugendliche und Kinder wurden als besonders verletzlich wahrgenommen. Nach Mittermaiers Ansicht bedurften Kinder aufgrund ihrer körperlichen Unreife und ihrer sittlichen Schwäche eines besonderen Schutzes ihrer »geschlechtlichen Unversehrtheit«. Vor allem die körperliche Unreife lasse »bei jedem gesunden Menschen den geschlechtlichen Angriff auf Kinder als etwas Unnatürliches und Abscheuliches erscheinen« und setze beim Täter eine besondere Rohheit voraus, die »entschiedene Abwehr« erfordere.[42] Wegen ihrer noch unentwickelten Geschlechtsorgane trugen Kinder, so die gängige Ansicht, schwerere Verletzungen davon als bereits »mannbare« Mädchen. Daher verwiesen viele Autoren auf die »Gefährdung und sogar Zerstörung der körperlichen Integrität wie der Seelenreinheit und Sittlichkeit der mißbrauchten Person«.[43] Damit war neben dem körperlichen der seelische Schaden angesprochen, der vor allem in der Gefahr des moralischen Verderbens gesehen wurde. Wulffen schrieb, die körperliche Schädigung möge meist nicht so groß sein, »doch die nachteilige seelische Beeinflussung kann unabsehbare Folgen haben«, denn sie könne das Kind auf die Bahn der Prostitution und des Verbrechens lenken.[44] Das Kind könne durch die »unzüchtige Handlung« seine »Geschlechtsehre« verlieren, und zwar nicht allein durch die Defloration, wie ein Autor 1867 darlegte:

> »die gelegentlichen Eingriffe zerstören die Zeichen der Jungfrauschaft, das Innewerden der abscheulichsten Dinge gereicht einer jugendlichen Person männlichen oder weiblichen Geschlechts sicherlich nicht zur Empfehlung, und die Form der unverschuldeten Duldung mag gewesen sein, welche sie wolle, so steht guter Ruf und Lebensglück in nicht geringer Gefahr«.[45]

Doch ging es nicht nur um das Schicksal des einzelnen Kindes. Kinder wurden im 19. Jahrhundert zusehends als gesellschaftliches Kapital angesehen.[46] Im Zuge evolutionistischer und sozialdarwinistischer Anschauungen wurde immer wieder betont, daß die moralische und sittliche Erziehung der Kinder die Grundlage für die Höherentwicklung der Nation darstelle.[47] Für Sozialdarwinisten und bürgerliche Lebensreformer galt die Jugend »als einzige Hoffnung in einer zunehmend als krisenhaft und degeneriert erfahrenen Gesellschaft«.[48] Diese Wahrnehmung teilten die Zeitgenossen im Kaiserreich durchaus. Mittermaier stellte fest, daß »der Gedanke der Notwendigkeit absoluter Heilighaltung der Kinder« zusehends andere Aspekte verdränge.[49] Kinder wurden mit dem Zustand der Reinheit und Unschuld identifiziert, und diesen galt es zu schützen.[50] So schrieb Haeberlin bereits 1848, der Staat sei verpflichtet, »die Unschuld der Kinder gegen freche, unzüchtige Angriffe auf ihre Sittlichkeit durch Androhung schwerer Strafen zu schützen«.[51] Ein anderer Jurist formulierte diesen Aspekt 1870 noch eindeutiger: »das Verbrechen untergräbt ein Fundament des Staates«.[52] Die Kindheit und Jugend wurde mehr und mehr als zentraler Lebensabschnitt wahrgenommen, in dem die Weichen für die zukünftige Persönlichkeit gestellt wurden.[53] Und da Kinder die künftigen Staatsbürger waren, hatte der Staat ein genuines Interesse, diesen Lebensabschnitt zu steuern oder zumindest zu beeinflussen. Um die Jahrhundertwende mehrten sich Warnungen wie die Erich Wulffens: »Das sexuell verführte Kind verfällt leicht dem moralischen Verderben und gelangt auf die Bahn des Verbrechens. Deshalb hat der Kulturstaat die Unzucht am Kinde zu verbieten.«[54] Vergleicht man die Worte Haeberlins mit denen Wulffens, fällt auf, daß das Thema der kindlichen Unschuld um 1900 allmählich ambivalent wurde. Stand es bei Haeberlin noch im Mittelpunkt, stellte Wulffen 1910 den Aspekt des moralischen Verderbens heraus. Die kindliche Sexualität stellte eine Gefahr dar, die sich freilich nicht allein aus der leicht zu zerstörenden kindlichen Unschuld ergab. Manche Kinder forderten, wie es in einigen Schriften hieß, sexuelle Übergriffe selbst heraus und stürzten damit Männer, die der kindlichen Verführung nicht zu widerstehen vermochten, ins Verderben.[55]

Im Gegensatz zur »Notzucht« und zu den gewaltsamen »unzüchtigen Handlungen« an Erwachsenen bezog sich der Paragraph 176,3 nicht ausschließlich auf Opfer weiblichen Geschlechts. Auch Jungen konnten Opfer »unzüchtiger Handlungen« sein. Die Vermutung liegt nahe, daß hier vor allem der Verdacht der Homosexualität zur Strafverfolgung führte.[56] In der juristisch-medizinischen Literatur wurde auf Jungen als Opfer sexueller Ausbeutung allerdings fast gar nicht eingegangen.[57] Die hier zitierten Äußerungen beziehen sich fast ausschließlich auf Mädchen. Gefahr ging von der weiblichen Sexualität aus – für das persönliche Schicksal junger Mädchen und Frauen ebenso wie für die bürgerliche Gesellschaft und für einzelne Bürger.[58] Die wahrgenommene Gefährdung der Gesellschaft bestand vor allem im Verderben der weiblichen Jugend. Dabei finden sich wiederholt degenerationstheoretische und sozialdarwinistische Denkfiguren.[59] Die moralische Verderbnis, so impliziert eine Äußerung Wulffens, pflanze sich von Generation zu Generation fort, ebenso wie innerhalb der Generationen und innerhalb der Milieus. Als Trägerinnen dieser Infektion galten Mädchen und Frauen: »Ein einziges Mädchen, welches ein solches sexuelles Ereignis erlebt und weitererzählt, kann eine ganze Klasse von Mitschülerinnen psychisch anstecken.«[60]

Deshalb bedurfte die Sexualität der Mädchen eines zusätzlichen Schutzes durch die Definition der »Verführung« als Tatbestand. Freilich sollte dieser Schutz nicht pauschal von einer gesetzlichen Altersgrenze abhängen, sondern an bestimmte Bedingungen geknüpft sein. Im Paragraphen 182 des RStGB hieß es entsprechend:

»Wer ein unbescholtenes Mädchen, welches das sechszehnte Lebensjahr nicht vollendet hat, zum Beischlafe verführt, wird mit Gefängnis bis zu Einem Jahre bestraft. Die Verfolgung tritt nur auf Antrag der Aeltern oder des Vormundes der Verführten ein.«

Das entscheidende Tatbestandsmerkmal war hier die »Unbescholtenheit« des Mädchens. Aus diesem Grunde wurde die juristische Debatte zum Paragraphen 182 vorrangig um den Begriff der »Bescholtenheit« geführt.

Wiederum stellte sich den Zeitgenossen die Frage, ob »unbescholten« mit »jungfräulich« gleichzusetzen sei. Dies hätte, glaubt man den bürgerlichen Autoren, der im Bürgertum und den gehobenen Schichten vertretenen und gelebten Definition der »Unbescholtenheit« entsprochen. Ein bürgerliches Mädchen bewahrte demnach seine Jungfräulichkeit, bis es den Hafen der Ehe erreichte. Doch viele Autoren gaben zu bedenken, daß das Gesetz hier nicht für alle Schichten denselben Maßstab anlegen dürfe. In der gerichtlichen Praxis, so erklärte Weisbrod, gelte daher ein Mädchen, das keine Jungfrau mehr sei, noch nicht als »bescholten«, denn:

»Bescholtenheit im Sinne des Gesetzes deckt sich eben nicht mit dem, was die ›Gesellschaft‹ als bescholten bezeichnet, der Gesetzgeber ist in dieser Beziehung toleranter, indem er in Würdigung der in den unteren Volksklassen herrschenden Ansichten und Gepflogenheiten die Ehrbarkeit erst einem solchen Mädchen abspricht, welches nicht von persönlicher Zuneigung jene Gunstbezeugungen abhängig macht, sondern sich hierbei lediglich von ihrer Sinneslust bestimmen läßt.«[61]

Ein anderer Autor empfahl 1897, die Frage der »Bescholtenheit« im Einzelfall zu entscheiden – es sollte weder die Defloration noch »unzüchtiges Gebaren« gleichbedeutend mit »Bescholtenheit« sein: »Doch ist dabei auf die Anschauungen derjenigen Kreise Rücksicht zu nehmen, denen das Mädchen angehört.«[62] Die Überlegung, den Begriff der »Bescholtenheit« je nach Stand und Bildung des Mädchens unterschiedlich auszulegen, so daß er für niedere Stände ausgedehnter und für höhere Stände enger gefaßt sei, wurde allerdings größtenteils abgelehnt.[63]

Villnow konstatierte 1878, daß die meisten Juristen eine »einmalige Beischlafsvollziehung« noch nicht als »Bescholtenheit« ansähen.[64] Er selbst jedoch vertrat die gegenteilige Auffassung, ebenso wie Hälschner. Letzterer erklärte 1884, das Gesetz wolle das Mädchen davor schützen, »daß es in jugendlichem Leichtsinne seine jungfräuliche Ehre Preis gebe (...) weil der erste Fehltritt fortwirkend das sittliche Leben des Mädchens gefährdet«.[65] Nach dieser Auffassung war ein Schutz nicht mehr notwendig, wenn die Jungfräulichkeit nicht mehr bestand. Ein Mädchen konnte aber auch als »bescholten« gelten, ohne je Geschlechtsverkehr gehabt zu haben. Es komme auf die Erfahrung an, die das Mädchen eventuell durch Lektüre oder »Verkehr ohne Beischlaf« gemacht habe, erläuterte der Rechtsanwalt Max Alsberg 1910, denn das Gesetz schütze vor dem »arglistigen Mißbrauch der Unerfahrenheit und des Vertrauens«.[66]

Die Beweislast bezüglich der »Bescholtenheit« des Mädchens lag beim Angeklagten, wobei er nachweisen mußte, daß das Mädchen allgemein als »bescholten« gelte. Zur »Bescholtenheit« genügte der Nachweis »unsittlichen Verhaltens«.[67] Dazu meinte der Rechtsanwalt Bruno Meyer, es sei wohl ein leichtes für einen Mann, über ein Mädchen, auf das er es abgesehen habe, Gerüchte in die Welt zu setzen, damit sie als »bescholten« gelte. Meyer war allerdings überhaupt gegen den Paragraphen 182. Eine Erhöhung des »Schutzalters« auf 18 Jahre, wie sie ein Teil der Frauenbewegung forderte, sah er als Bevormundung der jungen Frauen an. Warum, so fragte er, solle man Mädchen nicht schon ab 16 Jahren für den Geschlechtsverkehr »freigeben«?[68]

Diese Äußerung offenbart ebenso wie Haeberlins Vorschlag, den »Schutz« mit der »Mannbarkeit« enden zu lassen,[69] wiederum eine männliche Perspektive, die sich offenbar über sechs Jahrzehnte nicht gewandelt hatte. Zugespitzt könnte man sagen, dahinter verberge sich der Wunsch, Männern freien sexuellen Zugriff auf möglichst viele junge Frauen zu ermöglichen: Die Mädchen sollten »freigegeben« werden, sobald sie »mannbar« waren. Man(n) gewahrte die erwachende Sexualität junger Mädchen, zog aber nicht in Betracht, daß diese Sexualität eine andere sein könnte als die eines erwachsenen Mannes. So wurde an keiner Stelle die Perspektive der Kinder und jungen Frauen in die Überlegungen einbezogen (einzig Meyer monierte eine »Bevormundung« der jungen Frauen). Entsprechend konnten nur der Vater oder der Vormund Strafantrag stellen, da die »Verführung« die »Familienehre« betraf.[70] Das Mädchen selber konnte weder eine Untersuchung verlangen noch den Strafantrag verhindern. Und so konnte es auch keine Rolle spielen, ob sie eine freiwillige Liebesbeziehung führte oder ihr der Geschlechtsverkehr aufgezwungen wurde – beides konnte sich hinter einer Verführungsklage verbergen.[71]

Die Sicht der »Verführung« als Verletzung der Familienehre ist das Relikt eines jahrhundertealten Ehr- und Unzuchtsdiskurses, der auch Ende des 19. Jahrhunderts noch viele Topoi und Denkfiguren lieferte. Neu dagegen war der Schutzgedanke, der vor allem von Frauen in den Mittelpunkt gerückt wurde. Viele Stimmen aus der Frauenbewegung forderten eine Erhöhung des Schutzalters auf 18 oder 21 Jahre.[72] Sie prangerten das »verantwortungslose Verhalten« von Männern an, die sich nicht scheuten, jugendliche Mädchen zu »verführen« und sie dem »Verderben« preiszugeben. Dabei bedienten sie sich freilich derselben Bilder, die die männlichen Juristen verwendeten: Die »Verführung« galt als erster Schritt unschuldiger Mädchen aus den unteren Schichten in die Prostitution.

Darüber hinaus spielten bei der Frage des Schutzalters Geschlechter- und Generationendifferenzen in bezug auf Mündigkeit und Staatsbürgerschaft eine wichtige Rolle. Frauen und Kinder wurden grundsätzlich beschützt und kontrolliert zugleich. Dies zeigt sich in der Notzuchts- ebenso wie in der Ehegesetzgebung und im Tatbestand der »Verführung«: Auch hierin liegt ein Grund dafür, daß sich der Verführungs-, wie der Notzuchtsparagraph, nur auf das weibliche Geschlecht bezog und die Entscheidung über die Anzeige dem »Opfer« nicht zugestanden wurde.

Die strafrechtliche Verfolgung der sexuellen Ausbeutung von Kindern brachte so neben dem Schutz eine Kontrolle über die Sexualität junger Mädchen und Frauen mit sich.[73] Geschützt werden sollte in erster Linie der Staat. Um die Persönlichkeit des Kindes selbst, um seinen Anspruch auf körperliche und seelische Unversehrtheit, ging es allenfalls in zweiter Linie. Der Verfasser einer Dissertation zum Kinderschutz hatte 1914 sichtlich Schwierigkeiten, die Frage zu beantworten, welches Rechtsgut eigentlich durch den Kinderschutz gewahrt wurde. Das Kind an sich sei kein Rechtsgut, obwohl seine Gesundheit oder seine Ehre durch das Gesetz geschützt werden könnten. Doch, da im Grunde »hinter allen Bestimmungen des Strafrechts der Staat selbst als das letzte sich selbst schützende Rechtsgut steht«, könne der Schutz des Staates nicht als besonderes Charakteristikum der Kinderschutzgesetze angeführt werden. Was also zeichnete den Kinderschutz aus?

»Im Fall der Sittlichkeitsdelikte wie auch im Fall der Freiheitsdelikte und der Körperverletzung hat der Staat ein Interesse daran, daß das Rechtsgut der persönlichen Freiheit, Sittlichkeit und körperlichen Integrität nicht verletzt werde. So könnte man hier von einer subjektiven Seite der persönlichen Freiheit, Sittlichkeit usw. sprechen (Anspruch des Einzelnen auf Unverletzbarkeit in dieser Hinsicht) und von einer objektiven (Anspruch des Staates auf Unverletzbarkeit des Einzelnen). Diese letztere Seite ist im Falle des Kinderschutzes wohl die Grundlage, aus der sich der Kinderschutz erklärt und entwickelt.«[74]

Das Ziel der Paragraphen 176,3 und 182 des RStGB war der Schutz von Kindern und Jugendlichen, doch dieser Schutz ging weniger von Bedürfnissen der zu Schützenden als vielmehr von den Interessen der bürgerlichen Gesellschaft aus.[75] Wenngleich aus manchen Äußerungen durchaus Mitgefühl mit den Opfern spricht, waren sich die Autoren dennoch einig, daß sowohl die körperlichen als auch die seelischen Folgen für ein Kind wesentlich geringer wogen als die moralischen Gefahren für die Gesellschaft. Die »unzüchtigen Handlungen« an Kindern sollten strafrechtlich verfolgt werden, um »Zucht und Sitte«, die Fundamente des Staates, aufrechtzuerhalten, wie ein Jurist 1910 schrieb.[76] Die sexuelle Ausbeutung von Kindern wurde statt als Angriff auf das Kind vorrangig als Angriff auf Moral und Sitte gesehen – und damit als Angriff auf die Grundlagen des bürgerlichen Gesellschaft und des Staates.

3. »Blutschande«: Schutz der Familie und des Staates

»Der Grund der Strafbarkeit der in den Art. 208-211 behandelten verschiedenen Arten der Blutschande ist die Rücksicht auf die Sittenreinheit, den Frieden in den Familien, und die Besorgniß vor körperlicher und geistiger Degeneration künftiger Geschlechter«, erläuterte der Anonymus in seinen Ausführungen zum bayerischen StGB von 1861.[77] Der Schutz der Familie wurde von allen Autoren als Hauptgrund für die Strafbarkeit des Inzestes angeführt, und zwar sowohl der körperliche als auch der sittliche Schutz.[78] Mit dem körperlichen Schutz war insbesondere das Verhindern genetischer »Defekte« gemeint. Ein Jurist bezeichnete den Inzest 1884 als ein schweres Delikt, »dessen Zulassung nicht nur gegen das natürliche Gefühl sein, sondern auch eine Zerstörung der Familie und eine Entartung der Nachkommenschaft herbeiführen würde«.[79] Der Gedanke der Degeneration war demnach Ende des 19. Jahrhunderts ein wichtiger Gesichtspunkt und ein neuer Begründungszusammenhang für die Strafbarkeit der »Blutschande«.[80]

Die Mediziner bestätigten die Gefährlichkeit des sexuellen Verkehrs zwischen Blutsverwandten. Rohleder lehnte den Inzest sowohl aus medizinischen als auch aus moralischen Gründen ab. Der Staat müsse den Inzest im eigenen Interesse verbieten, »denn sittliche Reinheit der Familie ist gleichbedeutend mit dem Höhestandpunkt des gesamten Staatswesens. (...) [Wenn] sexuelle Delikte in der Verwandtschaft auf- und absteigender Linie geduldet werden, dann adieu Sittlichkeit, adieu Staat.«[81] Rohleder und sein Kollege Max Marcuse konstatierten, daß die »Blutschande« öfter vorkomme, als man gemeinhin glaube. Beide nahmen bezug auf 80 Berliner Fürsorgeakten, von denen 40 Fälle betrafen, in welchen der Vater die Tochter sexuell ausgebeutet hatte.[82] Marcuse schrieb dazu, oft vergewaltige oder verführe der Vater seine Tochter schon als kleines Kind und halte diese Beziehung aufrecht bis zu seinem Tod oder bis zur Verheiratung der Tochter. Sehr viel seltener, so stellte er fest, verleite die Mutter den Sohn. Die Frauenbewegung halte diese Tatsache für »bemerkenswert«. Doch als Arzt erklärte Marcuse den Umstand aus der Natur. Die Verbindung einer älteren Frau mit einem Jüngling sei naturwidriger als das Verhältnis eines älteren Mannes mit einem Mädchen. Außerdem seien die Geschlechter so veranlagt, daß der Mann die aggressive Rolle innehabe, deshalb verführe der Vater die Tochter, die Mutter aber nicht den Sohn.[83] Abermals erweist sich, wie sehr der Blick von Ärzten und Juristen auf sexuelle Gewalt und sexuelle Ausbeutung von Normen und Alltagsvorstellungen hinsichtlich der Geschlechterrollen geprägt war.

Die Ausführungen der Ärzte zeigen darüber hinaus, daß der Vater-Tochter-Inzest um die Jahrhundertwende durchaus wahrgenommen wurde.[84] Mit den Folgen einer inzestuösen Ausbeutung für die betroffenen Kinder und Jugendlichen setzten sich die Ärzte jedoch nicht auseinander. Dabei gab es Untersuchungen, die darauf hindeuteten, daß das Leben vieler Inzestopfer aus der Bahn geriet. Helenefriederike Stelzner untersuchte zum Beispiel in zwei Schriften die Lebensläufe von jungen Prostituierten und Selbstmörderinnen und stellte fest, daß diese Frauen in vielen Fällen im Alter von zwölf bis 15 Jahren von ihren Vätern, Stiefvätern oder Brüdern »verführt« oder vergewaltigt worden waren.[85] Auch Freud entdeckte bei seinen ersten Psychoanalysen sexuelle Traumata in der Kindheit als Ursache hysterischer Neurosen.[86] Doch im Mittelpunkt des Interesses von Ärzten und Juristen standen andere Fragen – der Erhalt von Familie und Staat und das Problem der Degeneration durch Inzucht.

Daraus erklärt sich auch, daß in vielen Strafgesetzbüchern vor dem RStGB die »Deszendenten« ebenso strafbar waren wie die »Aszendenten«. Allenfalls wurde ihnen eine mildere Bestrafung zugestanden. Seit den 1860er Jahren jedoch wurde zumeist der Aspekt des »Mißbrauchs«, das heißt der Ausnutzung des Abhängigkeitsverhältnisses seitens des Elternteils, mit einbezogen. So ergänzte der Anonymus seine obige Erläuterung zum Entwurf des bayerischen StGB von 1861:

»Bezüglich der sich verfehlenden Aszendenten, Stiefeltern, Schwiegereltern kömmt auch der Mißbrauch des elterlichen Ansehens, der hausväterlichen Gewalt und die Verletzung der besonderen Pflicht, Sitte und Ordnung in der Familie aufrecht zu erhalten, in Betracht, und hierauf gründet sich der Unterschied ihrer Strafe gegenüber der gelinderen Bestrafung des mitschuldigen Untergebenen.«[87]

In Bayern war dieser Gedanke bereits früh in die Gesetzgebung aufgenommen worden. Schon in seiner Ausgabe des StGB für Bayern von 1813 hob Mengelein hervor, daß die Strafbarkeit der »Blutschande« im Mißbrauch der rechtlichen Privatgewalt durch Verführung zur »Unzucht« begründet liege. Strafbar seien vor allem Eltern und andere Blutsverwandte in aufsteigender Linie, die mit ihren Kindern oder anderen Abkömmlingen den Beischlaf vollzögen »oder dieselben sonst zur Wollust mißbrauchen«.[88] Mittermaier sah schließlich 1906 bei der »Blutschande« das Moment der Verführung und des Mißbrauchs des Vertrauensverhältnisses als ebenso wichtig an wie die »naturwidrige Blutsvermischung«, die ursprünglich die Strafbarkeit begründet habe.[89]

Eingeführt wurde die Straffreiheit für »Deszendenten« bis 16 Jahre zuerst im StGB des Norddeutschen Bundes, was »im Hinblick auf den Druck des Abhängigkeitsverhältnisses« begrüßt wurde.[90] Viele Juristen nahmen »einen Entschuldigungsgrund wegen psychischer Zwangslage« an.[91] Die »Deszendenten«, hieß es in einer Entscheidung des Reichsgerichts, seien »als willenlose, unter der Gewalt der sie mißbrauchenden Aszendenten handelnde Werkzeuge der letzteren anzusehen«, »als Objekte und Opfer deren Verbrechens«.[92] Im RStGB wurde die Grenze der Straffreiheit für Deszendenten auf 18 Jahre erhöht. Im Vorentwurf von 1909 wurde allerdings vorgeschlagen, diese Straffreiheit im Ermessen des Richters zu belassen, denn es könne durchaus ein beinahe 18jähriger Deszendent der eigentliche Verführer sein.[93]

Rohleder schließlich kritisierte, daß der Tatbestand der »Blutschande« nur bei »vollendetem Beischlaf« erfüllt war. »Unzüchtige Handlungen« von Blutsverwandten – insbesondere ging es dabei um die Eltern – an Jugendlichen ab 14 Jahren seien damit strafrechtlich nicht erfaßt.[94] Rohleder sah hier – wie auch einige andere Autoren – eine »Lücke« im RStGB.[95] Dabei müßten »unzüchtige Handlungen« an Blutsverwandten härter bestraft werden als der Paragraph 176,3 vorsehe. Diese Handlungen seien in besonderem Maße gefährlich, weil sie meist den ersten Schritt zur Prostitution darstellten, wobei oftmals die eigenen Eltern ihre Kinder prostituierten. Es gebe »kein größeres Verbrechen, keine größere sittliche Verworfenheit, Verkommenheit und Roheit als jene, welche die eigenen Kinder (...) schändet und vorbereitet zum unsittlichen Gebrauch für Fremde gegen Entgelt«. Hier seien weder sexuelle Hyperästhesie noch Wollust als »Entschuldigungsgrund« geltend zu machen, das Motiv sei einzig Geldgier. Als Beleg für die außerordentliche Verbreitung dieser Form des Mißbrauchs und der Kinderprostitution zitierte Rohleder den Gerichtsmediziner Schmidtmann, der bezüglich der »unzüchtigen Handlungen an Kindern« feststellte: »In den von uns begutachteten Fällen wurden die Delikte an Kindern meist von Leuten begangen, die in einem besonderen Gelegenheitsverhältnis zu den Kindern standen, von Verwandten.«[96]

Der Psychiater Gaupp schilderte 1904 in einem kurzen Artikel einen Fall, um die Lücke im Gesetz drastisch zu demonstrieren. Seit ihrem 15. Geburtstag war ein Mädchen vom Vater wiederholt »unsittlich angegriffen« worden. Dabei kam es nach Aussage des Vaters nur zur Masturbation, nie zum Geschlechtsverkehr. Er wurde von der Anklage wegen »Blutschande« freigesprochen. Gaupp kommentierte: »Ein Vater kann mit seiner Tochter jahraus jahrein die schändlichsten Dinge treiben, er bleibt straflos.«[97] Er forderte, den Paragraphen 174[98] auch auf die Eltern zu beziehen. Dagegen argumentierte ein Jurist in einer Erwiderung, daß die »Blutschande« aus gutem Grunde nur bei Vollendung des »Beischlafs« gegeben sei, denn es gehe in erster Linie um die »Wahrung der Familienreinheit«. Da bei »unzüchtigen Handlungen« dieser Aspekt entfalle, liege kein Grund vor, »im Hinblick auf jene die familiären Beziehungen der Beteiligten durch besondere Strafbestimmungen zu berücksichtigen«.[99] Diese Auffassung stellte den Schutz der Familie an die erste Stelle. Die elterliche Autorität sollte so wenig wie möglich durch Gesetze eingeschränkt werden.

Es gab aber auch einige Autoren, die die Bestrafung des Inzestes für überflüssig hielten. Mittermaier vertrat die Ansicht, die »Blutschande« sei lediglich eine »Unmoral« und stelle keine besondere Gefahr dar. Man könne den Paragraphen ebensogut streichen, zumal die schwereren Fälle in anderen Tatbeständen (Paragraphen 176 und 177) enthalten seien.[100] Doch die Vorstellung, daß durch inzestuöses Verhalten ganze Familien »sittlich verdorben« würden, hielt sich ebenso hartnäckig wie die Angst vor genetischen Schädigungen. Nicht in Betracht gezogen wurden mögliche psychische Folgen des Inzestes für das mißbrauchte Kind. Eine Gesellschaft, die gerade erst begann, die Autorität des Vaters innerhalb der Familie zu begrenzen, war für diesen Aspekt sexueller Gewalt gegen Kinder noch nicht sensibilisiert. Hinzu kommt, daß die Beschäftigung mit psychischen Traumata und Dynamiken eben erst im Entstehen begriffen war. Insgesamt gilt für den Tatbestand der »Blutschande« ähnliches wie für die sexuelle Ausbeutung von Kindern allgemein: Im Mittelpunkt des juristischen und staatlichen Interesses stand nicht der Schutz des Individuums, sondern der Gemeinschaft, das heißt der bürgerlichen Gesellschaft und des Staates als Träger der sozialen Ordnung.

IV. Die Gerichtsmedizin

Die Gerichtsmedizin war aufgrund ihres Stellenwertes im Gerichtsverfahren eingebunden in den juristischen Diskurs.[1] Sie sollte auf der Basis von Empirie und Sichtbarkeit, auf der Grundlage genau vorgeschriebener Methoden und Verfahren Hinweise auf Schuld oder Unschuld von Verdächtigen liefern und Aufschlüsse darüber geben, wie ein Verbrechen bzw. ob und welches Verbrechen verübt wurde.[2] Doch die vermeintlichen Beweise waren oftmals nichts anderes als Zeichen, die der Interpretation bedurften. In der Gerichtsmedizin fand statt, was Claudia Honegger als ein Merkmal des medizinischen Diskurses herausstellte: das Lesen körperlicher Arrangements – oder besser Male oder Zeichen – als bedeutsamer Texturen.[3] Daher und wegen ihrer Schlüsselfunktion als einer Entscheidungsgrundlage vor Gericht spielte in der Gerichtsmedizin die Sprache eine wichtige Rolle. In ihren Hand- und Lehrbüchern wiesen die Gerichtsärzte darauf hin, welche Formulierungen ein Gutachter in welcher Situation verwenden und welche Formulierungen er vermeiden sollte.[4] Dies war deshalb wichtig, weil ein am Körper vorgefundenes Zeichen Unterschiedliches bedeuten konnte. Die Gerichtsmedizin verortete also nicht nur Zeichen, sondern wies ihnen in einem definitorischen Akt mögliche Bedeutungen zu.

Die gerichtsmedizinische Untersuchung des Opfers war bei der »Notzucht« und den »unzüchtigen Handlungen an Kindern« Routine und wurde im Laufe des 19. Jahrhunderts immer häufiger. Zwischen 1839 und 1852 hatte der Berliner Professor Casper 60 Fälle von »Sittlichkeitsverbrechen« untersucht, der Gerichtsmediziner Maschka 248 Fälle von 1857 bis 1881 und dessen Kollege Haberda 399 Fälle von 1897 bis 1905. Die »unzüchtigen Handlungen an Kindern« machten dabei jeweils drei Viertel aller Fälle aus.[5] In Fachaufsätzen, Hand- und Lehrbüchern beschrieben die Ärzte die strafbaren Handlungen, die Spuren, die diese am Körper des Opfers hinterließen, und die möglichen psychischen Folgen. Anhand ihrer Schriften läßt sich zweierlei zeigen: zum einen die Handlungen, die in Frage kamen, und die Verletzungen der Opfer; zum anderen die Vorstellungen der Ärzte davon, welche Spuren Sexualität am weiblichen Körper hinterließ.

1. Die Handlungen und ihre Folgen

Als erste beschäftigten sich die französischen Gerichtsmediziner intensiv mit den verschiedenen »unzüchtigen Handlungen«. Insbesondere die Arbeiten des Pariser Professors Tardieu, in den 1850er Jahren publiziert, wurden von den deutschen Kollegen rezipiert und in den 1860ern ins Deutsche übersetzt. Tardieus Landsmann Lacassagne beschrieb 1886, wie die Täter bei Kindern fast immer den »coït externe ou périnéal« verübten, und zwar »avec une uniformité vraiment curieuse«.[6] Dabei würde der Täter nicht versuchen, den Penis in die Vagina einzuführen, sondern sein Glied zwischen den Schenkeln des Kindes reiben. Eine ähnliche Schilderung findet sich bei Lacassagnes Vorbildern Toulmouche und Tardieu. Letzterer schrieb, daß bei Kindern zwischen zwei und zehn Jahren die Entwicklung der Geschlechtsteile noch keine Penetration erlaube, so daß die Übergriffe von einfachen Berührungen bis zu »obszönen Praktiken« reichten.[7] Erst in späteren gerichtsmedizinischen Veröffentlichungen wurden diese Praktiken genauer benannt. So erläuterte 1904 der Arzt Arnemann, bei »unzüchtigen Handlungen« mit Kindern gehe es zumeist um »Betastung der Genitalien, Beischlafsversuche (Notzucht), Masturbationen, Benutzung der Kinderhände zur Onanierung, Flagellation, seltener um cunnilingus, coitus inter femora oder um Päderastie«.[8] Maschka erwähnte außerdem das »Einbohren des Fingers«, das er als »rohe, brutale Handlungsweise« bezeichnete, und Rohleder das »Einstecken fremder Gegenstände«.[9]

Die Ärzte äußerten durchgängig Abscheu und Unverständnis diesen Sexualpraktiken gegenüber. Kunnilingus oder Masturbation erschienen ihnen als nahezu unaussprechliche Perversionen, und auch die anderen erwähnten Praktiken verabscheuten sie, weil sie nicht den akzeptierten Formen des Geschlechtsverkehrs entsprachen. Zugleich waren sie entsetzt über die Verletzungen, die manche Handlungen verursachten. Sie waren am schwersten, wenn der Täter sein Glied einführte. Dies hielten die Ärzte zwar eigentlich für unmöglich – insbesondere bei Kindern unter zehn Jahren –, doch ihre eigenen Befunde widersprachen dieser Annahme. Dennoch hielten sie daran fest, daß der »Beischlaf« mit jüngeren Kindern unmöglich sei, und sprachen in Fällen, in denen der Täter das Glied eingeführt hatte, von »Beischlafsversuchen«.

Bei »wirklichen Beischlafsversuchen« kam es vor allem zur »Entzündung der äusseren Geschlechtstheile, Röthung, Schwellung, grosse[r] Schmerzhaftigkeit, mitunter mit Hautabschürfungen und Blutunterlaufungen«.[10] Mitunter traten sehr schwere Verletzungen auf, etwa Dammrisse, Risse in der Scheidenwand, aber auch in der Harnröhre und im Mastdarm. Oftmals verursachte der Täter diese Verletzungen mit dem Finger oder der Hand.

Strassmann berichtete 1895 von Verwundungen, die tödlich verlaufen konnten, so von schweren Quetschwunden oder der »Zerreissung des Dammes und der hinteren Scheidenwand bis zur Gebärmutter. Bei einem sechsjährigen Kind war Damm und Scheidenmastdarmwand bis in den Mastdarm aufgerissen.«[11] In solch schweren Fällen hatten natürlich die Täter mit härtesten Strafen zu rechnen; die Brutalität und Rohheit rief bei Ärzten, Richtern und Geschworenen den größten Abscheu hervor.[12] Doch diese Fälle waren eher selten.[13]

Bei »unzüchtigen Handlungen« hinterließen die Täter meist keine Spuren. Daher war der Nachweis eines »Sittlichkeitsverbrechens« nur schwer zu führen. Bei der »Notzucht« wurde nach Zeichen der Gewaltanwendung gesucht: blaue Flecken, Kratzer, Wunden. Doch diese waren ebenso wie Entzündungen an den Schamlippen und in der Scheide zumeist nach wenigen Tagen ohne Spuren verheilt. Viele Handlungen hinterließen überhaupt keine körperlichen Male, und dessen waren sich die Ärzte durchaus bewußt.[14] Als sicherster Beweis, bei dem auch die entsprechende Verbindung zum Täter vorlag, galt die Übertragung einer Geschlechtskrankheit. Die Spezialkliniken und -abteilungen der Krankenhäuser meldeten Fälle von Geschlechtskrankheiten bei Kindern der Polizei, zumindest wenn die Angehörigen bestätigten, daß möglicherweise ein »Sittlichkeitsverbrechen« vorliege. Im Jahre 1899 wurden in Preußen 434 Mädchen unter 14 Jahren wegen Geschlechtskrankheiten behandelt.[15] Strassmann räumte allerdings ein, daß die Übertragung der Gonorrhoe (Tripper) auch auf anderem Wege möglich sei: »Man kann sogar sagen, dass nur in einer Minderzahl der Fälle die Vulvovaginitis der kleinen Mädchen auf einen unreinen Geschlechtsverkehr zurückzuführen ist.«[16] Die Übertragung könne durch Badewasser, Schwämme oder Schlafen in einem gemeinsamen Bett geschehen. In jedem Fall müsse, wenn bei einem Kind eine Geschlechtskrankheit bestünde, der mögliche Täter ebenfalls untersucht werden. Die für die Zeitgenossen erschreckend hohe Zahl von Geschlechtskrankheiten bei Kindern mochte Strassmann jedenfalls nicht mit einer möglicherweise ungeahnten Häufigkeit sexueller Übergriffe erklären.

Neben den körperlichen Verletzungen dokumentierten die Gerichtsmediziner seit den 1870er Jahren die psychischen Folgen sexueller Gewalt, die ebenfalls als Beweis gelten konnten: »nervöse Störungen, Nervenshoks, bei kleineren Kindern Krämpfe, Erbrechen«, zum Teil auch Hysterie. Krafft-Ebing berichtete von einem 14jährigen Mädchen, das von seinem Pflegevater vergewaltigt worden war und seitdem unter Angstzuständen und Halluzinationen litt. Sie erlebte immer wieder die »Vision des unsittlichen Attentates von seiten des Pflegevaters, dann zeitweise deliröse Zustände von $^1/_2$-2 Stunden Dauer, (...) Bewußtsein ist aufgehoben, Patientin schreckt auf, wehrt sich verzweifelt«.[17] »Heftige psychische Affekte und Erregungen« wurden mitunter von den Gerichtsärzten als »schwerer Nachteil für die Gesundheit« gewertet, eine juristische Klausel, die straferschwerend ins Gewicht fiel. Maschka schilderte einen Fall, in dem er einen solchen »wichtigen Nachteil« attestierte. Er untersuchte ein elfjähriges Mädchen drei Tage nach einem »unzüchtigen Angriff«:

»[Sie war] im höchsten Grade aufgeregt, das Gesicht geröthet, den Puls beschleunigt (...), fast continuirliches Zittern der Hände und Füsse (...). Die Kranke war ungemein scheu, ängstlich, verkroch sich, sobald man sich ihr näherte, hielt die Hände, wenn man sie hervorholte, vor das Gesicht, ängstlich schreiend: Teufel, Mörder, Diebe.«

Sie aß wenig, »der Schlaf war sehr unruhig, häufig durch Aufschreien und Aufschrecken unterbrochen«. Das Mädchen sei allerdings nach sechs Wochen geheilt gewesen.[18] Über langfristige Folgen erfahren wir demnach nichts. Waren die akuten Symptome wie Zittern, Erregung, Alpträume oder gestörtes Eßverhalten verschwunden, galten die Nachwirkungen als überwunden.

Oft wurde ein sexueller Übergriff aufgrund des veränderten Verhaltens des Kindes oder der jungen Frau entdeckt. So fand eine Mutter ihre Tochter am Tage des »Attentats« seltsam still; eine andere Mutter wurde mißtrauisch, als ihre neunjährige Tochter weinend vom Krämer zurückkehrte und sich erbrach.[19] Haberda berichtet von einem Fall, in dem ein 17jähriges Dienstmädchen von seinem Dienstherrn mißbraucht wurde.

»Am selben Tage bekam sie vor Aufregung Kopfschmerzen und Erbrechen, musste vorübergehend ihre Arbeit aufgeben und sich für paar Stunden in's Bett legen. Sie vertraute sich Niemandem an, war aber so verstört, dass dies der Umgebung auffiel.«[20]

In den in Kapitel IX ausgewerteten Gerichtsakten finden sich ähnliche Schilderungen von Eltern, in denen über Alpträume, gestörtes Eßverhalten und andere Symptome berichtet wird.[21]

Trotz dieser vielen Beispiele körperlicher und seelischer Traumata gingen die Ärzte davon aus, daß sexuelle Übergriffe in den meisten Fällen keine schweren Folgen nach sich zogen: »Von kleineren Kindern scheinen aber unzüchtige Betastungen in der Regel einfach vergessen zu werden, ohne dass sie in der Seele der Kinder nachwirkten«, stellte der Psychiater Leppmann fest. Durch Schreck und Furcht krank würden vor allem »nervös nicht ganz taktfeste Kinder«.[22] Wenn also ein Kind keine äußeren Anzeichen seelischer Erschütterung aufwies, wenn es allenfalls merkwürdig still war und weinte, ging man davon aus, daß es keine Folgen davongetragen habe. So hatte sich ein Kind nach der Tat etwas Süßes gekauft, worauf ein Autor, der über den Fall einen Aufsatz veröffentlichte, vermutete: »der Eindruck dürfte nicht besonders tief gewesen sein«.[23]

2. Die gerichtsärztliche Untersuchung

Die gerichtsmedizinische Untersuchung galt als unerläßlich für die Beweisführung insbesondere bei »unzüchtigen Handlungen an Kindern«, wenngleich sie selten nachzuweisen waren. Maschka empfahl bei der Untersuchung folgende Vorgehensweise:

»Zum Zwecke dieser Untersuchung muss das betreffende Individuum ohne Rücksicht auf das Alter oder sonstige Lebensstellung oder Verhältnisse entweder auf einen eigens zu diesem Behufe vorgerichteten Untersuchungstisch (sella) oder auf ein Querbett oder auf einen gewöhnlichen Tisch derart gelagert werden, dass die Geschlechtstheile ganz nahe an den Rand zu liegen kommen; hierauf werden bei zurückgebeugtem Oberkörper die Oberschenkel gegen den Leib gebeugt, etwas von einander abgezogen, die Schamlippen mit der Hand geöffnet und auseinander gehalten. Bei Kindern (...) empfiehlt es sich nebstdem noch, unter die Harnröhrenmündung eine Sonde oder einen andern länglichen dünnen Gegenstand einzuführen und die erstere emporzuheben, wodurch die Theile noch mehr gespannt werden und das Hymen deutlich hervortritt.«[24]

Häufig wurde auch der Finger eingeführt, um zu testen, wie weit sich das Hymen dehnen lasse, ohne einzureißen. Rohleder berichtete, bei der Untersuchung könne zumeist »der gut eingeölte Zeigefinger der Hand langsam und schonend, wenn auch unter Schmerzen, eingeführt werden (...) bis zum 1. oder 2. Gliede«.[25] Daß diese Untersuchung alles andere als angenehm, ja oftmals sehr schmerzhaft war, bestätigte Strassmann:

»Indess eine genaue Besichtigung ist oft unmöglich; die heftige Entzündung der Theile macht die Untersuchung für die Kinder sehr schmerzhaft, sie widersetzen sich derselben und man muss sich mit einem flüchtigen Einblick begnügen.«[26]

Casper, der eine Generation vor Strassmann praktizierte, mochte sich mit einem solch flüchtigen Einblick nicht zufriedengeben. Auch er schilderte das Problem, daß die Untersuchung »den Kindern so schmerzhaft ist, und sie sich dabei so ungebehrdig benehmen, dass man gar nicht zum Ziele kommt«. In solchem Fall müsse man dennoch das Kind so lange untersuchen – »und wäre beim Sträuben des Kindes eine spätere Wiederholung (...) erforderlich« –, bis man das Hymen ganz sicher gesehen habe.[27]

Nicht nur Kinder, auch erwachsene Frauen verweigerten sich mitunter der gerichtsärztlichen Untersuchung. Tardieu schrieb, meist sähen die Frauen, die eine Vergewaltigung zur Anzeige brachten, zwar die Notwendigkeit der Untersuchung ein. Widersetze sich aber eine Frau, müsse der Arzt alles versuchen, die Untersuchung trotzdem durchzuführen – was, das beschrieb Tardieu nicht näher. Er scheint jedoch eher Überredung und Geduld im Sinn gehabt zu haben als Zwangsmittel:

»Die Schaamhaftigkeit, die Furcht, die Empfindlichkeit der Theile können eine solche Untersuchung sehr erschweren (...). Durch Geduld und bei einem vorsichtigen Verfahren lassen sich aber diese Schwierigkeiten im Allgemeinen überwinden.«[28]

Außerdem empfahl er, möglichst eine Frau beiwohnen zu lassen, bei jungen Mädchen am besten die Mutter.

Das Reichsgericht fällte 1886 eine Entscheidung, nach der die körperliche Untersuchung zum Nachweis eines Verbrechens erzwungen werden konnte. Verletze die Untersuchung das Schamgefühl der betroffenen Person, sei von ihr Abstand zu nehmen, sofern es andere Möglichkeiten des Nachweises gebe. Sonst müsse das Schamgefühl den Interessen der Rechtspflege weichen. Auf der Grundlage dieses Urteils faßte die »Kommission für die Reform des Strafprozesses« am 20. Januar 1905 folgenden Beschluß:

»Zum Zwecke der Feststellung des Vorhandenseins oder Nichtvorhandenseins von Spuren oder Folgen einer Straftat kann die körperliche Untersuchung unverdächtiger Personen gegen deren Willen angeordnet werden, wenn dieselbe für die Untersuchung der Straftat notwendig ist.«[29]

Diese Bestimmung sollte für die Führung des Entlastungsbeweises des Angeklagten namentlich bei »Sittlichkeitsverbrechen« angewendet werden. Einige Kommissionsmitglieder sprachen sich gegen die Anwendung physischer Gewalt aus, in der sie, »zumal gegenüber weiblichen Personen, eine Brutalität« erblickten. Außerdem könne eine gewaltsame Untersuchung die Gesundheit gefährden, und es sei unklar, von wem und wie die Gewalt ausgeführt werden solle. Diese Bedenken konnten die Befürworter des Beschlusses nicht zerstreuen, obwohl sie darauf hinwiesen, daß die Untersuchung die Gesundheit der Patientin nicht gefährde, da sie von Spezialisten durchgeführt werde. Als Kompromiß wurde ein zusätzlicher Antrag angenommen: »Zu der Untersuchung ist auf Verlangen der zu Untersuchenden ein Angehöriger oder eine geeignete Frauensperson als Beistand zuzuziehen, wenn hierdurch der Zweck der Untersuchung nicht gefährdet wird.«

Wenngleich es in der gesamten Debatte um die allgemeine Frage ging, ab wann das Persönlichkeitsrecht des einzelnen dem Interesse der »staatlichen Strafgewalt« untergeordnet werden müsse, wurde die Auseinandersetzung doch nicht zufällig in bezug auf »Sittlichkeitsverbrechen« geführt. Zwangsuntersuchungen von Frauen und Mädchen gab es bereits im Rahmen der Reglementierung der Prostitution.[30] Mag dies im Denken vieler Zeitgenossen noch legitim gewesen sein, da Prostituierte im Verdacht standen, die gefürchteten Geschlechtskrankheiten zu verbreiten, richtete sich die Zwangsuntersuchung im Fall einer Vergewaltigung aber gegen das Opfer eines Verbrechens, gegen eine, wie es in der Entscheidung des Reichsgerichts hieß, »unverdächtige Person«. Hinter dieser Umkehrung der Rolle – das Opfer des Verbrechens wird behandelt wie eine Verdächtige – stand der Gedanke, daß Anklagen wegen »Notzucht« und »unzüchtigen Handlungen« oft auf falschen Anschuldigungen beruhten. Dies läßt sich vor allem aus der Begründung für den Kommissionsbeschluß folgern, daß es sich bei der Untersuchung um einen Entlastungsbeweis für den Angeklagten handele. In ähnlicher Weise äußerte sich Strassmann über den notwendigen Nachweis der Jungfräulichkeit:

»Die Jungfräulichkeit wird im Strafgesetz nirgends erwähnt, ihr Vorhandensein oder Fehlen ist von keiner strafrechtlichen Bedeutung; dennoch ist dem Richter ein Ausspruch des Sachverständigen in dieser Richtung nicht selten werthvoll, sei es auch nur zur Prüfung der Glaubwürdigkeit der angeblich Verletzten, die zumeist auch die Hauptbelastungszeugin ist.«[31]

Die Zwangsuntersuchung konnte vom Angeklagten oder der Verteidigung beantragt werden. Damit wurde der Frau ein weiteres Mal die freie Verfügung über ihren Körper genommen. So konnte es geschehen – eine Formulierung, die heute längst zu einem Schlagwort der feministischen Kritik am Justizapparat geworden ist –, daß eine vergewaltigte Frau vom Gericht ein zweites Mal vergewaltigt wurde, indem sie eine schmerzhafte, unangenehme Untersuchung gegen ihren Willen erdulden mußte. Daß viele Frauen dies tatsächlich so empfunden haben, zeigt der zitierte Kompromißantrag ebenso wie die Hinweise der Ärzte auf verweigerte Untersuchungen.[32] Selbst eine »normale« gynäkologische Untersuchung war keineswegs eine Untersuchung wie jede andere. Die obigen Schilderungen einer gerichtsärztlichen Visite aber sprechen für sich – und nicht jeder Arzt plädierte, wie Strassmann, für ein behutsames Vorgehen.

3. Der Mythos vom Nachweis der Jungfräulichkeit

Die »Sittlichkeitsverbrechen« galten als eines der schwierigsten Kapitel der gerichtlichen Medizin.[33] Es gab kein sicheres Anzeichen für ein solches Verbrechen, wie der französische Arzt Fournier formulierte: »il n'est pas un signe, un seul signe, qui permette d'établir sur de solides bases un diagnostic différentiel«.[34] Nachweisbar und sichtbar war zwar vor allem ein Zeichen, nämlich die Unversehrtheit oder Verletzung beziehungsweise Zerstörung des Hymens, der Befund stellte jedoch keinen eindeutigen Beweis dar.[35] Strassmann führte aus, daß ein positiver Befund der Genitalien (also Verletzungen oder Entzündungen) auch auf Simulation zurückzuführen sein könne.[36] Ein *negativer* Befund sei andererseits »noch in minderem Grade beweisend *gegen* eine etwaige Nothzucht, weil bei der meist erst spät stattfindenden Besichtigung die früheren Erscheinungen verwischt oder auch verschwunden sein können«.[37]

Die Interpretation des Untersuchungsergebnisses – Vorhandensein oder Fehlen des Jungfernhäutchens – war demnach eine heikle Angelegenheit. Dies hing neben den genannten Faktoren – Simulation oder Verheilung von Verletzungen – mit den Eigenschaften des Jungfernhäutchens selbst zusammen. Denn jedes Jungfernhäutchen war nach Ansicht der Ärzte anders. Sie beschrieben halbmond- und sichelförmige Häutchen mit glattem Rand, lappen- oder lippenförmige mit gezähntem Rand; sie unterschieden perforierte Hymen von solchen mit nur einer einzigen winzigen Öffnung; sie entdeckten dicke, extrem feste Hymen und zarte, feine, aber auch äußerst dehnbare Häutchen. In zahlreichen Experimenten an weiblichen Leichen testete der Gynäkologe Haberda mit wissenschaftlicher Akribie die verschiedenen Dehnungsmöglichkeiten des Hymens.[38] Das Häutchen zerriß nach Ansicht der meisten Ärzte selten beim ersten Geschlechtsverkehr – dies war abhängig von Form, Stärke und Dehnbarkeit. Die gerichtsmedizinischen Lehrbücher weisen unzählige Abbildungen der unterschiedlichen Hymenformen auf, die wie lebendige Gesichter mit individueller Mimik wirken, unterschiedliche Antlitze der Weiblichkeit.[39] Das Hymen entwickelte eine Art Eigenleben, es wurde zum Zeichen jungfräulicher Individualität, so daß manch ein Arzt meinte, »daß jede Jungfrau einen ihr eigenartigen Hymen besitzt«.[40]

Die Beschaffenheit des Hymens sollte daher im Gutachten genau beschrieben werden, damit der Befund angemessen interpretiert werden konnte. Die Schlußfolgerungen aus einem positiven Befund sollten sehr vorsichtig formuliert werden: Es sei *möglich*, daß die Verletzungen durch das Eindringen eines fremden Körpers, *etwa* eines männlichen Gliedes, verursacht worden seien. In diesem Zusammenhang wurde debattiert, ob das Hymen auch durch andere Vorgänge, zum Beispiel bei Masturbation oder infolge eines Unfalls, zerreißen könne.[41] Einig waren sich die Mediziner hier nicht. Das Ergebnis der gerichtsmedizinischen Untersuchung, das in der Hauptsache in der Feststellung der Jungfräulichkeit oder Defloration bestand, konnte allenfalls Anhaltspunkte bieten, keineswegs aber als eindeutiger Beweis gelten.[42] In der Praxis jedoch mußte vor Gericht auf diesen Umstand ausdrücklich hingewiesen werden. Strassmann berichtete aus einer Verhandlung, in welcher der Verteidiger die Frage stellte, ob bei einer »Notzucht« nicht Verletzungen hätten vorgefunden werden müssen, »zumal doch wohl der Penis bei Trunkenheit ungewöhnlich stark sei. Wir erwiderten, dass uns vergleichende Messungen über die Stärke des Gliedes im nüchternen und trunkenen Zustand nicht bekannt seien und dass bei einem im Pubertätsalter befindlichen Mädchen 16 Tage nach einem gewaltsamen Beischlaf keine Verletzungsspuren aufgefunden werden müssen.«[43]

Nach dem bisher Dargestellten nimmt es wunder, daß bei »Sittlichkeitsverbrechen« die gerichtsmedizinische Untersuchung als unerläßlich für die Beweisführung galt. Im Mittelpunkt dieser Untersuchung stand ein Beweis, der keiner war. Doch das Hymen stellte den fundamentalen Wert dar, der durch sexuelle Gewalt verletzt wurde: die Jungfräulichkeit, die weibliche »Geschlechtsehre«, wie die Juristen sich ausdrückten.[44] So schien das Hymen eng mit der Identität der Frau verknüpft zu sein. Es war so sehr mit ihrer Persönlichkeit, ihrem Sein verwoben, daß in der Vorstellung der Ärzte jede Frau ein individuell geformtes Hymen besaß. Die Definition von Zeichen, die der Sex am weiblichen Körper hinterließ und deren wichtigstes die Verletzung oder Zerstörung des Hymens war, implizierte die Möglichkeit einer Kontrolle über die Sexualität von Frauen und Mädchen. Der Nachweis von Zeichen für Sexualität am weiblichen Körper fand nicht nur in Fällen von »Sittlichkeitsverbrechen« statt, sondern auch in Fällen »Zweifelhafter Schwangerschaft und Geburt« sowie im Rahmen der Reglementierung der Prostitution.

Das Hymen war jedoch nicht der einzige Punkt des weiblichen Körpers, an dem der Sex nach Meinung der Mediziner Spuren hinterließ. Andere Zeichen sollten sich an den Brüsten, an den Schamlippen, der Scheide, der Gebärmutter ablesen lassen. Durch häufigen Geschlechtsverkehr würden die bei Jungfrauen derben, festen, elastischen Brüste erschlaffen, die Brustwarzen ihre rosenrote Färbung verlieren. Das gleiche gelte für die Schamlippen. Auch die Scheide erschlaffe durch Geschlechtsverkehr.[45] Der weibliche Körper ohne sexuelle Einschreibungen wurde als blühend und kräftig geschildert, der vom Sex gezeichnete weibliche Körper als welk und schlaff. Der Körper »verdirbt«, und mit dem Körper verdirbt auch die Seele – eine Metaphorik, die sich bei den Juristen wiederfindet, die »unzüchtige Handlungen« an Kindern unter anderem deshalb als inakzeptabel definierten, weil sie die Kinder »verdarben«.[46] Für die Gerichtsmedizin des 18. Jahrhunderts stellte Anke Meyer-Knees in diesem Zusammenhang fest: »Die Diskussion um Existenz oder Nicht-Existenz des Jungfernhäutchens und um seine Aussagefähigkeit im medizinischen Diskurs ist immer auch eine Diskussion um die Sexualität und Moral der Frau.«[47]

In der Gerichtsmedizin wurde der weibliche Körper, so Anke Meyer-Knees, »zu einer Beschriftungsfläche, auf der Zeichen markiert, interpretiert und ›Weiblichkeit‹ definiert« wurden.[48] Noch im 18. Jahrhundert galten diese Zeichen als sichere Beweise, im Laufe des 19. Jahrhunderts wurde dann »die eindeutige Lesbarkeit der Zeichen auf dem Körper der Frau immer stärker in Frage gestellt«.[49] Im 18. Jahrhundert betonten die Ärzte die mögliche Kontroll- oder »moralische« Funktion des Jungfernhäutchens, an dessen Fehlen man »die angethane Schande« erkennen könne.[50]

Im 19. Jahrhundert war den Medizinern bewußt, daß das Hymen als alleiniges Zeichen kein zuverlässiger Beweis war. In merkwürdiger Widersprüchlichkeit hielt sich jedoch die Annahme, daß sich der Sex in den weiblichen Körper einschreibe, die Ansicht, aus der Gesamtheit der Zeichen lasse sich eine weitgehend sichere Aussage darüber treffen, ob und wie häufig ein weiblicher Körper mit Sex in Berührung gekommen war. Im Diskurs über Sexualität und sexuelle Gewalt wurde darüber hinaus die Identität der Frau ganz und gar mit ihrer Sexualität verwoben, und erst die Verwobenheit eines Merkmals wie der Jungferschaft mit der Persönlichkeit der Frau konnte zu der Vorstellung führen, mit der Zerstörung des Hymens werde auch das bisherige Sein der Frau zerstört – sie erlitt jenes »furchtbare Schicksal«, das die Juristen in Zusammenhang mit der »Geschlechtsehre« der Frau heraufbeschworen.

V. Täterbilder: »eine der verabscheuungswürdigsten Verbrechertypen«

»Von allen rechtbrechenden Personen ist von jeher der Sittlichkeitsverbrecher in den Augen der großen Menge wohl eine der verabscheuungswürdigsten Verbrechertypen gewesen.«[1] Mit diesen Worten leitete der Arzt Dannemann 1907 einen Aufsatz über »Sittlichkeitsverbrechen« ein. Er bedauerte, daß die »Wut der Menge« insbesondere über Morde an Kindern dazu führe, alle »Sittlichkeitsverbrecher« als »Bestien« anzusehen. Denn sehr viele dieser Verbrechen würden von »psychisch defekten, wenn nicht gar kranken Individuen« begangen. So machten sich Psychiater und Juristen gegen Ende des 19. und in den ersten Jahrzehnten des 20. Jahrhunderts an das Werk, den Typus des »Sittlichkeitsverbrechers« zu definieren. Dabei brachten sie einen Diskurs hervor, der die »Sittlichkeitsverbrechen« außerhalb der bürgerlichen Gesellschaft ansiedelte und spezifische Bilder konstruierte – den Pädophilen etwa, den Wüstling oder den geisteskranken Kinderschänder. Diese Bilder hingen einerseits mit einer bestimmten Definition des männlichen Geschlechtstriebes zusammen, andererseits entstanden sie aus der Diskussion um die Frage der Zurechnungsfähigkeit.

Die »Sittlichkeitsverbrechen«, stellte der Gefängnisarzt Leppmann 1905 fest, seien »vom Standpunkt des gesunden menschlichen Seelenlebens aus am wenigsten leicht verständlich«.[2] Mit diesem Argument forderten die Ärzte die Einführung der verminderten Zurechnungsfähigkeit im Strafrecht.[3] Sie verlangten, daß im Falle von »Sittlichkeitsverbrechen« Sachverständige als Zeugen gehört werden müßten, vor allem »wenn das Vergehen eine auffallende Rohheit erkennen lässt, wenn eine mehrfache Wiederholung desselben Verbrechens beobachtet wird, wenn der Täter ein Greis ist, bei impulsiver Ausführung der Tat, wenn sich das Attentat auf ein Kind bezieht«.[4] Der »Sittlichkeitsverbrecher« sei häufig »geisteskrank«, Epileptiker, »schwachsinnig«, ein Greis oder ein Alkoholiker,[5] er habe »kein Verständnis für die Rechtswidrigkeit seines Tuns oder keine Macht über seine Triebe«.[6]

Gleichzeitig existierte die Vorstellung von einem starken männlichen Sexualtrieb, der in einer schwachen Stunde auch den braven Bürger übermannen konnte. War nicht latent gar die Angst im Spiel, selbst einmal »zu weit zu gehen« und dann eines Verbrechens beschuldigt zu werden? Wenn Ärzte und Juristen im Zusammenhang mit »Falschbeschuldigungen« oder Kinderprostitution von bürgerlichen Existenzen schrieben, die mit einem Schlag vernichtet würden, waren solche Ängste gewiß ein Hintergrund der Empörung. Welchen Kompromiß fanden die Mediziner für den Konflikt zwischen Kriminalpolitik, nach der es keineswegs wünschenswert war, »Sittlichkeitsverbrecher« stets milde zu bestrafen, dem eigenen Streben nach der Etablierung als Sachverständige vor Gericht und ihrer männlichen Sicht auf Sexualität? Wann war nach Ansicht der Psychiater bei »Sittlichkeitsverbrechern« von verminderter Zurechnungsfähigkeit oder mildernden Umständen auszugehen? Und wie grenzten sich Ärzte und Rechtsgelehrte gegen den »triebgesteuerten Sittlichkeitsverbrecher« ab, wenn doch alle Männer von denselben sexuellen Bedürfnissen geplagt wurden?

1. Männlicher Geschlechtstrieb und Sadismus

Als Grundlage der »Sittlichkeitsverbrechen« galt der starke Geschlechtstrieb des Mannes.[7] Der Arzt Iwan Bloch stellte 1903 fest, daß überwiegend Männer sexuelle Übergriffe auf Kinder verübten. Dies führte er auf den stärkeren männlichen Geschlechtstrieb zurück,[8] jenen »allbeherrschenden Affekt«, der »Intelligenz und Willensfreiheit selbst des ›zurechnungsfähigen‹ Menschen zeitweilig zu beschränken und sogar gänzlich aufzuheben« imstande sei.[9] Wulffen bezeichnete 1910 den Antrieb zum Verbrechen beim Sexualverbrecher, den Sexualtrieb, als einen natürlichen und ursprünglichen und unterschied den Sexualtäter vom »gemeinen Verbrecher«.[10] In eine ähnliche Richtung geht Robert Blochs Äußerung von 1914: »Vielleicht entfaltet ja auch gerade der Sittlichkeitsverbrecher keine besonders grosse kriminelle Energie, sondern er erliegt der Situation des Augenblicks, im Gegensatz z.B. zum gewerbsmäßigen Dieb, Hehler oder Betrüger.«[11]

Die Meinung, daß der männliche Geschlechtstrieb sehr stark sein könne und dann schwer zu beherrschen sei, teilten demnach viele Ärzte und Juristen.[12] Doch zogen nicht alle die Schlußfolgerung, daß damit in den meisten Fällen von Sexualstraftaten eine verminderte Zurechnungsfähigkeit vorliege. Der Arzt und Sexualwissenschaftler Albert Moll stellte 1907 fest, daß niemand seinen Geschlechtstrieb nach seinem Gutdünken befriedigen dürfe: »Man wende nicht ein, daß der Geschlechtstrieb der stärkste Trieb und unwiderstehlich sei; selbst wenn dies der Fall ist, genügt dies nicht zum Strafausschluß.«[13] Eine Befriedigung des Geschlechtstriebes sei immer durch nicht strafbare Handlungen möglich, zum Beispiel durch Masturbation. Dennoch könnten bestimmte Umstände für eine eingeschränkte freie Willensbestimmung sprechen. Um Aussagen über die Zurechnungsfähigkeit zu machen, müsse daher der Arzt die gesamte Persönlichkeit des Angeklagten untersuchen. Denn der *pathologische* Geschlechtstrieb könne sich durchaus »zu einem Sexualaffekt von solcher Höhe steigern, daß sich das Bewußtsein trübt, Sinnesverwirrung eintritt und in einem wahren psychischen Notstand, unter unwiderstehlichem Zwang ein sexueller Gewaltakt folgt.« In Molls Rhetorik gerät der Trieb zur »Geißel« für den Mann, da er ständig in Gefahr stehe, »das Sitten- und Strafgesetz zu verletzen, bürgerliche Ehre, Freiheit und selbst das Leben zu verlieren«.[14]

Leppmann war der Meinung, daß der Geschlechtstrieb keineswegs ein so »gewaltsamer, ununterdrückbarer, augenblickliche Befriedigung heischender« Trieb sei wie Hunger oder Durst.[15] Ein »vollgesunder« Mensch, der eine »unserm Kulturzustande entsprechende Verfeinerung des Empfindens« ausgebildet habe, könne durch einen erzwungenen Geschlechtsakt oder die »Unzucht« mit Kindern keinerlei Genuß erlangen.[16] Der »Kulturmensch« wäre demnach in der Lage, seinen Geschlechtstrieb zu beherrschen, weil ihn sein ethisches und ästhetisches Empfinden leiteten. Ihm gegenüber stand »der ästhetisch rohe, wahllose Naturmensch«, der, obwohl geistig »gesund«, den Versuchungen des Augenblicks erliegen könne.[17] Mit dieser Gegenüberstellung war bereits ein möglicher Täterkreis definiert. Nicht alle Sexualstraftäter waren geisteskrank, doch ein »normaler«, also körperlich, geistig und moralisch »gesunder« Mann, konnte nach Ansicht der Psychiater seinen »Trieb« beherrschen und gehörte im Prinzip nicht zum Kreis potentieller Täter.[18]

Es gab demnach Männer, die ihren Trieb im Griff hatten, und andere, denen die Beherrschung ihrer Lüste nicht gelang. Die Triebe überwucherten, wie Leppmann bildhaft schilderte, bei manchen Menschen die »sittlichen und verstandesmäßigen Hemmungen«.[19] Freilich rückte ein solcher Trieb den Täter in die Nähe des Tieres. Reukauff schrieb 1915 über den Mörder eines siebenjährigen Mädchens: »schließlich trug doch der tierische Trieb den Sieg davon«.[20] Auch Lombroso verglich 1882 den »Sittlichkeitsverbrecher« mit »Wilden« oder gar Raubtieren zur Brunstzeit.[21] Auf der einen Seite stand also der »natürliche«, ja, »tierische« Trieb des Mannes schlechthin, auf der anderen Seite Vernunft und sittliche Stärke des bürgerlichen, gebildeten Mannes.[22] Dem Gegensatz zwischen Körper und Geist oder Trieb und Vernunft entsprach – zumindest im hier behandelten Zusammenhang – die Unterscheidung zwischen Männern verschiedener Herkunft, Stellung und Bildung. Auf der einen Seite stand der Proletarier, der, da körperbetonter, auch von seinem Triebe abhängiger war als der bürgerliche Mann auf der anderen Seite, dessen Bildung und geistige Stärke ihm die Beherrschung seiner Sexualität ermöglichten. Ein anderes Gegensatzpaar bildeten der naturnahe Landbewohner mit seinen rohen Sitten und der feinsinnige Städter.[23]

Der typische »Notzüchtiger« beispielsweise galt als »gesund«, gehörte aber in die Kategorie des rohen, ungebildeten Menschen. Die »Notzucht«, so Rohleder, werde oft von »sittlich verkommenen Individuen« begangen.[24] Nach Leppmann waren die »Notzüchtler« in vielen Fällen »Gewaltmenschen«, die bereits wegen Körperverletzungen, Hausfriedensbrüchen und ähnlichen Delikten vorbestraft waren. Auch »verrohte Gewohnheitsverbrecher« seien unter den Vergewaltigern zu finden.[25] Wulffen schrieb: »Die echte Notzucht ist ein so exorbitanter Eingriff in die Geschlechtsehre des Weibes, daß sie außerhalb der pathologischen Breite nur ein sittlich minderwertiger Mensch verüben kann.«[26] Beging ein angesehener Bürger ein »Sittlichkeitsverbrechen«, gab es nur eine Erklärung: Es mußte eine geistige Störung vorliegen. Dannemann kommentierte einen Fall, in dem der Täter in keine der angedeuteten kriminologischen Kategorien paßte:

»ein guter Vater u. Gatte, dabei aus guter Familie, Inhaber eines Vertrauenspostens (Beamter einer fürstlichen Verwaltung), (...) kurz ein Mann, bei dem man sich einen strafbaren Angriff auf eine Minderjährige nicht zu erklären vermochte, es sei denn, daß er in vorübergehender Geistesstörung gehandelt hätte.«[27]

Der männliche Geschlechtstrieb wurde aber nicht nur wegen seiner Stärke als Grundlage so manchen »Sittlichkeitsverbrechens« gesehen, sondern auch wegen seines Charakters: Er galt als von der Anlage her sadistisch. Krafft-Ebing beschrieb den Sadismus als »pathologische Steigerung männlicher Geschlechtscharaktere«.[28] In den Bereich des »Normalen« gehöre es noch, wenn zwei Liebende sich in sexueller Erregung schlügen.

»Eine weitre Stufe sind die Fälle, wo der Ehemann den ehelichen Verkehr zu stürmisch begehrt und die Gattin sich zurückhält, aber durch Drohungen, ja Schlagen gezwungen wird. (...) Eine Weiterentwicklung solcher sadistischen Züge ist das Begehren des Koitus durch den Mann loco indebito, indem er sich an der Verlegenheit und dem Schamgefühl der Uxor weidet, sie seine Überlegenheit empfinden läßt und ihre Gegenwehr herausfordert.«[29]

Auch Freud schrieb 1904, für den Sadismus »sind die Wurzeln im Normalen leicht nachzuweisen. Die Sexualität der meisten Männer zeigt eine Beimengung von Aggression, von Neigung zur Überwältigung, deren biologische Bedeutung in der Notwendigkeit liegen dürfte, den Widerstand des Sexualobjektes noch anders als durch die Akte der Werbung zu überwinden.«[30] Viele Autoren sahen im männlichen Sadismus eine der wichtigsten Ursachen für »Sittlichkeitsverbrechen«, und zwar nicht nur in bezug auf die »Notzucht«, sondern auch und gerade bei sexuellen Übergriffen auf Kinder und bei der »Verführung« jungfräulicher Mädchen. Bei der »Notzucht« sah Wulffen als »sadistisches Motiv« die »Wehrlosmachung« des Opfers: »Es ist das Bewußtsein der unumschränkten Macht über eine weibliche Person, das sexuell betont werden kann.«[31] Die Wehrlosigkeit des Kindes sei es auch, die zur »Unzucht« mit Kindern führe:

»Die sadistische Richtung in der Kinderschändung liegt überhaupt ganz allgemein darin, daß der Täter dem Kinde als einer ihm gegenüber schwachen und zarten Person eine unzüchtige Behandlung mit psychischer und auch oft mit physischer Gewaltsamkeit aufdrängt. Der Täter gewinnt eine Art Herrschaft über das Kind. Dabei kann das Bewußtsein des Täters, in das Seelenleben des Kindes gewaltsam einzugreifen, eine wichtige, vielleicht die hauptsächliche Rolle bei der Reizung seines Geschlechtstriebes spielen.«[32]

Hinzu komme ein Motiv, daß auch bei der »Notzucht« eine Rolle spiele: »Die Überwindung des sich schämenden, des sich sträubenden, weinenden Mädchens reizt ebenfalls den Sadisten.«[33] In der »Verführung« sah Wulffen gleichfalls ein sadistisches Verbrechen. Auch hier löse das Sträuben des Mädchens Lust aus: »Bitten, Flehen, Tränen und tätlicher Widerstand sind für den sadistischen Mann Äquivalente einer von ihm ausgehenden Züchtigung.«[34] Iwan Bloch sah in der »Verführung« und der sexuellen Ausbeutung von Kindern als sadistisches Motiv »den blutigen Akt der Deflorierung«.[35] Dieser verursache dem Opfer Schmerzen und damit dem sadistischen Täter Lust.[36]

Vergewaltigung als sexualisierte Gewalt, Macht als Motiv: Dies sind Erklärungsansätze, die in feministischen Analysen sexueller Gewalt inzwischen allgemein vertreten werden. Allerdings hatten die Psychiater vor 100 Jahren einen anderen Blick auf das Machtmotiv als heutige Feministinnen. Der Sadismus galt als Kennzeichen männlicher Sexualität, sadistische Züge trug jeder Mann in sich. Sie wurden als Teil des naturgegebenen Verhältnisses zwischen den Geschlechtern gesehen, und Macht galt als natürliches Bedürfnis des Mannes. Bedrohlich wurde der Sadismus erst durch pathologische Veränderungen, die dazu führten, daß ein Mann nur durch das Zufügen von Schmerz Lust verspürte. Dann war der Sadismus eine Form sexueller Devianz, die zu »Notzucht«, »unzüchtigen Handlungen an Kindern« und sogar zum »Lustmord« führen konnte.

Auf dieser Grundlage, dem männlichen Geschlechtstrieb und dem mit ihm verknüpften Sadismus, wurden durchaus nichtpathologische Tätertypen definiert – etwa jener »Gewaltmensch«, für den die »Notzucht« nur ein Gewaltakt unter vielen war und der aus der Unterschicht stammte. Es gab jedoch auch ein Täterbild, das den obersten Schichten entnommen war: den »Wüstling«, der vor allem in populären Schriften beschrieben wurde. Er verlangte nach Meinung der Psychiater infolge eines ausschweifenden Lebens nach immer neuem »Kitzel«.[37] Für solche Männer bestehe, erklärte ein Autor 1912, ein besonderer Reiz in der Deflorierung junger Mädchen.[38] Auch Arnemann erwähnte, »dass sich Roués infolge ihrer Sucht nach allerhand Pikanterien an Kindern vergreifen«.[39] Inbegriff eines solchen »Roués« war der Bankier Sternberg, der 1900 in mehreren Fällen der »Verführung« angeklagt war. Der Fall beschäftigte die Presse über Monate, gegen Sternberg entlud sich der Zorn der Öffentlichkeit. Wulffens Schilderung des Falles ist gekennzeichnet durch populäre antisemitische Vorurteile, die mit einer Kritik an den obersten Schichten der Gesellschaft einherging: Sternberg habe viel Geld für Bestechungen und für Detektive aufgewendet, um eine Verurteilung abzuwenden. Zwar sei die Art des Verbrechens nicht »charakteristisch jüdisch«, wohl aber »die Art und Weise, mit welcher Sternberg und seine Partei bei seiner Verteidigung das Großkapital gegen die Rechtsordnung aufmarschieren ließen.«[40] »Sittlichkeitsverbrechen« eigneten sich offenbar besonders gut, um Vorurteile und Ressentiments zu schüren und mit populären Stereotypen zu spielen, da sie stark emotional besetzt waren.[41]

2. Abweichende Sexualität und Geistesstörung

Bei den Sittlichkeitsdelikten, schrieb Leppmann, liege »von vornherein das Hereinspielen krankhafter Abweichungen vom Durchschnitt am nächsten«.[42] Vielfach bemühten sich Ärzte in Aufsätzen über »den Sittlichkeitsverbrecher« um den Nachweis, daß bei den meisten verurteilten Tätern eine verminderte Zurechnungsfähigkeit vorgelegen habe. Aschaffenburg fand 1905 unter 200 »Sittlichkeitsverbrechern« (die allesamt als zurechnungsfähig beurteilt worden waren) nur 45 »Normale«, von denen allerdings zwölf die Tat unter Alkoholeinfluß begangen hatten.[43] Auch Leppmann legte im selben Jahr Zahlen vor, die beweisen sollten, daß unter den »Sittlichkeitsverbrechern« besonders viele vermindert zurechnungsfähige Täter zu finden seien.

»Wir werden über 60 Kinderschänder und 30 Notzüchtler eingehend berichten. Bei 25 Kinderschändern und 10 Notzüchtlern ist es nachweisbar, bei 16 bezw. 9 dringend wahrscheinlich, dass sie vermöge einer unzulänglichen oder abwegigen Geistesbeschaffenheit nicht den dem Durchschnittsmenschen eignen Grad von Fähigkeit besitzen, dem Antrieb bezw. der Gelegenheit zu Sittlichkeitsverbrechen zu widerstehen.«[44]

Krafft-Ebing hatte 1886 in der ersten Ausgabe seiner *Psychopathia sexualis* die Bedeutung von Geisteskrankheiten in bezug auf sexuelle »Perversionen« herausgestellt und umfassende Untersuchungen eingefordert.[45] Sie sollten »das ganze Individuum in seinen leiblichen wie geistigen Beziehungen, seiner Vorgeschichte wie gegenwärtigen Existenz« erfassen. Denn vielfach sei die »Geisteskrankheit« das »Endresultat aller früheren Entwicklungs- und

Lebensverhältnisse eines Menschen«. Überdies könnten Krankheiten oder Trunksucht der Vorfahren einen Menschen zum »Candidaten des Irrsinns« machen.[46] 20 Jahre nach Krafft-Ebing erklärte Arnemann: »Bei der Beurteilung von Sittlichkeitsvergehen durch ärztliche Sachverständige gilt als Norm, dass niemals nur die Tat, sondern vor allem auch die Person des Täters zu berücksichtigen ist.«[47] Als positiv hob er hervor, daß mittlerweile die Sittlichkeitsdelikte eine gerechtere Bewertung erführen und es immer mehr Brauch werde, ärztliche Sachverständige hinzuzuziehen.[48] Jeder Delinquent war nach Ansicht der Psychiater bereits in frühester Kindheit, ja, durch die Lebensweise der Vorfahren[49] geprägt worden – so sehr, daß bestimmte Umstände ihn fast zwangsläufig auf den Weg des Verbrechens führen mußten. Sie forschten daher nach kranken Verwandten und nach sexuellen Erlebnissen in der Kindheit und Jugend des Beschuldigten, die eine sexuelle Vorliebe oder Devianz hervorgerufen haben könnten.[50]

Geistige Störungen, krankhafte Veränderungen des Geschlechtstriebes und Degeneration wurden als Ursachen vor allem für sexuelle Übergriffe auf Kinder angesehen.[51] Die Ärzte skizzierten stereotype Bilder des »Kinderschänders«, allen voran das des »Pädophilen«: Krafft-Ebing schloß angesichts der Häufigkeit der »unzüchtigen Handlungen« an Kindern, daß manche Männer sich sexuell ausschließlich zu Kindern hingezogen fühlten, und definierte die »Paedophilia erotica« als Form der sexuellen »Perversion«.[52] Solche Männer würden unter einer »Unwiderstehlichkeit des Triebes« leiden und trotz Strafe immer wieder rückfällig werden.[53] Auch Freud bezog sich auf die Pädophilie als sexuelle Perversion, betrachtete sie jedoch als selten:

> »Nur ausnahmsweise sind Kinder die ausschließlichen Sexualobjekte; zumeist gelangen sie zu dieser Rolle, wenn ein feige und impotent gewordenes Individuum sich zu solchem Surrogat versteht oder ein impulsiver (unaufschiebbarer) Trieb sich zuzeit keines geeigneteren Objektes bemächtigen kann.«[54]

Krafft-Ebing hatte bis 1903 nur vier Fälle von Pädophilie konstatiert. Moll erweiterte die Kasuistik in der von ihm bearbeiteten Neuausgabe der *Psychopathia sexualis* von 1924 und skizzierte ein inzwischen in die Alltagsvorstellungen eingegangenes Bild des Pädophilen:

> »Über die Gefährlichkeit der Pädophilen kann kaum ein Zweifel bestehen. Manche öffentliche Plätze, an denen Kinder spielen, werden besonders von ihnen aufgesucht, z.B. solche, wo Kinder schaukeln (...). Das Hochgehen der Röcke beim Schaukeln benutzt dann der Pädophile, möglichst weit nach den Genitalien zu schauen. In andern Fällen macht er sich unmittelbar an Kinder heran, lockt sie durch Süßigkeiten oder andre kleine Geschenke an sich, um seiner Lust nachzugehen.«[55]

Wie die Pädophilie entstand, ob sie eine Anlage oder erworben war, ob sie auf Degeneration oder Geisteskrankheit beruhte, darüber war man sich ebensowenig im klaren wie etwa bei der Homosexualität. Die Pädophilie als nachgewiesene sexuelle Perversion führte nicht zwangsläufig zur Anerkennung der Unzurechnungsfähigkeit, mildernde Umstände aber sollten stets angenommen werden.[56] Eine sexuelle Perversion war dann anzunehmen, wenn der Täter einem Bild entsprach, wie es 1912 von Senf beschrieben wurde:

»Schließlich kann das Individuum von vornherein geschlechtlich so veranlagt sein, daß es lediglich in der Willenlosigkeit, welche sich im Kinde verkörpert, den sexuellen Reiz und in der Unzucht mit ihm die Befriedigung findet. Das Bewußtsein der Hilflosigkeit und Willenlosigkeit erzeugt im Täter eine übermächtige Zärtlichkeit und den Drang, das Kind an sich zu nehmen und zu liebkosen. Dies führt dann von selbst zu unzüchtigen Berührungen, die in den seltensten Fällen brutal sind.«[57]

Auffällig ist die verharmlosende Sprache, die Senf hier benutzte, um die sexuelle Ausbeutung von Kindern zu umschreiben. Sie impliziert die Vorstellung eines Automatismus, als könne der Täter nicht anders handeln, als geschehe die Tat »von selbst«. Darüber hinaus wird der Eindruck erweckt, als sei keinerlei Gewalt im Spiel, sondern im Gegenteil Zärtlichkeit und Liebkosungen, aber keine expliziten sexuellen Handlungen.

Auch ein weiterer Tätertyp entsprach einem populären Stereotyp, dem des alten, impotent gewordenen Mannes, der mangels anderer Möglichkeiten seine sexuellen Bedürfnisse an Kindern befriedigte.[58] Die Mediziner vermeinten in solchen Fällen eine besondere Form der Geisteskrankheit zu entdecken, die »Dementia senilis« oder den »Altersschwachsinn«. Im allgemeinen, so die landläufige Ansicht, erlösche der Sexualtrieb im fortgeschrittenen Alter. Wenn der Trieb jedoch nach einer Phase altersbedingten Erloschenseins erneut auftrete, sei dies krankhaft und der Trieb nicht mehr zu beherrschen.[59] Solche Täter sollten genauestens untersucht werden, speziell wenn sie ein makelloses Vorleben aufwiesen.[60]

Neben der Pädophilie und der Dementia senilis wurden »Blödsinn«, »Schwachsinn« und »Idiotie« als für »Sittlichkeitsverbrecher« typische Geistesstörungen gesehen.[61] Krafft-Ebing unterschied den »Blödsinn« vom »Schwachsinn«. Bei ersterem sei der Geschlechtstrieb entweder gar nicht vorhanden oder er werde auf »tierische Weise« befriedigt und äußere sich zuweilen in einem »brunstartigen Hervortreten«. Bei »Schwachsinnigen« gingen die Handlungsimpulse sehr stark von plötzlich auftretenden Gelüsten aus, so auch sexuellen Erregungen, »denen more bestiarum und selbst an den Angehörigen gefröhnt wird«.[62] Leppmann faßte später beide Gruppen unter der Kategorie der »Geistesschwachen« zusammen, »deren Gebiet von der ausgesprochenen Beschränktheit bis zur Grenze der Idiotie reicht«.[63] Der »Geistesschwache« wurde zum Inbegriff des »Kinderschänders« und mit bestimmten Stigmata ausgestattet. »Wir hatten unter unseren Sträflingen einen Geistesschwachen mit niederem Schädel, fliehender Stirn, verbildeten Ohren, der eben noch 2+2 ausrechnen konnte.«[64] Aus dieser Äußerung läßt sich entnehmen, daß äußerliche Kennzeichen und ein Mangel an bestimmten Fähigkeiten den »Geistesschwachen« erkennbar machten. Der von Leppmann beschriebene Mann hatte aber »im Erwerbsleben noch seinen bescheidenen Platz« ausgefüllt und sogar geheiratet. Das grundlegende Kriterium, anhand dessen die Psychiater die untersuchten Personen in ein Spektrum geistiger Störungen und Krankheiten einordneten, bildete offensichtlich der Grad der Integration in die Gesellschaft. Geprüft wurde, ob der Patient einer regelmäßigen Erwerbstätigkeit nachging, seßhaft war, vielleicht gar eine Familie gegründet hatte und versorgte und ob er einen gewissen Bildungsstand erreicht hatte und sich für grundlegende Belange des Lebens interessierte.

Hatte der von Leppmann untersuchte Patient eine Frau gefunden, gab es demgegenüber nach Meinung der Ärzte viele »Geistesschwache«, die zwar sexuell leicht erregbar waren, jedoch keinen Zugang zum weiblichen Geschlecht fanden. Dem mit einem sinnlichen Trieb ausgestatteten »Geistesschwachen«, erklärte Leppmann das daraus resultierende Verhalten, fehle »die sittliche Kraft, den Trieb zu bezähmen, während doch auf der anderen Seite bei ihm die geschlechtliche Schüchternheit, die auch dem Durchschnittsmenschen eigen ist, zur Tölpelhaftigkeit ausartet. Besonders auf dem Lande, wo eine Strassenprostitution fehlt, findet dann ein solcher Dummer, zumal wenn ihn die Natur schon durch seine Körperbildung als ›Trottel‹ gekennzeichnet hat, tatsächlich zu normalem Geschlechtsverkehr keine rechte Gelegenheit und gerät auf Abwege.«[65]

Zwischen den geistig »gesunden« und den »geisteskranken« Tätern identifizierten die Mediziner neben den »Geistesschwachen« die Gruppe der »Degenerierten«. Arnemann lieferte folgende Definition:

> »Man versteht darunter Personen, welche zwar auf körperlichem und geistigem Gebiet zunächst das gewöhnliche Ziel erreichen, aber doch schon von früh auf nach der einen oder anderen Seite der psychischen Persönlichkeit hin von der Norm abweichen, im ungünstigen Sinn variieren und aus der Art schlagen.«[66]

Meist fänden sich in der Familie dieser Menschen Nerven- oder Geisteskrankheiten, und häufig zeige sich ihre »Entartung« in körperlichen Degenerationszeichen. »Degenerierte« ließen sich in der Kindheit außerordentlich leicht »abnorm« beeinflussen, eine Prägung durch bestimmte Erlebnisse sei bei ihnen sehr tiefgehend. Laut Arnemann zählten sie zusammen mit den »Nervösen« zur größten Tätergruppe. Vor allem um ihnen gerecht zu werden, sei die Einführung der verminderten Zurechnungsfähigkeit notwendig.[67] Die »Nervösen« oder »Neurastheniker« fanden sich in allen Gesellschaftsschichten. Ihre »Krankheit« konnte auf Degeneration und/oder erblicher Belastung beruhen. In dieser Gruppe wurden oft die »geistigen Arbeiter« verortet. Sie würden infolge geistiger Überbelastung zur Nervosität neigen. In den Strafprozeßakten, die für die vorliegende Arbeit ausgewertet wurden, kommen zwei Fälle von Priestern aus den Jahren 1901 und 1903 vor sowie aus dem Jahr 1901 der Fall eines Lehrers: Bei allen dreien diagnostizierte der jeweilige Gutachter Neurasthenie.[68]

3. Der Einfluß des »Milieus«

Als eine weitere wichtige Ursache von »Sittlichkeitsverbrechen« galt schließlich das »Milieu«. Das Schlafburschenwesen, die Wohnverhältnisse sowohl in den städtischen Mietskasernen als auch bei den ländlichen Unterschichten, die leichten »Gelegenheiten« durch unbeaufsichtigte Kinder oder unzureichende Bekleidung der Mädchen – alle diese Umstände führten in den Augen der Ärzte und Juristen dazu, daß die »unzüchtigen Handlungen an Kindern« immer häufiger wurden.[69] Als wichtigste milieubedingte Ursache wurde der Genuß von Alkohol angesehen. Bereits geringe Mengen Alkohols würden bei manchem, so Leppmann, »einen geradezu zwanghaften Geschlechtsdrang« hervorrufen.[70] Auch Wulffen war der Meinung, daß Alkohol die Hemmungen herabsetze und die Wollust steigere. Chronischer Alkoholismus bringe furchtbare Folgen mit sich: Das Gefühlsleben stumpfe ab, die Intelligenz werde geschädigt, vor allem aber werde das Eheleben solcher Männer zerrüttet.

> »Der gesteigerte Geschlechtstrieb verlangt ständige Befriedigung. Die Frau wird durch rohe Gewalt zur Duldung des Beischlafs gezwungen; perverse Handlungen (...) bleiben nicht aus. Die Gegenwart der Kinder hält den Trunkenbold nicht ab, ja, er vergreift sich selbst an seinen kleinen Töchtern, es kommt zum Inzest.«[71]

Damit sprach Wulffen ein spezielles »Sittlichkeitsverbrechen« an, die »Blutschande«. Der sexuelle Verkehr zwischen Vater und Tochter oder Bruder und Schwester war in den Augen der Mediziner ein grundlegendes Tabu, so daß der Inzest eigentlich Abscheu und Ekel hervorrufen müßte: »Der Inzest ist für jeden normal Empfindenden etwas derartig Fremdes, daß er uns von allen sexuellen Verirrungen als die unerfreulichste erscheint«, hieß es 1914 in einer Fallgeschichte im *Archiv für Kriminalanthropologie*.[72] Dennoch kam er so häufig vor, daß ein Erklärungsbedarf entstand. Wulffen bezeichnete die »Blutschande« als »Sexualverbrechen auf sozialer Grundlage«.[73] Der Inzest wurde einerseits zu den »Delikten der Großstadt« gezählt. Die Hauptursache sah man im »Wohnungselend« des großstädtischen Proletariats.[74] Andererseits wurde das isolierte Leben auf dem Land zur Erklärung für das Vorkommen von Inzest herangezogen.[75]

Der Arzt Max Marcuse betrachtete, wie Wulffen, den Alkohol als Hauptursache der »Blutschande«, meist in Verbindung mit »sozialem Elend«. Doch Marcuse legte den Akzent nicht auf die enthemmende, den Geschlechtstrieb steigernde Wirkung des Alkohols, sondern auf einen anderen Umstand: In den Arbeiterkreisen komme der Mann abends des öfteren betrunken nach Hause, so daß sich die Ehefrau aus (wie Marcuse einräumt begreiflichem) Abscheu seinem sexuellen Begehren versage. In solcher Situation »zwingt [er] sich dann wohlgelegentlich auch mal die Tochter zu Willen«.[76] Abgesehen davon, daß diese Szene im proletarischen Milieu angesiedelt ist, findet sich in der dahinterliegenden Kulisse erneut das Bild vom übermächtigen männlichen Geschlechtstrieb, aber ebenso das Problem der nicht erfüllten ehelichen Pflicht. Die Verweigerung der Ehefrau – sie mochte berechtigt oder verständlich sein, im Verhalten des Mannes oder einer Krankheit der Frau ihre Ursache haben – führte zum Inzest. Ein Beispiel ist ein 1926 von dem Gerichtsmediziner Goroncy geschilderter Fall aus dem Jahr 1914. Er fragte die 20jährige Frieda H., die mit acht Jahren von ihrem Vater vergewaltigt worden war, nach ihrer Erinnerung an die Tat. Sie erklärte, sie gebe ihrer Mutter die Schuld: Diese habe sich dem Geschlechtsverkehr mit dem Vater entzogen, sie sei viel von zu Hause weg gewesen, und so sei es gekommen.[77] Hier zeigt sich eine Ansicht, nach der Ehen, in denen die Frau ihre sexuellen Verpflichtungen erfülle, wirksam vor »Sittlichkeitsverbrechen« schützen könnten.[78]

Festhalten lassen sich zwei Tendenzen in der kriminologischen Beurteilung der Sexualstraftaten um die Wende des 19. zum 20. Jahrhundert. Die »Sittlichkeitsverbrechen« beruhten nach Ansicht der Ärzte auf einer natürlichen physiologischen Grundlage, dem (männlichen) Geschlechtstrieb. Dieser hatte naturgegeben eine sadistische Ausprägung, er war »aktiv« und daher nicht einfach im Zaume zu halten. Unter Umständen konnte er als Affekt auftreten, zu dessen Beherrschung große sittliche Stärke erforderlich war. Dies bedeutete noch nicht, daß der Mann qua Natur gezwungen war, seinen Trieb gewaltsam zu betätigen. Es gab andere Mittel zu seiner Befriedigung, die Masturbation, Prostitution oder natürlich – was am wünschenswertesten war – eine legitime Beziehung. Vernunft, Bildung und Reife versetzten den Mann in die Lage, den »tierischen Trieb« in lustvolles Begehren zu wandeln, veredelt durch den ästhetischen Genuß, das ethische Empfinden und im allergünstigsten Falle durch die Liebe. In den unteren Schichten aber und in ländlichen Gebieten war der Mann, so die Ansicht der bürgerlichen Autoren, roher, der Natur näher und damit seiner Sexualität in stärkerem Maße ausgeliefert. Ein solcher Mensch konnte sich leichter »vergessen« – seine Tat war zwar ein Verbrechen, aber immerhin »subjektiv entschuldbar«.[79]

Da aber nicht alle Männer Sexualverbrechen verübten, sobald sie ihren Geschlechtstrieb nicht mehr auf legale Weise befriedigen konnten, mußte der »Sittlichkeitsverbrecher« als Typ Merkmale aufweisen, die ihn vom Durchschnittsmann unterschieden. Die Erklärung der Psychiater, die überdies gut mit ihren Professionalisierungsbestrebungen in Einklang zu bringen war: »Sittlichkeitsverbrecher« wichen vom Durchschnitt ab – durch einen »perversen« Sexualtrieb, durch »Degeneration«, durch geistige Störungen und »Geisteskrankheit«. Neben den unzurechnungsfähigen gab es die vermindert zurechnungsfähigen Täter, die aufgrund geistiger Störungen zu schwach waren, den Anfechtungen ihres Triebes zu widerstehen.[80] Diese waren die eigentlich zu bedauernden Menschen, die über eine menschliche (männliche) Schwäche strauchelten und infolge undifferenzierter Gesetze zu schweren Strafen verurteilt wurden. Sie wurden von der Öffentlichkeit als »Bestien« gesehen und waren in den Augen der Psychiater doch eher Opfer. Und so hielt Aschaffenburg als Ergebnis seiner Untersuchung fest:

»Es wird vielleicht manchem (...) ein angenehmes Gefühl sein, in den Sittlichkeitsverbrechern nicht nur und nicht stets die Bestie sehen zu müssen, sondern neben den ausgeprägt Geisteskranken eine so große Anzahl an Defektmenschen.«[81]

Angesichts der für die bürgerlichen Beobachter erschreckenden Häufigkeit sexueller Straftaten war es offenbar tröstlich zu sehen, daß diese Taten meist auf »Abweichungen« vom »Durchschnittsmenschen« beruhten – der Durchschnittsmensch war damit freigesprochen, der potentielle Verbrecher leichter zu identifizieren.[82] Die wahren »Bestien« aber, die aus niederen Motiven Verbrechen verübten, die, die nicht mehr besserungsfähig, ja gemeingefährlich waren, sollten nicht mit Milde rechnen dürfen. Das Dilemma, vor dem die Ärzte damals standen – und vor dem sie bis heute stehen –, kommt im Resümee Aschaffenburgs zu seiner Untersuchung über die Psychologie des »Sittlichkeitsverbrechers« zum Ausdruck:

»Wer die Straftat und die Individualität des Verbrechers gleichzeitig berücksichtigen will, wird vielleicht dem Delinquenten gegenüber milde sein. Aber die Opfer aus der Schar der genotzüchtigten Mädchen und Kinder müssen uns mahnen (...): Wer sich als gemeingefährlich erweist, hat kein Recht, zu verlangen, daß man ihm die Möglichkeit gibt, seinen gemeingefährlichen Trieben nachzugehen.«[83]

Doch es ging nicht darum, Gerechtigkeit für die Opfer wie für die Täter zu schaffen. Es ging vielmehr um die Ausarbeitung und Umsetzung eines kriminalpolitischen Programms und um die Frage, wie mit »Sittlichkeitsverbrechern« umgegangen, wie die Gesellschaft am wirksamsten geschützt werden sollte. Die einhellige Antwort – wenn auch in unterschiedlichen Akzentuierungen – lautete: Heilung oder Besserung statt Strafe, für nicht Besserungsfähige oder nicht Heilbare dauerhafte Verwahrung oder Kastration.[84] Damit stellten sich die Mediziner eine unmögliche Aufgabe: die

»Guten« von den »Schlechten« zu scheiden, die »Verirrten« von den »Unverbesserlichen«, die »Gesunden« von den »Kranken«, die »Heilbaren« von den »Unheilbaren«. Sie suchten einen Mittelweg zwischen Vergeltung und Prävention, einem Ausgleich für das Opfer, zweckmäßiger Behandlung des Täters und Schutz der Gesellschaft.[85] Zugleich verbannten sie sexuelle Gewalt an die Ränder der Gesellschaft, in das »proletarische Milieu« und in den Bereich der Pathologie. Dies wirkte sich auch auf den Umgang mit den Opfern aus. Je enger der potentielle Täterkreis gefaßt wurde, umso weniger trauten die Juristen und Psychiater den Aussagen von Frauen und Kindern. Zu Beginn des 20. Jahrhunderts hatte schließlich das Thema der »sexuellen Falschbeschuldigungen« unter den Ärzten Konjunktur.

VI. Opferbilder: »Sexuelle Falschbeschuldigungen«

In den 1920er Jahren entstand ein neuer Zweig der Kriminologie, die Viktimologie.[1] Sie ging davon aus, daß bestimmte Eigenschaften des Opfers dieses als Opfer prädestinierten. Doch schon in den 1870er Jahren hatten Ärzte begonnen, sich für die Persönlichkeiten der Opfer von »Sittlichkeitsverbrechen« zu interessieren. Sie stellten sich vor allem die Frage, wie glaubwürdig die Aussagen der Opfer waren. In der juristischen Literatur wurde häufig darauf hingewiesen, daß gerade auf dem Gebiet der »Sittlichkeitsverbrechen« falsche Anschuldigungen keine Seltenheit wären. In fast jedem gerichtsmedizinischen Handbuch jener Zeit findet sich im Kapitel über die »Sittlichkeitsverbrechen« dieselbe Warnung. Die »sexuelle Falschbeschuldigung« wurde gegen Ende des 19. Jahrhunderts zu einem wichtigen Thema in der kriminologischen Literatur, wobei Stereotype über weibliche Sexualität, Phantasie und Einbildungskraft, sowie über weibliche Mißgunst und »alte Jungfern« fröhliche Urständ feierten.[2]

Bereits Richard von Krafft-Ebing hatte bei Frauen eine besondere Form der »Geisteskrankheit« festgestellt, die *Paranoia persecutoris sexualis*, also den sexuellen Verfolgungswahn, der sich zum »Notzuchtswahn« ausweiten könne. Die Krankheit werde verursacht durch lokale körperliche Beschwerden. Diese würden »Pollutionen« hervorrufen, die von der betroffenen Frau als »Coitusattentate« interpretiert würden.[3] Der bekannte österreichische Untersuchungsrichter Hans Gross glaubte ebenfalls, daß Frauen sich sexuelle Übergriffe bis hin zur vollendeten »Notzucht« einbilden konnten: »Wichtig ist die Bemerkung Hoppes, dass Pruritas vulvae so oft bei phantasiereichen Weibern die Illusion, geschändet zu werden, hervorruft; darauf ist bei gewissen Anzeigen genau zu achten!«[4] Im *Archiv für Kriminalanthropologie* fand sich 1910 eine Notiz mit der Überschrift »Sexuelle Verdächtigungen durch Onanistinnen«. Darin wurde behauptet, »Onanistinnen« würden häufig aggressiv, weshalb sie dann unschuldige Männer sexueller Angriffe bezichtigten: »Moralisch durch vieles Onanieren heruntergeführt, ist es ihnen ein Labsal, andere glückliche Menschen zu verhetzen und zu verleumden.« Diese gefährliche Sorte Frauen seien meist alte Jungfern und Leiterinnen von »social purity movements«.[5] Hans Gross warnte ebenfalls vor alten »Jungfrauen«, denn diese hätten ihren »natürlichen Zweck« verfehlt und seien daher verbittert und mißgünstig. Er bezog sich dabei auch auf die »Gründerinnen von Wohltätigkeitsorganisationen«.[6] Frauen, die offenkundig ohne Männer auskamen, stellten anscheinend eine Bedrohung dar, zumal wenn sie sich gesellschaftlich engagierten und in das Licht der Öffentlichkeit wagten.

1. Weibliche Phantasie und Hysterie

Die Aussagen von Frauen über sexuelle Belästigungen und Vergewaltigungen standen grundsätzlich unter dem Verdacht, auf »Illusionen« zu beruhen oder aus Rache, Erpressung, Nervosität oder weiblicher Prüderie vorgebracht worden zu sein.[7] Eine weitere Erklärung für das angeblich häufige Vorkommen falscher Anklagen war die Hysterie.[8] Die zweite Hälfte des 19. Jahrhunderts hatte ein neues Interesse an dem alten Krankheitsbild der Hysterie hervorgebracht. Die Erforschung der Hysterie förderte zunächst die Traumatisierung von Frauen – und auch Männern[9] – durch sexuelle Ausbeutung in der Kindheit ans Licht. Doch der Weg zur Erforschung dieser Traumata wurde nicht weiter beschritten – statt dessen gehörten sexuelle Phantasien, Lügenhaftigkeit und die Kunst der Verstellung bald zum Krankheitsbild der Hysterie. Um diese Entwicklung nachzuvollziehen, soll hier kurz auf die Geschichte der Hysterieforschung eingegangen werden.

Der Pariser Neurologe Charcot beschäftigte sich in den 1870er Jahren intensiv mit der Erforschung dieser rätselhaften Krankheit. Charcots Untersuchungen wurden bald weit über die Grenzen Frankreichs berühmt und fanden regen Widerhall in der Fachwelt wie in der populären Publizistik. Auch Sigmund Freud besuchte Charcots Vorlesungen in Paris, und gemeinsam mit seinem Kollegen Josef Breuer unternahm er es, der Ursache der Hysterie auf den Grund zu gehen. Breuer und Freud erarbeiteten ausführliche Fallstudien und gelangten zu dem Ergebnis, daß die Hysterie durch ein psychisches Trauma verursacht werde.[10] Freud verfolgte diese Spur weiter; er war der Ansicht, daß die Ursache für die Erkrankung in der Vergangenheit der Patientin oder des Patienten lag. Anfangs glaubte er nicht an die Verknüpfung der Hysterie mit einer »Sexualneurose«, doch die Gespräche mit seinen PatientInnen offenbarten ihm schließlich eine schreckliche Wahrheit: Viele erinnerten sich an sexuelle Übergriffe und an Mißhandlungen in der Kindheit, einige an Inzest. Freud war überzeugt, hierin die Ursache der Hysterie entdeckt zu haben. 1896 stellte er seine Ergebnisse in Wien einem Kreis von Kollegen vor:

»Ich stelle also die Behauptung auf, zugrunde jedes Falles von Hysterie befinden sich – durch die analytische Arbeit reproduzierbar, trotz des Dezennien umfassenden Zeitintervalls – ein oder mehrere Erlebnisse von vorzeitiger sexueller Erfahrung, die der frühesten Jugend angehören. Ich halte dies für eine wichtige Enthüllung, für die Auffindung eines caput Nili der Neuropathologie.«[11]

Freud erntete für die in seinen Augen bahnbrechende Entdeckung nicht Beifall, sondern Ablehnung und Feindseligkeit. Krafft-Ebing, damals einer der einflußreichsten Vertreter seiner Profession, bezeichnete Freuds Darlegungen als »wissenschaftliches Märchen«.[12] Freud veröffentlichte seinen Vortrag trotz der Warnungen einiger Kollegen. Ein Jahr danach begann er, seine darin geäußerten Ansichten zurückzunehmen. Zunächst erkannte er die Erzählungen seiner PatientInnen weiterhin als wahr an, bestritt aber die aus dem sexuellen Mißbrauch resultierende Traumatisierung. Demnach hätten die kindlichen sexuellen Erlebnisse zwar tatsächlich stattgefunden, wären aber nicht die unmittelbare Ursache der psychischen Erkrankung.[13] 1910 schließlich stellte Freud die Tatsache des sexuellen Mißbrauchs selbst in Frage – ein Wendepunkt, den er später als Resultat eines schwierigen Erkenntnisprozesses beschrieb: »Als ich dann doch erkennen mußte, diese Verführungsszenen seien niemals vorgefallen, seien nur Phantasien, die meine Patienten erdichtet, die ich ihnen vielleicht selbst aufgedrängt hatte, war ich eine Zeitlang ratlos.«[14] Die Ursache der Hysterie sah Freud fortan in der durch Schuldgefühle hervorgerufenen Verdrängung dieser Phantasien.[15]

Freuds Weg von der Entdeckung einer bitteren Wahrheit bis zu deren Verleugnung[16] ist nur ein Beispiel dafür, daß die Ärzte und Psychiater der Jahrhundertwende nicht in der Lage waren, die Realität einer bestimmten weiblichen und/oder kindlichen Erfahrung zu erkennen und anzuerkennen. Dies hätte die Infragestellung des bürgerlichen Selbstbildes ebenso wie des bürgerlichen Familienideals bedeutet, denn Freuds PatientInnen entstammten den »guten« Wiener Familien.[17] Unter diesen Bedingungen ging auch das Interesse an der Erforschung der Hysterie bald zurück. Die Krankheit selbst wurde zum Stigma.[18] Im Zuge einer weitgehenden Popularisierung des Krankheitsbildes wurde die Bezeichnung »hysterisch« zum Synonym verschiedener negativer weiblicher Eigenschaften und eng mit weiblicher Sexualität verknüpft. Hysterie und Weiblichkeit gingen eine feste Verbindung ein,[19] die Eigenschaften der Hysterikerin waren Karikaturen »typisch« weiblicher Charakterzüge. So wurde Hysterie bald als eine Ursache für die angeblich häufig vorkommenden »sexuellen Falschbeschuldigungen« angesehen. Der Psychiater Karl Birnbaum schrieb:

»Die sexuellen Falschbeschuldigungen gehören zu jener Gruppe von Delikten, die eine besondere Stellung im Bereich der Kriminalpsychologie beanspruchen dürfen. (...) Ihr psychologisch befremdender Charakter legt dabei die Vermutung nahe, sie könnten von einem psychisch abnormen Täter herrühren.«[20]

In der Tat sah Birnbaum hier eine Gruppe von »psychisch abnormen« Täterinnen besonders häufig vertreten: »Es besteht gar kein Zweifel: Wenn man von sexuellen Falschbeschuldigungen hört, von ihnen spricht, denkt man eigentlich stets an Hysterie.«[21] Aus heutiger Sicht ergibt sich diese Verbindung daraus, daß die Falschbeschuldigungen als typisch weibliches »Delikt« und die Hysterie als die psychische Erkrankung von Frauen schlechthin galten. Birnbaum stellte diese Analogie selbstredend nicht her, sondern erklärte die Verknüpfung der sexuellen Falschbeschuldigung mit der Hysterie aus deren speziellem Krankheitsbild. Er unterschied zwei Gruppen von Hysterikerinnen. Zur ersten Gruppe rechnete er jene Frauen, die bewußt logen, weil sie geradezu »Lust am Lügen, Schwindeln und Betrügen« hätten. Er führte das Beispiel eines »von Jugend auf als boshaft, lügenhaft usw. gekennzeichneten adligen Mädchens« an, das einen Hausdiener wegen »Notzucht« anzeigte. Die zweite Gruppe von Hysterikerinnen sei sich über die Unrichtigkeit ihrer Angaben nicht bewußt, sie glaubten an die Wahrheit ihrer angeblichen Erlebnisse. Durch die »abnorme Fremd- und Selbstbeeinflußbarkeit« der Hysterikerin komme es zu »wahnhaften Einbildungen«. Harmlose Freundschaften würden als sexuelle Beziehungen ausgemalt, anfänglich erfundene Geschichten würden später von der Betreffenden selbst geglaubt.[22]

Birnbaum empfahl, bei jeder Anzeige wegen »Notzucht« den Tatbestand genau zu prüfen. Gebe es in der Aussage der Klägerin »Lücken, (...) Sprünge im Fluß der Darstellung, logische Unstimmigkeiten und Widersprüche«, sei dies in jedem Fall verdächtig.[23] Aber das Überprüfen der Aussagen reiche selten aus. Weiter führe erst »die psychologische Untersuchung des Urhebers der Beschuldigungen selbst. Die Erkennung seiner psychischen Eigenart, der Grundzüge seines Wesens (...) setzt erst den psychologischen Charakter der Anschuldigungen ins rechte Licht.« Bei Bedenken gegenüber der Glaubwürdigkeit der Klägerin wäre eine gerichtlich angeordnete Untersuchung des Geisteszustandes nützlich, was aber aufgrund der Strafprozeßordnung nur auf Umwegen möglich sei: »Die Einleitung eines Strafverfahrens gegen die zweifelhafte Zeugin, ihr Übergang aus der Rolle der Anklägerin in die der Angeklagten, würde auch ihre gerichtsärztliche Untersuchung gestatten.«[24] Birnbaum plädierte also implizit dafür, daß dem Staatsanwalt die Möglichkeit gegeben werde, ein Strafverfahren gegen die Klägerin einzuleiten. Damit wären Frauen, die Opfer sexueller Gewalt wurden, nicht mehr »nur« moralisch stigmatisiert und einer quälenden Prozedur ausgesetzt, sondern regelrecht kriminalisiert worden. Eine verbale Kriminalisierung von Frauen, die eine Vergewaltigungsklage anstrengten, ergab sich freilich schon aus dem Sprachgebrauch Birnbaums: Die sexuellen Falschbeschuldigungen stellten demnach eine eigene Deliktgruppe, begangen von pathologischen Täterinnen.

Der Verdacht der Falschbeschuldigung traf grundsätzlich alle Frauen, die einen sexuellen Übergriff anzeigten. Doch je höher der Beklagte und je niedriger die Klägerin auf der sozialen Rangleiter standen, umso dringlicher schien es den Ärzten geboten, die Klägerin genauestens zu überprüfen. Ein markantes Beispiel ist ein Artikel des Freiherrn von Schrenck-Notzing,[25] eines der bekanntesten Psychiater und Gerichtsmediziner seiner Zeit, der auf Sittlichkeitsdelikte (insbesondere Homosexualität) spezialisiert war. In diesem Aufsatz entreißt er sich selbst die Maske des objektiven Sachverständigen. Seine Worte sind geprägt von Frauenverachtung, Abscheu gegenüber den unteren, ungebildeten Schichten und ärztlichen Standesdünkeln. Es geht um einen Fall, in dem ein 20jähriges Dienstmädchen behauptete, der sie behandelnde Arzt habe mit ihr den »Beischlaf« vollzogen, nachdem er sie hypnotisiert hatte.

Schrenck-Notzing kritisierte zunächst das von einem Kollegen erstellte Gutachten über die Klägerin Bertha G. Dieser hatte festgestellt, daß Bertha G. Bettnässerin war und an Tuberkulose litt. Beides sei, so Schrenck-Notzing, auffallend, denn Bettnässen entstehe oft aus Onanie, Tuberkulosekranke aber seien meist sehr »libidinös« und neigten zu erotischen Phantasien. Aufgrund des Befundes hätte bei »eine[r] so schwere[n] Anschuldigung« eine »sorgfältige, psychoanalytische spezialärztliche Untersuchung des ganzen sexuellen Vorlebens der Patientin« vorgenommen werden müssen: »ob sie der Masturbation ergeben war, wann sie ihre Virginität verloren hat, wie oft sie mit Männern sexuell verkehrte und etwa ihre Liebhaber wechselte, ob sie dabei auch jemals eine aktive Rolle übernahm«.[26] Außerdem hätte nach einer hysterischen Veranlagung geforscht werden müssen. »Endlich müßte Genaueres über den Charakter der Patientin, speziell ihre Phantasietätigkeit und auch über ihre Wahrheitsliebe bekannt sein.«[27] Verdächtig schien Schrenck-Notzing überdies, daß das Mädchen nach der Verführung ruhig nach Hause gegangen war und erst Wochen später dem Beichtvater und der Mutter davon erzählt habe. Es gebe immer »irgendeine Art seelischer Reaktion« bei sexuellen Attentaten – bei Bertha G. sei diese ausgeblieben.

»Dieses abenteuerliche Hirngespinst einer libidinösen bettnässenden Schwindsüchtigen,« erging sich Schrenck-Notzing schließlich in derbtönenden Beschimpfungen, »deren erotische Begehrlichkeit sich wahrscheinlich in den Fieberträumen auch auf die Person des Arztes erstreckte, indem sie mit ihm Episoden aus ihrer sexuellen Vergangenheit erlebte – Episoden, bei denen sie sogar in aktiver Rolle tätig war – wird Veranlassung zu einer schweren Anschuldigung gegen einen Arzt, der 15 Jahre lang unbescholten seine Tätigkeit ausübte und bei den Patienten in hohem Ansehen stand.«[28] Schrenck-Notzing hielt den Arzt für unschuldig und schrieb Bertha G., nachdem er sie zunächst als sexuell begehrlich und geistig zurückgeblieben geschildert hatte, schließlich jene Eigenschaft zu, die ihre Aussage endgültig unglaubwürdig machte: »Es kann sich also nur um krankhafte Einbildungen, um rückwirkende Erinnerungsfälschungen bei der wahrscheinlich auch an ›Hysterie‹ leidenden Bertha G. handeln.«[29] Es bestehe, so seine Schlußfolgerung, »keine Rechtfertigung, aus Anlaß der Traumerinnerung eines schwerkranken Mädchens auch nur den Schatten eines Verdachts auf einen unbescholtenen Arzt zu werfen.«[30]

Schrenck-Notzing nutzte alle Möglichkeiten, die Aussage von Bertha G. als Hirngespinst zu (de-)konstruieren, er führte Träume, Einbildung, falsche Erinnerungen, Fieberphantasien und Hysterie ins Feld. Der Beschuldigte dagegen war als Arzt im Grunde über alle Zweifel erhaben, zumal er bis zu der Anzeige absolut unbescholten war. Eine Eigenschaft, die Schrenck-Notzing der Bertha G. wiederum absprach, indem er sie als »Onanistin« und »sexuell aktiv« bezeichnete, ja, ihr vielsagend eine »sexuelle Vergangenheit« unterstellte. Am Ende warnte Schrenck-Notzing seine Kollegen vor der sie bedrohenden Verleumdungsgefahr und riet ihnen, »suspekte Patientinnen u. namentlich Hysterische« nur in Gegenwart von Zeugen zu behandeln.[31] Es mag sich hier um ein extremes Beispiel handeln,[32] doch finden sich in diesem Fall zwei zentrale Topoi, mit deren Bestätigung eine Anzeige wegen »Notzucht« bereits dem Mißtrauen ausgesetzt war: die Unterstellung sexueller Aktivität und die Konstruktion des Opfers als minderwertig, unglaubwürdig, krank und hysterisch. Sowohl Schrenck-Notzings als auch Birnbaums Aufsatz sind sprachlich und damit im engeren Sinne diskursanalytisch aufschlußreich. Sie zeigen, wie eng Attribute wie Lügenhaftigkeit, Boshaftigkeit, Beeinflußbarkeit, Phantasie und Hysterie mit dem Adjektiv »weiblich« verbunden waren. Diese Verbindung wurde in Zusammenhang mit Anschuldigungen wegen sexueller Gewalt aktiviert und ausdifferenziert.

2. Kinder als Zeugen

Frauen waren, obschon im Kaiserreich rechtlich nicht im gleichen Maße als mündig anerkannt wie Männer, immerhin erwachsene Personen. Um ihre Aussagen als unglaubwürdig zu definieren, bedurfte es der Konstruktion einer Krankheit oder eines anderen Defizits. Kinder dagegen waren vollständig unmündig, nach dem Gesetz besaßen sie keinen eigenen Willen und keine Urteilsfähigkeit. Ihre Aussagen wurden von vornherein kritisch betrachtet. Zwar wurden Kinder (allerdings unvereidigt) vernommen, doch ihre Fähigkeit zu rationaler Beobachtung und Wiedergabe wurde zusehends in Frage gestellt. Es entstand ein weiterer Zweig der juristischen Psychologie, die Aussagepsychologie. Innerhalb dieser Teildisziplin waren Kinderaussagen ein bevorzugtes Forschungsgebiet,[33] wobei stets betont wurde, daß sie vor allem auf dem Gebiet der »Sittlichkeitsverbrechen« bedeutsam seien. Hier waren häufig Kinder die einzigen Zeugen.

In England wurde im Zuge der Kampagne für den *Punishment of Incest Act* und die Kinderschutzgesetzgebung gefordert, die kindliche Aussage vor Gericht anzuerkennen. Diese Forderung konnte nicht durchgesetzt werden, da befürchtet wurde, »young men would fall prey to ›designing creatures‹ whose aim was blackmail« oder »it would place men at the mercy of children who had been ›coached up‹ to give false evidence«.[34] In Deutschland dagegen, wo Aussagen von Kindern vor Gericht zugelassen waren, forderte man, diese Regelung einzuschränken, da Kinder allzu unzuverlässige Zeugen seien. So mahnte zum Beispiel Schneickert, einer der Experten auf dem Gebiet der Aussagepsychologie, daß die Aussage eines Kindes nie als Beweis vor Gericht angesehen werden sollte.[35] Er und seine Kollegen empfahlen sich als Sachverständige, die in der Lage waren, Aussagen von Kindern zu deuten, Phantasien von Realität, unschuldige Wahrheit von boshafter Lüge zu unterscheiden.[36] Ellis und Moll kritisierten die Naivität vieler Richter, denen die psychologische Ausbildung und Erfahrung fehlen würden und deren Leichtgläubigkeit fatale Folgen haben könne:

»Man kann es nur tief beklagen, daß solchen Anschuldigungen oft vor Gericht Glauben geschenkt wird. Das nette freundliche Benehmen eines solchen Mädchens vor Gericht, ein schöner Knicks, den es macht, läßt sehr häufig dem Nichtfachmann – und leider gehören viele Richter zu den Nichtfachleuten – die Aussage als richtig erscheinen. (...) Die Phantasie und die bewußte Lüge kommen zusammen und führen dazu, daß so mancher unschuldig verurteilt wird.«[37]

Nicht alle von den Autoren angeführten Falschbeschuldigungen durch Kinder waren ihrer Ansicht nach bösartiger oder krankhafter Natur oder von »verdorbenen« Kindern vorgebracht. Auch Traumerlebnisse wurden als Ursache für falsche Anschuldigungen genannt.[38] Ein Autor berichtete ausführlich von einem solchen Fall: Ein 16jähriges Mädchen habe seiner Mutter erzählt, der Stiefvater habe nachts auf ihr gelegen und sie »geschlechtlich gebraucht«. Sie sei in jener Nacht erwacht, weil sie einen Druck verspürt habe, da habe sie bemerkt, daß der Stiefvater auf ihr lag. Sie habe geschrien, worauf er fortgegangen sei. Am Morgen habe sie Blutflecken in ihrem Bett entdeckt. Vor Gericht stritt der »unbescholtene und als zärtlicher Familienvater bekannte« Mann die Sache ab und behauptete, seine Stieftochter habe schlecht geträumt. Er habe sich nur über sie gebeugt, worauf sie erwacht sei. Das Mädchen räumte darauf ein, daß sie ihren Stiefvater nicht gesehen, sondern lediglich gespürt habe, und daß sie anfangs nicht sicher gewesen sei, ob sie geträumt habe. Sie habe außerdem die Menstruation gehabt, was das Blut erklärte. Die Gerichtsärzte stellten normal entwickelte Genitalien und ein intaktes Hymen fest und fanden keine Anzeichen für einen Mißbrauch. Die Menstruation, meinten sie, habe die sexuellen Traumvorstellungen begünstigt.[39]

Der »zärtliche Familienvater« wurde freigesprochen. Gerechtfertigt oder nicht, wesentlich ist an diesem Fall, daß er verschiedene Topoi verdeutlicht, die es ermöglichten, beinahe jede Beschuldigung wegen sexuellen Kindesmißbrauchs, für die als alleiniger Beweis die Aussage des Kindes selbst vorlag, als falsch zu entlarven: die Kraft der kindlichen Phantasie,[40] vor allem während der Pubertät, die Menstruation als Faktor, der diese Phantasie noch verstärkte, die Intensität von Traumerlebnissen, die gerade von Kindern als wahr empfunden wurden, die Annahme, daß ein sexueller Übergriff das Hymen zerstören oder die Genitalien schädigen müsse und schließlich die Ansicht, ein unbescholtener Familienvater sei einer solchen Tat gar nicht fähig.

Allerdings wurde das Vorkommen sexueller Übergriffe Erwachsener auf Kinder keineswegs durchgängig geleugnet. Im Gegenteil, oft wurde in sozialkritischer Perspektive auf das häufige Vorkommen sexuellen Kindesmißbrauchs hingewiesen. Dabei wurde allerdings auch dem Opfer ein Teil der Schuld angelastet. Neben dem Bild des unschuldigen, reinen und unverdorbenen Kindes war das gegensätzliche Stereotyp vom frühreifen, verdorbenen und lügenhaften Kind verbreitet.[41] An diesem Bild orientierten sich viele Ärzte, die davon ausgingen, daß die Kinder selbst ihren Teil zur Tat beitrugen. Der alte Topos des verführerischen Kindes, das ein sexuelles Attentat herausforderte, sogar ein gewisses Vergnügen dabei empfand, erhielt eine wissenschaftliche Erklärungsgrundlage. Die Rede war dabei zunächst von der sexuellen Frühreife, einer pathologischen Entwicklung der kindlichen Sexualität. Viele Gynäkologen und Psychiater waren der Ansicht, bei Kindern, inbesondere bei Mädchen, könne der Sexualtrieb verfrüht erwachen. Dies müsse bei der Beurteilung von Sittlichkeitsdelikten stets in Betracht gezogen werden, da der Anreiz oder die Initiative zur Tat nicht selten von den Mädchen ausgehe.[42] Freud sah Äußerungen einer »infantilen Sexualität«, die bereits beim Säugling auftreten konnten, als Teil der kindlichen Entwicklung, erklärte jedoch, daß diese kindliche Sexualität nicht zu früh »zur Betätigung gelangen« dürfe.[43] Moll sah die sexuelle Frühreife als eine nicht eben seltene Ursache von »Sittlichkeitsverbrechen«.

Er hielt dies für ein gefährliches Phänomen, denn der sexuelle Kontakt ende oft »mit der dauernden Vernichtung der sozialen Existenz des betreffenden Mädchens«. Zugleich gehe aber von diesen Kindern eine Gefahr für ihre Umgebung aus, »da sexuelle Handlungen sehr leicht die Folge sind«.[44] Diese Sichtweise enthob Männer ihrer Verantwortung für sexuelle Handlungen an Mädchen und stigmatisierte die Opfer.

Leppmann warnte, daß bereits zwölf- bis 13jährige Mädchen aus Unverstand oder aus »bereits erwachter Lüsternheit« fremden Männern folgten.[45] Aus der kindlichen Sexualität resultiere ein »gewisses entgegenkommendes Verhalten der Mädchen (...), das uns aus zahlreichen Unzuchtsuntersuchungen gerichtskundig glaubhaft ist,« stellte auch Wulffen fest.[46] Daher aber hätten die Kinder oft Schuldgefühle, weshalb sie die Vorgänge meist tage-, ja wochenlang niemandem mitteilten. Der Gerichtsmediziner Haberda meinte, daß das Schweigen der Kinder oftmals »in dem Einverständnisse des Mädchens seinen Grund hat, das die Entdeckung ebenso fürchtet, wie der betreffende Mann«.[47] Teilte ein Kind einen sexuellen Übergriff niemandem mit, lag demnach die Vermutung nahe, daß es mit der Handlung einverstanden war.

Am weitesten ging der Psychoanalytiker Karl Abraham mit der Unterstellung, daß Kinder mit sexuellen Übergriffen oft einverstanden seien. Er betrachtete sexuelle Traumata als »Form infantiler Sexualbetätigung«. Das Verschweigen der Tat deute auf Schuldgefühle: »das Kind ist dem Reiz des Verbotenen erlegen«.[48] Kinder würden sexuelle Traumen oft gewollt erleiden, denn sie strebten nach »sexuellem Lustgewinn«. Ein Beweis dafür sei, daß viele Kinder wiederholt solchen Traumen zum Opfer fielen, obwohl sie doch nach dem ersten Erlebnis gewarnt sein müßten.[49] Der Psychiater Näcke kritisierte an Abrahams Aufsatz, daß nicht nur Schuld, sondern ebenso Scham das Kind dazu bringen könnte, den Eltern das Vorkommnis zu verschweigen und es »in sich [zu] verschließen«.[50] Überdies sei es nicht immer ein unbewußtes sexuelles Begehren, das die Kinder zum Mitgehen mit Fremden bewege, sondern mitunter Einsamkeit oder Neugierde. Näcke empfahl, im Einzelfall zu prüfen, ob bei dem kindlichen Opfer eines »Sittlichkeitsverbrechens« die infantile Sexualität bereits erwacht sei. In einem Punkt jedoch stimmte er Abraham zu: Nicht jedes Kind konnte Opfer eines Sittlichkeitsdeliktes werden. Es seien entweder nervöse oder abnorm libidinöse Kinder, die sexuellen Traumen zum Opfer fielen.[51] Aschaffenburg rollte das Problem von der anderen Seite her auf. Er gestand zwar zu, daß manche Kinder »geradezu Vergnügen« an den »unzüchtigen Betastungen« fänden und nicht selten »die führende Rolle« übernähmen und den Mann zum »Beischlaf« direkt aufforderten. Diese Erscheinungen seien allerdings weniger Ursache als Folge der »Sittlichkeitsverbrechen«. Die

Kinder seien auf irgendeine Weise zuvor verdorben *worden.*[52] Es gab also durchaus widersprüchliche Positionen unter den Wissenschaftlern, die sich ebenfalls in manchen richterlichen Urteilsbegründungen finden lassen.[53]

In den Ausführungen vieler Ärzte wurde abermals der Topos des verführten und durch den Strafprozeß vernichteten »wohlanständigen« Bürgers heraufbeschworen. Doch da ein Mann, der mit einem zwölf- oder 13jährigen Mädchen sexuell verkehrte, sich durchaus verfehlte, konnte diese Verfehlung nur gemildert werden, indem das Opfer als Täterin dargestellt wurde, als Geschöpf, das bürgerlichen Tugenden Hohn sprach und schon vor der Tat für die Gesellschaft verloren war, Opfer allenfalls des Milieus, in dem es aufgewachsen, und eigener Sehnsüchte und Begierden. Dies traf vor allem auf kindliche Prostituierte zu. Der bekannte Strafverteidiger Alsberg gab zu bedenken, daß in den Großstädten Kinder, die jünger als 14 Jahre seien, das Geschlechtsleben häufig bereits kennen würden. Sie verleiteten »dann geradezu gewerbsmäßig Erwachsene zur Verübung unzüchtiger Handlungen«. Als Beispiel führte er den Fall Riedel an, der seinerzeit durch die Presse gegangen war: »das angeblich mißbrauchte Objekt«, so Alsberg, sei »ein durchaus verdorbenes Geschöpf«.[54]

Häufig wurde von kindlichen Prostituierten berichtet, deren Verführungskünsten selbst die anständigsten Männer erlagen – und sich dann plötzlich im Netz allzu strenger und undifferenzierter Gesetze gefangen sahen.[55] Bereits Casper erwähnte, daß in Berlin elf- bis zwölfjährige Prostituierte von ihren Müttern angelernt würden, um Männer zu verführen und anschließend zu erpressen.[56] Durch die Presse ging 1913 der Fall zweier Mädchen, 13 und 14 Jahre alt, die »sich seit ungefähr zweieinhalb Jahren (...) der Prostitution hingegeben und das erworbene Geld für Putz und Näschereien vertan« hatten. Sie waren von der Polizei als »heimliche Prostituierte« gefaßt worden. Auch ihre Freier, allesamt angesehene Bürger der Stadt, wurden verhaftet, da sie für die beiden Mädchen ein »Absteigequartier« eingerichtet hatten, in dem sie sie regelmäßig aufsuchten. Die Männer wurden wegen »unzüchtiger Handlungen« an den Kindern durchweg zur Mindeststrafe von sechs Monaten Gefängnis verurteilt. Die Stimmung in der Presse aber richtete sich gegen die Mädchen. Man empörte sich, daß »um solcher verkommener Geschöpfe willen unbescholtene Männer ins Gefängnis« wanderten, deren bürgerliche Existenz nun mit einem Schlag vernichtet sei.[57] Kritik an dieser Berichterstattung übten lediglich einige Frauenrechtlerinnen und AbolitionistInnen, etwa Katharina Scheven. Sie schrieb, daß eines der Mädchen in früher Jugend vergewaltigt worden und dadurch auf die schiefe Bahn geraten sei. In ihrer Notlage seien beide Mädchen »von einer ganzen Schaar wohlsituierter Männer gewissenlos ausgebeutet« worden, die nun als »Opfer weiblicher Verführung hingestellt«

würden.[58] Der Arzt Max Marcuse dagegen betitelte seine im *Archiv für Kriminalanthropologie* erschienene Notiz zu diesem Fall: »Männer als Opfer von Kindern«.[59]

Die Interessen der Männer standen in diesen Fällen innerhalb der weitgehend männlich-bürgerlich dominierten Öffentlichkeit des Kaiserreiches über denen der betroffenen Mädchen. Dies hatte zu tun mit den Machtverhältnissen zwischen den Geschlechtern, Generationen und sozialen Schichten – Machtverhältnisse, die sich auch auf die Wissenschaft auswirkten. Bei der Erforschung psychischer Traumata (in diesem Fall das Trauma sexueller Gewalt) spielt die Interaktion zwischen Opfer, Täter und Gesellschaft eine wichtige Rolle. Diese Interaktion beschreibt die Psychoanalytikerin Judith Herman unter anderem mit folgenden Worten:

»Je mächtiger der Täter, desto umfassender ist sein Vorrecht, Realität zu benennen und zu definieren, und desto vollständiger kann er seine Argumente durchsetzen. (...) Gilt das Opfer ohnehin als minderwertig (eine Frau, ein Kind), muß es häufig feststellen, daß die traumatischen Ereignisse außerhalb der gesellschaftlich anerkannten Realität stattfanden.«[60]

Die berühmtesten und angesehensten Psychiater demontierten die Aussagen von Frauen über Erlebnisse sexueller Gewalt, indem sie die Zeuginnen als nervös, sexuell frustriert, an diversen Frauenkrankheiten leidend, besonders leicht von ihrer Phantasie zu beeinflussen und hysterisch konstruierten. Die Erinnerungen an sexuelle Ausbeutung verbannten sie ins Reich der Phantasie. Die Aufsätze Birnbaums und Schrenck-Notzings, wiewohl 20 Jahre nach Freuds unerhörter Entdeckung entstanden, unterstreichen die Tatsache, daß Freuds Widerruf der Verführungstheorie nicht allein im Kontext von Leben und Wirken dieses einzelnen Wissenschaftlers gesehen werden kann. Über Freud schreibt Judith Herman:

»Mit der Entdeckung, daß sexueller Mißbrauch in der Kindheit eine Wurzel der Hysterie war, überschritt er die äußersten Grenzen gesellschaftlicher Glaubwürdigkeit.« – »Wie überzeugend seine Argumentation oder wie richtig seine Beobachtungen auch gewesen sein mögen, Freuds Entdeckung konnte keine Anerkennung finden, solange ein politisches und gesellschaftliches Umfeld fehlte, das die Erforschung der Hysterie unterstützte, gleichgültig zu welchen Ergebnissen man dabei kam.«[61]

Die Wissenschaftler waren in die »Unterwelt weiblicher Erfahrungen« geraten, und das Wissen, das sich vor ihnen auftat, war nicht das Wissen, das sie gesucht hatten. Ein ganzer Bereich weiblicher und kindlicher Erfahrungen wurde geleugnet, dekonstruiert, umdefiniert und zum Teil schlicht übersehen. Freud selber glaubte in späteren Jahren seinen PatientInnen das reale Erlebnis des Mißbrauchs nicht mehr. Er gelangte zu der Überzeugung, »daß Frauen sich die mißbräuchlichen sexuellen Begegnungen, über die sie klagten, einbildeten und wünschten«.[62]

VII. Sexuelle Gewalt vor Gericht

Nach der Untersuchung der strafrechtlichen Definitionen durch die Juristen und der Charakterisierung des »Sittlichkeitsverbrechers« durch die Mediziner werden im Folgenden Gerichtsakten ausgewertet. Es wird um die Erfahrungen der Frauen und Kinder gehen, die sexuelle Übergriffe erleben mußten, um Motive und Verhalten der Täter und um Einstellungen zu Sexualität, die in der ländlichen Gesellschaft Bayerns im 19. Jahrhundert die Beziehungen zwischen den Geschlechtern prägten. Damit wird das Bild sexueller Gewalt, das diese Arbeit skizziert, vervollständigt – zur Ebene des Diskurses fügt sich die Ebene der Lebenswelt. Allerdings bilden die Gerichtsakten weder einen »Steinbruch der Fakten«[1] noch einen Garanten für Authentizität. Um die Aussagekraft der Akten zu beurteilen, werden hier zunächst drei Charakteristika dieser Quellen dargestellt: ihre Entstehung, ihre Eigenschaft als Texte und der lebensweltliche Kontext, aus dem sie hervorgegangen sind und über den sie erzählen.

Die ausgewerteten Akten umfassen Prozesse wegen »Notzucht«, »unzüchtigen Handlungen an Kindern« und »Verführung« vor den Landgerichten Deggendorf sowie München I und München II. Die Fälle spielten sich in verschiedenen Gemeinden Ober- und Niederbayerns ab.[2] Der größte Teil der Akten aus München stammt aus den Jahren 1897 bis 1899, einige aus den Jahren 1900 bis 1903.[3] Die Akten des Landgerichts Deggendorf betreffen die Zeit von 1878 bis 1885, neun Akten die Zeit vor 1876.[4]

1. Von der Anzeige zur Hauptverhandlung

Der erste, der die Aussagen von Opfern, Zeuginnen und Zeugen sowie mutmaßlichen Tätern aufnahm, war im ländlichen Bayern des behandelten Zeitraums der Gendarm. Ihm kam die Aufgabe zu, auf eine Anzeige oder ein Gerücht hin erste Recherchen durchzuführen und den Beschuldigten zu verhaften, sofern der Verdacht hinreichend erschien.[5] Die Gendarmen waren Soldaten, die während ihres Dienstes in der Armee die körperliche und geistige Eignung zum Gendarmeriedienst bewiesen hatten.[6] Sie wurden zum Teil außerhalb ihrer Heimatorte stationiert. In den hier untersuchten Akten stellen sie – abgesehen von den Landgerichtsärzten – die einzige Gruppe, in der häufiger Protestanten zu finden sind. Sie waren also wahrscheinlich nicht vollständig in die Gemeinden integriert, zum einen als Vertreter der Obrigkeit, zum anderen als »Fremde«. Zwar klingt in den Berichten mitunter ein vertrauter Umgang mit der ortsansässigen Bevölkerung an, häufig aber klagten die Gendarmen über die Verschwiegenheit der Leute ihnen gegenüber.

Erfuhr der örtliche Gendarm von einer Straftat, recherchierte er, indem er zunächst die unmittelbaren Tatzeuginnen und -zeugen befragte, und schickte sobald wie möglich (meist ein bis zwei Tage später) einen Bericht an die Staatsanwaltschaft des zuständigen Landgerichts. In fast allen untersuchten Akten befindet sich ein solcher Bericht. Die Aussagen der vernommenen Personen sind darin entweder knapp zusammengefaßt oder in indirekter Rede wiedergegeben. Wenn es dem Gendarmen besonders wichtig erschien, zitierte er eine Äußerung auch einmal wörtlich.

Die Staatsanwaltschaft war in Bayern 1848 im Zuge der Erneuerung des Strafprozesses eingeführt worden. Dem Staatsanwalt kam die Aufgabe zu, die öffentliche Anklage vorzubereiten, und er führte die Aufsicht über die Voruntersuchung, die durch den Untersuchungsrichter erfolgte. Der Staatsanwalt verfügte in Zusammenhang mit den Ermittlungen über ein Weisungs- und Auftragsrecht gegenüber Polizei und Gendarmerie.[7] Erhielt also der Staatsanwalt den Bericht der Gendarmerie, wies er die Gendarmen vor Ort an, weitere Erkundigungen einzuholen. Mitunter erbat er eine Charakterisierung von Opfer und Täter durch den Gendarmen oder ordnete die Befragung von Leumundszeugen an. Der Gendarm war damit das Bindeglied zwischen Staatsanwaltschaft und Dorf.[8] Zu seinem ersten kamen weitere Berichte, in denen etwa die »Stimmung« in der betroffenen Gemeinde geschildert wurde oder in denen er seine persönliche Meinung über die betroffenen Personen darlegte.

Sobald genügend Verdachtsmomente bestanden, eröffnete der Staatsanwalt die richterliche Voruntersuchung. Dem Untersuchungsrichter kam die Vernehmung der Zeuginnen und Zeugen und des Beschuldigten zu.[9] Die Zeuginnen und Zeugen wurden förmlich geladen und vor ihrer Vernehmung vereidigt. Der Gerichtsschreiber hielt die Aussagen in einem Protokoll fest, das den Befragten am Ende vorgelesen wurde. Durch ihre Unterschrift bestätigten sie die festgehaltenen Aussagen.[10] Über den Abschluß der Voruntersuchung entschied der Staatsanwalt. Lagen seiner Ansicht nach genug Beweise für eine Schuld des Angeklagten vor, erfolgte die Anklageerhebung. Der Staatsanwalt verfaßte die Anklageschrift,[11] die an die zuständige Strafkammer weitergeleitet wurde. Diese entschied, ob die Verdachtsmomente für die Eröffnung der Hauptverhandlung ausreichten.

Bis 1879 waren Schwurgerichte für Verbrechen zuständig, die mit Todes-, Ketten- und Zuchthausstrafen bedroht waren, also auch für alle Notzuchtsfälle.[12] Ab 1879 waren dann die aus fünf Mitgliedern bestehenden Strafkammern der Landgerichte zuständig für Verbrechen, die mit höchstens fünf Jahren Zuchthaus bedroht waren (also die »Blutschande«, die »unzüchtigen Handlungen« nach Paragraph 174 und die »Verführung«) oder die von Jugendlichen bis 18 Jahre begangen worden waren. Auch Verfahren wegen »unzüchtiger Handlungen an Kindern« wurden vor der Strafkammer verhandelt.[13] Für Verbrechen, die nicht in den Zuständigkeitsbereich der Strafkammern oder des Reichsgerichts gehörten, waren weiterhin Schwurgerichte zuständig. Sie bestanden aus drei Richtern und zwölf Geschworenen.[14]

Neben den Unterlagen aus der Voruntersuchung enthalten die Akten die Protokolle der Hauptverhandlungen. Diese sind jedoch vorgefertigte Formulare, in denen lediglich die Verfahrensformalia und richterlichen Beschlüsse sowie (im Fall von Schwurgerichtsverfahren) die Fragen an die Geschworenen und deren Spruch festgehalten sind. Die Aussagen der Prozeßbeteiligten sind nicht überliefert.[15] Sofern es sich um Schwurgerichte handelte, gibt es keine Begründungen für Schuld- oder Freisprüche. Lediglich die Gründe für die Strafzumessung finden sich in den von den Richtern verfaßten Urteilsbegründungen. Die Protokolle der Voruntersuchungen stellen damit die wichtigste Informationsquelle in den hier ausgewerteten Akten.[16] In einigen Akten kommen noch Protokolle eines Lehrers oder eines Pfarrers hinzu, die mitunter als erste ein oder mehrere Schulkinder zu Gerüchten über »unzüchtige Handlungen« verhört hatten.

2. Gerichtsakten als Texte

In den Akten finden sich verschiedene Typen von Texten, von unterschiedlichen Verfassern und in unterschiedlichen Kontexten entstanden. Sie vermitteln wechselnde Perspektiven auf die Geschehnisse und die betroffenen Personen. Eines jedoch ist all diesen Texten gemeinsam: Sie sind keine unmittelbaren, spontanen Erzählungen,[17] sondern folgen einem vorgegebenen Muster und sind aus einem Frage-Antwort-Dialog entstanden. Dies gilt insbesondere für die Protokolle der Voruntersuchungen. Subjektive, unmittelbare Erfahrung, etwa Emotionen, findet sich darin nicht.[18] Die Sprecherinnen und Sprecher halten sich an eine streng formalisierte Struktur.[19]

Die Fragen der Juristen sind nicht festgehalten, die Protokolle also nicht in Dialogform abgefaßt, wie es bis Mitte des 19. Jahrhunderts noch üblich war.[20] Für die Vernehmung von Zeugen galt der Grundsatz, daß sie zunächst zusammenhängend zur Sache erzählen sollten. Erst danach sollte der Untersuchungsrichter mit gezielten Fragen nachhaken.[21] Die Antworten der Zeuginnen und Zeugen wurden dann vom Gerichtsschreiber in Monologform festgehalten und in die Sprache der Juristen übersetzt. Bei der Vernehmung von Kindern freilich mußten die Richter von Anfang an gezielte Fragen stellen, und zum Teil sind hier die Protokolle in Dialogform abgefaßt. Der Richter mußte außerdem verschiedene Menschen aus dem sozialen Umfeld des Kindes befragen – zuallererst die Eltern, Geschwister und sonstige Haushaltsmitglieder, dann Nachbarn, Pfarrer und SchulkameradInnen.[22] Daher gerät in den Akten über »unzüchtige Handlungen an Kindern« das dörfliche Umfeld besser in den Blick als bei den Notzuchtsakten.

Die Sprache, der wir hier begegnen, ist nicht die Sprache des Alltags. Ebensowenig werden Alltäglichkeiten ausgebreitet; es geht um besondere Ereignisse. Daher läßt sich allein aus den aktenkundig gewordenen Fällen sexueller Gewalt nicht auf die alltägliche Sexualität schließen.[23] Dennoch bilden die Akten einen Quellenfundus, der Auskunft geben kann über Einstellungen zu Sexualität und sexueller Gewalt, über subjektive Erfahrungen von Individuen und über Wertvorstellungen der ländlichen Gesellschaft, über Geschlechterbeziehungen und dörfliche Kommunikation.[24] Die Aussagen dürfen allerdings nicht isoliert betrachtet werden. Kriminalakten, so formulierte es Lyndal Roper, vermitteln »Inhalte, die wir heute nur dann erschließen können, wenn wir die Sprache im Zusammenhang mit der zeitgenössischen Sozialstruktur verstehen lernen«.[25]

Gerichtsakten müssen überdies als komplexe Texte behandelt werden, in denen sich unterschiedliche Diskurse und verschiedene Ebenen von Wirklichkeit auf mannigfache Art miteinander verflechten. Die strafrechtlichen Kriterien, nach denen etwa die »Notzucht« definiert war und nach denen der Richter fragte, um den Tatbestand festzustellen, gaben die Struktur der Erzählung vor und bestimmten, welche Elemente mit besonderer Bedeutung versehen waren und es verdienten, im Gerichtsprotokoll festgehalten zu werden.[26] Die Erzählungen der Zeuginnen und Zeugen wurden aber ebenso durch allgemeine und durch ihre eigenen Vorstellungen über weibliche Ehrbarkeit, weibliche und männliche Sexualität und nicht mehr akzeptable Gewalt strukturiert, durch das dörfliche Deutungsmuster sexueller Gewalt, das sich vom strafrechtlichen durchaus unterscheiden konnte.[27] Hinzu kommt das Moment der Selbstdarstellung,[28] aber auch ein gewisser Eigensinn der ZeugInnen, die sich nicht unbedingt auf den strafrechtlich relevanten Wirklichkeitsausschnitt beschränken wollten, sondern andere Wahrnehmungen, Gefühle und Bewertungen in die Erzählung einfließen ließen. Hin und wieder brechen daher die Erfahrungen der Frauen und Kinder, ihr unmittelbares Erleben der Tat und ihre Emotionen durch die sachlichen Schilderungen der Protokolle. Sie waren nicht eigentlich Gegenstand der Erzählung, doch sie ließen sich nicht völlig ausklammern. Den Rahmen der Erzählung schließlich bilden die Alltagssituation, in der das Geschehen sich ereignete, und die alltägliche Lebenswelt der Zeuginnen und Zeugen. Diese Wirklichkeitsebene ist der Hintergrund, vor dem bestimmte Äußerungen erst verständlich oder überhaupt augenfällig werden, eben jener Kontext, der die Inhalte der Akten zu erschließen erst ermöglicht.

In die Aussagen gehen also verschiedene Wirklichkeitsebenen ein: Diskurse, Vorstellungen, Erfahrungen und Ereignisse. Sie vermischen sich, und je nach Blickwinkel oder Interesse des Erzählers oder der Erzählerin wird daraus eine andere Geschichte.[29] Die Frauen etwa, die als Opfer einer »Notzucht« befragt wurden, gestalteten ihre Aussagen so, daß sich daraus eindeutig der Tatbestand der »Notzucht« rekonstruieren ließ. Sie hielten sich nach Möglichkeit an die strafrechtlichen Definitionen. Die Täter dagegen wollten mit ihren Aussagen diese Definitionen durchbrechen, die angewandte Gewalt verharmlosen und den Ablauf des Geschehens einem noch als legal akzeptierten, wenn auch möglicherweise mit einem gewissen Grad an »Gewalt« durchgeführten Geschlechtsverkehr so nahe wie möglich erscheinen lassen. Das Ziel bei der Analyse der Akten ist daher nicht, herauszufinden, was wirklich geschehen ist – herausgearbeitet werden die unterschiedlichen Perspektiven der beteiligten Personen auf die Tat sowie die Werte und Einstellungen, auf die ihre Darstellungen verweisen. Die Erzählung selbst soll analysiert werden, ihre Struktur, die Elemente, die hervorgehoben und betont sind, und jene, die die Erzählung als Geschichte einer »Notzucht« konstituieren.[30]

Dabei müssen die strafrechtlichen Kriterien berücksichtigt werden, auf die sich die Darstellung der Vergewaltigung beziehen mußte, um Staatsanwalt und Untersuchungsrichter vom Tatbestand der »Notzucht« zu überzeugen. Sie waren zum Teil vom Untersuchungsrichter gezielt erfragt, zum Teil wurden sie von den Frauen selbst vorgebracht. Die Erzählungen entstanden in der Interaktion zwischen Zeugin und Untersuchungsrichter auf der Grundlage der strafrechtlichen Definitionen und populärer Vorstellungen über die »Notzucht«. Die Zeuginnen agierten dabei auf zwei Zeitebenen: als Protagonistinnen im dargestellten Geschehen und als Erzählerinnen vor Gericht, die sich auf bestimmte Weise selbst inszenieren mußten. Sie verliehen ihrer Deutung des Geschehens Nachdruck, indem sie ihre Angst und ihren Schrecken schilderten, indem sie Elemente[31] in die Erzählung einflochten, die das Geschehen als »Notzucht« konstituierten, und indem sie sich selbst auf bestimmte Weise darstellten. Die Erzählungen verweisen damit auch auf Einstellungen zu männlicher und weiblicher Sexualität und auf die Handlungsmöglichkeiten von Männern und Frauen im Feld der sexuellen Beziehungen.

Rekonstruiert wird bei der Auswertung der Akten weder der ganze Bereich an Erfahrung, der mit sexueller Ausbeutung und Vergewaltigung verknüpft ist, noch eine ungefilterte, »reine«, »wahre« Erfahrung,[32] sondern Äußerungen von Gefühlen, sichtbare Reaktionen und Folgen der Gewalt, die von der nächsten Umgebung der Opfer wahrgenommen wurden und schließlich durch den Filter der richterlichen Vernehmung und Protokollierung bis zu uns heute vorgedrungen sind. Es sind Fragmente, interpretiert durch das Umfeld der Opfer und durch all jene Personen, die an der Aufdeckung der Taten beteiligt waren – Eltern, Zeugen, Gendarmen, Richter, Gerichtsschreiber und Täter. Die Frauen und Kinder ihrerseits sprachen in einer ganz bestimmten Situation – sie standen vor Gericht zwar nicht als Angeklagte, befanden sich aber dennoch in einer Rechtfertigungssituation – und sie *erinnerten* sich; es hatte also bereits eine Erinnerungsarbeit, eine Verarbeitung, Deutung und Konstruktion stattgefunden.[33] Mit den Worten Joan Scotts: »Experience is at once always already an interpretation *and* something that needs to be interpreted. What counts as experience is neither self-evident nor straightforward; it is always contested, and always therefore political.«[34] Somit berichten auch die Quellen nur von jenen Erfahrungen der Frauen und Kinder, die gesellschaftlich wahrgenommen und (an-)erkannt wurden. Ob in den Erzählungen über die »Notzucht« oder über die »unzüchtigen Handlungen an Kindern«: Viele Elemente tauchen in allen Akten auf, Elemente, die auch im juristisch-medizinischen Diskurs erscheinen. Dieser Diskurs und das Reden über sexuelle Gewalt vor Gericht lassen sich nicht trennen – der Diskurs ließ bestimmte Geschichten über die »Notzucht« und die »unzüchtigen Handlungen an Kindern« zu, während er andere Geschichten ausschloß.

3. Der lebensweltliche Kontext: Die ländliche Gesellschaft Bayerns um die Jahrhundertwende

Die im folgenden behandelten Ereignisse spielten sich in verschiedenen Gemeinden Ober- und Niederbayerns ab, die alle dem ländlichen Bereich zuzurechnen sind. Ober- und Niederbayern waren bis ins 20. Jahrhundert hinein weitgehend agrarisch dominiert. Eine Industrialisierung fand hauptsächlich in den oberbayerischen Gemeinden nahe München statt: Das Leben und Denken der dortigen Bevölkerungen wurde von der Nähe zur Großstadt München beeinflußt, die Eisenbahn brachte ein stetes Bevölkerungswachstum mit sich, die Landwirtschaft verlor – wenn auch nicht einschneidend – an Bedeutung, Industrie siedelte sich an, und viele ländliche Arbeiter sicherten ihren Lebensunterhalt durch Arbeit in den Fabriken oder entschieden sich ganz für ein Leben als Fabrikarbeiter. Dennoch blieb das soziale Gefüge der ländlich-bäuerlichen Welt abseits der größeren Städte bis in die Mitte des 20. Jahrhunderts hinein bestehen.[35] Vor allem Niederbayern besaß kaum Industrie, doch auch in Oberbayern gab es einige Gemeinden, die in einer Art »Dornröschenschlaf« geborgen schienen.[36]

Die Folgen der Industrialisierung und der urbane Einfluß Münchens auf die umliegenden Gemeinden äußerten sich zunächst in Veränderungen des Alltags- und Familienlebens. Einzelne Gruppen lösten sich aus den Bindungen des Dorfes und tradierten Werten, so etwa Taglöhner, die in Fabriken Arbeit fanden. Sie entwickelten neue Lebensformen, blieben aber aufgrund weitläufiger verwandtschaftlicher Verflechtungen dem ländlichen Umfeld verbunden. Einschneidend war jedoch in einigen Schichten der Wandel des Familienlebens. Der Mann zog häufig in die Nähe des Arbeitsplatzes, während die Frau mit den Kindern am Ort blieb, um weiterhin in der Landwirtschaft zu arbeiten.[37] So waren die Männer mitunter über lange Zeiträume von ihren Familien getrennt, und die Frauen waren mehr oder weniger auf sich gestellt. Auch die ländlichen Interaktionsriten wandelten sich schrittweise. Immer mehr Bauern ließen sich von ihren Dienstboten siezen. In einigen Orten begrüßte man Fremde nicht mehr mit dem allgemeinen »Du« und der Begrüßungsformel »Gelobt sei Jesus Christus«, sondern sprach sie mit »Sie« an. Die Kommunikation verbreiterte sich im Zuge der wachsenden Lesefähigkeit, die Presse erreichte die Dörfer, zunächst über Multiplikatoren (Lehrer oder Pfarrer) und durch sporadische Lektüre im Wirtshaus, bis schließlich Abonnements Verbreitung fanden. Zwar blieb, wie Blessing betont, das kleinräumige Netz mündlicher Kommunikation in Haus, Dorf und Unterregion alltagsdominant, doch es flossen zusätzliche Informationen ein.[38] Die dörfliche Welt erweiterte sich – aber so sehr sich manches veränderte, viele der überlieferten Bräuche, Regeln und Werte wurden beibehalten. Die Sozialstruktur bewegte sich nach wie vor »um die traditionelle Gravitationsachse Landwirtschaft«.[39] Die Aufteilung in Ober-, Mittel- und Unterschicht erfolgte weiterhin nach dem agrarischen Produzentenstatus.[40]

Das Bevölkerungswachstum blieb in vielen der Gemeinden, in denen sich die in den untersuchten Akten festgehaltenen Ereignisse abspielten, gering. Prägend für die Sozialstruktur waren die kleinbäuerlich-handwerklichen Schichten sowie die Taglöhner und Häusler.[41] So machten beispielsweise im Dachauer Land 1895 die Klein- und Kleinstbetriebe fast 50 Prozent aller Anwesen aus, während circa 30 Prozent der Anwesen mittlere Betriebe waren.[42] Ähnlich sah es in ganz Ober- und Niederbayern aus; die mittleren und kleinen Höfe überwogen.[43] 1882 waren in Oberbayern 28,6 Prozent der Anwesen kleiner als 2 Hektar und 21,5 Prozent zwischen 2 und 5 Hektar groß.[44] In der oberbayerischen Gemeinde Eberfing im Bezirk Weilheim[45] waren 1895 von 94 Anwesen 54 kleiner als 15 Hektar.[46] In der in einer amtlichen Untersuchung über die wirtschaftlichen Verhältnisse der Landarbeiter als sehr ärmlich geschilderten niederbayerischen Gemeinde Zell im Bezirk Regen[47] umfaßte das größte Anwesen 1895 nur circa 17 Hektar. Die Bedeutung dieser Zahlen offenbart ein amtlicher Bericht aus der niederbayerischen Gemeinde Leiblfing:

»Ein Grundbesitz unter 5 ha beschäftigt eine Familie nicht und bei einem Wirthschaftsbetriebe wie hier ernährt er auch eine Familie nicht, daher sind solche Besitzer auf einen anderen Erwerb angewiesen, Handwerk, Krämerei oder Tagelohn. Ein Grundbesitz von 5 bis 34 ha beschäftigt und ernährt eine Familie wohl, der Besitzer muß aber selbst jede Arbeit mitverrichten.«[48]

Die Unterscheidung zwischen Taglöhnern, Häuslern und Gütlern läßt sich nicht immer eindeutig treffen. Die Taglöhner besaßen meist kleine Anwesen,[49] und die Gütler und Söldner verdingten sich oft als Taglöhner, um ihren Lebensunterhalt zu sichern. Häusler waren im allgemeinen Taglöhner, die ein Häuschen mit einem Nutzgarten besaßen, mitunter auch eine Kuh oder eine Ziege. Oftmals erhielten sie von einem Bauern das Nutzungsrecht für einen Kartoffelacker. Als Gegenleistung verrichteten sie landwirtschaftliche Arbeiten. Die Berufsbezeichnungen in den Akten sind wegen dieser Überlappungen zuweilen nicht eindeutig zu interpretieren, doch ist anzunehmen, daß die als Gütler bezeichneten Männer im Status höherstanden als die Taglöhner und Häusler. Der Taglöhner aber konnte, sofern er auch Häusler war, im Status über einem Dienstknecht stehen – es sei denn, der Knecht war ein Bauerssohn, der auf seine Auszahlung wartete, um selbst ein Anwesen zu erwerben.[50] Denn Besitz war die erste Voraussetzung für die Anerkennung als vollberechtigtes Dorfmitglied.[51] Taglöhner, die kein eigenes Häuschen besaßen, mieteten sich bei Bauern ein. Sie wurden als Inwohner oder Logisleute bezeichnet. Sie standen am unteren Ende der dörflichen Hierarchie, wie ein ehemaliger Knecht in seiner Autobiographie zum Ausdruck bringt: »›Logi-Leute‹ hatten zu jener Zeit wenig Recht und schon gar nichts zu sagen.«[52]

Die unterste Schicht der ländlichen Gesellschaft stellten also (abgesehen von den Armen – meist alte Dienstboten, Versehrte oder alleinstehende Frauen mit Kindern) die Inwohner, Taglöhner ohne Besitz. Dann kamen die Häusler und Söldner und schließlich die Gütler. Letztere konnten im Dorf durchaus angesehen sein und Bauern schon nahestehen.[53] Auch ihre und die Lebenshaltung der besitzenden Taglöhner war mitunter der (klein-) bäuerlichen ähnlich. So hieß es in einem amtlichen Bericht über eine oberbayerische Gemeinde: »Da die Taglöhner fast ausnahmslos ihre eigene Wohnung und Wirthschaft haben, unterscheidet sich ihre Lebenshaltung eigentlich gar nicht von der der Bauern.«[54] Was die Handwerker betrifft, so waren Maurer und Schuhmacher im Grunde oft Taglöhner mit Kleinstbesitz. Zimmermannsmeister, Bäckermeister, vor allem aber Schmiede und Müller konnten dagegen durchaus zur Mittel- und Oberschicht gehören. Hier war der landwirtschaftliche Besitz mitentscheidend, denn die meisten Handwerker waren zugleich Gütler oder Bauern.[55] Der Status der Dienstboten wiederum hing ab von ihrer Herkunft. Meist jedoch stammten sie aus armen Taglöhners- und Gütlersfamilien und gehörten somit zur unteren Schicht.

Das Dorf bildete eine Siedlungs- und Wirtschaftsgemeinschaft,[56] in der jeder, der seinen Beitrag leistete, Ansehen erringen konnte.[57] Zwar hielten Ober- und Unterschicht sich etwa im Wirtshaus und in der Kirche getrennt (so durfte sich ein Knecht im Wirtshaus nicht einfach an den Tisch der Bauern setzen), und eine Ehe zwischen einem Bauers- und einem Häuslerskind war ausgeschlossen. Dennoch konnten das patriarchalische Denken und das dörfliche Gemeinschaftsbewußtsein viele soziale Spannungen auffangen.[58] Damit ist keineswegs das Vorhandensein einer dörflichen Idylle und unverbrüchlichen Solidarität impliziert. Das Leben in den bayerischen Dörfern der Jahrhundertwende war geprägt von strenger Hierarchie und enger Nachbarschaft, von gegenseitiger Unterstützung ebenso wie von drückenden Abhängigkeiten. Das Gerücht war ein wichtiges Mittel der Kommunikation und Wissensweitergabe innerhalb der Dorfgemeinschaft und ein zentrales Instrument sozialer Kontrolle: Es »hielt Außenseiter draußen und man versicherte sich der gemeinsamen Bindungen innerhalb der Gemeinschaft«.[59] Redend steckte man immer wieder die Positionen und Eigenschaften der anderen ab.[60] Fügte jemand sich nicht in die dörfliche Ordnung ein, mißachtete Normen und seine eigene Position im Sozialgefüge, konnte er leicht aus der Gemeinschaft ausgeschlossen werden. Er wurde zu einem »Fremden« und verlor die Solidarität der Dörflerinnen und Dörfler.[61] »Es läßt sich behaupten«, so Ilien und Jeggle, »daß das dörfliche Interagieren (...) stets latent (...) von vielfältigen Vor- und Rücksichten, von diffusen Ängsten und Abhängigkeiten, vielleicht auch unbewußten Schuldgefühlen mitgeprägt und eingezwängt wird. Die Hausener begründen ihr Verhalten mit sozialen Sanktionen und vor allem den manchmal bösartigen Gerüchten.«[62] Ein Blick in die Akten zeigt, daß Gerüchte keineswegs völlig ungesteuert waren. Sie wurden mitunter bewußt gestreut, um etwas bekanntzumachen oder richtigzustellen. So erfuhr eine Mutter von ihrem Sohn, daß der Lehrer »unsittliche Sachen« mit den Mädchen treibe. Die Mutter »sorgte« daraufhin, wie es der Gendarm formulierte, »für größtmögliche Verbreitung« dieses Verdachts.[63] In einem weiteren Fall verbreitete eine Magd, daß ein Knecht mit ihrer Mitmagd den Geschlechtsverkehr ausgeübt habe. Sie wollte damit den Gerüchten über ihr eigenes Verhältnis mit dem Knecht ein Ende bereiten.[64]

Alle, Bauern wie Knechte, mußten sich an die Regeln der dörflichen Gemeinschaft halten. Deren erste war es, sich selbst und seine Familie durch die eigene Arbeit zu ernähren. Das Ansehen jedes einzelnen war abhängig vom Besitz – und von seiner Arbeit. »Arbeitsfähigkeit, -vollzug und -ertrag« prägten die bäuerlich-dörfliche Mentalität: »Ausdauernd, schonungslos gegen sich und andere, sparsam, berechnend bewältigte man seinen Alltag.«[65] Die »Arbeitsscheuen« und zum Teil jene, die nicht mehr arbeiten konnten, wurden aus der dörflichen Gemeinschaft ausgeschlossen.[66] Die zentrale Bedeutung der Arbeit erfuhren die Menschen auf dem Lande bereits in der Kindheit. »Arbeiten können und Arbeiten müssen« wurden schon für die Jüngsten zur »zweiten Natur«. Eine Kleinbauerstochter des Jahrgangs 1897 erzählt: »Wenn jemand sagte, du bist brav und du bist fleißig, dann war man schon stolz.«[67] Die Familie in den Dörfern des 19. Jahrhunderts – sowohl in Bayern als auch anderswo – haben viele Autorinnen und Autoren, angefangen mit zeitgenössischen bürgerlichen Beobachtern bis zu neueren Studien, als durch die Arbeit bestimmt beschrieben. Sie sei zusammengehalten worden durch das Verhältnis zum Besitz, der von den Nachkommen bewahrt und vergrößert werden sollte. Die Bauern, hieß es in Berichten bayerischer Bezirksärzte Mitte des 19. Jahrhunderts, heirateten nicht aus Liebe, sondern aus wirtschaftlichen Erwägungen; die Schönheit der Frau bestehe in ihrer Mitgift und ihrer Arbeitsfähigkeit, in ihrer Eignung zur Bäuerin.[68] Welche Rolle das Gefühl in der bäuerlichen Ehe gespielt haben mag, ist in dieser Arbeit nicht zu beantworten.[69] Festzuhalten bleibt, daß sich die bäuerliche Familie als Haus- und Arbeitsgemeinschaft auf der Grundlage des Hofes präsentiert, als »sozialer Sorgeverband« für alle zum Hof gehörigen Personen, wobei die Dienstboten und zum Teil auch die Inleute inbegriffen waren.[70]

Dies galt für die Vollbauern, nicht für die Unterschicht. Hier stand die Lohnarbeit von Eltern und Kindern außerhalb des Hauses im Vordergrund.[71] Bereits früh verließen die Kinder ihr Elternhaus, um sich als Kindsmagd oder Hütebub, als »kleine Magd« oder Dienstbube zu verdingen. Sie gehörten fortan zur Familie ihrer Dienstherrschaft und waren der Autorität des Dienstherrn unterstellt, schuldeten ihm Gehorsam und Respekt wie zuvor dem Vater. Für manch ein Kind war das frühe Verlassen des Elternhauses eine einschneidende Erfahrung. Max Bauer, der mit zwölf

Jahren seinen ersten Dienst antrat, lief nach drei Tagen davon, weil er sich in der Knechtekammer, in der er allein schlafen mußte, fürchtete. Im Jahr darauf wurde er erneut in einen Dienst gegeben, und dieses Mal war der Abschied von der Familie endgültig: »Mein Fortgehen von Daheim glich einer Auswanderung ohne Wiederkehr.«[72] Zu Beginn des 20. Jahrhunderts hatte das patriarchalische Verhältnis zwischen Gesinde und Bauer an Bedeutung verloren,[73] doch wurde etwa noch 1907 aus den oberbayerischen Bezirksämtern Laufen und Erding von einem solchen Verhältnis positiv berichtet. Oft herrschte aber zu jener Zeit schon eine stärkere Trennung zwischen Dienstherrschaft und Gesinde, etwa durch Aufhebung des gemeinsamen Tisches und der gemeinsamen Gebete.[74] Die jüngeren Dienstboten wurden von den Hauseltern streng überwacht. Man sorgte dafür, daß sie regelmäßig den Gottesdienst besuchten und keine sexuellen Beziehungen eingingen.[75]

In einer Welt, in der nur harte Arbeit das materielle Überleben sichern konnte, in der die Arbeitskraft als wertvollstes Gut erschien, waren auch die Beziehungen zwischen den Generationen durch die Arbeit geprägt. Ein zentrales Erziehungsziel waren Fleiß und Arbeitsamkeit, schon früh mußten die Kinder ihren Beitrag leisten. Mitterauer konstatiert:

»Arbeit erscheint generell als eine zentrale Kategorie der Generationenbeziehungen im bäuerlichen Milieu. Genauso wie Zuwendung und Emotionen sehr stark die Folge guter Arbeitsleistung sind, bedeutet Unzufriedenheit mit der Arbeit der Kinder ein latentes Spannungsmoment.«[76]

Die Voraussetzung für die Eingliederung in die familiäre Arbeitsorganisation war Gehorsam. »Halsstarrigkeit« und »Eigensinn« wurden daher als »Charakterfehler« gesehen, »die nicht geduldet werden konnten und mit dem Stock beseitigt werden mußten«.[77] Körperliche Züchtigung war ein gängiges Erziehungsmittel, was aber nicht heißt, daß eine systematische Züchtigung ohne jeden Anlaß gang und gäbe gewesen wäre.[78]

Das Bild einer emotionsarmen Eltern-Kind-Beziehung, das von vielen Autorinnen und Autoren gezeichnet wird, ist durchaus anzuzweifeln. Die meisten Untersuchungen zu diesem Thema verweisen auf den Stellenwert der Arbeit und die elterliche Autorität. Sie skizzieren die Eltern-Kind-Beziehung als instrumentalisiert – die Eltern »versorgten« die Kinder, die Kinder mußten sich ihrerseits diese Fürsorge »verdienen«.[79] Dieser Aspekt der Eltern-Kind-Beziehung war aber zum einen keineswegs eine nüchtern-sachliche, emotionslose Angelegenheit, zum anderen nicht der einzige. Max Bauer schilderte die Beziehung zu seiner Mutter, die 1921 starb: »Mit meiner Mutter verband mich eine Innigkeit, die bis auf den heutigen Tag lebendig blieb.« Mit ihr hatte er reden können, ihr Dinge anvertrauen, sie hatte ihm aber auch die Wäsche gewaschen und die Socken gestopft. Sie hatte also weiter für ihn gesorgt, obwohl er nicht mehr zu Hause war. Nun war er allein auf sich gestellt. Vor den Aspekt der Versorgung stellte Bauer jedoch die Innigkeit und Vertrautheit in der Beziehung zur Mutter. Die Beziehung zwischen Eltern und Kindern war auch in der ländlichen Gesellschaft der Jahrhundertwende nicht frei von Emotionen, seien es nun Zuneigung und Vertrauen oder Enttäuschung und Zorn.[80]

Neben der Arbeit prägte die Religion die Lebenswelt der bayerischen ländlichen Bevölkerung. 1895 waren in Oberbayern 93 Prozent der Bevölkerung Katholiken, in Niederbayern 99 Prozent, so daß »der kirchlich vermittelten Religion eine weitreichende Bedeutung zukam«.[81] Kaschuba beschreibt die Religion als eine Art Ordnungsprinzip in der dörflichen Welt, sie verkörpere »einen weithin geschlossenen Sinn- und Wertehorizont ländlicher Lebenswelt, dessen sozialmoralischem Verhaltenskodex die Unterschichten in besonderem Maßen unterworfen sind«.[82] In Bayern kam es gerade in der zweiten Hälfte des 19. Jahrhunderts zu einer Wiederbelebung der Religiosität vor allem der »einfachen Leute«, des agrarischen und kleingewerblichen Standes. Auf dem Lande weitete die Kirche ihren Einfluß aus: »Kanzel und Beichtstuhl, Vereine und erbauliche Schriften beeinflußten so, daß die katholischen Gemeinden, vor allem die auf dem Land, wie noch nie fromm im kirchlichen Sinn wurden.«[83]

Im Alltagsleben äußerte sich dieser Einfluß darin, daß in den Dörfern streng auf die Einhaltung der religiösen Pflichten geachtet wurde. Der Kirchgang, die Beichte und das Gebet durften auf keinen Fall versäumt werden. Die Bezirksärzte beschrieben in ihren Berichten die strenge Ausübung der Religion, sahen sie jedoch häufig als sinnentleerte, äußere Formen oder »Mechanismen«.[84] Dies war freilich die Sicht von Vertretern des gebildeten Bürgertums, denen viele Bräuche und auch Freizügigkeiten auf dem Lande primitiv und »unsittlich« erscheinen mochten – als Beispiele nannten einige Ärzte die Wirtshausraufereien, den Hang zum Trunk, aber auch Ehebruch oder sexuelle Beziehungen zwischen Jugendlichen.[85] Betrachtet man jedoch die lebensgeschichtlichen Aufzeichnungen und Kindheitserinnerungen in den Untersuchungen von Elisabeth Plößl und Oliva Wiebel-Fanderl, erscheint die Ausübung des Glaubens kaum als reine Pflichterfüllung. Das kirchliche Brauchtum und die Gebote »drücken ein übergeordnetes Wertsystem aus, an dem sich die Lebensläufe der Einzelnen, das Leben in der Familie und im Dorf orientieren«.[86] Dies zeigt sich in der Allgegenwärtigkeit religiöser Symbole, die Plößl beschreibt: »Religiöse Symbole, Bilder und Zeichen begegnen überall, angefangen im Haus: der Herrgottswinkel in der Stube, der Weihwasserkessel in allen Räumen des Hauses, das Schutzengelbild in der Kinderschlafkammer.«[87]

Eine besondere Funktion kam dem Gebet zu. In den Familien wurde mittags und abends gemeinsam laut gebetet, Eltern, Kinder und Dienstboten versammelten sich zu diesem Zweck in der Bauernstube. Wiebel-Fanderl verweist auf die Integrationsfunktion des Gebets:

»Gemeinsame Rituale haben für die Identität der Familie wie der Gemeinde eine wichtige Funktion. Dem Gebet kommt unter den identitätsstiftenden Ritualen in der ländlichen Gesellschaft ein besonders hoher Stellenwert zu. Deshalb war es wesentlich, in der häuslichen Frömmigkeitskultur an den traditionellen Formen festzuhalten und keine Ausnahme zu dulden.«[88]

Für die Kinder war die religiöse Erziehung zentral. Bereits vor der Einschulung kannten sie das Vaterunser. In der Schule lernten sie den Katechismus und lasen Erbauungs- und Andachtsbüchlein. In den von Wiebel-Fanderl ausgewerteten Kindheitserinnerungen nehmen jedoch die Beichte und die Erstkommunion den größten Raum ein. Die Beichte war »eines der wirkungsvollsten außerfamilialen Disziplinierungs- und Sinnstiftungsinstrumente religiöser Sozialisation (...). Die anhand des Beichtspiegels vorgenommene Gewissenserziehung sorgte für eine systematische religiöse Durchdringung des Alltagslebens. Der Glaube an den allmächtigen, ›allessehenden‹ Vatergott mit seiner unendlichen Strafgewalt und die lückenlose Überwachung hat vielen Kindern das Leben schwergemacht und [sie] beschämende Befleckung erfahren lassen.«[89] Beichte und Kommunion waren eng verbunden mit Schule und Religionsunterricht, doch auch im Elternhaus wurde darauf geachtet, daß die Kinder ihren religiösen Pflichten nachkamen und ihre Gebete lernten. Schule, Pfarre und Elternhaus bildeten damit, so Wiebel-Fanderl, eine »überwiegend homogene Sozialisationsinstanz«.[90]

In einer Gesellschaft, in der die katholische Religion einen solchen grundlegenden Einfluß ausübt, vermutet man, daß entsprechend der Morallehre alles Sexuelle verpönt gewesen sei. Kindern gegenüber wurde in der Tat über Themen wie Schwangerschaft und Geburt nicht gesprochen. Die Themen Heirat und Verlobung wurden in Anwesenheit von Kindern vermieden.[91] Davon abgesehen war Sexualität aber keineswegs tabu. Junge Leute unterhielten Beziehungen zueinander, oft in Form von festen Bindungen, und voreehelicher Geschlechtsverkehr war nicht ungewöhnlich.[92] Allerdings waren diese Beziehungen eingebettet in ein Netz von Bräuchen und Ritualen, streng überwacht und kontrolliert von Eltern, Nachbarn und Dienstherrschaft. Sexualität war nicht »unterdrückt«, sollte aber durch ein System von Normen und Regeln in bestimmte Bahnen gelenkt werden. Auch das Reden über Sexualität war nicht tabuisiert. Junge Frauen unterhielten sich über ihre Erfahrungen, über Menstruation und Schwangerschaft, und junge Männer tauschten untereinander derbe Scherze und Erzählungen aus.[93] Jugendliche neckten sich gegenseitig mit sexuellen

Anspielungen, und Mägde waren des öfteren »Scherzen« seitens der Knechte ausgesetzt.[94] Wo der Scherz endete und zur (unangenehmen, beschämenden oder angstauslösenden) sexuellen Belästigung wurde, läßt sich kaum rekonstruieren. Die Mägde jedenfalls wußten sich häufig zu wehren und zögerten ihrerseits nicht, Dienstbuben und junge Knechte zu necken. In einer der hier ausgewerteten Akten waren drei Mägde der Erregung öffentlichen Ärgernisses angeklagt. Die zwölf bis 15 Jahre alten Mädchen hatten einem Dienstbuben während der Brotzeit auf dem Feld die Hosen ausgezogen, seinen Penis entblößt und sich darüber lustig gemacht. Die Mädchen wurden freigesprochen, weil die Zeuginnen und Zeugen (Knechte und Mägde, die mit den betroffenen Jugendlichen auf dem Feld gearbeitet hatten) übereinstimmend aussagten, in ihrem Schamgefühl nicht verletzt worden zu sein, da es sich um einen in der Gegend üblichen Brauch handelte.[95] Sexualität war demnach in den Alltag eingebettet, in Form von Zoten, »Scherzen«, aber auch (aus heutiger Sicht) sexuellen Übergriffen.

VIII. Die »Notzucht«: Männlichkeit, Weiblichkeit und sexuelle Gewalt

Die »Notzucht« war ein Verbrechen, das nur selten vor Gericht verhandelt wurde. Im Oberlandesgerichts-Bezirk München kamen im Jahr 1897 auf 27.616 wegen eines Verbrechens oder Vergehens angeklagte Personen nur 44 der »Notzucht« oder der »unzüchtigen Handlungen« nach Paragraph 176,1 und 176,2 Beschuldigte, das waren 0,16 Prozent aller Angeklagten.[1] Die Freispruchsquote, die einen ersten Anhaltspunkt für den Umgang mit diesen Delikten in der Rechtspraxis geben könnte, lag dabei zwischen 10 und 30 Prozent in den Jahren 1897 bis 1912, der Durchschnitt aller Freisprechungen bei Notzuchtsverfahren betrug für diesen Zeitraum 20 Prozent. Beim Raub lag die Freispruchsquote für denselben Zeitraum bei 10,2 Prozent, bei der schweren Körperverletzung bei 32,6 Prozent. Vergleicht man allerdings die einzelnen Jahre, lag die Freispruchsquote bei Notzuchtsverfahren tendenziell höher als bei den anderen beiden Delikten.[2] Diese Statistiken sind freilich nicht allzu aussagekräftig, wenn es um die Frage geht, welche Formen sexueller Gewalt strafrechtlich verfolgt wurden, zumal Fälle, in denen es zu keiner Anklageerhebung kam, nicht berücksichtigt sind. Aufschlußreicher als die quantitative Analyse ist die qualitative Auswertung der Akten. Die Grundlage für die folgenden Ausführungen bilden 23 Gerichtsakten, die 29 Fälle von »Notzucht« und gewaltsamen »unzüchtigen Handlungen« betreffen.[3] Zunächst soll aus ihnen das zeitgenössische Bild der »Notzucht« herausgearbeitet werden, dessen Rahmen durch die strafrechtlichen Definitionen gebildet wurde. Außerdem werden die Sicht der Zeuginnen und Zeugen auf die Tat, die Handlungswege der betroffenen Frauen und die Rechtfertigungsstrategien der Täter rekonstruiert.[4]

1. Die Dramaturgie der »Notzucht«

Eine typische Geschichte

An einem frühen Herbstabend des Jahres 1877 ging Anna Wacker aus dem niederbayrischen Weiler Ranzingerberg in den Nachbarort, der eine halbe Wegstunde entfernt war. Auf dem Heimweg begann es zu regnen, und »es wurde ganz finsterig«. In einem Waldstück begegnete ihr ein Mann, der sie fragte, wer sie sei und ob sie keine Angst habe, allein durch den Wald zu laufen. Sie fragte ihrerseits, wer er sei, ging aber nach der Antwort sogleich weiter ihres Weges. In ihrer Aussage in der Voruntersuchung erklärte Anna Wacker: »Ich bin schon oft durch diesen Wald gegangen und habe ich mich auch damals deßhalb nicht gefürchtet.« Der Mann aber folgte ihr an jenem Abend und sprach sie abermals an. Anna Wacker bekam es nun doch mit der Angst und lief schnell ihrem Dorf zu, doch der Unbekannte holte sie rasch ein, packte sie und rief: »Hältst du her!« Als sie schrie, zog er ein Messer. Sie wehrte sich trotzdem, riß sich los und versuchte fortzulaufen, »ich war jedoch bereits sehr erschrocken, die Füsse zitterten mir, ich lief deßhalb an ein Gesträuch an und fiel zusammen, während ich so von ihm weglief, schrie ich recht laut, damit mich Jemand hören solle«. Nachdem der Mann sie erneut eingeholt hatte, warf er sie zu Boden, drohte, sie zu erstechen, setzte sich auf sie und griff unter ihre Röcke. Sie bat, er solle sie nicht umbringen, er solle doch ihre Kinder bedenken: »ich sagte, es thue ja kein Gut, ich sei ja ein Weib«. Schließlich bot sie ihm an: »ich könne es ja anders auch thun, damit es ihm wohl thue, wenn ich ihn in die Hände nehme, sei es ja auch so«. Er erwiderte jedoch: »so thue es ihm zu wehe, in's Maul müsse ich ihn nehmen (...) u. drückt er mir meinen Kopf gegen sein Glied zu, ich meinte, ich wolle ihn ihm abbeißen«. Darauf sagte er: »ich renne ihn dir schon hinab bis in die Gurgel« und drohte erneut, sie zu erstechen: »ich war furchtbar erschrocken und mußte fürchten, daß er mich umbringe«.[5] Schließlich ließ er sie gehen unter dem Versprechen, daß sie ihrem Mann nichts sagen werde. Sie lief so schnell es ging nach Hause, immerfort schreiend. Ihr Mann schilderte später in der Voruntersuchung, wie er von dem Geschrei aufgewacht sei: »ich solle geschwind aufmachen, es sei aus.« Sie habe dann erzählt, »es habe sie Einer angepackt, sie war ganz erschreckt und erhitzt«, und sie gingen auf ihren Wunsch sofort zum Kommandanten der Gendarmerie, um die Sache anzuzeigen.[6]

Anna Wackers Erzählung beginnt mit einer Alltagssituation, einer Begegnung auf einem vertrauten Weg. Doch diese an sich harmlose Situation wird durch bestimmte Umstände bedrohlich: Es war finster, die Begegnung fand in einem uneinsehbaren Waldstück statt, und der Bursche stellte Fragen, die über den üblichen Rahmen hinausgingen. Einsamkeit, Dunkelheit und die Begegnung mit einem Fremden waren jene Elemente, die im juristisch-medizinischen Diskurs die Ausgangssituation der »Notzucht« charakterisierten.[7] Die Situation wurde hier umso bedrohlicher durch die Fragen des Fremden, eindeutig schließlich durch die Gewalt, die er anwendete. Dies war die Kulisse, vor der Anna Wacker im Folgenden agierte – als Erzählerin wie als Protagonistin.

Anna Wacker schilderte neben der Skizzierung der Rahmensituation die unterschiedlichen Strategien, mit denen sie versuchte, sich zu retten, und die wiederum innerhalb der Erzählung vor Gericht das Geschehen als »Notzucht« im strafrechtlichen Sinne konstituieren. Diese Strategien bezogen sich auf bestimmte Vorstellungen von Ehrbarkeit, und zwar auf zwei Ebenen. Als Erzählerin entwarf Anna Wacker für das Gericht von sich selbst das Bild einer ehrbaren Frau. Als Protagonistin appellierte sie in der Situation selber an Vorstellungen von Ehrbarkeit, die der Täter möglicherweise teilte, und hoffte, ihn so von seinem Vorhaben abzubringen. Sie wies den Täter darauf hin, daß sie ein »Weib«, also verheiratet war. Damit signalisierte sie ihm, daß sie eine ehrbare und respektable Frau sei und daß er im Begriff war, einen Ehebruch zu begehen. Dem Untersuchungsrichter gegenüber machte Anna Wacker mit diesem Hinweis deutlich, daß sie das Ansinnen des Täters eindeutig abgelehnt und ihn auf ihren ehrbaren Stand hingewiesen hatte. Als ihr Einwand vom Angreifer abgetan wurde, versuchte Anna Wacker eine Art Handel. Bei einer jüngeren Frau wäre dieser Versuch vielleicht frivol erschienen, doch als verheirateter Frau und Mutter wurde Anna Wacker ein Wissen um bestimmte sexuelle Praktiken zugestanden, ohne daß dies als Zeichen von Verworfenheit gedeutet wurde. Sie versuchte, ihre Ehre zu retten, indem sie eine »Vereinigung der Geschlechtsteile« und damit den Ehebruch verhinderte.

Neben der Notwendigkeit, sich selbst als ehrbar zu entwerfen, mußte Anna Wacker den Untersuchungsrichter davon überzeugen, daß sie sich heftig gewehrt und geschrien hatte.[8] Erst damit bewies sie, daß der Täter Gewalt angewendet hatte.[9] Anna Wacker beschrieb deshalb, wie sie immer wieder aufsprang, wie sie versuchte davonzulaufen, den Täter am Halstuch packte, ihm gut zuredete und schließlich drohte. Auch ihr Zustand bei der Ankunft zu Hause, ihr Ruf »Es ist aus«, ihr Erhitztsein und ihr Wunsch, sofort zum Kommandanten zu gehen, waren für die Feststellung des Tatbestandes wichtige Umstände. Da jedoch ihre Aussage allein noch nicht als Beweis angesehen wurde, wurde nach möglichen Zeugen geforscht. Tatsächlich wurden Anna Wackers Schreie von Zeugen bestätigt, die zwar zu weit entfernt waren, um einzugreifen oder etwas zu beobachten, die jedoch »ein Geschrei« gehört hatten.

Ein weiterer Beweis dafür, daß der Täter Anna Wacker gegen ihren Willen zum Geschlechtsverkehr zwingen wollte und daß sie bis zuletzt Widerstand leistete, war die Tatsache, daß es nicht zur Vollendung des »Beischlafes« (nach der damaligen Definition)[10] kam. Dennoch mußte Anna Wacker erklären, warum dem Täter, wenn auch keine »Notzucht«, so doch die Befriedigung seiner »Geschlechtslust« (wofür der Samenerguß der Beweis war) gelungen war. Sie schilderte ihren Schrecken, der sie am Laufen hinderte, und ihre Todesangst, die sie schließlich gefügig machte. Sie erklärte, daß sie sich nicht mehr rühren konnte, weil der Täter sie fest im Griff hatte. Damit hatte sie glaubhaft gemacht, daß sie sich ernstlich gewehrt hatte, am Ende aber hilflos war.

Die Angst war also eine Rechtfertigung dafür, daß Anna Wacker ihre Gegenwehr aufgegeben hatte. Was Anna Wacker genau gefühlt haben mag, ist aus der vom Gerichtsschreiber sachlich festgehaltenen Schilderung nicht zu entnehmen. Ihre Todesangst wird dennoch deutlich, sie bricht zwischen den nüchternen Worten des Protokolls hervor. Leicht läßt sich vorstellen, wie Anna Wacker durch den Wald um ihr Leben lief, wie sie an die Tür ihres Hauses hämmerte und laut um Hilfe rief, wie sie zitternd vor Angst und Wut ihrem Mann von dem Geschehenen erzählte. Anna Wackers Gefühle sind hier sowohl subjektive Empfindungen und Erfahrungen als auch Bestandteile des Bildes der »Notzucht«. Die Angst der Frau bildete ein Element, einen Topos der »Notzucht« und zugleich eine Realität. Angst (und zwar oftmals Todesangst) als Erfahrung ist hier also einerseits konstruiert, durch Diskurse wie durch Alltagsvorstellungen.[11] Andererseits ist sie Bestandteil der psychischen Dynamik zwischen Täter und Opfer in der traumatischen Situation der Vergewaltigung.[12]

Anna Wackers Äußerung schließlich, sie sei schon oft durch diesen Wald gegangen, war eine Rechtfertigung dem Untersuchungsrichter gegenüber. Vielleicht hatte dieser sie darauf hingewiesen, daß es gefährlich und leichtsinnig sei, abends allein durch den Wald zu gehen. Eine solche Situation ließ sich jedoch für eine Dienstmagd oder Häuslerin kaum vermeiden und war sicher weniger angstbesetzt als heute. Dennoch herrschte bereits die Vorstellung, daß eine Frau, die sich allein an einen einsamen Ort begab, einen Übergriff leichtfertig riskierte, ja sogar provozierte.[13]

Als Topoi der »Notzucht« zeigen sich also die einsame Begegnung mit einem Fremden sowie die Gewalt des Täters auf der einen, die Abwehr, der Schrecken und die Angst der Frau auf der anderen Seite.[14] Darüber hinaus mußte sich die Frau als ehrbar darstellen und dafür rechtfertigen, zur falschen Zeit am falschen Ort gewesen zu sein. All diese Elemente lassen sich bezeichnen als Teile einer Dramaturgie der »Notzucht«. Dramaturgie bedeutet hier zweierlei: Es gibt einen realen Ablauf der Handlung, also verschiedene Ereignisse, doch zugleich ist die Erzählung und Anordnung dieser Ereignisse vorgegeben. Der Begriff beinhaltet demnach sowohl den Aspekt des tatsächlichen Geschehens als auch den der Konstruktion beziehungsweise Inszenierung dieses Geschehens. Auf der Bühne des Gerichts wie auf der Bühne, die im Moment des Überfalls die Handlung situiert, hat jede und jeder Beteiligte eine Rolle, die ihm oder ihr zugewiesen ist. Das Skript setzt sich dabei zusammen aus den juristisch-medizinischen Definitionen und den Alltagsvorstellungen der Akteure.

Die Dramaturgie der »Notzucht«

Die meisten der insgesamt 29 Fälle weisen dieselbe Dramaturgie der »Notzucht« auf wie der gerade geschilderte Fall. 21 dieser Fälle ereigneten sich auf einem Weg oder einer Straße, zwei in Arbeitssituationen (einmal im Wald, einmal im Stadl), vier in der Kammer oder der Wohnung der betreffenden Frau.[15] Dementsprechend kannten sich Täter und Opfer in zehn Fällen gar nicht, in sieben Fällen nur flüchtig (von einem einmaligen Zusammentreffen oder nur vom Ansehen, ohne je ein Wort gewechselt zu haben). In fünf Fällen kannten sie einander aus der Nachbarschaft, in zweien standen Täter und Opfer beim selben Bauern in Dienst und in zwei weiteren war der Täter der Hauswirt der von ihm überfallenen Frau.[16] 15 der vergewaltigten Frauen waren Dienstmägde, fünf weitere Taglöhnerinnen und Inwohnerinnen. Zwei der Frauen waren Häuslerinnen, drei stammten aus der bäuerlichen Schicht, während vier entweder selbst ein Gewerbe trieben (Hebamme) oder mit einem Gewerbetreibenden verheiratet waren (eine Badersfrau, eine Schneidersfrau und eine Wirtswitwe).[17]

Die Ausgangssituation war meist, wie im Fall der Anna Wacker, eine alltägliche Begegnung, die plötzlich bedrohlich oder zumindest verdächtig erschien. Die 62jährige Bauerswitwe Theres Wiederholler begegnete abends einem jungen Mann, der sie fragte, wer sie sei. Sie fragte ihn ebenfalls nach seinem Namen, und er antwortete – es handelte sich also zunächst um ein ganz alltägliches Gespräch. Die 64 Jahre alte ledige Müllerin Theres Koller schöpfte in einer ähnlichen Situation ebenfalls keinerlei Verdacht, zumal der Bursche, der ihr entgegenkam, ihr flüchtig bekannt war. Außerdem, so betonte sie, sei es noch nicht völlig dunkel gewesen. So kam es, daß der Bursche sie überraschte, als er kurz nach der Begegnung plötzlich hinter ihr war und sagte: »Jetzt mußt herhalten.«[18] Die Frauen schienen sich in ihrer vertrauten Umgebung zunächst sicher zu fühlen. Die Angst vor sexueller Gewalt, zumindest in ihrer extremsten Form, der »Notzucht«, verfolgte sie in ihrem Alltag nicht auf Schritt und Tritt. Doch kleine Zeichen, bestimmte Umstände ließen eine Frau sofort an die Möglichkeit einer Vergewaltigung denken und entsprechend reagieren. Sexuelle Gewalt war Teil der Lebens- und Vorstellungswelten dieser Frauen, eine Vorstellung, mit der sie vertraut waren, eine Realität, auf die sie sich einstellen mußten.

Ein Verdachtsmoment in den geschilderten Situationen waren gezielte Fragen des Mannes nach dem Stand der Frau. So fragte ein Mann die Frau, die ihm begegnete, ob sie verheiratet, ein anderer, ob ihr Ehemann noch am Leben sei.[19] Ein weiteres bedrohliches Element war ein sexualisiertes Verhalten: Theres Hambauer, eine 61 Jahre alte Inwohnerin, sagte aus, ihr sei ein Bursche entgegengekommen, »blieb dann stehen, schlug das Wasser ab u. schaute herum u. ging mir dann nach. Der Bursche kam mir etwas verdächtig vor«.[20] Auch die 17jährige Magd Anna Bruck gewahrte in einiger Entfernung einen Mann, der Wasser ließ: »ich habe selbstverständlich die Mannsperson nicht genau angesehen u. machte eine kleine Biegung um nicht zu nahe an ihm vorbei zu kommen.«[21] Die Frauen reagierten, indem sie dem verdächtigen Mann aus dem Weg gingen, ihre Schritte beschleunigten oder indem sie, wenn der Mann sie ansprach, nicht stehenblieben, um sich zu unterhalten. Viele Frauen schilderten den Schrecken, den sie verspürten, als der Mann ihnen folgte. Theres Hambauer beschrieb, wie sie zu laufen begann, jedoch »als ich umschaute u. wahrnahm, daß der Bursche mir nachkam, [geriet ich] so in Schrecken, daß ich nicht mehr laufen konnte«.[22] Ihre Darstellung ist hier identisch mit der Erzählung Anna Wackers – der Schreck ist zugleich eine subjektive Erfahrung wie auch eine Rechtfertigung dafür, daß es den Frauen nicht gelang, dem Täter zu entkommen.

Bevor der Täter die Frau überwältigte, kam es oftmals zu einem kurzen Dialog, in dem die Frau versuchte, den Mann von seinem Vorhaben abzubringen.[23] Die 37 Jahre alte Holzhauersfrau Thekla Nagel schilderte, wie ein Bursche sie mit den Worten ansprach: »wir zwei pudern noch heute.«

> »Ich bemerkte hierauf, daß ich verheiratet sei, daß ich einen andern als meinen Mann nicht brauche u. nicht wolle, das half aber alles nichts, er erklärte wiederholt, daß wir heute mitsammen pudern, mein Mann wisse nichts davon.«[24]

Thekla Nagel griff zur selben Strategie wie Anna Wacker: Sie wies auf ihren Stand als verheiratete Frau hin. Theres Koller versuchte es mit gutem Zureden und machte den Täter darauf aufmerksam, daß sie gerade gebeichtet und kommuniziert habe. Sie spielte damit auf die Sündhaftigkeit der Tat ebenso an wie auf ihre eigene »Reinheit«.[25] In der Vernehmung durch den Untersuchungsrichter entwarf sie mit dieser Aussage zugleich von sich selbst das Bild einer religiösen, frommen Frau.[26] Theres Wiederholler schließlich verwies auf ihr Alter. Als der Bursche nicht von ihr abließ, klagte sie: »Jetzt bin ich schon so alt u. muß mir noch so etwas passieren.« Dem Untersuchungsrichter erklärte sie: »Der Bursche fragte mich dann, wie alt ich sei und äußerte, als ich sagte: 62 Jahre, ›jetzt lasse ich dich aus‹.«[27] Alter, Frömmigkeit und ehelicher Stand waren also wichtige Elemente weiblicher Ehrbarkeit – diese Frauen waren an Sexualität nicht interessiert, signalisierten ihre Einlassungen dem Täter wie dem Gericht.

Vor Gericht mußten die Zeuginnen vor allem glaubhaft machen, daß sie sich ernsthaft gegen den Angreifer zur Wehr gesetzt hatten. Sie schilderten daher, daß sie laut um Hilfe gerufen und sich mit aller Kraft gewehrt hätten, daß es aber dem Täter wegen seiner größeren Kraft dennoch gelungen sei, sie zu Boden zu werfen und festzuhalten. Die meisten Frauen sagten aus, daß sie sich trotzdem hin und her gewunden und die Beine fest »zusammengehalten« hätten, wie Theres Koller: »Ich that mein Möglichstes, hielt zusammen soviel ich konnte, wehrte mich, und ist es ihm nicht gelungen, mit seinem Glied in die Scham einzudringen.«[28] Auch Theresia Weber beschrieb wortreich ihren Widerstand:

> »Da er immer sagte, wenn ich schreie, gehe es mir nicht gut, so getraute ich mich nicht zu schreien, gewehrt aber habe ich mich so viel, als es mir (...) möglich war; ich suchte mich immer aufzurichten und hin und her zu wenden; mit den Füssen oder der freien Hand gegen ihn zu stossen getraute ich mich nicht, da ich damit doch nicht viel gegen den starken Mann hätte ausrichten können, und ihn, der mich schon, wenn ich schrie, bedrohte, zu weiteren Gewalttätigkeiten zu reizen fürchten mußte.«[29]

Bezeichnend ist, daß die meisten der ausgewerteten Akten Fälle versuchter »Notzucht« betreffen. Ein Notzuchtsversuch wurde einerseits mit größerer Wahrscheinlichkeit verurteilt als eine »vollendete« Notzucht.[30] Die Tatsache, daß die Frau sich erfolgreich gewehrt und den »Vollzug des Beischlafes« verhindert hatte, galt im Strafrecht als Zeichen für ihren ernsthaften und durchgehenden Widerstand.[31] Andererseits war eine Frau, die sich mit Erfolg gegen eine »Notzucht« zur Wehr gesetzt hatte, sicher eher bereit, das Verbrechen anzuzeigen und damit öffentlich zu machen. In der Öffentlichkeit und vor Gericht war es für die Frau überdies wichtig, durch die Behauptung, es sei nicht zum vollständigen Eindringen des Gliedes gekommen, ihre Ehre nach außen hin zu bewahren. Daher antworteten einige Frauen dem Untersuchungsrichter, daß es nicht zur Vollendung des »Beischlafs« gekommen sei, obwohl eine Penetration stattgefunden hatte. Die Hebamme Anna Weiss, 53 Jahre alt, sagte aus, daß sie gespürt habe, wie der Mann mit dem Glied in ihre Scheide drang und »zu arbeiten begann«. Dann aber habe er plötzlich innegehalten und sei fortgelaufen. Nach ihrer Ansicht hatte er den »Beischlaf« nicht vollzogen.[32] Theres Hambauer stellte ihr Erlebnis ähnlich dar: »Ich wehrte mich mit Händen und Füßen, daß er mir mit dem Gliede nicht in die Scham kommen konnte, der Bursche setzte aber sein Unternehmen fort, bis ihm der Samen ausfloß.« Auf die Nachfrage des Untersuchungsrichters führte sie aus: »An die Scham kam mir der Bursche mit dem Gliede u. auch ein wenig hinein.«[33] Den »Beischlaf« aber hatte er nach ihrer Ansicht dennoch nicht vollzogen. Zwar ist nicht sicher, wie weit die Frauen durch genaues Nachfragen und Erklärungen des Richters zur Definition des vollendeten »Beischlafes« beeinflußt waren.[34] Wahrscheinlich aber war es für die Frauen selbst wichtig, die »Notzucht« als nicht gelungen anzusehen.

Die Art und Weise, wie die Frauen über den sexuellen Aspekt der »Notzucht« sprachen, war abhängig von Alter und Stand. Ältere und verheiratete Frauen nannten die Dinge recht deutlich beim Namen und offenbarten in ihren Äußerungen ihr Wissen über Sexualität, wie die oben zitierte Hebamme Anna Weiss. Auch die 36jährige Holzhauersfrau Thekla Nagel zeigte ihr Wissen: »und merkte ich beim Herumraufen sein erregtes männliches Glied. Ich spürte es durch die Hose durch, so daß ich mich auskannte, daß er dazu gestellt wäre, mit mir den Beischlaf zu vollziehen.«[35] Die 64jährige Theres Koller erklärte: »[Der Mann] schob mir sein Glied zwischen die Füsse bis an die Scham hin, so daß ich es dortselbst ganz deutlich verspürte.«[36] Jüngere Frauen dagegen blieben meist bei Andeutungen, und oft äußerten sie, sie hätten nichts gesehen oder gespürt. Die 21jährige Magdalena Mitterer erklärte: »Ob sein Glied in meine Scheide eingedrungen ist oder nicht kann ich nicht sagen; ich war sehr erschrocken, gespürt habe ich davon nichts.«[37] Häufig sagten jüngere Frauen aus, sie hätten nicht einmal bemerkt, ob der Mann sein Glied entblößt habe. So meinte die 17jährige Kreszenz Hofmann, der Täter habe sich mit offenem Hosenschlitz auf sie gelegt, aber ob er sein Glied entblößt hatte, habe sie nicht sehen können. Diese Aussage impliziert, daß sie schamhaft fortgesehen hat, konstituiert also die Zeugin als sittsames Mädchen. Ein anderes Mädchen, das zum Zeitpunkt der Tat 15 Jahre alt war, sagte aus: »Ob er mich naß gemacht hat, weiß ich nicht.«[38] Die Umschreibung »ob er mich naß gemacht hat« statt der konkreten Bezeichnung eines Samenergusses deutete auf die Unerfahrenheit des Mädchens hin.[39] Junge Frauen betonten vor allem ihre Schamhaftigkeit und Sittsamkeit. Gleich, wie weit ihre Erfahrungen mit dem anderen Geschlecht gegangen sein mochten, sie durften und wollten ihr Wissen nicht dem Untersuchungsrichter preisgeben.

Die Gefühle, Ängste und Schmerzen der Frauen während der Tat sind nur spärlich dokumentiert. Sicher ist jedoch eines: Die meisten Frauen fürchteten bei einer Vergewaltigung um ihr Leben. Mit der Vorstellung der Vergewaltigung war auch die Vorstellung des möglichen anschließenden Mordes verbunden. Der Täter konnte morden, um später nicht identifiziert zu werden. Auf diese Möglichkeit bezog sich Theres Koller. Sie berichtete, sie habe ihn gefragt, wer er sei, damit er glaube, sie kenne ihn nicht, »denn ich fürchtete, wenn ich sage, ich kenne ihn, daß er mich mißhandle oder gar umbringe«.[40] Auch Anna Weiss kamen Geschichten in den Sinn, die sie um ihr Leben fürchten ließen, nachdem der Angreifer drohte, sie »in Fetzen zu zerschneiden«: Sie bemerkte, daß er etwas in der Hand hatte:

»ich hielt dieß für ein Messer u. es überkam mich eine unbeschreibliche Angst u. Furcht u. glaubte schon, daß er seine Drohungen auch erfüllen werde weil mir einfiel, daß schon oefters solche unglücklichen Geschöpfe von denjenigen welche sie zuerst gebraucht haben dann ermordet worden sind.«[41]

An dieser Stelle bricht das subjektive Erleben der Frau durch die sachliche Schilderung des Protokolls, eine »unbeschreibliche Angst und Furcht«, Todesangst als zentrale Erfahrung während einer Vergewaltigung.[42] Die zitierten Äußerungen lassen auf ein kollektives Wissen dieser Frauen schließen, auf eine kollektive Vorstellung: die Verbindung zwischen (männlicher) Lust und Gewalt, die sich bis zum Mord steigern kann.[43]

Die bisher angeführten Fälle waren alle eindeutig, die Schilderungen entsprachen bis ins Detail der Dramaturgie der »Notzucht« und damit auch den strafrechtlichen Kriterien. Die betroffenen Frauen waren an einsamer Stelle, meist nach Einbruch der Dunkelheit, von einem Unbekannten überfallen worden. Der Täter schlug auf sein Opfer ein und bedrohte es mit weiteren Schlägen, mit einer Waffe oder sonstwie mit dem Tode. Die Frauen konnten glaubhaft machen, daß sie sich mit aller Kraft gewehrt hatten – und fast allen Frauen war es, zumindest nach ihrer Darstellung, gelungen, den Vollzug der »Notzucht« zu verhindern. Es dürfte kein Zufall sein, daß der Großteil der Akten solche wasserdichten Fälle betrifft. Nur diese hatten eine Chance, bis vor das Schwurgericht zu gelangen. Andere Fälle, wenn sie überhaupt zur Anzeige kamen, wurden entweder vom Staatsanwalt niedergelegt oder von der Strafkammer, die über die Eröffnung der Hauptverhandlung entschied, abgelehnt.[44]

»Zweifelhafte« Fälle

Zwei Fälle, die nicht der beschriebenen »Dramaturgie der Notzucht« entsprachen, sollen hier näher betrachtet werden. Die 18jährige Dienstmagd Maria Kritzenberg war in ihrer Kammer von dem 26jährigen Knecht Krötzer bedrängt worden. Dieser war nachts in die Kammer eingedrungen. Er hielt der jungen Frau den Mund zu, drohte ihr mit Schlägen und legte sich zu ihr ins Bett. Der Gendarm gab in seinem Bericht die Aussage Maria Kritzenbergs folgendermaßen wieder:

»Er legte sich sodann auf sie, hielt sie fest, daß sie sich nicht mehr rühren konnte, und ließ trotz weinen und bitten nicht mehr von ihr los.« – »Zu schreien getraute sie sich nicht mehr, weil sie glaubte Krötzer könnte sie schlagen, sie habe sich überhaupt gar nicht mehr ausgekannt und nicht mehr zu helfen gewußt.«

Die zweite in der Kammer anwesende Magd, Brigitta Doll, bestätigte dem Gendarmen gegenüber diese Angaben: »Sie hörte dann die Kritzenberg schluchzen und weinen, habe sich aber nicht getraut hineinzumischen, weil Krötzer ein gefährlicher Mensch sei.«[45]

In der Untersuchung erklärte Maria Kritzenberg, daß sie sich nicht gewehrt habe: Krötzer habe gesagt, »wenn ich schreie, verhaut er mir die Votze recht, ich schrie aber nicht (...) zugestoßen und zugeschlagen habe ich nicht. Er hielt mich blos bei den Haenden, zu schreien habe ich mir deshalb nicht getraut, weil ich fürchtete, er könnte mir etwas antun.« Die Zeugin Brigitta Doll gab zu Protokoll, die Maria habe nur gesagt »gib ein Ruh«, und dann hätten die zwei im Bett »halt so umeinander gearbeitet«. Der Krötzer sei noch bis zwei Uhr bei der Maria im Bett geblieben. Aus diesen Umständen schloß Brigitta Doll: »Ich glaube nicht, daß Krötzer die Kritzenberg genothzüchtigt hat, sie sagt jetzt selbst, daß hinter der ganzen Sache nichts war.« Auch die Bäuerin hielt den Vorfall für »eine ganz gewöhnliche Bumserei«. Die Maria hätte nur zu schreien brauchen, dann hätte sie, die Bäuerin, den Krötzer hinausbefördert.[46] Aus juristischer Sicht lag jedenfalls keine »Notzucht« vor. Maria Kritzenberg hatte den Krötzer zwar zurückgewiesen, sich aber nicht energisch gewehrt. Sie selbst scheint, wenn man der Aussage der Brigitta Doll Glauben schenkt, den Vorfall nicht eindeutig als »Notzucht« interpretiert zu haben. In der Vernehmung beharrte sie dennoch darauf, daß sie den Geschlechtsverkehr nicht gewünscht und nur aus Furcht nicht geschrien habe.[47]

Auch die 18jährige Ursula Schuller definierte den Geschlechtsverkehr mit dem 32jährigen Knecht Josef Wiesner nicht als »Notzucht«. Dieser hatte ihr, sie war zu jener Zeit 15 Jahre alt, im Stadl zunächst unter den Rock gelangt, was ihr aber nach eigener Aussage nichts ausgemacht habe. Er habe sie dann zu Boden geworfen und sie »gebraucht«, obwohl sie bat, daß er sie gehen lasse. Sie habe nicht geschrien, weil sie sich geschämt habe, und sie habe sich auch nicht gewehrt, sondern sich das Ganze gefallen lassen. Dem Gendarmen gegenüber äußerte sie, sie habe nicht eingewilligt, aber danach nicht viel Reue gehabt. Aus diesem Grund erklärte sie: »Ich für meine Person will nicht, daß Wiesner hiefür bestraft wird.«[48] Es scheint also eine Form des Geschlechtsverkehrs gegeben zu haben, der durch eine Übermächtigung zustande kam, welche die Frau sich »gefallen« ließ: sei es, weil sie sich »nicht viel daraus machte« oder weil sie sich im Gegenteil schämte, sei es aus Angst vor Gewalttätigkeiten oder aufgrund der körperlichen und/oder sozialen Überlegenheit des Mannes.[49] Diese Art des erzwungenen Geschlechtsverkehrs gelangte sicher selten zur Anzeige, da die Frauen meist kein Interesse hatten, daß die Angelegenheit bekannt und damit ihr Ruf geschädigt würde.[50] So kommentierte eine Mitmagd der Ursula Schuller den Vorfall mit dem Wiesner: »die Ursula sei auch ein Luder, der sei gut helfen gewesen (...) weil sich die Schuller so gescherzig gegen Mannsleute zu zeigen pflegte.«[51] Dabei galt die Ursula bis dahin als »sittlich« und keineswegs »ausgelassen«, wie ihr damaliger Dienstherr aussagte.

Offensichtlich nahmen in beiden Fällen die betroffenen Frauen selber den erzwungenen Geschlechtsverkehr nicht als Gewalt im Sinne der Notzuchtsdefinition wahr, nicht als aktive physische Gewalt und damit auch nicht als strafbare Handlung.[52] Dagegen sahen sie den Geschlechtsverkehr als von ihrer Seite nicht erwünscht an und betonten, daß er gegen ihren Willen stattgefunden hatte. Es scheint, als hätten beide Frauen sich mit ihrer Rolle in der Interaktion zwischen den Geschlechtern abgefunden: Sie ließen den Geschlechtsverkehr über sich ergehen, sie »hielten her«.[53] Dabei ließ Ursula Schuller sich den Geschlechtsverkehr »gefallen«, während Maria Kritzenberg durch die körperliche Überlegenheit des Mannes und dessen Drohungen überwältigt wurde.

Daß es sich in beiden Fällen um erzwungenen Geschlechtsverkehr handelte, also aus heutiger Sicht um sexuelle Gewalt, daran besteht kein Zweifel. Beide Frauen erklärten, daß ihnen der Geschlechtsverkehr nicht recht war. Für beide stellte das Geschehen eine unangenehme, für Maria Kritzenberg zudem eine bedrohliche, beängstigende Situation dar. Doch es gab weder einen Namen, der diese Form des Geschlechtsverkehrs als sexuelle Gewalt kennzeichnete, noch eine offizielle Sanktionsmöglichkeit. Um aber über Erfahrungen reden, sie definieren zu können, müssen sie benannt und damit gesellschaftlich anerkannt sein: »Names provide social definitions, make visible what is invisible, define as unacceptable what was accepted; make sayable what was unspeakable.«[54] Die Erfahrungen jener Frauen standen im Widerspruch zu männlich zentrierten Definitionen von Sexualität und sexueller Gewalt, ihre Angst und ihr Unbehagen waren nicht relevant. Ein breites Spektrum weiblicher Erfahrungen von sexueller Gewalt – als Belästigung, Bedrängung oder Übermächtigung – war aus der offiziellen Sprache ausgeschlossen und damit quasi nicht existent: Die betreffenden Handlungen waren »unspeakable outrages«.[55]

Die Qualifizierung einer bestimmten Handlung als Verbrechen ist Folge sozialen Aushandelns. Dieses Aushandeln vollzieht sich sowohl auf der gesetzgeberischen Ebene (etwa bei der Festlegung strafrechtlicher Definitionen) als auch in der alltäglichen Kommunikation und Interaktion.[56] Die ausgehandelte Definition übernimmt auch das Opfer einer Handlung.

Sabine Kienitz stellte fest, daß die Frauen in den von ihr untersuchten Gerichtsakten des frühen 19. Jahrhunderts Gewalterfahrungen nicht in entsprechende Worte kleideten. Eine Vergewaltigung sei in der Wahrnehmung dieser Frauen erst unter bestimmten Umständen gegeben, sie erlebten einen sexuellen Übergriff als Vergewaltigung, »wenn sie selbst ganz bewußt, und das heißt: mit einer Vielzahl von verbalen Argumenten, gegen das männliche Ansinnen Einspruch erhoben hatten«.[57] Sie übernahmen damit die gesellschaftlich ausgehandelte Definition der »Notzucht«,[58] die im Strafrecht ihren verbindlichen Ausdruck fand.

2. Handlungswege der Frauen nach der Tat

Die Aussagen der Menschen, denen die Frauen unmittelbar nach der Tat begegneten, bezeugen erneut die Angst und den Schrecken der Frauen. So schilderte ein Zeuge, wie Anna Weiss auf ihn zugelaufen kam und ihn »flehentlich« bat, ihr zu helfen. Ein Bursche habe sie notzüchtigen wollen und hätte sie vielleicht auch noch umgebracht: »Sie war voll Angst u. Schrecken, zitterte am ganzen Körper, ihre Haare waren zerrauft und hingen herunter und in ihrer Verwirrung erkannte sie mich nicht einmal gleich obwohl wir gut bekannt sind.«[59] Aus juristischer Sicht beinhaltete diese Aussage wichtige Beweise für den Tatbestand: die unverkennbare Angst, die zerrauften Haare als Zeichen eines Kampfes und die Bitte um Hilfe. Wichtig war, daß die Frau sich sobald wie möglich jemandem mitteilte. Dies tat auch Theres Hambauer, die einen Burschen im nächsten Ort nach dem Bürgermeister fragte. Von ihrem Erlebnis erzählte sie allerdings erst, als eine Frau hinzukam.

Offensichtlich sprachen die Frauen ungern Männern gegenüber von dem Angriff.[60] Thekla Nagel berichtete der Förstersfrau erst am nächsten Tag, was geschehen war, da am Tag zuvor der Förster mit im Raum gewesen war und sie sich ihm gegenüber geschämt hatte. Frauen redeten untereinander wohl über sexuelle Themen, doch in gemischtgeschlechtlichen Zusammenhängen waren sie zurückhaltender.[61] Umso mehr galt dies für das Reden über eine erlittene Vergewaltigung. Verständnis erwarteten die Frauen eher von ihren Geschlechtsgenossinnen. Thekla Nagel suchte bei der Förstersfrau einen Rat, weil sie sich fürchtete, ihrem Mann etwas zu erzählen. Er könnte, äußerte sie, »grimmig werden« und sie prügeln.[62] Dies war vermutlich kein Einzelfall, denn die Vergewaltigung verletzte nicht nur die Frau in ihrer Ehre, sondern auch deren Ehemann.[63] Der Ehemann mußte befürchten, im Ort als Hahnrei dazustehen.

Wenn die Frauen über ihr Erlebnis sprachen, dann zumeist in Andeutungen. »Anpacken« war die gängige Umschreibung für eine »Notzucht« oder einen gewalttätigen sexuellen Übergriff, zumindest wenn noch ein, zwei weitere Zeichen hinzukamen. Den Zeugen genügte dies, um die richtigen Schlüsse zu ziehen. Die Pfarrersköchin Habermann schilderte als Zeugin, das Dienstmädchen Anna sei »weinend und ganz erschrocken« heimgekommen. Sie habe erzählt, sie sei angepackt worden, der Bursche habe ihr den Mund zugehalten und an die Kniekehle gelangt. »Ich mochte sie über die Sache nicht weiter ausfragen, weil ich schon kannte, was der Bursche gewollt hätte.« In Wirklichkeit hatte der Täter der Anna nicht nur an die Kniekehle, sondern an ihre »Geschlechtsteile« gelangt, doch die Umschreibung war deutlich genug.[64] Nachfragen mochten die Zeugen selten – sei es aus Rücksicht auf die Frau, sei es aus eigener Schamhaftigkeit. So reagierte auch der Knecht Wirsen mit Zurückhaltung. Als Theres Koller eine Vorladung erhielt, fragte er, worum es dabei gehe. Aus ihrer Antwort, der Stecher habe sie angepackt, schloß er, daß dies »zu einem unsittlichen Zwecke« geschehen sei, und fragte nicht weiter nach.[65]

Indem die betreffenden Frauen anderen von ihrem Erlebnis berichteten, schürten sie zum Teil bewußt Gerüchte. Häufig stellten sie in der Nachbarschaft Fragen, mit denen sie die Identität des Täters feststellen wollten. Thekla Nagel etwa begegnete dem Täter einige Tage nach der Tat ein zweites Mal. Da sie sich in Begleitung zweier Mägde befand, fragte sie diese nach dem Namen des Mannes. Dabei erzählte sie ihnen den Vorfall. Allerdings hatten zumindest einige Frauen bereits vorher Kenntnis von der Sache, denn die Försterin sagte aus: »Alles dieses war bisher nur unter uns dem Frauenvolke bekannt, und hat die Nagel vorläufig noch nichts zur Anzeige gebracht.«[66] Die Frauen hatten demnach ein eigenes, von der Männerwelt abgeschirmtes kommunikatives Netz. Thekla Nagel hatte sich bei anderen Frauen Rat geholt und damit gleichzeitig bösartigem Gerede entgegengewirkt, indem sie bekanntmachte, daß es sich bei dem fraglichen Vorfall um eine »Notzucht« handelte. Eine weitere Funktion ihres Redens über die Tat könnte es gewesen sein, andere Frauen zu warnen, damit sie sich vor dem betreffenden Mann in acht nähmen.

Nach der zweiten Begegnung Thekla Nagels mit dem Täter wurde der Vorfall »allgemein bekannt«.[67] Nun war der Täter identifiziert, und man konnte sich darüber verständigen, was geschehen sollte. Auch in anderen Fällen erkundigten sich die betroffenen Frauen selber oder Verwandte im Dorf nach dem mutmaßlichen Täter. Die Tochter der Theres Wiederholler ging am Tag nach dem Überfall zur Vermieterin des verdächtigten Wagner, um sie fragen, ob er am Abend zu Hause gewesen sei.[68] Die Köchin des Pfarrers begab sich, nachdem Anna Bruck ihr von dem Angriff auf sie erzählt hatte, sogleich ins Wirtshaus, um nachzufragen, wer der Bursche gewesen sein könnte.[69] Auf diese Weise war eine solche Tat bald im ganzen Dorf bekannt, und sofern es jemand darauf anlegte, dauerte es nicht lange, bis die Gendarmerie von dem Vorfall Kenntnis erhielt. Gerüchte waren somit auch eine Form der indirekten Anzeige.

In zwölf der hier bearbeiteten 29 Fälle erstatteten die Frauen direkt nach der Tat selbst Anzeige bei der Gendarmerie, wobei zwei von ihnen zunächst nur wegen Körperverletzung Strafantrag stellten. Im Fall der 21jährigen Anna Schäffler erklärte der Gendarm dem Untersuchungsrichter: »erst auf mein Befragen rückte sie, was sie sich nicht gleich zu sagen getraut hatte, damit heraus, daß Müller sie hätte haben mögen.«[70] Die unmittelbar nach dem Übergriff angezeigten Fälle entsprechen fast durchgängig den strafrechtlichen Definitionen und populären Vorstellungen einer »echten« Notzucht. Ob die Frauen aus diesem Grund Anzeige erstatteten und damit entweder die Rechtslage kannten oder jene Vorstellungen von einer »Notzucht« teilten, läßt sich nicht feststellen. In jedem Fall handelte es sich zum großen Teil um Frauen, die über ein gutes soziales Netz verfügten und dieses einzusetzen wußten, indem sie zum Beispiel gute Leumundszeugen stellten. Gewiß fiel es ihnen aus dieser Position heraus leichter, eine Anzeige zu wagen.

Weitere zwölf Frauen zeigten den Vorfall zwar selbst an, jedoch erst einige Zeit nach der Tat[71] und zum Teil erst nach Aufforderung durch andere. Im Fall der Taglöhnerin Thekla Nagel schrieb der Förster einen Brief an die Gendarmerie, da die Nagel sich nach dem Überfall nicht mehr nach Rabenstein wage. Dies sei aber für ihn, so der Förster, sehr ärgerlich, weil sie ihm sonst die erlegten Rehböcke in den Nachbarort trage.[72] Walburga Pföderl zeigte die Tat nur an, weil jemand, dem sie davon erzählte, meinte »wenn sie es nicht anzeige so zeige er es an«.[73] Fünf Frauen erstatteten selbst keine Anzeige, der Gendarm erfuhr durch Gerüchte von den Übergriffen. Als Grund für ihr Schweigen gab eine Frau an, sie habe sich geschämt, eine zweite, ihr Vater habe ihr von der Anzeige abgeraten, da der Täter sich sonst rächen würde, wenn er wieder heraus sei.

Bei der Anzeige stand nicht immer der Wunsch im Vordergrund, der Täter möge seine durch das Recht bestimmte Strafe erhalten. Häufig ging es um eine Wiedergutmachung, wie im Fall der Anna Wacker. Elf Tage nach der Tat suchte Fischer sie auf und bot ihr Geld. Sie erwiderte, er brauche sie nur um Verzeihung zu bitten. Als er dies tat, war sie bereit einzulenken und erklärte, von ihr aus brauche die Sache nicht weiter verfolgt zu werden.[74] Eine förmliche Entschuldigung in Gegenwart von Zeugen oder auch eine finanzielle Entschädigung gehörten zu den traditionellen Formen der Konfliktbeilegung.[75] Bevor eine offizielle Anzeige erfolgte, wurden innerhalb der ländlichen Gesellschaft oft Wege gewählt, die den Konflikt im Rahmen der dörflichen Öffentlichkeit lösen sollten.[76]

Das Motiv, die eigene Ehre wiederherzustellen oder kursierenden Gerüchten Einhalt zu gebieten, nannten lediglich vier Frauen. Die 17jährige Kreszenz Hofmann erzählte dem Untersuchungsrichter, sie selbst habe nach dem Vorfall aus Scham geschwiegen, »der Wiesner hingegen schwätzte über mich herum, wie wenn *ich* ihn angepackt und ihm unsittliche Anträge gemacht hätte. Dies kam mir (...) durch den (...) Hamberger sowie auch meinen Dienstherrn zu Ohren, dem ich nun die Sache erzählte.« Der Zeuge Hamberger beschrieb die damalige Reaktion des Mädchens: Sie habe geweint und gesagt, sie könne nicht mehr in die Kirche gehen, ohne dem Spott ausgesetzt zu sein.[77] War die Tat also bekannt geworden – durch den Täter oder Dritte –, blieb der Frau kaum etwas anderes übrig, als den Vorfall öffentlich als »Notzucht« zu deklarieren, indem sie zur Gendarmerie ging. Damit trat sie dem Gerede entgegen.

3. Zeuginnen und Zeugen: Gewalt oder Liebeswerben?

Zeuginnen und Zeugen, die die »Notzucht« beobachteten, waren sich oft unklar über die Situation. Umgangsweisen wie schubsen, anschreien oder den Mund zuhalten konnten Teil einer gegenseitigen Annäherung sein. Eine solche »leichte« Gewalt scheint im Umgang von Paaren untereinander nicht ungewöhnlich gewesen zu sein. Sie war Teil vor allem des männlichen Verhaltens: Der Mann ergriff auf diese Art die Initiative, »probierte«, wie es manche Täter bewußt verharmlosend formulierten, ob die Frau zum Geschlechtsverkehr bereit wäre.[78] Eine Bäuerin erzählte in der Voruntersuchung, wie sie eines Tages auf dem Feld nahe der Freisinger Stadtmauer arbeitete. Sie habe beobachtet, daß ein Mann eine Frau verfolgte, daß er sie um die Mitte packte, »daß er sie recht umeinanderstieß, daß sie sich wehrte, sie auch an die Wand hindrückte und -schob; ich dachte mir von der Ferne, daß dies ein Mannsbild sei, der mit seiner Geliebten so herumthut.«[79] Erst beim Näherkommen bemerkte sie, daß der Mann versuchte, die Frau zu vergewaltigen.

In einem anderen Fall sah ein Bauer von weitem, wie zwei miteinander »scherzten«: »bald blieben sie stehen, dann liefen sie wieder einander nach, stießen einander hin und her u.s.w.« Er habe sie dann aus dem Blick verloren, doch nach wenigen Minuten, als er näherkam, habe er beide auf dem Boden liegen sehen. »Ich weiß zwar nicht mehr, was die Ursula für Bewegungen machte, aber sie wehrte sich jedenfalls.« Trotz dieser eindeutigen Feststellung mußte sich die junge Frau bei der Vernehmung durch den Untersuchungsrichter verteidigen: »gescherzt habe ich nicht mit ihm, das ist nicht wahr, ich habe ihn nur von mir weggestoßen, wenn er sich an mich hinmachte, das war kein Scherz«.[80] Wie in diesem Fall waren anfangs viele Zeugen unsicher über die beobachtete Situation. Daher griffen einige erst spät, andere gar nicht ein. Die Bereitschaft einzugreifen war höher, wenn die Zeugen die bedrohte Frau kannten. So hörte in einem Fall eine Frau die Rufe der Überfallenen und erkannte, daß es ihre Nachbarin war. Sie holte rasch deren Tochter und Schwiegersohn zu Hilfe, die dann zusammen mit drei weiteren Nachbarn laut rufend und schreiend auf die Stelle zuliefen, von der die Hilferufe zu hören waren. Hier waren also Verwandte und Nachbarn in der Nähe sofort zum Eingreifen bereit.[81] Daraus läßt sich schließen, daß Frauen in einem vertrauten Umfeld besser geschützt waren.

Manche Zeugen griffen aus Angst vor einem Gewaltausbruch des Täters nicht ein, wie im Fall der 20jährigen Theresia Weber. Ein junger Mann belästigte sie auf ihrem Weg nach Hause bereits längere Zeit, obwohl sie von ihrer Schwester begleitet wurde. Zwei Fuhrwerke überholten sie, ohne daß einer der Fahrer ihr geholfen hätte. Erst als Heinzel sie mit Gewalt in eine Böschung riß, worauf ihre Schwester um Hilfe schrie, wendeten beide Fuhrwerke. Der eine Fahrer erklärte vor Gericht, er habe zwei Kinder dabeigehabt und deshalb keinen Skandal riskieren wollen. Die Insassen des zweiten Fuhrwerks waren nicht sicher gewesen, ob sich hier ein Liebespaar stritt oder ob Heinzel Gewalt angewendet habe.[82] Doch auch Bekannte waren im Vorfeld nicht zu einem Eingreifen bereit gewesen. Bereits im Wirtshaus, in das Theresia Weber und ihre Schwester eingekehrt waren, hatte Heinzel sie bedrängt. Als die Mädchen den Heimweg antraten, erwartete er sie draußen. Obwohl also die Situation schon im Dorf bedrohlich war, baten die jungen Frauen niemanden um Hilfe. Dabei saßen im Wirtshaus Bekannte, darunter der Bruder ihres Dienstherrn. Für die Frauen war es offensichtlich nicht denkbar, von sich aus mit den Männern über die Bedrohung zu reden. Ebenso wenig boten die Männer den Mädchen ihren Schutz an. Hier zeigt sich eine »Mauer der Sprachlosigkeit und Passivität«, die auch in anderen Fällen zum Ausdruck kommt.[83]

In ihrer Aussage erwähnte Theresia, daß auf dem zweiten Fuhrwerk Frauen saßen, aber: »Auch diese Leute fuhren, obschon sie mich weinen sahen, an mir vorbei.«[84] Offenbar erwartete die junge Magd von Frauen eher Hilfe. Ein anderer Fall zeigt, daß Zeuginnen in solchen Situationen durchaus eine andere Wahrnehmung haben konnten als Zeugen. Ein Ehepaar bestätigte vor Gericht, abends aus dem Wald Schreie gehört zu haben. Die Frau sagte aus: »wäre ich eine Mannsperson gewesen, wäre ich hingegangen, um Hilfe zu leisten«. Ihr Mann dagegen äußerte: »ich habe auf dieses Geschrei überhaupt nichts gegeben«. Er bestätigte jedoch, daß seine Frau, die öfter durch diesen Wald gehen müsse, sich fürchtete.[85] Die Frau verband mit den Schreien offensichtlich einen sexuellen Angriff, während ihr Mann nicht weiter darüber nachdachte. An dieser Stelle prägte die unterschiedliche Rolle, die sexuelle Gewalt in den Lebens- und Vorstellungswelten von Männern und Frauen spielte, die jeweilige Wahrnehmung von Mann und Frau.

Frauen, die Opfer einer Vergewaltigung wurden, stießen nicht nur auf Gleichgültigkeit, sondern ebenso auf die Einstellung, daß sie die Tat selbst provoziert hätten. Manche Zeugen äußerten gar Verständnis für die Handlungsweise des Täters. In ihrer Beurteilung der Tat ließen sie sich vom Ruf des Täters oder des Opfers beeinflussen sowie von ihren eigenen Einstellungen zu männlicher und weiblicher Sexualität. Dies gilt etwa für die Zeugen im Fall der Walburga Pföderl. Sie war nach einer Tanzmusik mit ihrer Freundin Anna Haas, deren Geliebtem Josef Kugler und dem Knecht Robert Biber nach Hause aufgebrochen. Es war durchaus üblich, daß Frauen allein zum Tanzplatz gingen und hofften, einen Partner zu finden, der sie heimgeleitete.[86] Auch Michael Hartl hatte Walburga Pföderl seine Begleitung angetragen und schloß sich der Gruppe an, obwohl Walburga ihn abwies. Unterwegs hielt er sie dann zurück. Als die anderen bereits ein gutes Stück voraus waren, warf er sie plötzlich zu Boden. Jetzt begann Walburga zu schreien, worauf Hartl ihr drohte, daß er sie erstechen werde.

Der erste Zeuge, Josef Kugler, sagte aus, Hartl habe ihn im Wirtshaus gefragt, ob er glaube, daß er mit der Walburga heimgehen dürfe. Kugler empfahl ihm, es zu »probieren«, doch Walburga lehnte ab. Robert Biber hatte gehört, wie Walburga den Hartl zurückwies. Weiter habe er jedoch nichts mitbekommen, weil er vorauseilte, um rasch nach Hause zu gelangen. Sein Kommentar zu der Vergewaltigung war lapidar: »Ich meine, wenn der Pföderl so stark um ihre Unschuld gewesen wäre, hätte sie früher nach Hause gehen können.« Josef Kugler äußerte die gleiche Ansicht: »Wie ich meine hätte ihm ja die Pföderl schon früher davonlaufen können, wenn sie gewollt hätte.« Auch die Walburga habe er, als er sie 14 Tage später zufällig traf, gefragt, »warum sie so dumm gewesen sei und nicht geschrien habe, ich hätte das nicht gelten lassen«.

Die Magd Walburga hatte sich also in den Augen der beiden Knechte unvorsichtig oder sogar provokativ verhalten. Sie war zu lange im Wirtshaus geblieben, zwar in Begleitung ihrer Freundin, doch offenbar zählte nur der Geliebte als schützender Begleiter. Nach dem Wirtshausbesuch hatte Walburga sich auf Hartl eingelassen, indem sie mit ihm zurückgeblieben war, und sie hatte nicht sofort um Hilfe geschrien. Für die Einstellung der beiden Zeugen war außerdem Walburgas Ruf mitentscheidend. Kugler sagte aus: »Was man hört, soll sie ein Luder sein.« Und Biber hatte der Walburga auf dem Heimweg vorgeworfen: »du hast in der Stadt drinnen Einen gehabt; das Mädl, das um's Geld hurt, ist eine Schand.« Demnach hatte Walburga sich insgesamt nicht angemessen verhalten, weder im Alltag noch in der Situation selbst. Die Männer aber hatten bereits im Vorfeld untereinander die Chancen des Hartl ausgelotet und dabei auf den Ruf der Magd angespielt.[87] Eine ähnliche Einstellung, wie sie Kugler und Biber hier äußerten, mußten sich die Frauen häufiger gefallen lassen. Dies galt besonders für junge, ledige Frauen, die in einem fremden Dorf im Dienst standen. Mehrere junge Frauen in den hier ausgewerteten Akten klagten nach sexuellen Übergriffen darüber, daß sie dem Spott der Dorfbewohner ausgesetzt seien und deshalb den Dienst verlassen wollten.[88] Der Vorwurf, »leichtsinnig«, ein »Luder« oder »gescherzig mit Mannsleuten« zu sein, traf eine junge Magd nur allzu rasch, selbst wenn sie zum Geschlechtsverkehr gezwungen worden war.

Seitens des Gerichts wurden stets Erkundigungen über den Leumund von Täter und Opfer eingeholt. Wie bei der Untersuchung des juristischen Diskurses dargestellt, wurde eine genaue Prüfung der Persönlichkeit und Lebensführung auch des Opfers empfohlen. In der Praxis wurde durch das Landgericht zunächst ein Leumundszeugnis vom Gemeindeausschuß des Heimatortes angefordert, das aber meist zu allgemein gehalten war, als daß sich der Staatsanwalt ein Bild von den Beteiligten machen konnte. Daher forderte er häufig den Gendarmen auf, Erkundigungen einzuziehen. Diese Recherchen gestalteten sich besonders umfangreich, wenn der Täter behauptete, die Frau habe den Geschlechtsverkehr freiwillig ausgeübt.[89] Bei älteren, verheirateten Frauen war – zumindest in den Fällen, die der »klassischen Notzucht« entsprachen – anscheinend ein gutes Leumundszeugnis durch den Gemeindeausschuß ausreichend. Es wurden seitens des Gerichts keine weiteren Nachforschungen in Auftrag gegeben, und die Formulierungen aus dem Leumundszeugnis wurden vom Staatsanwalt in der Anklageschrift übernommen.[90]

Waren jüngere, unverheiratete Frauen betroffen, befragte die Gendarmerie deren Dienstherrschaften sowie den Bürgermeister und andere angesehene Mitglieder der Heimatgemeinde. Mitunter kannte der Gendarm die Betroffenen persönlich und schilderte im Bericht an den Staatsanwalt seinen eigenen Eindruck. Neben der allgemeinen Glaubwürdigkeit war das »sittliche Verhalten« der wichtigste Punkt, über den die Zeugen sich äußerten. Über Ursula Holzer berichtete der Gendarm:

»Ich kenne die Ursula Holzer schon lange, sie gilt als ein ganz braves Mädchen, ich habe sie noch nie bei einer Musik, auch nie mit einem anderen Burschen gesehen und ich glaube ganz und gar nicht, daß sie damals dem Krötzer erlaubte, mit ihr zu gehen, oder daß sie ihn förmlich eingeladen hat.«[91]

Über die 17 Jahre alte Rosina Wolf sagte ihre Dienstfrau: »Die Wolf ist mir als eine sehr solide Person bekannt, so lange sie bei mir ist, hat sie sich vom geschlechtlichen Umgang mit Burschen ferngehalten.«[92] Kriterien für die Sittsamkeit der Mädchen waren also, daß sie sich von Tanzmusiken fernhielten und keinen näheren Umgang mit jungen Männern pflegten. Dies bedeutete jedoch nicht, daß eine junge Frau, die einen Geliebten hatte, damit bereits ihren guten Ruf verlor. Katharina Ring etwa hatte zwar mit 17 Jahren ein uneheliches Kind geboren, doch ihr Dienstherr stellte ihr trotzdem ein gutes Zeugnis aus und betonte, daß sie bei Kammerfensterbesuchen immer ablehnend gewesen sei.[93] Auch der Dienstherr von Anna Schäffler sagte aus, daß diese sich nie mit dem Müller abgegeben habe, »denn sie hat schon einen Geliebten, von dem sie schwanger ist und auch an ihrer Wahrheitsliebe habe ich keinen Zweifel«.[94] Anna Schäffler hatte demnach eine feste, im Dorf bekannte und gebilligte Beziehung, und selbst die Schwangerschaft führte nicht dazu, daß sie wegen unsittlicher Aufführung aus dem Dienst entlassen wurde.

Die 17jährige Anna Bruck war ebenfalls über jeden Zweifel erhaben. Sie stand als Küchenmädchen beim Pfarrer im Dienst, wo auch ihre 48 Jahre alte Base als Köchin arbeitete. Sie hatte also einen guten Dienstplatz und stand dort unter der Aufsicht einer älteren Verwandten. Ihr Dienstherr, der Pfarrer, schilderte Anna als »ein ganz braves, vollkommen sittenreines u. ganz unschuldiges Mädchen«.[95] Der Ruf der Familie war bei der Beurteilung junger Frauen ein weiteres wichtiges Kriterium. So schrieb der Gendarm über die 22jährige Anna Huber: »Die Anna Huber ist aus sehr strenger Familie, von der läßt sich gar nichts Uebles sagen; sie spricht zwar mit den Burschen in freundlicher Weise, aber sie weiß sich wohl zusammenzuhalten.«[96]

Wurde einer Frau ein schlechtes Zeugnis ausgestellt, dann wurden als negative Charaktereigenschaften Frechheit, Lügenhaftigkeit und Leichtfertigkeit genannt. Katharina Trauner war in ihrer Gemeinde unbeliebt, weil sie um Armenunterstützung gebeten hatte. Sie nutze, so der Stationskommandant ihrer Heimatgemeinde, jede Gelegenheit, Mittel zu erlangen, »um ihrer Genußsucht zu fröhnen«.[97] Neben Bettelei, Diebstahl, Prostitution und der Tatsache, daß sie die Gemeinde um Unterstützung angegangen war, wurden ihr verschiedene weitere negative Eigenschaften nachgesagt. Sie sei »eine äußerst freche und lügenhafte Person« und sie habe früher »in sittlicher Beziehung ein äußerst ausschweifendes Leben geführt«. Katharina Trauner stand außerhalb der dörflichen Gemeinschaft, sie gehörte zur untersten Schicht und war auf die Unterstützung der Gemeinde angewiesen.

Ihre Klage hatte daher wenig Aussicht auf Erfolg, zumal der Beschuldigte ein Gendarm war: Er wurde freigesprochen. Der Richter begründete sein Urteil unter anderem mit den Zeugenaussagen, welche die Trauner als äußerst schlecht beleumundete Person beschrieben, die vom Betteln und Stehlen lebe, früher gewerbsmäßig Unzucht getrieben, sich als verheiratete Frau Mannspersonen hingegeben habe und überdies wegen verleumderischen Nachredens gemieden werde.[98] In diesem Fall waren also die Aussagen der Leumundszeugen mitentscheidend für den Urteilsspruch.

Dies gilt auch für den Fall der Anna Lummer. Sie beschuldigte ihren Vermieter des Notzuchtsversuchs. Der Gendarm glaubte ihr zunächst und schrieb an den Staatsanwalt, die Lummers seien seit acht Wochen in Altenmarkt und werde »ihnen alles Lob nachgesagt«. Der Ertl dagegen habe einen schlechten Leumund, er sei mehrmals bestraft »und ist ihm vorstehende Thathandlung ganz u. gar zuzutrauen«.[99] Der Staatsanwalt aber forderte ein Leumundszeugnis aus Anna Lummers Heimatgemeinde an. Darin hieß es:

»[Anna Lummer] erfreut sich in Bezug auf das Geschlechtsleben einer reichbewegten Vergangenheit. Schon frühzeitig kam sie dem Ausspruche, ›... und mehret euch!‹ nach. Fünf illeg. Kinder waren das Resultat. Zwei Väter theilen sich in dieses. (...) Daß sich die A. Lummer auch noch Anderen hingab, dürfte unbezweifelt sein.«[100]

Der Staatsanwalt legte das Verfahren nieder, da nicht genügend Verdachtsmomente vorhanden seien und der Aussage der Anna Lummer »nicht unbedingte Glaubwürdigkeit beizumessen« sei.[101] Ein schlechtes Leumundszeugnis wurde auch der Walburga Pföderl ausgestellt:

»Walburga Pföderl ist ein sehr leichtfertiges, dabei äußerst arbeitsscheues Mädchen, daß nie lang bei einer Dienstherrschaft aushielt und letzterer durch ihre Grobheit und Frechheit jederzeit viel Verdruß verursachte. Ihr Betragen kann durchaus nicht als sittlich rein bezeichnet werden.«

Sie stammte anscheinend aus einer Taglöhnersfamilie: Ihr Vater war zu jenem Zeitpunkt bereits verstorben, ihre Mutter lebte im Armenhaus und ihre vier Geschwister waren ebenfalls völlig vermögenslos. Schließlich berichtete der Gendarm, daß Walburga bei ihrer Dienstherrschaft ohne Lohn arbeite, also nur um Kost und Logis. Daraus folgerte er, »daß sie als leichtfertige Person erkannt, und es ihr schwerfällt, einen ordentlichen Dienst mit regelmäßigem Wochenlohn (...) zu erhalten«.[102] Dennoch endete dieser Fall nicht mit einem Freispruch, da die Beweise erdrückend waren und der Täter ein teilweises Geständnis abgelegt hatte.

Die aufgeführten Bewertungen weiblicher Lebensführung zeigen, daß der Ruf einer Frau zunächst ebenso wie bei den Männern von allgemeinen Kriterien wie Besitz, Familie, Fleiß und Arbeitsfähigkeit sowie dem Dienstplatz bestimmt war. Ein uneheliches Kind war noch kein Zeichen eines unsittlichen Lebenswandels. Allerdings wurde es nicht gern gesehen, wenn ein junges Mädchen sich öfter im Wirtshaus oder auf Tanzmusiken blicken ließ, vor allem ohne feste männliche Begleitung. Mädchen durften erst ab 18 Jahren und nur mit Erlaubnis der Dienstherrschaft Tanzveranstaltungen besuchen.[103] Ebensowenig war es gebilligt, wenn ein Mädchen den Burschen allzu sehr »entgegenkam«, sich »gescherzig« gegen sie zeigte.[104] Überdies durfte sie nicht zu selbstbewußt oder gar trotzig auftreten, sondern sollte der Dienstherrschaft, den Eltern und älteren Gemeindemitgliedern Folge leisten. Hatte sich ein junges Mädchen diesen Regeln gemäß verhalten, war es leichter, das Gericht (und das Umfeld) vom Tatbestand der »Notzucht« zu überzeugen. Hatte sie jedoch einen schlechten Ruf, wurde ihr unterstellt, daß sie den Geschlechtsverkehr selber gewollt hatte – es sei denn, es gab stichhaltige Beweise für die Anwendung physischer Gewalt durch den Täter.

Die Beurteilungen der Männer fallen um einiges kürzer aus als die der Frauen. Hier wurden seitens der Gerichte kaum Zeugen befragt, sondern nur die üblichen, meist aus einem einzigen kurzen Satz bestehenden Leumundszeugnisse angefordert. Da die Täter in den untersuchten Akten zum größten Teil vorbestraft waren, wurde ihr Leumund fast durchweg als »getrübt« bezeichnet. Vielen unter ihnen wurde Gewalttätigkeit nachgesagt. So nannte der Gendarm den Krötzer einen »sehr gefährlichen Burschen«, dem eine solche Tat »wohl zuzutrauen« sei.[105] Zwei junge Männer, die im Wirtshaus zwei Frauen belästigt hatten, zählten nach Aussage des Gendarmen »zu den gefährlichsten und gefürchtetsten Burschen der Gegend, gegen die selten jemand als Zeuge aufzutreten wagt«. In den Leumundszeugnissen wurden sie als »brutale Burschen« bezeichnet.[106]

Neben der Gewalttätigkeit wurden als negative Eigenschaften zumeist Müßiggang und Verschwendung genannt. Wer die Arbeit scheute, war für die dörfliche Gemeinschaft eine Bedrohung, ihm wurde Böses zugetraut.[107] So hieß es über einen Angeklagten im Leumundszeugnis: »Ist ein leichtsinniger, dem Müßiggange ergebener Mensch.«[108] Auch der Knecht Seidl war laut Gemeinde »als Müßiggänger bekannt«.[109] Dem Knecht Krötzer wurde überdies Verschwendung vorgeworfen. Er besaß zwar ein Anwesen, war jedoch hoch verschuldet.[110] Den Besitz zu vergeuden, zog den Verlust des Sozialprestiges nach sich. So warf man auch dem Ertl vor, er sei ein großer Verschwender, der sein ganzes Vermögen vergeudet habe.[111] Kam der Beschuldigte aus einer geachteten Familie, begegnete man ihm mit etwas mehr Nachsicht.[112] Schließlich galt auch für die Männer, daß sie sich ihren Dienstleuten und ihren Eltern gegenüber respektvoll verhalten sollten. Peter Heinzel wurde in dieser Beziehung ein äußerst schlechtes Zeugnis ausgestellt: Nach Auskunft der Gemeinde zeigte er sich »roh, gegen seine

Dienstherrschaft unbotmäßig, gegen seine Eltern lieblos«.[113] Über den 60jährigen Knecht Johann Faller berichtete seine Heimatgemeinde: »ein äußerst roher, grober u. unordentlicher Mensch«, »so daß er wegen seiner Rohheit als Dienstbote sehr selten von Ökonomiebesitzern dauernde Arbeit bekommt«.[114]

Unangepaßtheit wurde also bei Frauen als Frechheit und Lügenhaftigkeit etikettiert, bei Männern als Roheit und Brutalität. Müßiggang und Arbeitsscheu dagegen waren Vorwürfe, die beide Geschlechter treffen konnten, ebenso wie Verschwendungs- oder Genußsucht.[115] Leichtfertigkeit wiederum wurde nur Frauen vorgeworfen. Der Leumund, der über das Gerede hergestellt wurde, war gerade in bezug auf ihre »Sittlichkeit« eine wichtige Instanz zur Beurteilung einer Frau.[116] Männern wurde ein »unsittlicher Lebenswandel« nur nachgesagt und übelgenommen, wenn sie verheiratet waren oder anstößige sexuelle Handlungen begangen hatten. Für das Gericht jedoch war der Ruf der Frau für die Beurteilung eines Notzuchtsfalles ebenso wichtig wie der Ruf des Mannes. Die von Wulffen und anderen Juristen geforderte »sorgfältige Erhebung und Würdigung der Beweise«[117] in der Rechtspraxis schloß die Prüfung der Persönlichkeit der Klägerin routinemäßig ein. Die Frage »Gewalt oder Liebeswerben« wurde also vom Gericht wie vom sozialen Umfeld nicht nur anhand der Tat, sondern auch auf Grundlage des Leumundes der Beteiligten entschieden.

4. Die Männer: »Am Ende war es ihr ganz recht...«

Die Täter in den hier ausgewerteten Akten waren zum großen Teil Menschen, die nicht fest in die dörfliche Gemeinschaft und ein soziales Umfeld integriert waren. Sie waren meist jung und unverheiratet, besitzlos, vorbestraft und/oder fremd.[118] Die verurteilten Täter entsprechen damit einer Gruppe von Männern, die als kriminalitätsgefährdet definiert wurden.[119] Diese Männer hatten weniger Möglichkeiten, einer Anzeige vorzubeugen und sich zu verteidigen, als Männer aus höheren Schichten, zumal sie vor Gericht als wenig glaubwürdig angesehen wurden. Dennoch eröffneten die strenge strafrechtliche Definition der »Notzucht« und die ihr zugrundeliegenden Vorstellungen von männlicher und weiblicher Sexualität auch ihnen eine Vielzahl von Verteidigungsmöglichkeiten.[120]

Freilich leugneten nur wenige Männer den Vorfall ganz und gar ab. Sie versuchten eher, die Tat zu verharmlosen. War es weder zur Penetration noch zum Samenerguß gekommen, behauptete der Mann oft, er habe nur ausprobieren wollen, ob die Frau zum Geschlechtsverkehr bereit sei. Der

Dienstknecht Stefan Denk etwa schilderte die Begegnung mit Anna Lintner als einvernehmliche Tändelei: Er habe sie nachmittags in Dorfen getroffen und sei ein Stück mit ihr gegangen.

»sie erzählte mir, daß ihr Bursche zum Militär komme, und sagte, daß ich gerade recht sei für sie. Ich fragte sie dann um ihr Kammerfenster, ich schlug ihr dann vor, daß wir es thun sollen; sie aber sagte: ›da sehen uns die Leute‹ worauf ich entgegnete: ›Nun wenn es nichts ist, dann ist es mir auch recht‹.«[121]

Der Dienstknecht Leitner sagte aus, er habe wohl den »Beischlaf« mit Anna Eder vollziehen wollen, aber nur, wenn sie sich freiwillig herbeilasse. Er habe sie lediglich umarmt und auf den Boden geworfen, um zu sehen, was sie dazu sagen werde. »Wie sie auf den Boden gekommen ist hat sie schon geschrieen und ich bin gleich davongelaufen.«[122] Anna Eder war zwar der festen Überzeugung, daß er sie zum Geschlechtsverkehr zwingen wollte, »ob es mir recht gewesen wäre oder nicht«. Doch sie gab zu, daß er nichts in dieser Richtung geäußert habe. Daher fehlte ein wichtiger Beweis für die Absicht des Täters, und das Verfahren wurde eingestellt. Auch der Knecht Andreas Müller sagte aus, er habe die Anna Schäffler zwar »gebrauchen« wollen, aber »keine rechte Gewalt« angewendet, »sondern nur probiert, ob sie sich nicht doch mir gutwillig hingebe.« Er fühle sich keines Notzuchtsversuches schuldig.[123] Es stellt sich die Frage, ob ein solcher Angriff ein akzeptiertes, vielleicht gar verbreitetes Mittel war, die Bereitwilligkeit einer Frau zum Geschlechtsverkehr zu »probieren«. Zumindest berief sich ein Angeschuldigter auf diese Ansicht. Er erklärte dem Gendarmen gegenüber, daß »er überhaupt nur Spaß gemacht habe da dieses doch nicht gefehlt sei, denn solche Sachen sind ja schon oft vorgekommen«.[124] Solche Äußerungen deuten darauf hin, daß die Übermächtigung oder Überwältigung durchaus ein Bestandteil sexueller Begegnungen sein konnte.

Wenn es zum Geschlechtsverkehr oder zum Samenerguß gekommen war, griffen viele Männer zu der Verteidigung, die Frau sei einverstanden gewesen und habe sich nicht gewehrt.[125] Der oben bereits erwähnte Stefan Denk beschrieb die Begegnung mit Katharina Schober folgendermaßen: Er habe ihre Hand genommen, die sie ihm aber wegschlug. »ich machte aber dann meine Dummheiten mit ihr, sagte, sie solle mit mir in den Wald hineingehen u. es mit mir thun, darauf sagte sie gar nichts.« Er habe sie schließlich von der Straße weggezogen – »dabei hat sie sich nicht im Geringsten gewehrt, nicht geschimpft, überhaupt nichts gesagt« – und mit ihr den »Beischlaf« vollzogen.

»Dabei hat sie nicht das Geringste von einem Widerstand mir entgegengesetzt (...) auch nicht im Geringsten geschrien. Als ich aufgestanden war, stand sie auch auf, ich putzte sie dann am Rücken ab von Moos (...) wobei sie ruhig stehen blieb.«[126]

Sie seien danach noch eine halbe Stunde zusammen gegangen, und die Katharina habe Geld von ihm verlangt, dann werde sie ihn nicht anzeigen. Dieses angebliche Verhalten nach der Tat sprach nicht nur dafür, daß Katharina Schober mit dem Geschlechtsverkehr einverstanden war, sondern setzte sie überdies dem Verdacht der Erpressung aus, der auch im juristischen Diskurs thematisiert wurde.[127]

Der Dienstknecht Joseph Weigl gab in seiner Verhandlung zu, »mit der Krapichler den Beischlaf vollzogen zu haben, aber sie hatte nicht viel dagegen. Wenn sie sich besser gewehrt hätte, hätte ich es nicht gethan.«[128] Manche Männer leugneten nicht einmal, daß sie Gewalt angewendet hatten, wie der Münchner Maurer Xaver Neumayer, dem beim Sonntagsspaziergang die ihm unbekannte Witwe Anna Gessl zufällig begegnete: »Diese Frauensperson hat sich anfänglich schon gewehrt, allein zuletzt war sie mit meinem Wunsche halb und halb einverstanden.« Sie habe zwar versucht, ihn wegzudrücken, »allein es waren diese Bewegungen so wenig energisch, daß ich das Widerstreben der Frauensperson für kein ernstliches halten konnte.«[129] Ob die Männer mitunter tatsächlich glaubten, sie hätten der Frau letztendlich Lust bereitet und sie sei eigentlich einverstanden gewesen, läßt sich nicht belegen – das entsprechende Bild war jedoch in den Diskurs ebenso wie in die Alltagsvorstellungen eingegangen.

Viele Männer unterstützten ihre Darstellung der Ereignisse, indem sie der Frau einen unsittlichen Lebenswandel nachsagten. Dies war allerdings nur möglich, wenn Täter und Opfer aus derselben Gemeinde stammten und einander wenigstens flüchtig kannten, womit in solchen Fällen zum einen die Chancen für einen Freispruch größer waren, zum anderen für die Frau mitunter im Dorf ein Spießrutenlauf begann. So behauptete der Dienstknecht Thomas Krötzer, »daß diese Kreutz eine leichtfertige Person ist, die sich leicht um Geld gebrauchen läßt«. Der Staatsanwalt wies darauf die örtliche Gendarmeriestation an, »genaue Erkundigungen über den Ruf und die sittliche Aufführung der Kreutz einzuziehen und Zeugen in dieser Hinsicht zu benennen«. Der Gendarm berichtete, »daß der frühere und jetzige Bürgermeister der Gemeinde (...) der Kreutz in sittlicher Beziehung ein gutes Zeugniß ausstellen. Darüber, daß sich die Maria Kreutz um Geld gebrauchen ließe, konnte ich keinen Zeugen aufbringen.«[130] Auch Stefan Denk legte mit seiner Aussage nahe, daß Katharina Schober ihren Körper verkaufte. In der Tat sicherten manche Unterschichtenfrauen ihren Lebensunterhalt, indem sie sich gelegentlich prostituierten.[131] Männer, die einer »Notzucht« angeklagt wurden, konnten auf dieses Bild der Gelegenheitsprostituierten anspielen, und wenn die Frau in ihrer Gemeinde keine Unterstützung fand, ihr gar ein »reichbewegtes« Leben nachgesagt wurde, konnten sie mit dieser Verteidigung Erfolg haben.

In einem zweiten Fall sagte derselbe Stefan Denk aus, er habe die betreffende Frau bereits acht Tage vor der Tat während einer Hochzeitsfeier im Dorf gesehen, wo sie ihm abends auf der Wiese dann den »Beischlaf« gestattet habe. Anna Lintner jedoch beteuerte bei der Gegenüberstellung:

»Ich kann beschwören, daß ich mit dem (...) Denk nie einen näheren Umgang gehabt habe, was er eben erzählt, (...) ist eine unverschämte Lüge. Mein Geliebter Josef Eder (...) kann mir bestätigen, daß ich an jenem Abende, wo mich der Denk gehabt haben will, gar nicht von meinem Geliebten weggekommen bin.«[132]

Der genannte Zeuge bestätigte diese Aussage. Annas Dienstherr und der örtliche Gendarm, der genaue Erkundigungen über Anna eingezogen hatte, waren zudem überzeugt, daß man der Behauptung Denks nicht glauben könne.[133] Es kam nicht selten vor, daß ein Mann zu seiner Verteidigung anführte, die Frau habe ein Bier mit ihm getrunken beziehungsweise er habe ihr ein Bier gezahlt,[134] sie habe erlaubt, daß er sie begleite,[135] oder er sei schon einmal an ihrem Kammerfenster gewesen.[136] Damit erweckte der Täter den Eindruck, er habe unter Einhaltung der Regeln zunächst »Bekanntschaft« mit der Frau geschlossen.[137] Solche Angaben wurden sorgfältig überprüft – es wurde im Wirtshaus nachgefragt, ob der Mann das Bier bezahlt habe, oder es wurden Zeugen gesucht, die den Burschen am Kammerfenster der Frau gesehen hatten. Eine Bestätigung deutete darauf hin, daß die Frau mit dem Geschlechtsverkehr einverstanden war, jedenfalls nicht ernsthaft Widerstand geleistet hatte.

Ob es gelang, die Frau als leichtsinnig zu charakterisieren und das Gericht von ihrem Einverständnis oder ihrer Mitschuld zu überzeugen, hing mit der Stellung der Klägerin und ihrer Dienstherrschaft im Dorf zusammen. Wenn sich keine Zeugen fanden, die beschworen, die betreffende Frau schon mit Männern gesehen zu haben, und wenn ihr gleichzeitig von verschiedenen Personen ein guter Ruf bestätigt wurde, war ihre »Unschuld« erwiesen. Dann konnte sich die Stimmung im Dorf gegen den Täter wenden. Die Recherchen des Gendarmen, der im ganzen Dorf Erkundigungen einzog, schürten die Gerüchte. In einem Fall etwa berichtete ein Zeuge, seit der Anzeige gegen einen Bauern werde über diesen geredet, daß er Weibsbilder habe.[138]

Daß sie »etwas Unrechtes« und eine strafbare Handlung begangen hatten, dessen waren sich die meisten Täter bewußt. So bat Peter Heinzel die Theresia Weber, sie möge ihn doch nicht in Verlegenheit bringen, wenn er angezeigt werde, bekomme er wenigstens eineinhalb Jahre.[139] Viele Täter allerdings baten nicht, sondern schüchterten die Frau nach der Tat mit massiven Drohungen ein. Michael Hartl drohte der Walburga Pföderl: »Wenn du mich anzeigst, erstech ich dich gleich, g'scheiter wär's wenn ich dich erstechen thät (...) dann wüßte ich doch warum ich in's Zuchthaus käme.«[140] Ein ungutes Gefühl beschlich Michael Reiser, wie er aussagte, nachdem er Anna Bruck angegriffen hatte. Er schilderte, daß er anschließend ins Wirtshaus zurückgekehrt sei, jedoch nicht lange dort geblieben sei, da ihm wegen des Vorfalls unheimlich zumute war.[141]

Über die Motive der Männer für die Tat erfahren wir wenig Konkretes. In den meisten dieser Fälle handelte es sich um sehr gewalttätige Übergriffe – in zwei Fällen war die Vergewaltigung verbunden mit Raub (einmal überdies mit schwerer Körperverletzung), in fünf weiteren Fällen schlug der Mann mehrfach auf die Frau ein, fünfmal benutzte der Täter eine Waffe. In diesen Fällen ist zu vermuten, daß die Männer zu Gewalttätigkeit neigten, da die meisten von ihnen wegen Delikten wie Körperverletzung und groben Unfugs vorbestraft waren. Gewalt mag für sie ein Weg gewesen sein, um sich durchzusetzen, und damit auch ein Mittel, eine Frau zum Geschlechtsverkehr zu zwingen. Doch auch für die anderen Männer scheint Gewalt – in Form von Festhalten, Niederwerfen, Mundzuhalten und in Form von verbalen Drohungen und Beschimpfungen, also Einschüchterungsversuchen – ein Mittel der »Überredung« gewesen zu sein.

»Weil sie sich von mir nicht gebrauchen ließ«, erklärte Andreas Müller, »(...) wurde ich zornig, warf sie hin und gab ihr mit der flachen Hand ein paar hinauf.«[142] Hatte er also ein Recht auf den Geschlechtsverkehr? Jedenfalls war es nicht ungewöhnlich, daß Mägde von den Knechten, mit denen sie zusammenarbeiteten, sexuell bedrängt wurden. Darauf deuten zeitgenössische Klagen über die sittlichen Gefahren hin, denen die Mägde ausgesetzt seien.[143] Doch ging es dabei nicht unbedingt um sexuelle Befriedigung. Anna Schäffler etwa hatte mit ihrem Widerstreben Müllers Machtposition – als älterer Knecht in der Gesindehierarchie und als Mann in der Geschlechterhierarchie – in Frage gestellt. Vielleicht versuchte er, seine männliche Identität und seine Überlegenheit wiederherzustellen, indem er Macht und Stärke demonstrierte. Ihm als Mann war jedenfalls die Möglichkeit einer solchen Handlungsweise prinzipiell zugeschrieben.[144]

Ihre Sexualität thematisierten die Männer kaum – zumindest wurden Aussagen zu diesem Thema nicht festgehalten. Sie äußerten nur selten ausdrücklich, daß sie aus sexueller Lust handelten oder daß sie den Entschluß gefaßt hätten, mit der Frau eine sexuelle Beziehung anzuknüpfen. Nur in einem Fall erwähnte der Täter sein spezielles Interesse an der von ihm überfallenen Frau: Er habe sie schon lange »gerne gesehen«. Als er sie dann in die Backstube gehen sah, sei ihm gleich der Gedanke gekommen, sie fleischlich zu gebrauchen, weshalb er sie auf der Straße erwartete.[145] Andreas Müller dagegen erklärte, er habe nur aus der oberen Kammer etwas holen wollen. »Da ich hiebei an der Magdkammer vorüberkam, erwachte in mir der Gedanke, ob sich nicht die Schäffler vielleicht von mir gebrauchen ließe und ich ging hinein.«[146] Er stellte seine Tat also als spontanen Entschluß dar, als einen Gedanken, der – da er nach eigener Aussage angetrunken war – aus plötzlich erwachter Lust entstanden war. Im Fall des Fischer, der Anna Wacker vergewaltigt hatte, liegt der Schluß nah, daß es ihm keineswegs nur um die Befriedigung seiner Lust ging. Er lehnte Anna Wackers »Angebot«, sie »könne ihn ja auch in die Hand nehmen«, ab und zwang sie statt dessen zum oralen Verkehr. Dies und die Brutalität, mit der er dabei vorging, deuten darauf hin, daß es um die Ausübung von Macht, zumindest um die Erniedrigung der Frau ging.[147]

Macht spielte eine zentrale Rolle bei Vergewaltigungen, als Motiv, aber auch als Ressource, die dem Mann den Zugriff auf die Frau ermöglichte. Peter Becker schildert in seiner Studie über ein österreichisches Dorf einen Fall, in dem ein Bauer seine uneheliche Tochter vergewaltigte, die als Dienstmagd in seinem Haushalt lebte. Becker schreibt dazu: »Außerdem tritt hier die Wahllosigkeit zutage, mit der manche Männer auf die gerade anwesenden Frauen zugriffen, um ihren Geschlechtstrieb zu befriedigen, ohne auf irgendwelche Konventionen Rücksicht zu nehmen.«[148] Sicher ging es dem Täter auch um die Befriedigung seiner Lust, doch sein Zugriff auf die Tochter und Dienstmagd war keineswegs wahllos, sondern entsprach dem Machtverhältnis zwischen beiden. Auch konnte der Bauer auf das Schweigen der Tochter hoffen aufgrund ihrer Abhängigkeit und möglichen Loyalität gegenüber dem Vater. Der Fall zeigt also eher die Verfügungsgewalt des Bauern über die weiblichen Haushaltsangehörigen, die auch eine sexuelle Verfügbarkeit mit sich bringen konnte.[149]

Aufgrund der Äußerungen mancher Männer ließe sich fragen, ob ein Mann, der den Entschluß faßte, eine Frau zu »gebrauchen«, sich diese umstandslos »nehmen« konnte. Ganz so einfach war dies sicher nicht. Ende des 19. Jahrhunderts war die Annäherung zwischen den Geschlechtern im ländlichen Bayern noch sehr ritualisiert.[150] Dennoch hat es anscheinend ein männliches Verhalten gegeben, bei dem Frauen, wie Stefan Breit es formuliert hat, »mehr oder minder als Freiwild betrachtet wurden und nur zur Befriedigung des sexuellen Triebs dienten«. Er relativiert jedoch: »Diese Fälle machen aber nur einen geringen Teil am vorehelichen Geschlechtsverkehr aus.«[151] Doch wenngleich manche Vorfälle oberflächlich betrachtet der »reinen Triebbefriedigung« geschuldet waren, ist die Rede vom sexuellen Trieb ein Kurzschluß.[152] Es geht bei jeder Form von Sexualität, ob gewalttätige, erzwungene oder einvernehmliche, um sehr viel mehr als um die Befriedigung eines unreflektierten, möglicherweise übermächtigen Triebes. Die Frage ist, welche Rollen den Geschlechtern innerhalb der sexuellen Beziehung zugeschrieben waren und welche anderen als sexuelle

Bedürfnisse über sexuell konnotierte Handlungen befriedigt werden konnten. Offensichtlich konnten in der hier untersuchten ländlichen Gesellschaft Männer mit dem Mittel gewalttätiger Sexualität ein Bedürfnis nach Macht stillen oder eine Machtposition bekräftigen.

Ist männliche Sexualität definiert als ein Sich-Nehmen, als »gebrauchen«, und weibliche Sexualität als Nachgeben, Sich-Gebrauchen-Lassen, dann ist damit die Möglichkeit eines gewissen Zwanges, einer Eroberung oder Überwältigung verbunden – eine Möglichkeit, der jedoch gesellschaftlich ausgehandelte Bräuche und Rituale sowie strafrechtliche Definitionen sexueller Gewalt Grenzen auferlegen. Den Aussagen der Täter in den hier behandelten Fällen nach zu urteilen war ihnen zwar bewußt, daß sie mit dem angewendeten Maß an Gewalt die Grenzen des Akzeptablen oder Tolerierten weit überschritten hatten. Doch in den Äußerungen klingt zugleich an, daß ein Mann in der Position war, eine Frau auszuwählen, um sie zu »gebrauchen«, um zu »probieren«, ob sie sich nicht freiwillig »ergebe«.[153] Das »Probieren« beinhaltete oft schon ein Moment von Gewalt. Sein Ansinnen aufgeben mußte der Mann erst dann, wenn die Frau sich eindeutig sträubte und energisch wehrte. Lyndal Roper hat für die Frühe Neuzeit ein Bild herausgearbeitet, nach dem der Geschlechtsverkehr Resultat des männlichen Willens und des weiblichen Konsenses war. »Der Wille der Frau konnte von dem Mann so weit ignoriert werden, daß allein ihr Schweigen als Zustimmung galt.«[154] Frauen mußten, um ihre Ehre zu bewahren, männliches Begehren abweisen. Daraus resultierte die Annahme, das bloße Zurückweisen sei nur Schein. Diese Beobachtungen lassen sich auch für das späte 19. Jahrhundert treffen. Das Strafrecht selbst mit der rigiden Definition der »Notzucht« war Ausdruck dieser Einstellung. Der Mann war das Subjekt, die Frau das Objekt. Dies zeigt sich eben auch in der Sprache: Sie »ergab« sich, er »gebrauchte« oder »benützte« sie.[155]

Sabine Kienitz interpretierte das häufige Vorkommen des Begriffs »gebrauchen« für den Geschlechtsverkehr in den Aussagen vieler Frauen als Übernahme des männlichen Blicks auf das »Sexualobjekt« Frau. »Geht man von einem geschlechtsspezifischen sexuellen Selbstbild aus, das in diesem Begriff seinen Ausdruck findet, so ist die Frau auch ihrem eigenen Selbstverständnis nach auf eine passive Rolle festgeschrieben.«[156] Für das 18. und 19. Jahrhundert wurde häufig die These aufgestellt, daß sexuelle Gewalt eine »normale« Verhaltensweise in den Beziehungen zwischen Mann und Frau und die Toleranz gegenüber Vergewaltigung sehr hoch gewesen sei.[157] Diese Behauptung geht sehr weit, doch läßt sich eines festhalten: Die Verknüpfung männlichen Begehrens mit gewalttätigem Verhalten war in der Vorstellungswelt der Menschen im 19. Jahrhundert soweit akzeptiert, daß nur extreme Formen sexueller Gewalt strafrechtlich verfolgt wurden.

IX. Sexuelle Ausbeutung und kindliche Lebenswelt

Die Thematik der »unzüchtigen Handlungen an Kindern« beschäftigte die Ärzte und Juristen seit den 1850er und verstärkt seit den 1870er Jahren. Die Gerichtsmediziner schilderten Anzeichen und Folgen des sexuellen Mißbrauchs, doch das Thema des sexuellen Traumas in der Kindheit wurde erst durch Freud 1896 an die (wissenschaftliche) Öffentlichkeit gebracht. Trotzdem nahmen die Menschen, die in den hier ausgewerteten Akten als Zeuginnen und Zeugen auftraten, sexuelle Übergriffe auf Kinder wahr und redeten darüber. Das folgende Kapitel untersucht die in den Akten überlieferten Erscheinungsformen sexueller Ausbeutung und die Reaktionen der Kinder: ihre Versuche, sich gegen die Übergriffe zur Wehr zu setzen und zu schützen; ihre Verletzungen und Traumata; ihre Erinnerungen an das Geschehen; ihre Scham und ihr Empfinden, eine Sünde begangen zu haben. Hierzu gehört auch die Frage, welches Wissen über Sexualität die Kinder hatten und welche Sprache ihnen zur Verfügung stand, um über das Erlebte zu reden.

Über die Häufigkeit der »unzüchtigen Handlungen an Kindern« lassen sich nur sehr unzuverlässige Aussagen treffen. In den Kriminalstatistiken des Deutschen Reiches sind sie erst seit 1897 gesondert ausgewiesen. Von 1897 bis 1912 wurden jährlich durchschnittlich 222 Personen wegen »unzüchtiger Handlungen an Kindern« angeklagt, 186 von ihnen schuldig gesprochen.[1] Jährlich wären also etwa 200 Kinder sexuellen Übergriffen ausgesetzt gewesen – das scheint keine hohe Zahl zu sein. In einigen neueren Studien zu sexuellem Kindesmißbrauch werden jedoch die Dunkelziffern (also das Verhältnis der angezeigten zu den tatsächlich stattgefundenen Übergriffen) für die heutige Zeit auf 1:20 bis 1:50 geschätzt.[2] Allein diese Zahlen, wenngleich sie nicht wissenschaftlich abgesichert sind und auf unterschiedlich weit oder eng gefaßten Definitionen von sexuellem Mißbrauch beruhen, verweisen darauf, daß die aus den Kriminalstatistiken gewonnenen Schätzungen über das Ausmaß sexueller Gewalt gegen Kinder äußerst selektiv sind und nichts über die Realität der sexuellen Ausbeutung an Kindern im Kaiserreich aussagen. Aussagekräftiger jedoch als Zahlenspielereien ist die inhaltliche Auswertung der Akten. Aus ihnen läßt sich entnehmen, ob und wie sexuelle Übergriffe in den kindlichen Lebenswelten der ländlichen Gesellschaft präsent waren und auf welche Weise Wahrnehmungen und Erfahrungen der Kinder und des Umfeldes durch den strafrechtlich-medizinischen Diskurs und durch Werte und Vorstellungen innerhalb der ländlichen Gesellschaft geprägt wurden.

Die »unzüchtigen Handlungen an Kindern«, die in den Akten dokumentiert sind, reichten von einmaligen Übergriffen bis zur über einen längeren Zeitraum hinweg verübten sexuellen Ausbeutung. Von den insgesamt 169 Fällen[3] betreffen 94 einmalige Übergriffe. 23 dieser Überfälle wurden von Fremden verübt, sechs von flüchtigen Bekannten, 59 von Personen aus dem näheren sozialen Umfeld.[4] Die Täter kannten also im Großteil der Fälle die Mädchen. Die Überfälle durch Fremde oder flüchtige Bekannte ereigneten sich meistens auf der Straße, im Wald oder auf freiem Feld. Die Übergriffe durch Männer aus dem näheren sozialen Umfeld fanden in der elterlichen Wohnung des Kindes statt oder in der Wohnung des Täters, häufig auch in Gebäuden, die zu dem Anwesen gehörten, auf dem der Täter und/oder das Kind lebten. Die fortgesetzten Übergriffe dagegen (75) geschahen fast immer im privaten Bereich. Sie wurden von den nächsten Nachbarn (28 Fälle) oder von Haushaltsangehörigen (15 Fälle)[5] verübt, oder die Täter lebten im selben Haus (12 Fälle).[6] Mitunter traf das Kind den Täter regelmäßig außerhalb des familiären Bereichs, um im Auftrag der Eltern etwas zu bringen oder zu holen oder andere Aufgaben zu erledigen. Der Müller, der Schmied, der Schuster oder der Krämer kamen öfter mit Kindern in Berührung, weil diese von den Eltern häufig auf Botengänge geschickt wurden. Ein Meßner mißbrauchte die Mädchen, die ihm beim Schmücken der Kirche helfen sollten, und es gab auch Lehrer und Pfarrer, die ihre Vertrauensstellung bei den Eltern und ihre Autorität den Kindern gegenüber ausnutzten.[7]

Die Kinder waren meistens zu jung und zu unerfahren, um sich sofort und körperlich massiv zur Wehr zu setzen.[8] Von den älteren Mädchen, die eher imstande gewesen wären, sich der Situation zu entziehen, wurden einige als »geistig zurückgeblieben« geschildert. Die Täter suchten sich also die »schwächsten« Kinder aus. Auch soziale Not führte dazu, daß manche Kinder leichter Opfer eines sexuellen Übergriffes wurden. In ärmeren Familien war die Ernährung der Kinder dürftig, so daß sie fast ständig Hunger litten. Solchen Kindern schenkten die Täter etwas zu essen, mal etwas Obst oder Brot, mal Würste, Bier oder »Guterln«. Doch auch Kinder aus Bauern- oder Gütlerfamilien, die weniger Not litten, waren solchen Geschenken zugänglich.

In mehr als der Hälfte der Fälle kamen die sexuellen Handlungen der Täter dem »normalen« Geschlechtsverkehr nah. Zur Penetration kam es selten, die am häufigsten angewendete Praktik war der »Schenkelverkehr«. Die Kinder konnten nicht zwischen diesen beiden Formen des Geschlechtsverkehrs unterscheiden, sie erklärten meist, der Täter habe sein Glied zwischen ihre Beine gesteckt oder gegen ihren Bauch gestoßen. Die Justizbeamten versuchten deshalb, durch bestimmte Fragen festzustellen, ob es zur Penetration gekommen war: Sie fragten, ob das Kind Schmerzen im Genitalbereich verspürt und ob es geblutet habe – nach den damaligen Vorstellungen die Zeichen für Entjungferung und Penetration. Die gerichtsärztliche Untersuchung des Kindes gehörte routinemäßig zum Vorverfahren. Vom Ergebnis dieser Untersuchung konnte unter anderem das Strafmaß für den Täter abhängen. Eine versuchte oder vollendete Penetration wurde wegen der nach Meinung der Zeitgenossen ernsteren moralischen und körperlichen Schädigung des Kindes härter bestraft als andere Formen sexueller Ausbeutung. Letztere bestanden in den vorliegenden Fällen darin, daß der Täter seinen Finger in die Scheide des Kindes einführte (23 Fälle) oder die äußeren Genitalien mit der Hand berührte (35 Fälle), viermal gab der Täter dem Kind sein Glied in die Hand, in drei Fällen kam es zum oralen Verkehr. Die beiden letzten Praktiken wurden als besonders verwerflich angesehen.[9]

Da die Kinder sich selten körperlich wehrten, kam es kaum zu physischer Gewalt in Form von Schlägen oder zu Drohungen mit Waffengewalt. Allerdings drohten die Täter den Kindern oft Schläge an, warfen sie zu Boden und hielten sie fest. Überdies legten einige Männer – vor allem Jugendliche – bei dem Versuch, den Geschlechtsverkehr auszuüben, ein hohes Maß an Brutalität an den Tag, und die Opfer erlitten zum Teil erhebliche Verletzungen. Die psychischen Folgen der Taten sind nur für die Tage unmittelbar nach den Übergriffen in den Akten festgehalten. Langfristige Folgen und die Auswirkungen einer über Monate oder Jahre fortgesetzten sexuellen Ausbeutung lassen sich aus den Quellen nicht ersehen.

1. Der Täter ist ein Fremder

An einem Apriltag des Jahres 1898, so erzählte die siebenjährige Bauerstochter Amalie Zöttl, sei sie mit anderen Kindern von der Schule nach Hause gegangen. An einer Weggabelung hätten sie sich getrennt, und Amalie habe ihren Weg, der durch eine Waldung führte, allein fortgesetzt.[10] Dort habe sie einen Mann getroffen und ihn gegrüßt. Er habe zurückgegrüßt, sie bei der Hand genommen und gesagt: »braves Mädchen, gehen wir mitsammen in's Holz und laß dich ein wenig kitzeln, dann bekommst du von mir schöne Steine und noch 20 Pfennig.« Er habe ihr zwei geschliffene Glasstücke gegeben, sie dann aber vom Weg fortgezogen und gesagt: »laß dich ein wenig kitzeln, der Doktor hat mir das verordnet«. Darauf habe er ihr mehrmals zwischen die Füsse gegriffen, »da wo ich herauspisse«. Er habe sie zu Boden werfen wollen, wogegen sie sich aber gewehrt habe. Schließlich sah sie zwei Mädchen auf der Wiese gehen: »ich weinte und schrie, die Mädchen bemerkten mich, liefen in die nächsten Häuser, es kamen dann mein Vater, der Vater der Killer und ihre 14jährige Schwester«, worauf der Mann davonlief. Vermutlich auf Nachfragen des Untersuchungsrichters fügte Amalie hinzu: »Da mich der Mann immer niederwerfen wollte, fürchtete ich, daß er mir noch mehr thun würde als kitzeln, deshalb habe ich geweint und geschrien, was ich herausgebracht habe.«

Die Begegnung zwischen Amalie und dem Fremden verlief, ähnlich wie bei den Notzuchtsfällen, zunächst ganz alltäglich. Sie grüßte höflich, wie es Brauch war und von Kindern Erwachsenen gegenüber erwartet wurde. Diese Arglosigkeit zeigten die meisten Kinder, wenn ein Erwachsener sie ansprach. Manche Täter baten ein Kind, ihm den Weg zu zeigen, versprachen auch eine kleine Belohnung, und das Kind ließ sich gern darauf ein, durch diesen kleinen Dienst ein »Guterl« zu verdienen.[11] Andere Männer nutzten die kindliche Neugier aus: Johann Zellermaier sprach die vierjährige Katharina Prell an, sie solle zu ihm hineinkommen, er wolle ihr einen Vogel zeigen.[12] Der Gütler Michael Klingl rief Amalie Lorenz in die Tenne: »da geh' rein, da ist eine rothe Katze herin.«[13] Oftmals genügte auch ein Befehl des Erwachsenen, vor allem, wenn er dem Kind bekannt war.

Amalie Zöttl schöpfte erst Verdacht, als der Mann versuchte, sie gewaltsam zu Boden zu werfen. Nun fürchtete sie, daß er ihr »noch mehr thun« würde. In einer späteren Aussage erklärte sie: »Ich habe mich vor dem Mann gefürchtet, als ich merkte, daß er mich zu Boden werfen wolle u. meinte, daß er mich umbringen wolle.« Todesangst äußerten die Kinder vor allem, wenn sie von einem Fremden überfallen wurden. In diesen Fällen versuchten sie, wie Amalie, sich nach Kräften zu wehren. Amalie schrie laut um Hilfe, und sie hatte Glück, denn ihre Freundinnen waren noch in der Nähe. Sie hatten zuvor beobachtet, wie der Mann Amalie vom Weg ab ins Holz führte: »Wir vermutheten nichts gutes«, teilte eines der Kinder dem Untersuchungsrichter mit – ein Hinweis darauf, daß die Kinder um die »Gefährlichkeit« bestimmter Situationen wußten.

Auch in anderen Fällen wurden Zeugen mißtrauisch, wenn ein Fremder ein Kind ansprach oder an der Hand führte. So begegnete die Dienstmagd

Therese Sturm der acht Jahre alten Anna Dandl, die von einem Fremden begleitet wurde. Das erschien der Magd auffällig: »ich habe ihn deshalb fest angeschaut (...); er hat ›so grob‹ ausgeschaut, was mir gleich nicht gefallen hat«.[14] Die Bürgermeistersfrau von Penzberg beobachtete 1897 einen Burschen, der sich eine Stunde lang auf der Straße vor dem Krämerladen »herumtrieb«. Er sprach zuerst ein vierjähriges Mädchen an. Später nahm er die siebenjährige Elisabeth an der Hand und führte sie zur Ortschaft hinaus. Die Bürgermeistersfrau schickte ihnen zwei Knaben nach, so daß der Bursche von dem Mädchen abließ und flüchtete.[15] Auch der Gendarm war dem jungen Mann an jenem Tag zweimal begegnet, »als sich derselbe sehr auffällig in genannter Straße umhertrieb«. Ein Fremder, der sich offenbar ohne Arbeit in einem Ort »herumtrieb«, war eine auffällige Erscheinung. Zeigte er dann noch Interesse an Kindern, lag der Verdacht nahe, daß er nichts Gutes im Schilde führte. Das Bild des »bösen guten Onkels«, das etwa der Staatsanwalt Wulffen in seinen Ausführungen über »Sittlichkeitsverbrechen« entwarf, war offenbar ein gängiger Topos.[16]

Doch zurück zu den Aussagen der Kinder: In vielen Erzählungen schilderten die Kinder eindrücklich die Übermächtigung durch den Täter, wie zum Beispiel die achtjährige Rosina Böhm: »Ich habe ihm auch ausschlüpfen wollen, aber er hat mich ›fest gehabt‹, er hat mich mit einer Hand auf den Bauch gedrückt u. ist mit seiner Nase ganz über mein Gesicht gekommen.«[17] Dieses Bild verdeutlicht die Ohnmacht des Kindes und dessen Erfahrung völliger Überwältigung. Auch Theres Gruber, die zum Zeitpunkt der Tat 13 Jahre alt war, schilderte ihre vergeblichen Versuche, sich zur Wehr zu setzen:

»Ich suchte mich nun deshalb gegen ihn zu wehren, ich schlug mit den Armen nach ihm, strampelte mit den Beinen, bis ich ermattete u. bezw. Pfaffl mich daran hinderte, dadurch, daß er meine Arme festhielt. Da er auch mit seinem schweren Körper auf mir lag, wurde ich matt und mußte ich ihn machen lassen, was er wollte.«[18]

Die körperliche Überlegenheit der Männer, die von beiden Mädchen beschrieben wird (der schwere Körper, die Nase »ganz über dem Gesicht«), war real. Dennoch erfüllten diese Schilderungen auch eine Funktion im Rahmen der Rekonstruktion des Geschehenen, im Vorgang des Erinnerns: Das Kind konnte so – vor sich selbst wie gegenüber Dritten – erklären, warum ihm etwas derartiges überhaupt zustoßen, warum es sich nicht wehren konnte.[19] Hier gleichen die Erzählungen denen der erwachsenen Frauen in den Notzuchtsverfahren – je älter die Kinder waren, desto mehr Raum nahm die Darstellung der Gegenwehr ein. Von älteren Kindern wurde offenbar erwartet, daß sie sich wehrten – ansonsten wurde ihnen unterstellt, daß sie die sexuellen Handlungen selbst gewünscht oder gar provoziert hatten.[20] Freilich schilderten ältere Kinder ihren Widerstand auch deshalb ausführlicher, weil sie den Tätern tatsächlich etwas entgegensetzen konnten.

Einigen Mädchen gelang es denn auch, den Übergriff zu verhindern. Die 13jährige Maria Miller berichtete, der Hauser habe ihr schöngetan, doch sie habe gesagt: »wenn du mir keine Ruhe läßt, schlag ich dir eine hinein«. Darauf habe Hauser von ihr abgelassen. Die gleichaltrige Magdalena Miller vertraute dem Täter zuerst. Derselbe Hauser habe sie – wie es der Gendarm in seinem Bericht wiedergibt – durch freundliche Worte zutraulich gemacht und gestreichelt und dann gesagt, sie solle ihren Rock aufheben. Sie aber sei zurückgetreten und habe gesagt: »ich mag nicht, ich laufe davon«. Hauser versuchte es noch zweimal, worauf sie drohte, es zu Hause zu erzählen.[21] Magdalena war also mißtrauisch geworden, als Hauser etwas verlangte, von dem das Kind offensichtlich wußte, daß es »unsittlich« oder zumindest ungehörig war. Ähnlich verhielt sich die knapp zehnjährige Theres Schirn: »er hat mir dann die Röcke u. das Hemd hinaufgehoben, ich schob es wieder hinab, er hat sie mir dann aber wieder hinaufgethan«.[22]

In den meisten Fällen waren die Kinder jedoch hilflos. Oft wurden sie durch ihr Erschrecken überwältigt, das einige von ihnen sehr plastisch ausdrückten. Viele Kinder baten oder weinten, dachten aber nicht daran, sich zu wehren oder zu schreien. Die zehn Jahre alte Katharina Haid erklärte:

»Ich sagte zu Pfaller, ich möchte aufstehen, er sagte aber zu mir, ich soll still sein und ließ mich nicht aufstehen. Geschrien habe ich nicht, es ist mir dieses nicht eingefallen, weil ich von dem Thun des Pfaller so überrascht war und ich mich nicht zu helfen wußte.«[23]

Auch Katharina Huber, sieben Jahre alt, wehrte sich nicht, als ein Fremder sie im Wald hinter eine Staude führte. Als der Mann ihr jedoch unter die Röcke griff, äußerte sich ihr Schreck in einer Geste kindlicher Hilflosigkeit: »Meine Schwester setzte sich zu Boden und fing zu weinen an«, so die Aussage des neun Jahre alten Bruders, der die Tat beobachtete.[24]

Der Schreck führte dazu, daß manche Kinder während der Tat wie gelähmt waren, sie bewegten sich gar nicht mehr und schienen im wahrsten Sinne des Wortes »außer sich« zu sein.[25] Franciska Riegl, zum Zeitpunkt der Tat knapp acht Jahre alt, wurde von einem Fremden im Haus ihrer Eltern angegriffen. Die Mutter hielt sich jedoch in der Kammer nebenan auf und begab sich, als sie einen Mann reden hörte, sofort in die Stube. Sie fand Franciska starr vor Schreck: »Das Kind selbst schrie nicht und redete nichts, ich sah aber, daß es ganz blaß vor Schrecken war; sie rührte sich gar nicht.«[26] Der Bauer Xaver Dressel kam dazu, als der Taglöhner Leitmaier die kleine Franziska Meindl im Straßengraben mißbrauchte. Er schilderte ihren Zustand als Erstarrung, die von ihm allerdings mißverstanden wurde: Als er dazugekommen sei, habe das Kind sich nicht gerührt, und er habe geglaubt, es sei tot oder lasse sich freiwillig gebrauchen. Als Leitmaier aufstand, sei Franziska noch ganz entblößt liegengeblieben und »sah mich mit den Augen starr an«, bis Dressel ihr sagte, sie solle aufstehen, »wobei ich es wegen der Schlechtigkeit schimpfte. Das Kind stand dann auf, (...) zitterte am ganzen Körper und sagte, es müßte nach Hause gehen.«[27] In anderen Fällen mutmaßten Zeugen ebenfalls, daß das Kind sich freiwillig den Übergriff gefallen ließ, weil es sich ruhig verhielt. Andere – meist die Eltern oder gute Bekannte – führten diese Ruhe auf den Schreck zurück, den der Angriff ausgelöst hatte. Außergewöhnliche Blässe, Zittern und Orientierungslosigkeit nach der Tat[28] wurden als Indizien angesehen, die auf einen Schockzustand hindeuteten.

2. Der Täter stammt aus dem Nahbereich

Die bisher erwähnten Fälle beziehen sich auf einmalige Übergriffe, meist durch fremde oder wenig vertraute Personen. Sie waren gekennzeichnet durch plötzliche Gewalt und das Erschrecken der Opfer, das sich bis zur Todesangst steigern konnte. Eine völlig andere Situation lag vor, wenn ein Kind über längere Zeit von einem Mann aus dem sozialen Nahbereich sexuell ausgebeutet wurde. Die Kinder waren hierbei in einer beinahe ausweglosen Lage gefangen. Anders als bei einem Überfall durch einen Fremden vertrauten sie dem Täter[29] oder mußten ihm aufgrund einer besonderen Beziehung (etwa wenn der Täter der Dienstherr, ein geachteter Nachbar oder ein Verwandter war) gehorchen. Gerade kleineren Kindern war nicht bewußt, daß sie sich wehren könnten und daß der Täter nicht das Recht hatte, an ihnen die betreffenden Handlungen vorzunehmen. Gleichzeitig ahnten sie aber – besonders wenn sie schon zur Schule gingen –, daß hier etwas Unrechtes, Sündhaftes geschah. An dieser Stelle griff jedoch die Strategie vieler Täter, den Kindern einzureden, sie würden beide bestraft, wenn jemand von den Vorfällen erfahren würde. Das häufig seitens des Täters an das Kind gerichtete Verbot, von dem Geschehenen zu erzählen, das mitunter mit massiven Drohungen – bis zu Morddrohungen – einherging, schüchterte die Kinder umso mehr ein, je näher der Kontakt zum Täter war. Stammte der Täter aus dem Nahbereich, war es dem Kind also oftmals unmöglich, sich jemandem mitzuteilen. Daher entwickelten die Kinder in solchen Situationen Strategien, um sich zu schützen und abzugrenzen und Übergriffe so gut es ging zu vermeiden.

Die Nachbarschaft war in den Dörfern sehr eng. In größeren Ortschaften gab es für die Taglöhner – oder, wenn industrielle Betriebe vorhanden waren, für die Arbeiter – Logismöglichkeiten. Dort waren die Wohnungen oft nur durch einen Gang voneinander getrennt, die Türen unverschlossen, und man lebte dicht beieinander. Zwischen den Nachbarn ergaben sich enge Kontakte, die Kinder bewegten sich im ganzen Haus relativ frei umher. In einem solchen Umfeld ereignete sich ein Fall, der die zum Zeitpunkt der Verhandlung im Jahre 1878 sechs Jahre alte Glasschneiderstochter Creszenz Wagner und ihre damals achtjährige Schwester Anna betrifft. Beide waren seit, wie es in der Anzeige heißt, ein bis zwei Jahren von dem Schuhmacher Mathaes mißbraucht worden, der in der Wohnung unter ihnen lebte. Die kleine Creszenz gab in der Vernehmung nur kurze Antworten, aus denen hervorging, daß der Schuster ihr oft, wenn sie für ihn Bier geholte hatte, seinen »Pimpel« gezeigt hatte. Annas Aussage war genauer: Mathaes habe sie häufig zu sich gerufen, wenn seine Frau nicht daheim gewesen sei. Er habe sie auf den Schoß genommen und »hat mir seinen Finger in mein Loch hineingesteckt«. Später dann habe er sie öfter über eine Truhe gelegt, »hat mich, wenn ich mich wehren wollte, bei der rechten Hand fest an die Truhe hingehalten (...) und hat mir seinen Pimpel mit aller Gewalt an meine Mutschen – so nannte er es – hingedrückt, so daß ich (...) voll Rotz und Schleim geworden bin.« – »Er hat mir öfters so wehe gethan, daß ich kaum Wasser machen konnte, so hat es mir, wenn ich dennoch es that, recht gebrannt.«[30]

Anna und Creszenz wurden von einer Vertrauensperson sexuell ausgebeutet, einem Mann, der zu den Eltern ein enges Verhältnis hatte. Er lieh ihnen öfter Geld: »er war da sehr gefällig«, erklärte die Mutter der Mädchen dem Untersuchungsrichter. Die Kinder gingen beim Schuster ein und aus. »Mathaes hat nur geklopft an der Zimmerdecke, wenn er eines der Kinder zum Schicken brauchte.« Wenn sie ihm dann Bier oder Tabak brachten, verübte er die geschilderten Übergriffe. Anschließend schenkte er ihnen kleine Geldbeträge oder Süßigkeiten – damals eine seltene Köstlichkeit. Die Kinder aber waren es – mit oder ohne Belohung – gewohnt, den Erwachsenen zu gehorchen, ihnen Respekt entgegenzubringen und kleine Aufträge für sie zu erledigen.[31]

War in diesem Fall ein Nachbar der Täter, wurden Bauers- und Gütlerstöchter mitunter vom Knecht ihrer Eltern oder einem auf dem Anwesen einwohnenden Taglöhner sexuell ausgebeutet. Auch in diesen Fällen war der Täter eine Vertrauensperson, ein Haushaltsangehöriger, der rund um die Uhr mit ihnen zusammen war.[32] Die Übergriffe wurden stets in Abwesenheit der Dienstleute verübt: Sonntags, wenn die Bauern in der Kirche und anschließend im Gasthaus waren, oder an Tagen, an denen der Knecht Stalldienst hatte, während die Dienstleute die Feldarbeit verrichteten. Oder der Knecht nahm eines der Kinder mit zu einer leichteren Arbeit, zum

Moos- oder Beerensammeln im Wald oder zum Viehhüten. Häufig mußten die Kinder ihm auch die Brotzeit aufs Feld bringen – eine weitere Gelegenheit, bei der sie sexuellen Übergriffen ausgesetzt sein konnten.

Exemplarisch ist der Fall des Maurers und Taglöhners Karl Stoib. Er lebte bereits seit sechs Jahren auf dem Anwesen des Wagnermeisters Reichl, als dieser ihn 1897 anzeigte, weil Stoib mit den drei Töchtern des Reichl »unzüchtige Handlungen« verübt hatte. Die Mädchen waren zum Zeitpunkt der Anzeige vier, fünf und acht Jahre alt. Die jüngste, Regina, hatte der Mutter erzählt, daß der »Maurerkarl« sie öfter mit hochgeschobenen Röcken vor den Spiegel gehalten habe, damit sie sich anschaue, und sie dann auf das Bett legte: »er hat dann sein Sepperl aus der Hose gethan u. hat damit mein Bisserl angerührt, was mir wehgethan hat. (...) Der Maurerkarl hat mir dafür Guterl, Zwetschgen und Äpfel gegeben u. gesagt, er schneide mir die Gurgel ab, wenn ich etwas davon sage.« Eine ähnliche Aussage gab ihre um ein Jahr ältere Schwester Anna ab. Magdalena schließlich berichtete, der Stoib nehme sie seit einem Jahr fast jeden Sonntag in die Kammer und halte sie vor den Spiegel. »Ich habe aber nicht hineingeschaut, weil ich mich schämte, mein Bisserl anzusehen«, erklärte sie dem Gendarmen. Einmal habe sie weglaufen wollen, er aber habe die Tür zugesperrt. Schließlich äußerte sie, wahrscheinlich auf eine Frage des Untersuchungsrichters: »Ich bin doch immer wieder zum Maurerkarl gegangen, weil ich von ihm etwas bekommen habe.«[33] Der Fall zeigt, wie der Knecht mit Drohungen und kleinen Geschenken die Kinder daran hinderte, den Eltern etwas von den Vorfällen mitzuteilen. Zugleich weisen einzelne Äußerungen der Mädchen darauf hin, daß sie versucht hatten, den Übergriffen des Stoib zu entgehen, die ihnen Schmerzen bereiteten und derer sie sich schämten.[34] Die Mutter hörte schließlich ihre Töchter miteinander von den Vorfällen reden und verständigte die Gendarmerie.

Geradezu ausweglos konnte die Lage für eine junge Magd sein, die von ihrem Dienstherrn mißbraucht wurde. Das Mädchen mußte dem Bauern gehorchen, und oftmals waren die Eltern von ihm abhängig – sei es, weil sie ihm Geld schuldeten, sei es, weil sie darauf angewiesen waren, daß ihre Tochter im Haus des Dienstherrn versorgt wurde und ihren Lohn zu Hause abgab. Im Fall der Maria Vitzner, die zum Zeitpunkt der Verhandlung 1898 13 Jahre alt war, begann der Mißbrauch lange vor ihrem Diensteintritt. Der Bauer Ziegler hatte das erste Mal 1894 einen Übergriff auf sie verübt. Er war der Nachbar ihrer Eltern und schickte sie damals mit einem Auftrag auf den Heuboden. Er folgte ihr, packte sie und legte sich auf sie, »wogegen ich nichts machen konnte. Ich spürte, daß er mir etwas in mein Pisserl steckte, was mir weh that.«[35] Ein zweites Mal versuchte Ziegler, Maria zu mißbrauchen, als sie seine Kinder hütete. Wieder schickte er sie auf den Heuboden, doch als sie laut schrie, ließ er sie gehen. Ein andermal kam er an ihr Haus und befahl ihr, zu ihm kommen, aber sie traute ihm nicht und »entwischte«, wie sie sagte. Maria hatte also gelernt, ihrem Nachbarn aus dem Weg zu gehen. Im Mai 1896 jedoch gaben ihre Eltern sie zu Ziegler in den Dienst. Fortan mußte Maria gehorchen, wenn Ziegler sie auf den Heuboden schickte. Dennoch wehrte sie sich gegen seine Angriffe, und es gelang ihr nach ihrer Darstellung jedesmal, sich loszureißen und davonzulaufen. Freilich mußte sie fortwährend achtgeben, um den Angriffen ihres Dienstherrn zu begegnen, und lebte sicher in ständiger Furcht vor diesen Situationen. An Lichtmeß 1897 stand Maria aus dem Dienst aus – warum, ist in den Akten nicht festgehalten.

Marias Lage unterschied sich nicht von der anderer Mädchen, die von Autoritäts- oder Vertrauenspersonen sexuell ausgebeutet wurden. Welche Strategien konnte ein Kind in einer solchen Situation entwickeln, um sich zu schützen? Jüngere Kinder wie die Töchter des Glasschneiders und die Kinder des Wagnermeisters hatten den Tätern nichts entgegenzusetzen. Die »inneren« Strategien, die sie entwickelt haben mögen, lassen sich nicht rekonstruieren. Deshalb muß sich die Untersuchung hier auf »äußere« Strategien beschränken, die die Kinder in ihren Aussagen anführten. Maria Vitzner ging ihrem Dienstherrn aus dem Weg und vermied es, mit ihm allein zu sein. Dies versuchte auch die 13 Jahre alte Josefa Schwaiger. Sie mußte dem Meßner Pfaffl oft beim Schmücken der Kirche helfen. Er habe sie, so ihre Schilderung, bei diesen Gelegenheiten meist auf die Stiege gedrückt und an ihre Geschlechtsteile gegriffen. Beim ersten Übergriff war sie noch zu überrascht, um sich effektiv zu wehren, zumal Pfaffl ihr körperlich überlegen war: »Ich wehrte mich (...) so gut ich es eben vermochte, machte ihm Vorhalt mit den Worten: ›Hör doch auf, meinst, ich lasse mich von dir so herumwerfen, ich muß ja heimgehen.‹« Josefa lernte jedoch, dem Küster, gegen den sie körperlich keine Chance hatte, nicht mehr zu nahe zu kommen: »Auch in der Sakristei wollte mich Pfaffl auf einen Stuhl setzen. Nun habe ich mich aber ausgekannt und bin gleich zur Thüre hinaus.«[36]

Theres Gruber wurde ebenfalls vom Meßner Pfaffl über längere Zeit hinweg sexuell ausgebeutet. Gegen die Übergriffe selbst konnte sie sich nicht immer wehren. Sie schilderte, wie Pfaffl sie jedesmal auf dem Weg zur Kirche mit Gewalt »gebrauchte«. Theres gewöhnte sich mit der Zeit jedoch an, wachsam zu sein: »Es geschah aber auch einige Male, daß ich Pfaffl auskam u. davonlief.« Theres entwickelte überdies eine weitere Strategie, mit der sie zwar die Übergriffe nicht verhindern, sich aber gegen Pfaffl abgrenzen konnte. Sie vollzog eine völlige Trennung zwischen der Welt, in der sie Pfaffls Übergriffen ausgesetzt war, und ihrer eigenen, sicheren Welt. Sie mißachtete Pfaffl bewußt und ließ ihrer Wut Raum – ihre

Aussage ist eine der wenigen, in denen Aggressionen dem Täter gegenüber ausgedrückt werden: »Wenn mir Pfaffl außerdem begegnete, habe ich kein Obacht auf ihn gegeben, weil ich erbost auf ihn war, ich habe ihm deshalb auch sein ›Billet‹ vor die Füße geworfen.« Die letzte Äußerung bezieht sich auf einen Versuch Pfaffls, in Thereses mühsam bewahrten sicheren Raum einzudringen. An Thereses Namenstag kam Pfaffl in das Haus ihrer Dienstleute. Als Theres ihn sah, ging sie sofort aus dem Zimmer, wurde aber von ihrer Dienstfrau wieder hereingeholt. Pfaffl gratulierte ihr und schenkte ihr ein Heiligenbild. Die Bäuerin schilderte Thereses Reaktion: »Sie warf ihm dasselbe vor die Füße mit den Worten: ›ich brauch dein Bildl nicht.‹« Theres, nach Pfaffls Fortgang befragt, warum sie sich so »unartig« verhalten habe, antwortete: »Weil ich ihn nicht leiden kann, weil ich ihn nicht mag.« Den Grund nannte sie nicht, doch ihr Verhalten war ein Signal dafür, daß etwas vorgefallen war, möglicherweise auch ein Hilferuf.

Eine weitere Möglichkeit wäre es gewesen, den Eltern von den Geschehnissen zu erzählen, um Hilfe zu bekommen. Doch die Kinder empfanden in Fällen längerer sexueller Ausbeutung Scham und Schuldgefühle[37] und fürchteten sich vor Schlägen. Sicherlich nicht zu unrecht, denn Schläge waren ein häufig angewendetes Erziehungsmittel.[38] Eher vertrauten die Mädchen sich der älteren Schwester, einer Schulkameradin oder einer jungen Magd an. Creszenz Wagner erklärte eines Tages ihrer 13jährigen Schwester Maria, sie habe ihr etwas zu erzählen, aber Maria dürfe es nicht der Mutter verraten. Maria fühlte sich verantwortlich für ihre jüngeren Schwestern, für die sie, wie es in jener Zeit üblich war, wahrscheinlich von klein auf an Stelle der Mutter sorgte.[39] Sie stellte den Schuster zur Rede. Mathaes versuchte darauf, sie einzuschüchtern: Sie solle niemandem davon erzählen, sondern ihm Bier holen und ihm ihre »Muschen« zeigen, dann gebe er ihr Geld. Maria ließ sich jedoch darauf nicht ein und erzählte schließlich der Mutter von den Vorfällen, nachdem diese Verdacht geschöpft und ihre Tochter befragt hatte.[40]

Für Franziska Wörle spielte ebenfalls die ältere Schwester eine zentrale Rolle. Anna Wörle war zum Zeitpunkt der Tat 15 Jahre alt und stand bereits seit zwei Jahren außerhalb ihres Heimatortes im Dienst. Im Sommer des Jahres 1885 kehrte sie für drei Wochen auf das Anwesen ihrer Eltern zurück, um es während deren Abwesenheit zu hüten. Anna fiel auf, daß der Knecht Johann Leb ihre kleine Schwester Franziska innerhalb dieser drei Wochen mehrfach zur Gänsefuttersuche mitnahm, obwohl gar kein Futter benötigt wurde. »Meine (...) Tochter hat mir dann dies auch erzählt und beigefügt, weil es der Leb mit der Gänsefuttersuche gar so nothwendig hatte, ob da nicht am Ende was Unrechtes passiert sei«, so die Aussage der Mutter. Diese fragte nun Franziska aus, ging zum Bürgermeister und zeigte den Leb an. Annas Verdacht kam nicht von ungefähr: Als sie noch im Haus ihrer Eltern lebte, in den Jahren 1881 und 1882, hatte Leb sie ebenfalls sexuell ausgebeutet. Annas eigene Erfahrung hatte ihre Wahrnehmung sensibilisiert. Der Mutter erzählte sie nichts über ihre eigenen Erlebnisse, versicherte ihr aber: »du brauchst dir keinen Kummer zu machen, daß du dem Leb Unrecht thust, du darfst der Franzl schon glauben u. wenn ich einmal zu Gericht muß, dann sage ich schon die Wahrheit und vertheidige mich.«[41]

Creszenz und Franziska hatten von ihren älteren Schwestern Hilfe und Unterstützung erhalten. Andere Mädchen wendeten sich an ältere Mitschülerinnen, denen sie sich anvertrauten oder die sie um Rat fragten. Katharina Klein, acht Jahre alt, erzählte der fünf Jahre älteren Anna, daß Johann Haas ihr beim »Geierfangen« (Versteckspiel) immer den »Bisler« hineintue: »Sie sagte auch, daß er ihr, wenn sie geschrien hätte, etwas gethan haben würde. (...) Mir ist die Sache so wild vorgekommen, und ich habe ihr deswegen angeschafft, daß sie still sein solle und nichts sagen solle.«[42] Einen anderen Rat erhielt die zehn Jahre alte Anna Ampletzer von Creszenz Maier, die 13 Jahre alt war. Anna erklärte ihrer Mitschülerin, »daß sie ein ernstes Anliegen habe, sie wisse nicht, wem sie es sagen solle (...); sie wisse nicht, wie sie dies beichten solle«.[43] Creszenz bot ihr an, der Schulschwester (beide Kinder besuchten eine Klosterschule) mitzuteilen, daß Anna ein Anliegen habe. Nach dieser Vermittlung erzählte Anna der Schulschwester, daß ein Franziskaner ihr im Wald unter die Röcke gegriffen habe. Die beiden Fälle zeigen, daß Kinder und Jugendliche ein eigenes Kommunikationsnetz bildeten und sich untereinander eher vertrauten als den Erwachsenen. Sie kannten überdies die Gefahren, die in bestimmten Situationen lauerten, sei es aus eigener Erfahrung, sei es aus Erzählungen anderer Kinder. Die Möglichkeit, von einem Mann »angepackt« oder unangenehm berührt zu werden, war vielen Kindern bewußt – sexuelle Übergriffe auf Kinder waren nicht an der Tagesordnung, aber sie waren in den Lebens- und Vorstellungswelten von Kindern und Erwachsenen präsent.

Diese Präsenz sexueller Übergriffe auf Kinder zeigt sich auch daran, daß einige der Mädchen bereits vor dem aktenkundig gewordenen Fall sexueller Ausbeutung innerhalb der Familie ausgesetzt waren. Im Mai 1882 griff ein Gendarm die zehnjährige Franziska Bäumer auf, die von zu Hause fortgelaufen war. Sie erzählte, sie habe sich einige Tage herumgetrieben und bei verschiedenen Bauern übernachtet, dann sei ihr ein Mann begegnet und mit ihr weitergezogen. Unterwegs habe er sie plötzlich in einen Acker gestoßen, etwas aus seiner Hose geholt und in ihre »Scham« gesteckt. Dies habe er noch zweimal getan, dann sei sie ihm fortgelaufen. In ihrer Vernehmung vor dem Untersuchungsrichter erklärte sie, sie lebe seit zwei

Jahren bei ihrem Vater und ihrer Stiefmutter. Zuvor habe sie als illegitimes Kind beim Stiefvater ihres Vaters gelebt, Johann Hecker. »Hecker hat mir schon früher öfter den Kittel hinaufgehoben, sein Hosenthürl aufgemacht und den seinigen herausgethan (...); er hat gesagt: magst nicht stopfeln?«[44] Daraufhin schrieb der Staatsanwalt in der Anklageschrift:

»Dafür, daß Schnell hiebei besondere Gewaltanwendung nothwendig gehabt habe, erachte ich bei den Umständen, daß das vorbezeichnete Mädchen nach ihren eigenen Angaben nicht ganz unbescholten zu erachten sein dürfte, genügende Anhaltspunkte nicht gegeben.«[45]

Diese Formulierung zeigt, daß sexuelle Ausbeutung in der Kindheit dem betroffenen Mädchen als Makel oder Stigma anhaften konnte, durch das sie später im Fall erneuter sexueller Gewalt wenig Chancen hatte, sich auf rechtlichem Wege durchzusetzen.

Auch Regina Zimmer flüchtete vor ihrem gewalttätigen Vater. 1898, zu jenem Zeitpunkt 17 Jahre alt, wurde sie von einem Polizisten in München aufgegriffen. Sie war ein Jahr zuvor von zu Hause fortgelaufen, nachdem der Vater sie vergewaltigt hatte. Überdies hatte er sie, nachdem sie bei ihrer Mutter Hilfe suchte, derart geschlagen, daß die Mutter ihr riet, das Haus zu verlassen und nach München zu gehen.[46] Diese Fälle zeigen die Ausweglosigkeit von Mädchen, die durch den Vater sexuell ausgebeutet wurden – ihnen blieb nur die Straße als Zufluchtsort. Regina Zimmer hatte zwar in München zeitweise einen Dienstplatz gefunden, doch ein sehr junges Mädchen wie Franziska Bäumer hatte diese Möglichkeit nicht. Eine zeitgenössische Studie stellte entsprechend fest, daß Prostituierte häufig als Kinder sexueller Gewalt in der Familie ausgesetzt waren.[47]

3. Unmittelbare Folgen des Mißbrauchs

Die sexuelle Konnotation des Mißbrauchs verstanden die Kinder selten, meistens wußten sie den sexuellen Akt selbst gar nicht einzuordnen. Sie registrierten vor allem die physische Gewalt, das Niederwerfen, den festen Griff des Täters, die auf den Mund gepreßte Hand. Allerdings unterschied sich ein sexueller Übergriff von anderen Formen körperlicher Gewalt. Das Berühren des nackten Körpers wurde als Grenzüberschreitung, als Mißachtung und als Bedrohung wahrgenommen.[48] Amalie Zöttl etwa hatte bei dem Überfall Angst um ihr Leben und Angst vor der an ihr verübten Gewalt, aber sonst keine Vorstellung, was der Mann von ihr wollen könnte.[49] Dennoch unterschied sich der Angriff auf ihren »sexuellen Körper«, auf ihre Körpergrenze, die Haut, von anderen Formen physischer

Gewalt. Zum einen zeigte Amalie große Scham – sie wollte weder dem Vater noch später dem Gendarmen erzählen, was der Mann mit ihr getan hatte. Wie sehr sie sich außerdem durch die Penetration ihrer Haut (im übertragenen Sinne), ihres »Haut-Ichs«,[50] bedroht fühlte – über die Angst zum Zeitpunkt der Tat hinaus – verdeutlicht die Schilderung, die Amalies Mutter von den Stunden nach der Tat gab:

»Mein Kind Amalie war, als sie damals nach Hause kam, sehr erschrocken u. hat vor Aufregung Nichts essen können, sie hat mir dann gesagt, daß es ihr da drinnen – sie meinte im Herzen – so wehe thue, sie hat sich auch die darauffolgende Nacht gefürchtet, u. hatte sehr starkes Herzklopfen, was sie sonst nicht hat.«

Sie sei nachts aus dem Schlaf hochgeschreckt, als eine Katze an ihr Fenster sprang, und so sehr erschrocken gewesen, daß sie erst beruhigt werden mußte, bevor sie wieder einschlafen konnte. Amalies Geschichte ist kein Einzelfall, sondern steht für ähnliche Erfahrungen, die in den Aussagen der Kinder Gestalt annehmen, für Bilder und Emotionen, die in vielen Erzählungen heraufbeschworen werden. Ähnlich wie Amalies Mutter schilderte die Mutter der kleinen Anna Maria den Zustand ihrer Tochter, nachdem ein Nachbarsbursche diese mißbraucht hatte: Sie habe mehrere Tage über Schmerzen geklagt, wenig gegessen und sei blasser gewesen als sonst. »Auch fuhr sie in den ersten Nächten öfters erschreckt aus dem Schlafe auf, was sie früher nie hatte.«[51] Von ähnlichen Symptomen berichteten auch die Gerichtsmediziner in ihren Handbüchern.

Abgesehen von psychischen Folgen finden sich in den Akten ähnlich schwere körperliche Verletzungen beschrieben, wie sie die Ärzte schilderten. Die fünf Jahre alte Magdalena Weigl starb einen Tag nach einer brutalen Vergewaltigung an den Folgen eines Dammrisses.[52] Einen Dammriß erlitt auch die zehnjährige Anna Dandl. Sie mußte eine Zeitlang das Bett hüten, »wobei namentlich auch in Betracht kommt, daß Anna Dandl in hochgradige Aufregung und in großen Schrecken versetzt war, was ebenfalls einige Tage auf ihr körperliches Befinden störend eingewirkt hat«, so die Aussage des behandelnden Arztes.[53] Viele Kinder klagten in den Tagen nach dem Vorfall über Schmerzen. Die Eltern der fünf Jahre alten Maria Streicher bemerkten, daß ihre Tochter ganz gebückt ging: »wir fragten, was es sei, und da sagte sie, daß es ihr so weh' thue, der Michl Krämer nämlich habe sie so gekitzelt.« Die Mutter untersuchte ihr Kind und stellte fest, daß die Schamlippen geschwollen waren. In der folgenden Nacht habe Maria vor Schmerzen keine Ruhe gegeben.[54]

Einige Kinder klagten über Übelkeit oder mußten sich erbrechen. So gibt der Gendarm die Aussage der sieben Jahre alten Maria Stopfer wieder:

»Als dann Karl Brunbauer seine Lumperei vollbracht und von Maria Stopfer herunter war, verspürte dieselbe an ihrem Bauch und Scham Schmerzen und hatte dabei so große Uebelichkeit, daß sie alle Minute glaubte sie müsse sich erbrechen.«[55]

Die fünfjährige Franziska Lindinger, welcher der Dienstknecht Josef Kappl sein Glied in den Mund gesteckt hatte, mußte sich nach der Tat ebenfalls »ziemlich stark erbrechen«, wie der Gendarm mitteilte.[56] Ähnlich erging es der neun Jahre alten Anna Herzig. Sie wurde in der Nacht nach dem Vorfall krank, klagte, ihr sei übel und die Füße täten ihr weh. »Sie lag auch noch den ganzen Dienstag im Bette, erst abends stand sie auf, mußte sich aber heftig erbrechen«, berichtete die Mutter.[57]

Diese Schilderungen sowie die Beschreibungen der Gerichtsmediziner belegen, ein sexueller Übergriff für ein Kind ein traumatisches Erlebnis war. Abgesehen von physischen Verletzungen trug es oft einen schweren psychischen Schock davon, der sich in Angstzuständen, Schlafstörungen oder Alpträumen und Übelkeit äußerte.[58] Der Umstand, daß diese Folgen in den überlieferten Akten festgehalten wurden, läßt darauf schließen, daß das Eltern-Kind-Verhältnis durchaus von Zuneigung, Sorge um das Kind und Sensibilität für seine Stimmungen geprägt war. In der bisherigen Forschung zur ländlichen Gesellschaft wird die Eltern-Kind-Beziehung als extrem »versachlicht« beziehungsweise »verdinglicht« geschildert.[59] Gewiß war das Eltern-Kind-Verhältnis geprägt durch die oftmals schwierige materielle Situation der Gütlers- und Häuslersfamilien. In den hier ausgewerteten Akten kommt außerdem zum Ausdruck, daß die erste Sorge der Eltern der »Ehre« des mißbrauchten Mädchens und dem Ansehen der Familie innerhalb der Dorfgemeinschaft galt. Doch die Familie bot ebenso emotionalen Schutz und Unterstützung. Die Eltern bemerkten, daß ihr Kind Schmerzen hatte, ungewöhnlich blaß oder still war oder weinte, und reagierten darauf. Freilich war die Bandbreite an Reaktionen groß. Einige Eltern wurden bereits beim mindesten Anzeichen mißtrauisch und befragten ihr Kind, andere scheinen absichtlich nicht weiter nach den Ursachen geforscht zu haben, wieder andere nahmen gar keine Veränderungen an ihrem Kind wahr. Eine Pauschalisierung läßt sich nicht treffen, weder in die eine noch in die andere Richtung.[60]

Für Untersuchungsrichter und Staatsanwalt waren die von den Eltern geschilderten Folgen sowohl Beweise dafür, daß »etwas« geschehen war, als auch Umstände, die strafverschärfend wirken konnten. Die Folgen der Übergriffe waren Teil des juristisch-medizinischen Diskurses, und auch das ist ein Grund, warum sie in den Akten überliefert sind. Daß diese Schilderungen weniger nüchtern ausfallen als andere Aussagen, liegt einerseits an der offensichtlichen emotionalen Betroffenheit der Kinder und ihrer Eltern; andererseits deutet dieser Umstand darauf hin, daß die Justizbeamten ebenfalls mit starken Gefühlen auf die Erzählungen reagierten. Sie mußten sich in der Vernehmung nicht selten mit verängstigten und weinenden Kindern auseinandersetzen, wie der folgende Abschnitt zeigt.

4. Vor Gericht: Strategien des Erinnerns

Die meisten Mädchen waren in der Voruntersuchung nur schwer zu einer Aussage zu bewegen, sie schämten sich, ihre Geschichte zu erzählen, und waren außerdem durch die Situation, die eindringlichen Fragen und Ermahnungen des Richters und dessen Autorität eingeschüchtert. Darüber hinaus aber sind einige der kindlichen Reaktionen in der Vernehmung Folgen eines schmerzhaften Erinnerungsprozesses, eines erneuten Durchlebens der traumatischen Situation. Im Protokoll über die Vernehmung der siebenjährigen Maria heißt es:

»Constatiert wird, daß das Kind auf Befragen zur Antwort gab, daß es schon wisse, das nämlich, worüber dasselbe aussagen solle, daß es aber nicht zu bewegen war, von freien Stücken zu erzählen, dasselbe fing bei jeder Aufforderung, die Sache zu erzählen, von neuem zu weinen [an], so daß es nicht im Stande war zu reden.«[61]

Hier wird deutlich, daß dem Kind hauptsächlich das Reden über den Mißbrauch unmöglich war – solange es nicht direkt über das Geschehene aussagen sollte, antwortete es auf die Fragen des Untersuchungsrichters. Es war also nicht nur die einschüchternde Situation, die zu den geschilderten Reaktionen führte, sondern der Zwang, sich an den Mißbrauch zu erinnern. Auch die Vernehmung der zwölf Jahre alten Anna mußte unterbrochen werden:

»Constatiert wird, daß die Zeugin sich hochgradig schüchtern verhielt, nur mit größter Mühe zu Antworten gebracht werden konnte u. sich trotz des ruhigsten Zuredens u. Fragens (...) so angegriffen zeigt, daß sie während der Vernehmung von plötzlichem Unwohlsein befallen wurde u. die Vernehmung eine Zeitlang ausgesetzt werden mußte.«[62]

Andere Kinder waren nur in Gegenwart einer Vertrauensperson bereit, etwas zu sagen. Im Fall der sechsjährigen Thekla hielt der Gerichtsschreiber fest: »Konstatiert wird, daß die Aussage des Mädchens trotz schonendsten Vorgehens nur nach längerer Zeit heftigem Weinen und längerem Zureden der Mutter erfolgte.«[63] Ein weiteres Mädchen, zum Zeitpunkt der Vernehmung fünf Jahre alt, war ohne die Großmutter nicht zum Bleiben zu bewegen.[64]

Der Prozeß des Erinnerns vor Gericht war immer auch davon geprägt, daß die Kinder – ähnlich wie die Opfer in Notzuchtsprozessen – unter einem gewissen Rechtfertigungsdruck standen, der ihre Aussagen beeinflußte. Die Rechtfertigung war jedoch nicht nur eine äußerliche Strategie, sondern ebenso eine mehr oder weniger bewußte Weise, das Geschehene zu verarbeiten. Geht man davon aus, daß es sich in vielen Fällen um die Erinnerung an traumatische Situationen handelt, ist zu bedenken, daß die Erinnerung durch Amnesie oder Dissoziation[65] teilweise völlig ausgeschaltet sein kann. Andererseits können Erinnerungen – und zwar je besser, je geringer die Traumatisierung ist – »im Laufe der Zeit sozialen Erwartungen angepaßt, erweitert und verdichtet werden«.[66] Diese Anpassung zeigt sich dort, wo die Kinder ihr eigenes Handeln zumindest an einzelnen Punkten als »sittsam« oder »schamhaft« schilderten. Oft betonten sie außerdem ihre völlige Hilflosigkeit, verharmlosten die Tat selbst oder erinnerten sich am Ende nicht mehr daran. Diese Strategien des Erinnerns sind Reparaturen[67] der beschädigten Realität (das Kind sieht sich mit etwas konfrontiert, das es nicht als Teil der Wirklichkeit akzeptieren kann oder will) oder des beschädigten Selbst.[68] Ob die Darstellungen der Kinder ihrem tatsächlichen Verhalten während des Übergriffs entsprechen, spielt hier keine Rolle. Die Frage ist, inwieweit die Erzählungen auf ein angemessenes Verhalten rekurrierten und wo und wie sich mögliche innere Widerstände der Kinder in ihren Darstellungen materialisierten.

Katharina Pauli, die von dem Armenhäusler Vilser sexuell ausgebeutet worden war, erwähnte in ihrer Aussage keine Ablehnung oder Gegenwehr gegen Vilser, erklärte jedoch abschließend: »Vilser hat auch immer wollen, ich solle mit der Hand an sein Ding hinlangen und hat mir auch meine Hand dahingeführt; ich habe aber nicht mögen, weil ich mir dachte, das dürfe man nicht thun.« Katharina war bewußt geworden, daß sie etwas Unrechtes getan hatte, sie versuchte nun zu zeigen, daß sie dennoch eine Grenze gesetzt hatte. Sie fügte schließlich noch hinzu: »Auch das wußte ich, daß ich mit Vilser das nicht hätte thun sollen; aber ich habe es der Großmutter wenigstens das Letztemal gesagt.«[69] In der Kindererziehung wurde großer Wert darauf gelegt, daß die Kinder ihre »Sünden« ehrlich beichteten – in den Anleitungen zum Religionsunterricht finden sich viele Hinweise darauf.[70] Wenn Katharina der Großmutter erzählt hatte, was sie beim Vilser getan, war sie von einem Teil ihrer Schuld entlastet.

In Katharinas Schilderung ihrer Weigerung, das Glied des Vilser anzufassen, manifestierten sich aber überdies – gleich, ob ihre Aussage der »Wahrheit« entspricht oder nicht – Widerwille und Scham. Dies gilt ebenso für die Aussage der Theres Pfeiffer: »[Er] knöpfelte dann seine Hose vorne auf, sagte zu mir: ›Da, Reserl, schau her‹, allein ich schaute nicht länger hin, sondern zum Fenster hinaus.«[71] Anna Zistl äußerte:

> »[Dann] stieß er wahrscheinlich mit seinem steifen Glied längere Zeit gegen meine Scham, ich merkte nämlich, daß er fortwährend mit einem steifen Gegenstand gegen meine Scham stieß, sein Glied habe ich nicht gesehen, ich mochte nicht hinschauen.«[72]

Das Fortsehen war ein Weg, die überwältigende Realität des Mißbrauchs nicht wahrnehmen zu müssen – eine typische Reaktion in der traumatischen Situation. Vor Gericht konnten die Mädchen überdies ein Stück Integrität[73] bewahren, indem sie das sittsame Fortsehen betonten.

Manche Kinder verharmlosten in der Erinnerung das Geschehene. Dies konnte ebenso Folge des Verdrängens[74] und Vergessens sein wie eine bewußte Weigerung, sich an die Tat zu erinnern und sie in allen Details zu erzählen, sei es aus Scham oder Furcht. Die zehnjährige Fani etwa sagte aus, der »Hafnergigl« habe ihr im Stall einmal ein Busserl gegeben, »wobei er mir mit der einen Hand dahergriff, und zwar über die Röcke. – *Zeugin deutet auf die Schamgegend.* – Gigl sagte zu mir, ich solle mich niederlegen, dann bekomme ich ein Geschirr. Ich legte mich aber nicht hin, sondern ging fort.«[75] Fani behauptete zunächst, dies sei alles gewesen, doch »*nach längerem ruhigen Vorhalt*« ergänzte sie, daß er ihr »daher gegriffen« habe (dabei deutete sie auf die »Schamgegend«). Währenddessen habe er die Hose vorn geöffnet: »Ich habe hiebei ›was‹ gesehen, Hafner nahm meine Hand und sollte ich ihm ›hinglangen‹. Ich that es aber nicht.«

Auch die erst knapp vier Jahre alte Amalie Zobel wollte oder konnte sich nicht sofort an das traumatische Erlebnis erinnern: Sie sagte aus, sie sei mit dem Obermaier hinter den Stadl gegangen:

> »und da haben wir uns versteckt. Er hatte ein Haferl bei sich, dieses gab er mir nicht zum Spielen und da er mir's nicht gab, lief ich ihm davon. – *Erst auf mehrmaliges Befragen und Aufforderung ihrer Mutter, sie brauche sich nicht zu schämen und solle nur sagen, wie es gewesen, erklärte sie weiter:* – Im Loche hinten haben wir auch gepiselt, zuerst Alois, dann ich, dann hat er mir die Röcke in die Höhe gethan, hat sein Dutterl herausgethan (...) – *Die Amalie (...) erklärte, daß er ihr das Dutterl hingethan und auf die Frage, ob auf den Bauch, deutet sie mit der Hand auf die Gegend der Scham.*«[76]

Neben einer solchen Verharmlosung des Geschehenen, die auf Verdrängung oder Scham hindeutet, zeigt sich als weitere Verhaltensweise ein Umdeuten des Erlebten, etwa die Konstruktion der eigenen Hilflosigkeit oder einer vom sozialen Umfeld als hilflos akzeptierten Situation. Wie wir bereits gesehen haben, schilderten viele Kinder die Übermächtigkeit des Täters, dessen einschüchternde Drohungen, die sie daran hinderten zu schreien und sich zu wehren, oder die eigene hilflose Lage, die es dem Kind unmöglich machte, sich zu bewegen oder davonzulaufen. Viele dieser Schilderungen erscheinen völlig plausibel und entsprechen der »realen«, von den Kindern wahrgenommenen Situation. Manche Aussagen wirken jedoch eher unwahrscheinlich oder sind in sich widersprüchlich. Es scheint, als hätten die Kinder mitunter Elemente hinzugefügt, mit denen sie erklären konnten, warum ihnen das Geschehene zugestoßen war. Dies konnte eine – mehr oder weniger bewußte – Umdeutung des Erlebten sein, mit der das Kind das Trauma zu verarbeiten versuchte, es konnte aber auch und zugleich eine bewußte Konstruktion für die Außenwelt sein.

So findet sich in den Akten ein Fall, in dem ein Kind den Ablauf offensichtlich falsch darstellte: An einem Nachmittag im Jahre 1872 waren die beiden elf Jahre alten Inwohnerstöchter Theres Huber und Theres Jung zu Besuch bei der neunjährigen Katharina Freymuth. Deren Cousin Jakob Freymuth, 36 Jahre alt, kam dazu und jagte sie »im Spaß« in der Stube herum. Die Mädchen versteckten sich unter dem Tisch, wo Jakob Freymuth sie dann nacheinander packte und auf ihnen »ritt«, wie die Mädchen sagten. Theres Huber schilderte die Geschichte folgendermaßen:

»[Er] hatte mir u. der Freymuth den Mund [verstopft] u. uns die Hände vorne auf der Brust mit einem Strick zusammengebunden. Auch der Theres Jung hatte Freymuth den Mund verstopft u. die Hände zusammengebunden, wir hatten aber anfangs gemeint, daß Freymuth nur Spaß mache.«

Dann habe Freymuth erst die Katharina gepackt, danach sie selbst, Theres Huber, und schließlich Theres Jung. Letztere dagegen erzählte, Freymuth habe sie weder gefesselt noch geknebelt. Drei Monate nach dieser Aussage wurden beide Mädchen erneut vernommen, dieses Mal gemeinsam, und Theres Huber gab schließlich zu, daß sie nicht die Wahrheit gesagt hatte.[77] Sie hatte ihre Situation so konstruiert, daß sie selbst eindeutig als hilflos und ausgeliefert erschien.

In den bisherigen Fällen konnten die Kinder sich an die Situation erinnern, wenngleich sie in der Vernehmung, also bei der Erinnerung an das Geschehen, heftig weinten, ihnen übel wurde oder sie sich nur nach und nach und auf eindringliches Befragen hin des Übergriffes entsannen. Es kam jedoch ebenso vor, daß ein Kind, das in der Voruntersuchung noch ausgesagt hatte, bis zur Verhandlung das Geschehen vergessen oder verdrängt hatte, wie die fünf Jahre alte Maria Streicher. In der Vernehmung durch den Untersuchungsrichter am 20. Dezember 1881 erzählte sie, daß der Krämer ihr zweimal unter die Röcke gegriffen habe. In einer weiteren Vernehmung am 13. Februar 1882, also zwei Monate später, konnte Maria sich an nichts mehr erinnern: »Man konstatiert, daß das Mädchen Maria Streicher auf Befragen angegeben hat, sie wisse von dem fraglichen Vorfalle nichts mehr, und daß man in Folge dessen nicht weiter mehr in sie gedrungen ist.«[78] Die siebenjährige Anna Hartig berichtete in der Vernehmung am 13. Oktober 1898, daß der Täter ihr »mit der Hand unter die Röcke an den bloßen Bauch hin griff u. mich recht kratzte«. Zwei Monate später war in der Verhandlung vor dem Landgericht München II nichts mehr aus Anna herauszubringen.[79]

5. Von Sünde, Scham und kindlicher Unschuld

Die Sprache des Sexuellen

Die meisten Kinder waren sexuell unerfahren. Das Reden über die Tat war für sie nicht allein deshalb schwierig, weil es sich um traumatische Erinnerungen handelte. Meist stand ihnen keine Sprache zur Verfügung, um die Vorfälle in Worte zu kleiden. Häufig wurden sie vom Untersuchungsrichter gefragt, ob sie wußten oder verstanden, was der Täter vorgehabt hatte. Doch selbst wenn der Täter geäußert hatte, daß er »stopfeln« oder »mausen« wollte, verstanden die Kinder nicht, was geschah – die Bedeutung dieser Ausdrücke konnten sie nicht erfassen.[80] Sie kannten meistens weder diese Begriffe noch Bezeichnungen für die Geschlechtsteile; vor Gericht zeigten sie »auf die Schamgegend« (wie es in den Protokollen heißt), um mitzuteilen, wo der Täter sie berührt hatte. Oder sie umschrieben ihre Geschlechtsteile mit den Worten »da wo ich herauspisse«. Von dieser Umschreibung ist der am häufigsten sowohl für die weiblichen als auch für die männlichen Genitalien benutzte Ausdruck »Bisler« oder »Biserl«[81] abgeleitet. Die Handlung selbst bezeichneten viele Kinder als »zwicken«, »kitzeln«, »scherzen«, oder sie sagten lediglich, der Täter habe ihnen wehgetan. Die Aussage der achtjährigen Anna Dandl ist charakteristisch:

»Er hat mir die Röcke hinaufgethan und hat mir dann wehe gethan. – *Zeugin deutet auf ihren Unterleib und erklärt, daß sie nicht weiß, wie man das heißt, wo er ihr weh gethan hat.* – Der Mann hat seinen Hosenlatz aufgemacht; ich weiß nicht, mit was er mir wehe gethan hat. Ich bin ganz blutig geworden. Ich habe geschrien; er hat mir den Mund mit der Hand zugehalten; ich habe dann nicht mehr schreien können.«[82]

In Annas Aussage werden sowohl die Unwissenheit des Mädchens als auch die Bemühungen des vernehmenden Justizbeamten deutlich, den Tatbestand trotz fehlender Begriffe möglichst genau festzustellen. Das gleiche gilt für die Angaben der sechsjährigen Theres Höfler:

»Er hat mir die Kittel hinaufgehoben bis über die Knie (...) und hat dann mit Etwas so auf meinem Bauch herumgewischt, die Hand war es nicht, es hat mich so gekitzelt. Er (...) zog da Etwas von der Seite des Hosenthürls heraus und gab mir's in die Hand; es war kein Gewand, sondern etwas Warmes wie Fleisch. – *Letzteres Wort: ›Fleisch‹ bestätigte die Zeugin erst, als sie dieses beispielsweise vorgesagt erhielt.* – Er hatte einen Fetzen um */:Schurz:/* hat den Fetzen auf die Seite gethan und hat etwas herausgezogen und hat dasselbe (...) zwischen die Füsse hineingethan. Er hat mir nicht die Füsse, aber etwas anderes zwischen den Füssen mit den Händen auseinandergezogen, und das hat mir wehgethan, und da habe ich dann geschrien. Er hat dann noch ein Örtl so gethan mit dem, was er aus dem Hosenthürl hatte – mit der Hand nicht – und dann ließ er mich gehen. Das Ding war steif. – *Diese Vernehmung wurde der Zeugin zwar vorgelesen, allein gerichtsseits hält man sich überzeugt, daß sie das Vorgelesene nicht verstanden hat.*«[83]

Der Untersuchungsrichter stellte Theres also Fragen, die sie jeweils mit ja oder nein beantwortete. Er versuchte herauszufinden, ob der Täter sein Glied entblößt und es gar dem Mädchen in die Hand gegeben hatte – eine Handlung, die straferschwerend ins Gewicht fallen konnte. Deshalb ließ der Untersuchungsrichter Theres das »Etwas« sehr genau beschreiben, wobei er ihr diese Beschreibung offensichtlich durch Fragen in den Mund legte. In einigen Protokollen tritt das Frage-Antwort-Schema noch deutlicher hervor, denn sie sind andeutungsweise in Dialogform verfaßt. Diese Protokolle zeugen von der Unwissenheit der Mädchen[84] ebenso wie von den Schwierigkeiten der Richter bei der Vernehmung. So äußerte sich die achtjährige Maria Albrecht zum Teil mit Gesten:

»*Was hat er dir gethan?*« – »Der Alex hat mir daher – *auf die Scham zeigend* – gelangt.« – »Wie hat er es gemacht?« – »*Zeigt die zwei Finger der rechten Hand.*« – »*Hat es weh gethan?*« – »Ja.« – »*Wo?*« – »*Zeigt auf die Schamgegend.*«[85]

Bei älteren Kindern dagegen machen die Protokolle zumeist den Eindruck, als hätten die Kinder über längere Passagen hinweg eigenständig erzählt. An einzelnen Punkten wurde jedoch – das ist aus inhaltlichen Sprüngen und Absätzen in den Protokollen ersichtlich – nachgefragt. Häufig fragten die Untersuchungsrichter, ob die Kinder den Penis des Täters gesehen oder berührt hatten und ließen sich, um die aufgrund der unklaren Bezeichnungen nicht immer eindeutigen Antworten zu verifizieren, das Glied beschreiben. Sie mußten nachweisen, daß der Täter aus sexuellen Motiven gehandelt hatte, da die »Geschlechtslust« den Tatbestand der »unzüchtigen Handlung« konstituierte.[86] Die zwölfjährige Theres Sollinger gab auf solche Nachfragen an, sie habe gesehen, wie die Katharina Schmitt den »Bisler« des Stecher in der Hand gehalten habe. »Ich kannte es bestimmt, daß es der Bisler des Hausknechts war, denn er war an dem nämlichen Platz, wo ihn auch die kleinen Buben haben.«[87]

Neben solchen Umschreibungen benutzten die Kinder allgemeine Ausdrücke wie »Ding« oder »Sach« oder bildhafte Bezeichnungen wie »Zipfel«, »Beutel«, »Pfeifchen« oder »Pfeiferl« sowie den gängigen Begriff »Bisler«. Ein Mädchen benutzte den züchtig anmutenden Ausdruck »seine Schamhaftigkeit«.[88] Ein ähnlicher Begriff, »das Unkeusche«, findet sich in den von einem Lokalschulinspektor protokollierten Aussagen seiner Schülerinnen.[89] Es ist nicht nachzuweisen, ob der Pfarrer den Mädchen diesen Begriff in den Mund gelegt hat oder ob sie ihn gegenüber dem Pfarrer tatsächlich als den angemessenen, »züchtigen« Begriff verwendeten. Jedenfalls aber dürften beide Bezeichnungen als die am wenigsten anstößigen gegolten haben. Der »Bisler« und das »Biserl« waren wahrscheinlich die sowohl von Kindern als auch Erwachsenen im Alltag verwendeten, relativ neutralen Bezeichnungen, während der »Zipfel« und das »Pfeiferl« eher der Kindersprache zuzurechnen sind. Einige Begriffe scheinen sehr lokal, vielleicht sogar innerhalb der Familie geprägt worden zu sein.[90] Dies liegt nahe, wenn sie in der Anzeige des Gendarmen oder im Vernehmungsprotokoll mit Erklärungen versehen sind. Zu diesen Begriffen zählt etwa »Sepperl«, ein Ausdruck, der nur in einer Akte vorkommt.[91]

Wenn die Kinder über ihre Begegnungen mit dem Sexuellen sprachen, dann vor allem untereinander. Dieses Reden aber war zumindest für Pfarrer und Lehrer oft Anlaß zur Sorge. Der Lokalschulinspektor von Frieding sandte im Januar des Jahres 1900 ein Protokoll an die Staatsanwaltschaft, in dem es hieß:

»Allem Anschein nach hatte sich die weibliche Schuljugend in größerer Anzahl am Kirchenleitberg zusammengefunden um dort ungestört über das Geschlechtsleben sich gegenseitig zu unterrichten u. auszusprechen. Bei dieser Gelegenheit soll Seidel erzählt haben, daß sie ›es‹ schon oft mit dem Max Steinbrecher probiert habe.«[92]

Der Pfarrer sorgte sich nun um die Sittlichkeit der Schuljugend und forschte nach, ob Steinbrecher noch mit anderen Mädchen »unzüchtige Handlungen« vorgenommen habe. Die vom Pfarrer als sittengefährdend aufgefaßte Situation, das Treffen der »Schuljugend«, dürfte jedoch ganz alltäglich gewesen sein. In einem anderen Fall schilderte eine Taglöhnerin, wie sich in der Krämerei mehrere junge Mädchen über »die Regeln« unterhalten hätten. Dabei habe eine erwähnt, sie habe befürchtet, schwanger zu sein, weil ihre Regeln ausgeblieben seien, dann seien sie aber doch noch gekommen.[93]

Die Kinder kamen bei den engen Wohnverhältnissen sicher zwangsläufig mit der Körperlichkeit und der Sexualität Erwachsener in Berührung. Eindruck auf sie machte auch die Beobachtung der Tiere. Ein Junge berichtete, wie er mit acht Jahren mit einem Schulkameraden das »Springen« probierte, wobei einer den Hengst, der andere die Stute spielte.[94] Doch die Erwachsenen redeten mit den Kindern nicht über deren Beobachtungen. Für die Kinder auf dem Land galt gewiß dasselbe wie für die Fabrikarbeiterkinder, über die Carola Lipp schreibt: »Die Begegnung mit der Sexualität der Erwachsenen war oft zufällig und unfreiwillig, durch die Lebens- und Arbeitsverhältnisse bedingt.«[95] Auch auf dem Lande schliefen die Kinder im selben Bett oder im selben Zimmer wie die Eltern, oder sie teilten eine Kammer mit erwachsenen Mägden, die dort Besuch von ihren Liebsten erhielten.[96] Ob es stimmt, daß sie sich der Schwierigkeit gegenübersahen, »mit dieser Erfahrung umzugehen, dafür eine Sprache oder Ausdrucksform zu finden«,[97] ist anzuzweifeln. Freilich: Reden konnten sie darüber nur untereinander: »Von geschlechtlichen Beziehungen zwischen Mann und Weib hatte ich damals noch keine klare Vorstellung; ich wußte nur, was so die Mädchen untereinander reden«, erklärte rückblickend die 16jährige Sofie Huber, wobei sie sich auf ihr zwölftes Lebensjahr bezog.[98]

In den Akten finden sich durchweg gewalthafte Begegnungen der Kinder mit Sexualität. Manche der Mädchen waren schon vor dem zur Untersuchung gekommenen Fall sexueller Gewalt ausgesetzt und demnach mit sexuellen Handlungen konfrontiert worden. Trotzdem berichteten sie von den Vorfällen mit einer gewissen Naivität – sie kannten zwar Ausdrücke wie »stopfeln« (für den Geschlechtsverkehr) oder »Mutschen« (für die Vagina), die sie meist vom Täter gehört hatten, verbanden damit auch bestimmte Handlungen, erfaßten aber nicht die soziokulturelle Bedeutung der Begriffe. Die sieben Jahre alte Katharina Bäumer erklärte, daß sie bereits im Sommer 1896 – die Verhandlung fand 1897 statt, angeklagt war der Armenhäusler Vilser – mit einigen Buben in den Wald gegangen war zum »Stopfeln«: »Ich wußte damals nicht, was Stopfeln heißt; jetzt weiß ich es, daß man dabei den Rock aufhebt und die ›Dinger‹ (›Brunzerln‹) zusammensteckt.«[99] Katharina verband mit dem »Stopfeln« also eine bestimmte Handlung, die sie aber nicht recht einzuordnen wußte. Eines war ihr jedoch klar: »Daß das nicht recht war, was ich mit den Buben that, wußte ich wohl, aber ich that es eben, weil die Buben es sagten.«[100]

Wenn die Kinder untereinander über Sexualität redeten, war sexuelle Gewalt als Moment der Bedrohung nicht selten Thema. Mitunter warnten die Kinder sich gegenseitig vor bestimmten Männern. So berichtete Klara Brunner, die zum Zeitpunkt der Tat sechs Jahre alt war, der Hafner habe sie in sein Haus locken wollen, sie sei aber nicht in seine Nähe gekommen. Zwei Mädchen hatten ihr erzählt, der Hafner nehme sie immer auf den Schoß und tändele mit ihnen herum. »Klara, geh' fei zu dem nicht zu«, riet eines der Mädchen, »der ist ein rechter [?], der thut dir alles mögliche an; der hebt mir immer den Rock auf, wenn er mich trifft u. ›ferkelt‹ immer mit mir herum.«[101] In einem anderen Fall versuchte ein Knecht, ein Mädchen im Wald hinter eine Staude zu »locken«. In der Nähe spielten jedoch einige Kinder und riefen: »Saumann, mach daß du weiter kommst.« Das betreffende Mädchen erklärte hierzu: »Die Kinder haben den Ritzer um deßwillen einen ›Saumann‹ genannt, weil es ihnen bekannt war, daß derselbe schon öfters mit den Kindern Unzucht getrieben hat.«[102] Offenbar teilten die Kinder ein Wissen um die Gefährlichkeit bestimmter Situationen, um »gefährliche«, »nicht saubere« Männer. Sie besaßen eine eigene Erfahrungswelt, in der die diffuse Bedrohung durch die Sünde einen festen Platz einnahm.

»Scham«, so der Psychoanalytiker Léon Wurmser, »richtet sich in verschiedenen Kulturen auf ganz verschiedene Inhalte.«[103] Seine Definition der Scham ist nicht auf körperliche Scham und auf Sexualität im heutigen Sinne begrenzt: Scham entsteht nach Wurmser aus der Diskrepanz zwischen dem, was erwartet wird, und dem, was man an sich selbst beobachtet, also aus der Spannung »zwischen *einem* Aspekt des Überichs, nämlich dem *Idealbild*, das ich von mir selbst besitze, so wie ich *sein möchte* – und der Ich-Funktion der Selbstbeobachtung – dem Bilde, das ich von mir selber realiter habe: so wie ich *bin*, so wie ich mich selbst sehe«.[104] Die Frage, welches Ich-Ideal[105] die Kinder herausgebildet haben könnten, läßt sich selbstverständlich nicht beantworten. Rekonstruiert werden jedoch Werte und Verhaltensnormen, die den Kindern innerhalb der ländlichen Gesellschaft vermittelt wurden.

Der Begriff »Scham« begegnet in den Quellen überall. Die weiblichen Genitalien wurden als »Scham« bezeichnet, und in der Schule lernten die Kinder Schamhaftigkeit in bezug auf ihren Körper als Verhalten kennen, das von ihnen erwartet wurde. Auch der Begriff der »Sünde« taucht in mehreren Akten auf. Die Religion spielte eine wichtige Rolle für die Erfahrung und Reaktion der Kinder. Der Pfarrer wachte über die moralische Führung der Gemeindemitglieder und war zuständig für die religiöse Erziehung der Kinder. Als Lokalschulinspektor erteilte er nicht nur den Religionsunterricht, sondern war ebenso für die unmittelbare Schulaufsicht und die »technische Leitung« des Unterrichts sowie die »geistige Erziehung« zuständig. Der Religions- und Moralunterricht besaß noch zu Beginn des 20. Jahrhunderts einen hohen Stellenwert, es bestand die Pflicht zur Teilnahme am Religionsunterricht sowie an religiösen Übungen. Die Zehn Gebote, der Katechismus, erbauliche Geschichten für Kinder und Gebete waren fester Bestandteil des Schulunterrichts.[106] Damit war »der gesamte Unterrichtsbetrieb im Sinne des ›positiven Christentums‹ von religiös-sittlichem Geist erfüllt«, wie ein katholisch gesonnener Autor 1929 vermerkte.[107]

Doch nicht nur die Schule, auch die Familie vermittelte den Kindern tagtäglich den katholischen Glauben. Elisabeth Plößl beschrieb den Stellenwert der Religion für die Kinder: »Ihre Familien achten streng auf die Erfüllung kirchlicher Pflichten, bei den Kindern zum Beispiel auf den Kirchenbesuch und die vorgeschriebenen Gebete.«[108] Das Gebet war »Herz und Mittelpunkt der Religion«. Der Tag wurde mit dem Gebet begonnen und beendet, Gebetsmuster fanden sich in den Gebetsbüchern.[109] Die Rede von Hölle und Fegefeuer war für die Kinder keineswegs eine Fiktion.[110] Ein

Bauer erklärte dem Untersuchungsrichter, wie er seine Tochter befragt hatte, um so den Wahrheitsgehalt ihrer Aussage zu unterstreichen:

»Ich forderte meine Tochter eindringlichst auf, mir die Wahrheit anzugeben, ja nicht zu lügen, stellte ihr vor, daß sie sonst in die Hölle komme, forderte sie auf, die Hand an ein Feuer zu halten, damit sie sehe, wie wehe das Brennen thue, u. bemerkte ihr, daß dieses noch nichts sei gegen das höllische Feuer, das ewig dauere.«[111]

Viele Mädchen sahen ihr Erlebnis als Sünde gegen das Sechste Gebot, denn Keuschheit und Schamhaftigkeit waren Werte, die ihnen schon früh vermittelt wurden.[112] In einem Gebetsbuch für Kinder hieß es in einem Gebet um Unschuld und Keuschheit: »Laß dich erbitten, lieber Herr! beschütze mich vor allen Feinden, die meiner Unschuld nachstreben. (...) Ich (...) will recht Sorge tragen, damit ich nicht um die Unschuld komme.«[113] In einer Anleitung zum Beichtunterricht aus dem Jahr 1887 wurden zum Sechsten Gebot folgende Verhaltensregeln gegeben:

»Morgens beim Aufstehen bedeckt sich ein keusches und schamhaftes Kind sogleich recht anständig mit seinen Kleidern. (...) Was nun am Leibe so zugedeckt ist, das wird ein gutes und schamhaftes Kind nie ohne Not anschauen oder anrühren, weder bei sich, noch bei andern; auch läßt es sich da von andern nicht anrühren. Wenn andere, etwa gar große Leute, es verleiten wollen zu unkeuschen Dingen, oder es zwingen dazu, so sagt es das den Eltern oder Vorgesetzten; so etwas darf man ja den Eltern oder Vorgesetzten nicht verheimlichen.«[114]

Manch ein Pfarrer sah wachsende sittliche Gefahren für die Kinder und betrachtete es als seine Pflicht, wenngleich es eine unangenehme Aufgabe war, sie davor zu warnen und zu bewahren.[115] Zu den wichtigen Verrichtungen des Glaubens zählte für die Kinder die »Gewissenserforschung«. Eine Anleitung dazu gab Sintzel:

»Es ist wohl sehr nothwendig und nützlich, daß ich öfters über mich nachdenke (...). Ich will mich also über mein gewöhnliches Verhalten, ohne meine Eigenliebe anzuhören, ernstlich befragen (...). War ich im Bette, und beim Aufstehen, war ich auch sonst, wenn mich Niemand sah, ehrbar und schamhaft?«[116]

Die Erforschung bezog sich auf Sünden wie Ungehorsam und Lüge, die Zehn Gebote wurden der Reihe nach durchgegangen. Die Fragen zum Sechsten Gebot lauteten:

»Habe ich nichts Unkeusches gethan, weiß ich etwas Solches, dessen ich mich schämen müßte, wenn es der Vater oder die Mutter gesehen hätte? Habe ich auch nichts Unkeusches geredet, oder Andern erzählt, was ich von den Bösen gehört habe?«[117]

Einer der Vorfälle in den Akten kam durch eine solche »Gewissenserforschung« ans Licht. Die Mutter berichtete dem Untersuchungsrichter, wie ihre drei Töchter eines Abends eine Gewissenserforschung vornahmen. Beim Sechsten Gebot sagte die älteste, »das müsse man ganz genau erforschen, diese Sünde verstecke sich am meisten. Nun fing Therese zu weinen an und erklärte, (...) der Lehrer wolle sie verführen. Ihre Schwestern sagten, das müsse sie den Eltern mitteilen, was auch am nächsten Tag geschah.«[118]

Daß viele Kinder die Tat als Sünde empfanden, die sie selbst begangen hatten, zeigt sich daran, daß sie dem Pfarrer das Geschehen beichteten. Die Beichte war eine Pflicht für jede Gläubige und jeden Gläubigen.[119] Doch die Beichte verschaffte auch Erleichterung. Oftmals war sie der Weg, auf dem die Tat entdeckt wurde, denn der Pfarrer trug dem Kind zumeist auf, seinen Eltern alles zu erzählen.[120] In einem Fall fragte eine Schulkameradin die Anna, warum sie so lange gebeichtet habe. Anna erwiderte, sie habe eine Sünde gegen das Sechste Gebot begangen, und der Kooperator habe gesagt, »den Sauteufel habe der Teufel schon, der habe die Hölle verdient«.[121] Annas Freundin erzählte zu Hause die Geschichte, und so erfuhr schließlich Annas Mutter davon.

Das Bewußtsein, eine Sünde begangen zu haben, und die daraus entstehenden Schuldgefühle verschlossen den meisten Kindern den Mund. Viele erklärten, sie hätten aus Furcht vor Schlägen oder sonstiger Strafe den Eltern nichts erzählt.[122] Doch war nicht nur Furcht, sondern ebenso Scham der Grund für das Schweigen vieler Kinder. Mochten sie auch keine Bezeichnungen für die Geschlechtsteile und den Geschlechtsverkehr kennen noch die soziokulturelle Bedeutung des sexuellen Kontaktes erfassen (etwa den Verlust der jungfräulichen Ehre) – die meisten Kinder äußerten Scham, selbst wenn ihnen das »Unkeusche« oder »Sündhafte« der Tat nicht explizit bewußt war. Der Vater der fünfjährigen Monika berichtete, wie er seine Tochter über die Tat befragt hatte: »Das Kind that sehr geschämig, sagte, ich solle mit hinausgehen, dann sage es mir, wie's gewesen.« Als sie allein waren, erzählte Monika, der Knecht habe ihr die Röcke hinaufgelangt, und auf die Frage, ob er an ihren »Popo« gegriffen habe, sagte sie ja.[123] Oftmals weigerten sich die Kinder selbst, nachdem die Tat ans Licht gekommen war und sie dem Gendarmen gegenüber bereits ausgesagt hatten, ihren Eltern Näheres zu erzählen. »(...) erst durch das gute Zureden des Commandanten hat sie diesem erzählt, was der Mann mit ihr gethan hat; uns hat sie Nichts gesagt, dazu war sie zu schamhaft«, erklärte ein Vater dem Untersuchungsrichter.[124]

Im 1903 geführten Prozeß gegen den Benefiziaten Schwarzer, bei dem Taten zur Sprache kamen, die bereits einige Jahre zurücklagen, wurde die Scham, an die die Zeuginnen sich erinnerten, zum Indiz für die Absichten des Täters. Es wurden mehrere junge Frauen vernommen, die als Kinder von Schwarzer sexuell bedrängt worden waren. Er hatte sie auf den Schoß genommen und an sich gedrückt. Therese Wiesinger, zum Zeitpunkt der Vernehmung 21 Jahre alt, war mit zehn bis zwölf Jahren öfter bei Schwarzer gewesen, der damals Lokalschulinspektor war. Wegen seines Benehmens, so erklärte sie, habe sie ihn gemieden, wo sie nur konnte. Er habe sie auf den Schoß genommen, seine Wange an ihre gedrückt und sie gefragt, ob sie ihn gern habe. Ähnlich schilderte die 14jährige Karoline Bauer, die zur Tatzeit acht bis zehn Jahre alt war, das Verhalten des Benefiziaten. Sie fügte hinzu: »Mir war das Gebahren des Schwarzer durchaus nicht recht und es verstieß gegen mein Gefühl.« Besonders ausführlich war die Aussage der bei der Vernehmung 23jährigen Anna Huber, die mit zwölf bis 13 Jahren öfter zu Schwarzer kam:

»Mein Schamgefühl wurde verletzt u. ich wurde ganz rot, wenn ich dem Angeschuldigten auf dem Schoße saß u. traute mich Schwarzer nicht anzusehen. Damals schämte ich mich bloß u. zwar instinktiv u. die Endziele des Angeschuldigten waren mir nicht klar. Jetzt aber meine ich schon, daß die Geschlechtslust des Angeklagten erregt war u. daß er vielleicht im Sinne hatte, mich auch an der Scham zu berühren, hiezu aber doch nicht den Mut fand.«[125]

Allen drei Zeuginnen war das Benehmen des Benefiziaten unangenehm, obwohl sie die sexuelle Bedeutung nicht erfaßten. Sie waren verlegen, wußten aber nicht, wie sie reagieren sollten, da sie ihre Gefühle nicht näher bestimmen und nicht konkret begründen konnten. Die rückblickenden Schilderungen der jungen Frauen belegen, daß sexuelle Ausbeutung – mochte sie sich auch in noch so harmlos anmutenden Handlungen manifestieren – eine besondere Form von Gewalt war, der die Kinder meist hilflos gegenüberstanden. Erst als erwachsene Frauen vermochten die Zeuginnen ihre Gefühle in einen Sinnzusammenhang einzuordnen und bezeichneten ihre erinnerten Affekte als »Scham« und als »instinktiv«.

Das Ideal der kindlichen Unschuld

Scham empfanden ebenso die Eltern, wenn die Kinder von Übergriffen berichteten. Josef Reiser, der Vater der fünfjährigen Monika, setzte seine oben zitierte Aussage fort:

»Ich getraute mich nicht weiter zu fragen, ich weiß nicht einmal, ob das Kind einen Ausdruck für den Geschlechtstheil weiß. Wenn das Kind Wassermachen will sagt es ›popothun‹ und deßhalb habe ich den Ausdruck in meine Bezeichnung aufgenommen.«[126]

Wie Reiser schämten sich die meisten Eltern, ihre Kinder über die näheren Umstände der Tat zu befragen. Zumindest im Rahmen der Eltern-Kind-Beziehung war demnach Sexualität ein tabuisiertes Thema.[127] Die Mutter von Anna Herzig erzählte, eine Nachbarin habe ihr mitgeteilt, daß Josef Kloiber die Anna angepackt hatte. Sie stellte Anna zur Rede, doch diese weinte nur und bat: »geh, sei stad«. Sie, die Mutter, habe sich geniert, weiter nachzuforschen.[128] Die Eltern schämten sich mitunter so sehr, daß sie die Befragung gern dem Gendarmen überließen, wie zum Beispiel der Korbmacher und Postbote Josef Brunner. Seine Tochter Maria habe zu ihm gesagt: »Anpacken hat er mich wollen, ich bin aber davongelaufen.« Diese Antwort genügte dem Vater: »Ich bin dann nicht weiter in das Kind gedrungen u. habe das übrige dem Sergeanten überlassen.«[129]

Die Scham der Eltern resultierte möglicherweise aus der Angst, mit etwas konfrontiert zu werden, dem sie hilflos gegenüberstanden. Sie fürchteten die Erkenntnis, daß ihrem Kind etwas Unaussprechliches zugestoßen sein könnte. Sie waren es nicht gewohnt, mit ihren Kindern über sexuelle Dinge zu reden. Überdies tat das Ideal der kindlichen Unschuld, das im juristisch-medizinischen Diskurs zentral war, auch in der ländlichen Gesellschaft seine Wirkung: Zumindest vor Gericht betonten viele Eltern ihre Bemühungen, ihr Kind vor der Konfrontation mit allem Sexuellen zu »bewahren«. Für sie war die Erkenntnis, daß ihr Kind mißbraucht worden war, schockierend. Einige Eltern beschrieben ihr Erschrecken bei der Erzählung des Kindes. Dieser Schreck hing nicht nur damit zusammen, daß das Kind entehrt oder verletzt worden war, sondern daß es überhaupt mit Sexualität in Berührung gekommen war und sexuelles Wissen zeigte. So wurde die Bäuerin Magdalene Odorfer aufmerksam, als ihr sechsjähriger Sohn vom »stopfeln« redete. Der Gendarm hielt in seiner Anzeige fest: »Die Magdalene Odorfer erschrak ganz über die Äußerungen ihres sechsjährigen Kindes u. fragte den Kleinen wo er dieses Wort gehört hat.«[130] Auch die 28jährige Lokomotivführersfrau Julie Huber wurde durch eine Äußerung ihres kleinen Sohnes alarmiert:

»Vor einigen Monaten machte mein achtjähriger Sohn Johann die Äußerung, Josef Trackner, der Bruder des Karl Trackner, habe ihm mitgeteilt, wenn man da, wo er herauspisse, reibe, ein Schleim herauskomme (...). Ich traute meinen Ohren nicht, solche Äußerungen von Kindern zu vernehmen. Mein Sohn Johann sagte dann weiter, wenn man es bei den Mädchen mache, gebe es auch einen Schleim u. daraus entstehen die kleinen Kinder. Er wolle es mit der Lina auch so machen. Aus diesen Äußerungen, welche von meinem Sohn in aller Unschuld gemacht wurden, machte ich meine Schlußfolgerung, daß Karl Trackner die Kinder verderbe.«[131]

Andreas Vitzner klagte gegenüber einem Bekannten, daß »der Wirt seine Maria, für ein Mensch hergerichtet habe, daß sie gar nicht mehr zu richten sei«.[132] Die Tante der 13jährigen Viktoria Ertl, die ihre Nichte nach dem Tod von deren Eltern versorgte, hörte von anderen Leuten, daß Viktoria im Dienst in Bernwied mit verschiedenen Männern »zu tun« gehabt habe. Viktoria war von einem Knecht und von ihrem Dienstherrn Seitz sexuell ausgebeutet worden. Ihre Tante warf dem Seitz nun vor, daß Viktoria in seinem Dienst »recht verdorben« sei.[133] Die Eltern benutzten hier dieselbe Sprache wie viele Juristen: Ein Kind, das zu früh mit Sexualität in Berührung kam, wurde moralisch »verdorben«. Auch eine andere Mutter erklärte, daß sie ihr Kind nicht mit dem Thema Sexualität konfrontieren wollte: Ihre Tochter habe ihr erzählt, der Pfarrer habe sie »auf den Arsch gehaut«. Weiter mochte sie nicht nachfragen, »um sie auf solche Dinge nicht aufmerksam zu machen«.[134] Zwar konnte das Ideal der kindlichen Unschuld in der ländlichen Gesellschaft nicht immer aufrechterhalten werden. Die Kinder bekamen im Alltag einiges mit, und wie wir gesehen haben, waren Gespräche unter Kindern und Jugendlichen über Sexualität nicht ungewöhnlich. Als Norm jedoch bestimmte die »Reinheit« der Kinder durchaus den Umgang der Erwachsenen mit ihnen.

Daher findet sich in den Akten häufig die Auffassung, daß Kinder vor zu frühem Kontakt mit Sexualität und damit zusammenhängendem Wissen »bewahrt« werden müßten. Einer Mutter wurde vorgeworfen, daß sie ein Hebammenbuch besessen und ihren Mädchen daraus vorgelesen habe.[135] Über eine andere Mutter erzählten das Dienstmädchen und die Waschfrau, sie habe unvorsichtig mit ihrer Tochter geredet, mit ihr übers Verloben und Heiraten gesprochen. Franziska wisse auch schon, woher die Kinder kommen, die bringe nicht der Storch.[136] Die Mutter wurde vom Untersuchungsrichter auf diese Gerüchte hin befragt und erklärte: »Was sie verfängliches sagte, war kindliches Geschwätz, von dem man nicht glauben könnte, daß es noch vor Gericht kommt.« Franziska habe in der Tat einmal gesagt, sie wisse jetzt, woher die Kinder kämen: »die Frau werde immer dicker, auf einmal platze sie und das Kind sei da.« Trotzdem glaube sie durchaus an den Storch: Vor einiger Zeit habe sie einmal gefragt, woran man erkenne, ob das Baby ein Junge oder ein Mädchen sei. Darauf antwortete die Mutter, der Storch hänge den Kindern einen Zettel an, und Franziska war es zufrieden. Hier wurden also Sexuelles tabuisiert sowie Nichtwissen und damit auch Scham aktiv hergestellt.

Vor Gericht schließlich konnte das »Wissen« des Kindes über Sexualität durchaus ins Gewicht fallen. Die fünfjährige Kreszenz offenbarte verbotenes Wissen, als sie dem Richter erklärte, sie habe schon von ihrer Schwester und anderen Kindern erfahren, was »stopfeln« ist. Was sie darunter verstand, ist im Protokoll jedoch nicht erwähnt. Für den Richter war Kreszenz' »Wissen« ein Grund, die Strafe für den (jugendlichen) Täter zu mildern, da das Mädchen »nicht mehr ganz unverdorben« gewesen sei.[137] Eine andere Auffassung äußerte ein Kollege (ebenfalls am Landgericht Deggendorf) im Fall der elfjährigen Rosina. Sie hatte sich mit den Worten gewehrt: »Davon bekomme man einen großen Bauch.« Der Richter meinte, dies spreche nicht gegen sie, »da diese Äusserung, welche sie glaubhaft durch ein früheres Gespräch mit ihrer älteren Schwester erklärt, noch lange nicht auf sittliche Verdorbenheit des 11jährigen Kindes schließen (...) läßt«.[138]

Die Mädchen sollten so lange wie möglich in einer »glücklichen vollkommenen Unwissenheit«[139] und in »kindlicher Unschuld« verbleiben. Anne-Marie Sohn schließt aus der Unwissenheit der Kinder in den von ihr untersuchten Akten, daß Schweigen und Unwissenheit als Garanten der Tugend gesehen wurden: »So entsteht die Vision der ›unschuldigen‹ Kindheit, die vor frühreifer Sexualität bewahrt werden muß, und das bei lebendigem Glauben an die Sündhaftigkeit des Fleisches.«[140] An dieser Stelle also treffen sich bürgerliche Moralvorstellungen und ländliche Erziehungspraktiken: Die Vorstellung, Kinder würden durch zu frühzeitigen Kontakt mit Sexualität und sexuellem Wissen »verdorben«, ihr sexuelles Begehren zu früh geweckt, war allgemein verbreitet. Sie führte zur strafrechtlichen Verfolgung der »unzüchtigen Handlungen an Kindern«,[141] zugleich aber zu einem schamhaften Fortsehen und Nichtwissenwollen.

X. Reden und Schweigen im Dorf

In der gegenwärtigen Literatur über die sexuelle Ausbeutung von Kindern wird oft die These vertreten, jahrhundertelang seien solche Übergriffe toleriert und totgeschwiegen worden, das soziale Umfeld, die Familie und die Gesellschaft hätten die Täter geschützt und das Leid der Opfer verleugnet.[1] Zumindest für das 19. Jahrhundert gilt dies nicht pauschal. Die sexuelle Ausbeutung von Kindern wurde rechtlich unter Strafe gestellt, und Ärzte und Juristen thematisierten die Folgen sexueller Übergriffe für die Opfer – dennoch fand zugleich, wie Kapitel VI gezeigt hat, eine Verleugnung der Ausmaße und Auswirkungen sexueller Ausbeutung und eine Stigmatisierung der Opfer statt. Die Auswertung der Akten soll nun Antworten auf die Frage ermöglichen, wie im Alltag mit sexuellen Übergriffen auf Kinder umgegangen, wie sie beurteilt wurden. Untersucht werden die Reaktionen des sozialen Umfeldes von Täter und Opfer, zuerst das Handeln der Eltern, deren Kind Opfer eines sexuellen Übergriffes wurde, dann die Reaktionen der Dorfgemeinschaft.

1. Die Reaktionen der Eltern: Informelle Wege

Die Anzeige ist »die Übergabe eines Individuums aus der Obhut der informellen sozialen Kontrolle an die offiziellen strafrechtlichen Instanzen«. Damit wird der Ausschluß des Individuums aus der Gruppe besiegelt. Eine Alternative zur Anzeige ist die informelle soziale Kontrolle durch »Beugungsmaßnahmen«.[2] In den hier untersuchten Akten erstatteten in 43 von 169 Fällen die Eltern selbst Anzeige bei der Gendarmerie, viele jedoch erst nach einem Jahr oder später. Nur in 28 dieser Fälle erfolgte die Anzeige unmittelbar, nachdem die Eltern von der Tat erfahren hatten. Meist handelte es sich dabei um einmalige, einem Notzuchtsversuch entsprechende Übergriffe, teils durch Fremde (in zehn Fällen), teils durch Bekannte (in 16 Fällen), wobei sich aus den Akten der Eindruck ergibt, daß die Täter und die Eltern der Kinder in diesen Fällen nicht näher miteinander in Kontakt standen.[3]

Der Täter stand in den angezeigten Fällen meist sozial niedriger als die Eltern des Opfers, war vorbestraft und schlecht beleumundet oder fremd. So hatte ein Gemeindearmer die Pflegetochter eines Gütlerehepaares mißbraucht, ein Kutscher, der erst seit kurzem im Ort in Stellung war, eine Gastwirtstochter und ein »ortsbekannter Sozialdemokrat«, dem allerlei Untaten nachgesagt wurden, die Tochter des Großherzoglichen Jagdgehilfen.[4] In einigen Fällen war der Täter ein Taglöhner oder Dienstknecht, das Kind die Tochter eines Gütlers oder Bauern.[5] In zwei der angezeigten Fälle hatte der Täter bei den Eltern der betroffenen Kinder in Logis gestanden und als Taglöhner für sie gearbeitet.[6]

Mitunter schwiegen die Eltern anfangs, gingen aber später doch zur Gendarmerie. So zeigte ein Bauer seinen ehemaligen Knecht erst eineinhalb Jahre, nachdem dieser die Tochter des Bauern zu vergewaltigen versucht hatte, an. Der Vater erklärte dem Gendarmen, daß er bisher aus Angst geschwiegen habe, doch habe Aumüller in jüngster Zeit einige Gewalttaten verübt – deshalb zeige er, Wirtz, auch diese Tat endlich an.[7] Vielleicht ließen Aumüllers kürzliche Vergehen die Geschichte glaubwürdiger erscheinen. Vielleicht auch sah Wirtz die nachgewiesene Gewalttätigkeit Aumüllers als Rechtfertigung, ihn wegen des Angriffs auf seine Tochter verurteilen zu lassen – überdies war es nun nicht Wirtz selbst, der Aumüller ins Gefängnis brachte. Der Postbote Brunner teilte ebenfalls erst ein Jahr nach der Tat dem Gendarmen den Angriff auf seine Tochter mit, da der Täter inzwischen wegen eines anderen »Sittlichkeitsverbrechens« verhaftet worden war.[8] Der Bauer Franz Wild hatte seinen Knecht Aigner zwar sofort aus dem Dienst entlassen, als er erfuhr, daß dieser einen sexuellen Übergriff auf seine Tochter verübt hatte. Er zeigte ihn jedoch erst ein Jahr später an, als Aigner über ihn verbreitete, er habe gestohlenen Weizen gekauft.[9] Die Anzeige stellt sich in diesem Fall als Vergeltung für eine Beleidigung dar – Streit war häufig der endgültige Auslöser für die Anzeige. Oft wurden jedoch statt der Anzeige andere Sanktionsformen bevorzugt. Betrachtet man allein die Zahlen, könnte der Eindruck entstehen, daß sexuelle Übergriffe von den Eltern nicht sehr ernst genommen wurden. Geht man jedoch dem Verhalten der Eltern genauer auf den Grund, ergibt sich ein anderes Bild.

Der erste Weg führte die Eltern selten zur Gendarmerie, vielmehr versuchten sie, die Regelung der Angelegenheit selbst in die Hand zu nehmen und den Täter zur Rede zu stellen.[10] Die 13 Jahre alte Maria Hofmann kam an einem Spätnachmittag im Dezember 1880 weinend vom Holzsammeln im Wald nach Hause und erzählte dem Vater, daß ein Bursche sie überfallen habe. Der Vater war daraufhin »ganz wüthend und wollte den Burschen, von dem wir vermutheten, daß er beim Kramerswirthe sei, aufsuchen und schlagen. Ich hielt ihn hiervon ab«, erklärte die Mutter. Statt dessen ging sie selbst mit ihrer Tochter zum Wirtshaus, ließ sie durchs Fenster spähen und sich den Burschen zeigen, der tatsächlich im Wirtshaus saß. Sie stellte ihn gemeinsam mit dem Wirt zur Rede.[11] Auch die Eltern der dreijährigen Katharina Prell wandten sich nicht an den Gendarmen. Das Mädchen hatte ihnen erzählt, daß der Gemeindearme Zellermaier sie auf seinen Schoß genommen und ihr mit dem »Bodler« wehgetan habe. Sie waren nach eigener Aussage schockiert, zeigten jedoch die Tat nicht an. Der Gendarm berichtete, er habe durch das Gerede der Leute von dem Verbrechen erfahren; die Mutter habe sich damit begnügt, den Zellermaier zur Rede zu stellen und »tüchtig zu schimpfen«.[12] In einem weiteren Fall erzählte ein Mädchen ihrer Mutter, der Egler habe ihr gerade sein »Pfeiferl« gezeigt. Daraufhin beschimpfte ihn die Bäuerin: »Du Saukerl, du unverschämter, was hast denn mit dem Mädl gethan.«[13]

Viele Eltern wandten sich an die dörflichen Autoritäten, den Bürgermeister, den Pfarrer oder – wenn Schulkinder betroffen waren – den Lehrer. Der Bürgermeister war der traditionelle Ansprechpartner bei Konflikten etwa zwischen Bauer und Gesinde. In den Akten kommen zwei Fälle vor, in denen jeweils ein Bauer den Bürgermeister bat, ihm den Knecht, der seine Tochter mißbraucht hatte, »auszuschaffen«.[14] Der Gütler Hoerl ließ seinem Nachbarn Weinbauer, der ein Verhältnis mit Hoerls Ehefrau unterhielt und außerdem versucht hatte, die Tochter des Hoerl zu vergewaltigen, durch den Bürgermeister den Umgang mit seiner Frau und sein Haus verbieten.[15] Ein ebenso wichtiger Ansprechpartner wie der Bürgermeister war der Pfarrer. Der Pfarrer »konnte als Berater in allen Lebenslagen aufgesucht werden«.[16] Die Mutter der 10jährigen Anna Dandl wandte sich zuerst an den Pfarrer und berichtete ihm »weinend und in großer Aufregung«, daß ihre Tochter »genotzüchtigt« worden sei. Der Priester erfüllte seine Aufgabe als Seelsorger und besuchte Anna im Haus ihrer Eltern, befragte sie jedoch nicht hinsichtlich der Tat.[17] Oftmals freilich verhörte der Pfarrer, vor allem in seiner Funktion als Lokalschulinspektor, das betreffende Kind und meldete die Tat an den Gendarmen oder die Staatsanwaltschaft weiter.[18] Eine Mutter schließlich zeigte die Tat beim Lehrer an. Dieser verhörte gemeinsam mit dem Lokalschulinspektor die Kinder, und letzerer schickte sein Vernehmungsprotokoll an die Staatsanwaltschaft.[19] Lokalschulinspektor und Lehrer arbeiteten also in solchen Fällen der Staatsanwaltschaft zu. Sie erfüllten damit ihre Pflicht, die »sittliche Reinheit der Schuljugend« zu wahren.

Mitunter berichteten die Eltern zwar dem Gendarmen von der Tat, wollten aber keine gerichtliche Verfolgung des Täters, sondern lediglich weitere Vorkommnisse verhindern.[20] Da jedoch 1876 das Delikt der »unzüchtigen Handlungen an Kindern« vom Antrags- in ein Offizialdelikt umgewandelt wurde, war der Gendarm in einem solchen Fall verpflichtet, die Tat zu untersuchen und der Staatsanwaltschaft anzuzeigen. In den Fällen, die vor 1876 liegen, verzichteten die Eltern teilweise auf den Strafantrag. Walburga Eisenreich erklärte vor dem Untersuchungsrichter: »Ich überlasse es dem Gerichte, den Biermaier (...) zu strafen oder nicht u. will ich keinen Strafantrag stellen.«[21] Der Strafantrag wurde als eigenständige Aktivität aufgefaßt, mit der man Verantwortung für die Bestrafung des Täters übernahm.[22] Die Entscheidung über den Strafantrag stand allerdings dem Vater zu, der ihn in diesem Fall auch stellte. In einem anderen Fall war es umgekehrt: Der Vater wollte die Bestrafung des Täters verhindern, indem er einen Strafantrag ablehnte und erklärte, die ganze Geschichte beruhe nur auf bösen Gerüchten. Dazu bemerkte der Gendarm: »Johann Klein lebt jedoch schon seit längerer Zeit von seiner Familie getrennt u. kümmert sich um dieselbe überhaupt nicht.« Die Mutter dagegen stellte einen Strafantrag; dies reichte jedoch nicht aus, und so wurde, da der Vater bereits längere Zeit von der Familie getrennt lebte, ein Vormund bestellt, der sofort Strafantrag erstattete.[23]

War der Täter sehr jung, waren die Eltern des betroffenen Mädchens oft bereit, auf eine Anzeige zu verzichten und sich mit einer Entschuldigung zu begnügen. Hier hing viel von dem Verhalten des Jungen – und seiner Eltern – nach der Tat ab. Der 15 Jahre alte Johann Reisbacher hatte die Tochter seines Dienstherrn Hoefler mißbraucht. Hoefler wollte Johann nun in Gegenwart von dessen Vater, der ebenfalls bei ihm in Dienst stand, zur Rede stellen, »welch letzterer aber gleich aufzubegehren begann, so daß von einer ruhigen Besprechung der Sache keine Rede mehr war«. Johanns Vater verließ daraufhin den Dienst, den Sohn jagte Hoefler am nächsten Tag fort und erstattete Anzeige.[24] Dem Angriff auf die Ehre der Tochter war hier statt einer Entschuldigung und Sühne die Beleidigung des Vaters gefolgt, so daß Hoefler seine Ehre durch eine Anzeige verteidigte.

Ähnlich erging es dem Pflegevater der kleinen Rosina, Nepomuk Huber. Als das Mädchen zitternd und weinend nach Hause kam und erzählte, der Mayer habe sie angepackt, begab sich ihr Pflegevater sofort in den Wald, um Mayer zu suchen. Er traf ihn in Begleitung seiner Mutter an und stellte ihn zur Rede. Mayer aber leugnete, und die Mutter behauptete, ihr Sohn sei die ganze Zeit bei ihr gewesen. »Sie hat mich hierauf so fürchterlich geschimpft, wie mir dieses noch nie passiert ist u. habe ich deßhalb Anzeige erstattet«, erklärte der Pflegevater.[25] In einem dritten Fall dagegen bat der jugendliche Täter den Vater des Mädchens »mit aufgehobenen Händen kniend um Verzeihung«, und der Vater verzichtete auf eine Anzeige. Allerdings zeigte später ein Nachbar die Tat an.[26]

Vergehen von jugendlichen Tätern regelte man bevorzugt im privaten Bereich und griff zu den üblichen Formen der Bestrafung, vor allem zur körperlichen Züchtigung.[27] Die Jugend nahm im Dorf eine Sonderstellung ein: »zwischen voller Abhängigkeit und voller Verantwortung, zwischen dem Erlernen und dem Praktizieren der soziokulturellen Regeln war man temporär und partiell von diesen Regeln freigestellt«. Jugendliches »abweichendes« Verhalten wurde bis zu einem gewissen Grad toleriert.[28] Freilich war wichtig, daß der Junge korrektive Maßnahmen ergriff, also Reue zeigte und sich entschuldigte.

Manche Eltern beschlossen, niemandem von dem Vorfall zu erzählen, um den Ruf ihrer Tochter zu retten. Eine Mutter erklärte, sie habe zunächst ihrem Mann das Geschehene mitgeteilt, »u. beschlossen wir, davon Niemandem etwas zu sagen; auch meiner Tochter Katharina habe ich aufgetragen, ihren Mitschülerinnen nichts zu erzählen, damit sie nicht beschämt würde«.[29] Ähnlich reagierte Maria Bräuer, als ihre Tochter ihr erzählte, der Schmied habe ihr das »Unkeusche« gezeigt: »Ich habe mich natürlich über die Schweinerei des Hauser geärgert, habe meine Tochter auch nicht weiter ausgefragt u. ihr auch gesagt, sie solle weiter nicht mehr darüber reden.«[30] In einem anderen Fall berichtete der Gendarm:

»Die Holblschen genierten sich zuerst die Sache bei der Gendarmerie anzuzeigen. Doch nachdem die Kinder doch schon so groß und verständnisvoll sind, daß sie diese Sache im Kopfe behalten, entschloß sich die Margarete Holbl den Hofer der gesetzlichen Sühne zuzuführen.«

Außerdem hätten die Kinder die Sache weitererzählt, und unter den Arbeitern in der Glashütte sei sie längst publik geworden. Die Mutter hatte zunächst in einem Brief Geld von dem Täter verlangt, doch erklärte sie dem Gendarmen: »Sie hätte den Brief nicht geschrieben wenn sie sich von allem Anfang bewußt gewesen wäre, daß die Sache doch in die Öffentlichkeit kommt.«[31]

In diesen Fällen schwiegen die Eltern, um nicht ins Gerede zu kommen.[32] Im Fall der 15jährigen Cäzilie, die von ihrem Dienstherrn vergewaltigt wurde,[33] schuldeten die Eltern dem Bauern eine größere Summe Geldes, da sie ihm erst kürzlich ein Anwesen abgekauft hatten. Sie erstatteten daher zunächst keine Anzeige, sondern versuchten, die Sache mit Linseder zu bereden. Linseder bot ihnen 20 Mark, doch der Vater lehnte ab. Er gab indes zu: »Da ich wieder zu verkaufen beabsichtige, hätte ich geschwiegen bis ich von Linseder frei gewesen wäre, wenn er eine anständige Entschädigung dem Mädchen geboten hätte.« Der gebotene Betrag aber war zu niedrig, daher ersuchte Englhard seinen Bruder, für ihn Anzeige zu erstatten. Englhard scheute sich offensichtlich, persönlich zur Gendarmerie zu gehen, entweder aus Scham oder um nicht die volle Verantwortung für die Anzeige übernehmen zu müssen.

Auch der Zimmermann Matthias Stern war bereit, für eine entsprechende Entschädigung die »Sache« ruhen zu lassen. Zunächst wollte er, wie er aussagte, nicht zur Gendarmerie gehen, da die Leute im Dorf ihm abrieten. Als er jedoch hörte, daß Radl ihn wegen Ehrenkränkung verklagen wolle, erstattete er Anzeige. Darauf fragte Radl ihn, was er verlange, wenn er die Anzeige zurückziehe. »ich habe ihm entgegnet, was soll ich wegen der Ehre verlangen, ich thäte es nicht um 600 Mark, er hat mir dann auch 100 Mark versprochen, wenn aus der Sache nichts würde.« Nun willigte Stern ein, mit dem Kommandanten zu reden, aber dieser konnte die Anzeige nicht mehr zurücknehmen.[34] Die »Ehre« war anscheinend durchaus in Geld aufzuwiegen. Die sechs Mark, die der Knecht Förstl seinem ehemaligen Dienstherrn vom Lohn nachlassen wollte, reichten allerdings nicht aus.[35] Waren die Eltern aber bei dem Täter verschuldet, hatte das Geldangebot einen ganz anderen Charakter. Rosina Köppl widerrief ihre erste Aussage, der Müller Ecker habe ihr den Finger in die »Scham« gesteckt, daß sie geblutet habe, und behauptete nun, er habe ihr unter die Röcke gegriffen, sei aber über das Knie nicht hinausgekommen. Später gab Rosinas Mutter dem Gendarmen gegenüber zu, daß Ecker bei ihr gewesen war und sie abgemacht hätten, »wie das Mädchen aussagen soll, daß es dem Ecker am leichtesten durchgeht«.[36]

War der Täter ein Verwandter, verboten die Eltern dem Kind meist, vor Gericht auszusagen, wie im folgenden Fall: Durch Gerüchte erfuhr der Lehrer, daß Jakob Freymuth drei Schulmädchen sexuell belästigt hatte. Er teilte dies dem Stationskommandanten mit, welcher zunächst Katharina Freymuth vernahm. Diese erklärte, ihr Cousin – die Mütter von Katharina und Jakob Freymuth waren Schwestern – »gehe« ihr schon seit drei bis vier Jahren nach. Nachdem daraufhin Katharinas Vormund Strafantrag gestellt hatte, erzählte ihre Mutter im Dorf herum, daß hinter der ganzen Sache nichts sei und der Kommandant das Mädchen erst darauf gebracht habe. Vor dem Untersuchungsrichter bezeichnete sie das Gerede im Dorf als unwahr. Katharina selbst widerrief in ihrer Vernehmung die Angaben, die sie dem Lehrer und dem Kommandanten gegenüber gemacht hatte. Offensichtlich wurde sie von ihrer Mutter angehalten, nicht gegen Jakob Freymuth auszusagen. Dies bestätigte ein Mädchen, das gehört hatte, wie Katharinas Mutter ihrer Tochter verbot, etwas über die Sache zu sagen.[37]

In einem anderen Fall aus dem Jahre 1875 versuchte der Bruder ihres Stiefvaters, die elfjährige Theres Würf zu vergewaltigen. Da er sein Glied nicht in die Scheide einführen konnte, schnitt er mit einem Messer in die Vulva des Mädchens, flüchtete aber sofort, als er sah, daß das Kind stark blutete. Sobald die Mutter nach Hause kam, rief sie einige Nachbarinnen herbei, die ihr halfen, das Blut zu stillen. »Als mein Stiefvater heimgekommen ist, hat er darüber aufbegehrt, daß meine Mutter jemand fremden herbeigerufen hat«, berichtete Theres. Der Stiefvater wollte, um seinen Bruder zu schützen, vermeiden, daß die Sache bekannt wurde. Thereses Mutter jedoch sorgte sich um ihre Tochter. Dem Gendarmen gegenüber äußerte sie, es wäre ihr ganz recht, wenn der Xaver für ein Jahr eingesperrt würde.[33] Der Konflikt spitzte sich zu, als Theres erneut stark blutete und die Mutter wiederum die Nachbarinnen um Hilfe bat. Als ihr Ehemann dazukam »hat er mit der Mutter wieder gezankt und gesagt, daß er uns mit der Hacke erschlagen werde, wenn die Mutter noch einmal fremde Leute kommen lasse«, so Thereses Aussage. Die Mutter erklärte, ihrem Ehemann sei die Sache zuwider gewesen, weil es ihm nicht gleichgültig sein konnte, daß sein Bruder so etwas getan habe. Deshalb habe er sie angewiesen, über die Sache nicht herumzuschwätzen, ohne ihr direkt zu verbieten, Anzeige zu erstatten. Hielt also der Stiefvater von Theres vor allem zu seinem Bruder, war Theres' leibliche Mutter um ihr Kind besorgt – ein Fall, der die Schwierigkeiten und Konfliktlinien in den um die Jahrhundertwende sehr häufigen Stieffamilien verdeutlicht.[39] Überdies zeigen dieses und die vorhergehenden Beispiele, daß man innerhalb der Familie zusammenhielt: Denn jeder trug mit seiner Arbeit zum Unterhalt bei, und somit war auch jeder von jedem abhängig.[40]

Neben Loyalität gegenüber dem Täter, familiären Bindungen und Scham hielt Furcht manche Eltern davon ab, den Übergriff an die große Glocke zu hängen. In einer Anzeige von 1880 berichtete ein Gendarm, daß Auer die Anna Würzinger »genotzüchtigt« haben soll, daß deren Eltern aber »nichts zu machen wagen«, weil sie den Burschen fürchteten.[41] Auch in einem weiteren Fall fürchtete die Mutter die Gewalttätigkeit des Täters. Hinzu kam hier, daß der Täter der Schwager der Frau war und in ihrem Haus lebte, während ihr Ehemann im Gefängnis saß. Josef Wimmer hatte mehrfach versucht, seine Schwägerin zu vergewaltigen, doch erst, als er ihre fünf Jahre alte Tochter sexuell mißbrauchte, erstattete sie Anzeige. Nachbarn, die Maria Wimmer gegen ihren Schwager unterstützten, drohte Josef Wimmer mit Brandstiftung.[42] Nach einer solchen Drohung hatte sicher nicht nur Maria Wimmer ein Interesse, ihren Schwager strafrechtlich verfolgen zu lassen, sondern die gesamte Dorfgemeinschaft.[43]

Wurde ein Vorfall im Dorf bekannt, schalteten sich die übrigen Dorfbewohner ein und rieten den Eltern auch ungefragt, wie sie sich verhalten sollten. Eine Mutter erklärte, sie hätte die Tat wohl angezeigt: »allein die

Leute in Lichteneck haben sie davon abgeredet und weil sie auch in der Logie beim Müller sind wollte sie nichts davon sagen«, berichtete der Gendarm dem Staatsanwalt.[44] Der Maurer Franz Albrecht schilderte ähnliche Erfahrungen: »Ich habe im Einvernehmen mit meiner Frau eine Anzeige gegen Ortner nicht erstattet, zumal mir auch andere Dorfbewohner (...) davon abrieten.« So war die Wirtin Bauer der Meinung, Albrecht solle dem Ortner lieber ein paar »Watschen« geben statt ihn anzuzeigen.[45] Der Gütler Vitzner wurde von vielen Gemeindemitgliedern gebeten, dem Wirt Ziegler zu helfen, der beschuldigt war, Vitzners Tochter mißbraucht zu haben. Vitzner rechtfertigte sich mit der Behauptung, der Wirt sei nicht ihretwegen in Untersuchung.[46]

Eine Anzeige war also keine reine »Privatsache«, sondern Gegenstand der dörflichen Regulation. Dies zeigen auch die vielen Fälle, in denen sich die Eltern zunächst an die dörflichen oder gemeindlichen Autoritäten wandten. Nicht immer rieten jedoch die Bekannten von der Anzeige ab. Da der sexuelle Mißbrauch der Tochter den Vater in seiner Ehre traf, konnte die Anzeige zur Wiederherstellung der Ehre wichtig sein. Anton Gessler teilte mit, er habe durch einen Bekannten von dem Übergriff auf seine Tochter erfahren. Dieser habe ihm geraten: »ich müsse die Sache anzeigen, weil ich sonst selbst schlecht dastehen würde«.[47] Wenn nicht mit einer Anzeige, so mußte der Vater wenigstens auf andere Weise reagieren, wenn ein Mann seiner Tochter die Ehre genommen hatte. Josef Maier wurde im Wirtshaus gefragt, »wie ich so schlecht sein könne, und mit dem Hausschmidt gehen möge (...) und wurde mir dann erst gesagt, daß derselbe die genannte Anna [Maiers Stieftochter] genothzüchtigt habe«.[48] In jedem Fall mußte eine öffentliche Reaktion erfolgen, etwa die Beschimpfung des Täters vor Zeugen. Sie konnte überdies als Prüfung dienen – blieb der Beschimpfte still, glich dies einem Geständnis.[49]

Manche Eltern erklärten, daß sie den Täter nicht ins Gefängnis bringen wollten. Eine Mutter äußerte gegenüber einer Nachbarin, sie wolle dem Beschuldigten gern helfen, aus Mitleid mit seiner Frau und seinen Kindern, doch sie müsse vor Gericht nun einmal die Wahrheit sagen.[50] Ein Grund für das »Mitleid« und den Wunsch vieler Gemeindemitglieder, dem Täter zu helfen, war materieller Natur. Wenn der Ernährer ins Gefängnis kam, mußte die Gemeinde den Unterhalt für dessen Frau und Kinder übernehmen. Eine Mutter erläuterte:

»[Ich] mochte ihm nichts vorhalten, und auch eine Anzeige wollten ich und mein Mann nicht erstatten, weil wenn Hausschmidt eingesperrt würde, dessen Frau mit ihren fünf kleinen Kindern der Gemeinde zur Last fallen würde.«[51]

Obwohl die Eltern meist verärgert und erschrocken waren, wenn sie erfuhren, daß ihr Kind sexuell mißbraucht worden war, hieß dies keineswegs, daß sie den Weg der offiziellen Anzeige beschritten. Oftmals wählten sie traditionelle Formen der Konfliktregelung:[52] Damit blieb der Skandal im Dorf und das Leben der dörflichen Gemeinschaft wurde so wenig wie möglich gestört. Es gab keine fremde, gar »obrigkeitliche« Einmischung, und der Täter wurde nicht aus der Dorfgemeinschaft entfernt – was umso wichtiger war, wenn mehrere Personen von ihm abhingen. Je näher jedoch die Tat einer »Notzucht« kam, desto größer war die Bereitschaft der Eltern, sie bei der Gendarmerie anzuzeigen. Das bedeutet: Ging die Tat mit einem gewissen Maß an körperlicher Gewalt einher, hatte der Täter versucht, den »Beischlaf zu vollziehen«, und war der Täter ein Fremder oder dem Kind und den Eltern nur flüchtig bekannt, dann zeigten die Eltern die Tat mit hoher Wahrscheinlichkeit ohne große Verzögerung an. Gegenüber jugendlichen Tätern waren die Eltern am ehesten bereit, Nachsicht zu üben. Stand der Täter in der sozialen Hierarchie über ihnen, zögerten die Eltern mit der Anzeige, war er dagegen einer ihrer Knechte, gingen sie eher zur Gendarmerie. Die Bereitschaft zur Anzeige hing also von verschiedenen Faktoren ab. Der Wunsch, das beschämende Ereignis zu vertuschen, war oftmals größer als das Verlangen nach einer strafrechtlichen Verfolgung des Täters. Der Verzicht darauf bedeutete freilich nicht immer den Verzicht auf Entschädigung und Wiedergutmachung. Im Vordergrund stand die Notwendigkeit, innerhalb der Dorfgemeinschaft das Gesicht zu wahren.

2. Sanktionen und Gerüchte

Dörfliche Sanktionen und Sozialstruktur

»Unzüchtige Handlungen« an Kindern wurden von der Dorföffentlichkeit keineswegs toleriert.[53] Solche Übergriffe wurden als »Schweinerei« oder »Sauerei« bezeichnet, oder man umschrieb sie als »solche Sachen treiben«. Der Täter wurde als »Sauteufel«, »Saukerl« oder »Mistkerl« tituliert. Man begegnete ihm häufig mit Unverständnis. Zuweilen fragte etwa der Gendarm den Beschuldigten, wie er dazu käme, sich an Kindern zu vergreifen. Ein Vater warf dem Täter vor, was er sich dabei gedacht habe, »mit einem solchen Kind eine solche Handlung zu treiben«.[54] War von einem Mann bekannt, daß er »so etwas« öfter tat, wurde er als Bedrohung und als Gefahr für die Kinder wahrgenommen. Dies zeigen Äußerungen wie die der 13jährigen Maria Wagner über den Schuster Mathaes, der ihre beiden jüngeren Schwestern sexuell ausgebeutet hatte: »Der Saubär soll sein Maul halten, haben nicht einmal die kleinen Mädchen vor ihm eine Ruhe.«[55] In einem anderen Fall berichtete der Gendarm, wie eine Mutter schimpfte: »Sie nannte hierauf den Vogl einen Saukerl, Gemeindestier, vor dem das Kind in der Wiege nicht einmal sicher sei.«[56]

Wie die Eltern, so waren jedoch auch die Gemeindemitglieder nicht immer zur Anzeige bereit, und einige Täter wurden über Jahre hinweg nicht angezeigt, obwohl im Dorf und der Gemeinde immer wieder Gerüchte auftauchten. Ein Faktor dabei war der Umstand, ob einem Mann eine solche Tat zugetraut wurde. Dies wiederum hing von seiner Stellung im Dorf ab und von seinem Ruf. Je integrierter ein Dorfbewohner war, desto weniger trauten ihm die anderen ein Verbrechen zu. Im Fall eines Schmiedes, der über einige Jahre hinweg mindestens ein Dutzend Mädchen sexuell belästigt hatte, sagte ein Zeuge aus:

»Vor ein paar Jahren ist allerdings einmal die Rede davon gewesen, daß Hauser mit einem Mädel etwas gethan haben soll, aber man hat es nicht geglaubt u. Niemand hat es ihm zugetraut u. ich habe auch nichts ähnliches mehr gehört gehabt.«

Zwei weitere Zeugen äußerten sich in gleicher Weise.[57] Man hielt den Schmied eines solchen Verbrechens nicht für fähig – jedenfalls hatten sich die Zeugen auf diese Lesart geeinigt.

Der Schmied war in den bayerischen Gemeinden zumeist ein geachteter und wohlhabender Mann. Doch nicht nur Berufsstand und Besitz verschafften einer Person einen guten Ruf. Auch eine gute Führung, harte Arbeit und der Status des Einheimischen, der denen zukam, die innerhalb der Gemeinde geboren oder aufgewachsen waren, führten zu einem hervorragenden Leumund.[58] Ein 60 Jahre alter Taglöhner, der die meiste Zeit seines Lebens in ein und demselben Dorf verbracht hatte und daher bei allen gut bekannt war, hatte einen sexuellen Übergriff auf ein achtjähriges Mädchen verübt. Die Gemeindemitglieder, die über seinen Leumund berichten sollten, stellten ihm das beste Zeugnis aus und bescheinigten ihm »ein solides, ruhiges und ordentliches Benehmen«. Im Leumundszeugnis wurde bezweifelt, daß die Anklage auf Wahrheit beruhte, und sein Leumund wurde als »in jeder Beziehung sehr gut« bezeichnet.[59]

Wenngleich in diesem Fall die Zeugen das Alter des Angeklagten nicht erwähnten, könnte es doch eine Rolle gespielt haben. In einem anderen Fall äußerte eine Mutter, »mit Rücksicht auf sein Alter und auf die Scham, welche ihn betroffen hätte«, habe sie zunächst über die Angriffe durch ihren Schwager geschwiegen.[60] Älteren Männern gegenüber wurde also mitunter Nachsicht geübt. Ebenso konnte, wie wir bereits gesehen haben, ein jugendliches Alter dem Angeklagten zu nachsichtiger Behandlung verhelfen, wenn er deutliche Reue zeigte. Außerdem mußte gewährleistet sein, daß die Eltern des betreffenden Jungen diesen bestraften und an die Zügel nahmen. Im Fall des 15jährigen Theodor Hollweg antwortete der Lokalschulinspektor auf eine Anfrage des Staatsanwalts, der Knabe sei aufrichtig. Er bereue sein Vergehen »u. gestand unter Thränen, daß ihn der Vater ›tüchtig durchgehaut‹ u. noch eine solche Lection wäre das Richtige«. Der Pfarrer empfahl eine größtmögliche Milde im Strafmaß. Die Bestrafung durch den Vater wurde als Zeichen dafür gewertet, daß der Knabe die erforderliche Erziehung erhalte, um ihn zu »bessern«.[61]

Eine hohe Stellung im Dorf, die durch Besitz, Arbeitskraft und geographische Herkunft bestimmt war, konnte also eine Anzeige verhindern, ebenso wie ein hohes oder jugendliches Alter zu Nachsicht seitens der Dorfbewohner führen konnten. Einem fleißigen Arbeiter oder einem angesehenen Gemeindemitglied traute man ein Verbrechen im allgemeinen nicht zu und ließ ihm zumindest anfänglich oft die Unterstützung durch die Dorfgemeinschaft zukommen. Als zur Tat fähig wurden entsprechend jene Männer erachtet, um deren Leumund es nicht zum besten stand und die eine Außenseiterposition einnahmen. So berichtete ein Gendarm, daß der Beschuldigte Biermaier einen schlechten Leumund besitze und zur Verübung der Tat durchaus fähig sei.[62] Über einen anderen Täter sagte der Gemeindediener aus: »Er ist arbeitsscheu, auch fremdem Eigentum gefährlich u. was seine Sittlichkeit anlangt, so steht er im ziemlich schlimmen Rufe.« Ihm seien »Unsittlichkeiten« gegen Kinder wohl zuzumuten.

»Arbeiten mag er nicht, und so ergibt er sich dem Müßiggang, dem Bettel u. sonstigen schlechten Handlungen. Seine Mutter selbst (...) hat dem J. F. schon öfter zugeredet, er solle doch die kleinen Mädchen, mit denen er immer gern sich abgab u. scherzte, in Ruhe lassen.«[63]

Jakob Freymuth war also im Dorf für sein »unsittliches« Verhalten bekannt, er wurde überdies als Dieb verdächtigt, bettelte und galt als arbeitsscheu.[64] Dies war gewiß ein Grund dafür, daß die Gerüchte über den »unzüchtigen« Angriff auf drei Mädchen schließlich bis zum Gendarmen vordrangen. Ähnlich verhielt es sich im Fall des Kleinbauern Michael Müller. Sein Ruf war schon deshalb nicht ungetrübt, weil sein Anwesen hoch verschuldet war. Ausschlaggebend dafür, daß ihm die Tat zugetraut wurde, war freilich sein schlechter Leumund. Der Gendarm berichtete:

»In sittlicher Beziehung ist Müller als ganz verkommener Mensch bekannt, hat außer der Ehe schon Kinder gezeugt und sagten mehrere Bewohner von Lichteneck als das Gerede gegangen daß Müller an den Kindern unzüchtige Handlungen verübt, daß er zu derlei Handlungen fähig ist.«[65]

Über den Kloiber war dem Bericht des Gendarmen nach schon länger bekannt, daß er an kleinen Mädchen »Unsittlichkeiten« beging. Die Kinder hätten sich vor ihm gefürchtet, und die Eltern hätten sich gesorgt, wenn Kloiber bei ihnen zur Kost gewesen sei. Kloiber war Gemeindearmer,[66] die »Sorge« der Eltern kann daher aus dem allgemeinen Vorbehalt erwachsen sein, der im Dorf den »Quartier-Leuten« gegenüber herrschte. Max Bauer schilderte sie als ehemalige Dienstboten, die von Anwesen zu Anwesen gereicht wurden: »Man machte einen Bogen um sie und wich ihnen aus so gut es ging, gab ihnen zu Essen, gewährte ihnen dürftiges Nachtlager und war froh, sie wieder aus dem Haus zu haben.«[67] Im Fall des Kloiber konnte der Gendarm allerdings keine speziellen Handlungen feststellen, da die Leute, um, wie er vermutete, nicht der öffentlichen Schande ausgesetzt zu sein, nichts sagen wollten.[68]

Besonders schlecht zu sprechen waren die Gemeindemitglieder auf den Täter, wenn ein Vertrauensbruch stattgefunden hatte. Dies war zum Beispiel der Fall, wenn ein Knecht die Tochter seines Dienstherrn mißbrauchte. Hier kam noch die Mißachtung der sozialen Hierarchie hinzu. Doch auch wenn umgekehrt ein Bauer einen Übergriff auf seine Magd verübte, war dies ein schwerer Verstoß gegen die Regeln der ländlichen Gesellschaft.[69] Die Dienstboten gehörten zur Familie, sie unterstanden der Gewalt des Hausherrn, partizipierten aber auch an der sozialen Sicherung. Wie die Familienbeziehungen war das Verhältnis zu den Dienstboten stark brauchnormiert. Der häusliche Alltag war geformt durch »sozial gebundene und gebotene Muster. Weder Bauer noch Knecht konnten sie angesichts einer stets wachen und sanktionsbereiten Nachbarschaft ignorieren.«[70] Obwohl die patriarchalische Auffassung des Dienstbotenverhältnisses in der zweiten Hälfte des 19. Jahrhunderts an Bedeutung verlor, trug der Bauer immer noch die Verantwortung für seine jugendlichen Dienstboten. Ein Bauer, der seine Magd mißbrauchte, mußte mit Mißbilligung rechnen. So klagte eine Mutter: »da schicke man die Kinder an einen Platz, weil man glaube, daß sie dort gut aufgehoben seien, u. so ein Stier richte sie dann für sich selber ab.«[71] Sie beschwerte sich darüber, daß sie dem Bauern vertraut hatte, während dieser seine Autorität als Dienstherr mißbrauchte. Die »sittliche Gefährdung« der jungen Mägde war den Eltern durchaus bewußt. Sie gaben daher ihre Töchter – im Gegensatz zu den Söhnen – nicht zu weit entfernt in den Dienst, am liebsten zu Verwandten oder Paten.[72]

Gerüchte als Mittel dörflicher Sozialkontrolle

Die Leute im Dorf nahmen regen Anteil am Geschehen, vor allem wenn mehrere Mädchen betroffen waren oder der Verdächtige eine besondere Position in der Gemeinde innehatte. Solche Fälle riefen einen regelrechten Skandal in der Gemeinde hervor, sie wurden überall besprochen und führten zu einer wahren Flut von Gerüchten. Das Reden und das Schweigen, das Nichtwissen oder Nichtwissenwollen entschieden oft darüber, ob der

Täter »durch die interne Justiz des Geredes im Dorf an die außerdörfliche Instanz der Justiz weiterverwiesen bzw. ausgeliefert«[73] wurde. Kam es schließlich zu einer Anzeige, war das Gerede um so wichtiger, denn es wurde zur Informationsquelle für die Gendarmerie. Wenn die Fälle nach der Anzeige, wie Gendarm oder Pfarrer oft besorgt konstatierten, zum öffentlichen Gesprächsgegenstand wurden, dann nicht aus voyeuristischem Vergnügen. Die Dörfler verständigten sich im Vorfeld der Verhandlung darüber, ob der Angeklagte schuldig oder unschuldig sei, und man beriet, wie Zeugen auszusagen hätten oder ob und wie man dem Angeklagten helfen solle.[74] Dabei waren sich die Dorfbewohner und Gemeindemitglieder nicht immer einig, und es kam zu »Feindschaften« und Auseinandersetzungen bis hin zu Handgreiflichkeiten. Ein Gendarm konstatierte: »Es will sich niemand gern als Zeuge einlassen, da bekanntlich hieraus Feindschaften und sonstige Unannehmlichkeiten entstehen.«[75]

Deshalb zeigten viele Dorfbewohner, die durch Gerüchte von dem sexuellen Übergriff auf ein Kind erfuhren, die Tat nicht offen an. Sie teilten dem Gendarmen vertraulich die gehörten Gerüchte mit (zwölf Fälle) oder schickten einen – meist anonymen – Brief an die Station (fünf Fäle).[76] In diesen Briefen wird zweierlei deutlich: die Empörung über den Täter und die gleichzeitige Furcht, ihn anzuzeigen. Empörung äußerte ein Dorfbewohner in einem anonymen Brief an die Gendarmeriestation, in dem er mitteilte, daß ein elfjähriges Mädchen vergewaltigt worden sei: »Dieser Mensch gehört hinein damit die Straßen gesäubert sind.«[77] Der Briefschreiber wünschte also explizit die Verwahrung oder Einschließung des Täters, um die Gemeinde »reinzuhalten«. Aus einem anderen anonymen Brief geht hervor, daß die Dorfbewohner schon länger von der Tat wußten und darüber redeten, einige unter ihnen aber die Tat nicht aufdecken wollten:

»Ich theile Ihnen mit was schon lange in die Offenbarung gehört hätte, da es in den umgebenden Wirthshäusern auch länger bekannt ist, daß der verheirathete Anton Hintermaier das 12jährige Mädl Anna Köhler (...) zur Notzucht gebraucht hat. (...) wenn Sie näheres wissen wollen so erkundigen sie sich selber, da (...) Sowas schon lange nicht mehr niedergedrückt werden sollte und Sie in meinem und im Namen vieler darüber aufmerksam machen.«[78]

Offensichtlich gab es eine Partei im Dorf oder in der Gemeinde, die der Meinung war, die Tat müsse angezeigt werden, während eine andere Gruppe die Tat lieber »niedergedrückt« hätte. Der Täter war ein Knecht, der fünf Jahre bei dem Vater des Mädchens in Dienst gestanden hatte und zuvor elf Jahre bei einem anderen Bauern in Stellung gewesen war. Er war also sicherlich in die Dorfgemeinschaft integriert. Die Tat lag zum Zeitpunkt der Anzeige bereits ein bis zwei Jahre zurück. Warum der Knecht erst jetzt der Gendarmerie angezeigt wurde, ist aus der Gerichtsakte nicht zu ersehen. Der Vater des Mädchens erklärte jedoch, daß er gerade erst von der Sache erfahren und den Knecht sofort entlassen habe. Vielleicht handelte der anonyme Briefschreiber im Auftrag des Bauern, vielleicht auch wünschten die Dorfbewohner, auf deren Namen der Anonymus sich berief, die Anzeige erst aufgrund der Entlassung des Knechtes. Nun war sein Vergehen offiziell bekannt, der Vater hatte Stellung bezogen und man wollte den Knecht nicht länger im Dorf dulden.

Der Fall verdeutlicht zudem einen weiteren Umstand: Wenn die Gemeinde geteilter Meinung darüber war, ob der Täter der Justiz übergeben werden sollte, wollte niemand öffentlich Stellung beziehen. In einem anderen Fall erklärte ein Zeuge dem Gendarmen: »Ich kann es nicht länger bei mir behalten und muß es ihnen eröffnen, aber ich muß bitten um Verschwiegenheit, damit ich nicht aufkomme, weil ich mich fürchte.«[79] Da der Beschuldigte von den Zeugen nicht als gewalttätig beschrieben wurde, bat der Anzeigende nicht unbedingt aus Furcht vor einem körperlichen Angriff um Verschwiegenheit. Wahrscheinlicher ist, daß er sich vor dem Gerede der Leute und offener Feindschaft fürchtete. Der Täter war ein Mann von einigem Einfluß: Er besaß ein Anwesen, und er benannte acht Zeugen, die ihn entlasten und seinen guten Ruf bestätigen sollten.

In diesem und in anderen Fällen hatten seit längerem Gerüchte kursiert, die schließlich an den Gendarmen weitergegeben wurden[80] – im Grunde handelte es sich um »informelle« Anzeigen. Diese erfolgten zum Teil gezielt und auf Wunsch der betroffenen Eltern. Ein Hinweis darauf ist die Bemerkung, die der Gütler Vitzner nach Aussage eines Bauern dem Wirt Ziegler gegenüber fallen ließ: »wenn jetzt nicht bald etwas geschieht, dann verwende ich mich dafür, daß es die Gendarmerie erfährt.«[81] Vitzner drohte also nicht, den Wirt selbst anzuzeigen, sondern deutete an, daß der Gendarmerie Gerüchte zugetragen werden könnten.[82] Da in diesem Fall viele Aussagen von Zeugen aus dem Dorf dokumentiert sind, soll er hier etwas ausführlicher behandelt werden, um die Rolle der Gerüchte – einerseits die Unterstützung, andererseits die Stigmatisierung des Täters durch die Dorfbewohner – zu verdeutlichen. Die Tochter des Gütlers Vitzner war von Mai 1896 bis Lichtmeß 1897 bei Ziegler im Dienst gewesen. Ein halbes Jahr nach Marias Austritt gerieten Vitzner und Ziegler im Wirtshaus in Streit. Dabei nannte Vitzner seinen Kontrahenten einen »Mädchen-Notzüchtiger«. Diese Beschimpfung konnte Ziegler nicht auf sich sitzen lassen. Er bat einen Mann aus dem Dorf, mit ihm im Wirtshaus den Vitzner »zu schimpfen«, doch Gerg riet dazu, die Sache nicht breitzutreten.[83] Auch während der Auseinandersetzung im Wirtshaus hatte ein Bauer empfohlen: »Geht's weg Leute, laßt sie sitzen, das wenn die Gendarmerie erfährt, geht es nicht gut aus.«[84] Man war sich also bewußt, daß die Gendarmerie Nachforschungen anstellen und fündig werden könnte, wenn sich Gerüchte über den

Vorfall verbreiteten. Da Vitzner dem Wirt Geld schuldete, erreichte Ziegler, daß der Gütler die Beschimpfungen durch eine Anzeige im Freisinger Tageblatt öffentlich widerrief:

»Ich erkläre hiermit, daß ich die gegen den Schenkwirth Josef Ziegler von Schmidhausen verbreiteten, ehrenrührigen Aeußerungen zurückgenommen habe und bedauere aufrichtig, mich so unüberlegt über denselben ausgesprochen zu haben.«[85]

Bis hierhin läßt sich anhand dieses Falles die übliche Form der öffentlichen Auseinandersetzung und Sühne in der ländlichen Gesellschaft nachvollziehen. Die Beschimpfung im Wirtshaus war häufig eine regelrechte Inszenierung, man bat einen Bekannten um Hilfestellung, der eine Art Sekundant war, ein Zeuge dafür, daß man einer Beleidigung öffentlich entgegengetreten war. Wer nichts unternahm, gab damit stillschweigend zu, daß an den Vorwürfen etwas Wahres sei. Um die Ehre zu verteidigen, mußte eine öffentliche Stellungnahme erfolgen. In diesem Fall allerdings warnten einige Dörfler die Streithähne davor, ihre Auseinandersetzung in aller Öffentlichkeit auszutragen. Zu Recht: Der Jagdaufseher Kitzel erzählte dem Gendarmen von dem Streit, »damit dieser nachforsche, was an der Sache sei«.[86] Der Gendarm befragte daraufhin Maria Vitzner, die ihm von drei sexuellen Übergriffen Zieglers berichtete. Zehn Tage später widerrief Maria vor dem Untersuchungsrichter ihre Aussage.[87] Doch die Angelegenheit war jetzt ins Rollen gekommen. Ein weiterer Dorfbewohner berichtete dem Gendarmen, daß Ziegler bereits 1895 sich an einem Dienstmädchen »Verfehlungen schuldig gemacht haben dürfte«. Die daraufhin vernommene Dienstmagd Theres Breitmoser schilderte dem Gendarmen vier Übergriffe Zieglers, doch vor dem Untersuchungsrichter widerrief auch sie ihre Aussage.[88]

Am 25. November 1897 kam schließlich Maria mit ihrem Vater auf die Station und erklärte, ihre ersten Angaben entsprächen der Wahrheit. Der Ziegler habe ihr gesagt, wenn sie davon erzähle, würden sie beide eingesperrt. Auch die Wirtin habe ihr befohlen, nichts zu erzählen.[89] Möglicherweise hatten ihre Eltern sie ebenfalls angewiesen, nicht gegen Ziegler auszusagen, denn einige Leute im Dorf hatten von ihrem Vater verlangt, dem Wirt zu helfen. Ein Zeuge erklärte, er habe dem Vitzner geraten, sie sollten die Sache leicht machen. Vitzner habe geantwortet: »das thun wir schon, es wird so viel nicht dran sein.«[90] Verschiedene Leute unterstützten also den Wirt. Auch die Mutter der Theres Breitmoser wollte Ziegler nach eigener Aussage nicht ins Gefängnis bringen. Doch nachdem Maria endlich gegen Ziegler ausgesagt hatte, bestätigte Theres Breitmoser ebenfalls ihre ersten Angaben. Vor dem Untersuchungsrichter erläuterte Theres, Ziegler sei nach ihrer Vernehmung durch den Gendarmen zu ihr gekommen und habe sie gebeten, nicht gegen ihn auszusagen.[91]

Der Übergriff auf Theres Breitmoser war durch den Zeugen Schumann aufgekommen. Er hatte einmal einen Streit zwischen Ziegler und seiner Frau gehört, worauf die Wirtin ihm erzählt habe, daß sie ihren Mann vor dem Bett der Theres Breitmoser stehend erwischt habe. Als nun nach der Anzeige gegen Ziegler im Wirtshaus über die Sache mit der Maria geredet wurde, habe er den Anwesenden die ganze Geschichte erzählt und geäußert, da müsse man dem Ganzen ja fast Glauben schenken.[92] Hier hatte also eine Stigmatisierung stattgefunden, der erste Verdacht führte zu einem weiteren. Zieglers Leumund war bis zur Untersuchung gegen ihn gut gewesen, er besaß ein ökonomisches Anwesen und war als Wirt durchaus angesehen. Die erste Anschuldigung aber hatte ihn soweit belastet, daß ein altes Gerücht (das von Schumann beschriebene Ereignis lag etwa drei Jahre zurück) Anlaß zu einem weiteren Verdacht gab. Hatten anfangs noch einige Dorfbewohner und selbst die betroffenen Eltern versucht, Ziegler vor einer strafrechtlichen Verfolgung zu bewahren, wurde er im Laufe der Untersuchung, als die Gerüchte sich weiter verbreiteten und die Verdachtsmomente sich verdichteten, regelrecht fallengelassen. Wieweit vorher auf die Gütlersleute Vitzner seitens anderer Dorfbewohner Druck ausgeübt wurde, ist unklar, es gab allerdings ganz deutlich zwei Meinungen: Einige baten Vitzner, dem Ziegler zu helfen, und andere drängten ihn zu einer Anzeige. Schließlich nahm ein angesehenes Mitglied der Gemeinde die Sache selbst in die Hand und informierte den Gendarmen.[93] Der Fall belegt, wie aus einem ersten Verdacht Gerüchte entstanden; wie man sich öffentlich darüber auseinandersetzte, was wohl an den Gerüchten wahr sei; wie sich das Gerede immer mehr ausbreitete und schließlich soweit verdichtete, daß die Entscheidung über Schuld oder Unschuld einer außerdörflichen Instanz übertragen wurde. Der Fall zeigt darüber hinaus, daß innerhalb des Dorfes Konfliktlinien verlaufen konnten. Ihnen soll anhand einiger Fälle, in denen Lehrer oder Priester, also wichtige dörfliche Autoritäten, in Verdacht gerieten, genauer nachgegangen werden.

3. Skandal in der Gemeinde: Lehrer und Priester als Täter

Fälle, in denen der Pfarrer oder der Lehrer eines Ortes beschuldigt wurden, zogen stets weite Kreise. Außerordentlich groß war der soziale Druck auf die Zeuginnen und Zeugen im Fall des Pfarrers und Distriktsschulinspektors Glaser.[94] Im Sommer des Jahres 1901 erzählte der Lehrer Krämer dem Rechnungsführer Hüttner, der Pfarrer Glaser verfehle sich an Mädchen, und auch die Tochter des Hüttner sei unter den mißbrauchten Kindern. Seit dem Frühjahr war dem Lehrer aufgefallen, daß einige Mädchen im Lernen nachließen, »u. ich sah gerade diese Kinder in dem Schulhause viel beisammenstehen u. sich besonders eifrig unterhalten«.[95] Seine Beobachtungen teilte der Lehrer dem Stationskommandanten Burker mit, der daraufhin recherchierte. Einige Kinder sagten aus, der Pfarrer habe ihnen über den Kleidern an den Po gefaßt, und ein Mädchen habe er geküßt. Der Gendarm zog in seiner Anzeige den Schluß, daß Glaser sich keiner strafrechtlich zu verfolgenden Handlungen schuldig gemacht habe, sich aber »keineswegs in einer seiner Stellung angepaßten Weise gegenüber schulpflichtigen Kindern« verhalte: »Allmählig fängt es an, publik zu werden, daß er sich verschiedenen Mädchen gegenüber in tadelnswerter Weise benommen hat, und das Ansehen desselben erleidet dadurch einen erheblichen Nachteil.«[96]

Genaueres über Glasers Verhalten den Kindern gegenüber konnte Burker jedoch nicht in Erfahrung bringen; die Gerüchte wurden nur von einem Teil der Gemeinde verbreitet. Insbesondere die Bewohner des Ortes Oberalting schwiegen beharrlich. Das Verhalten eines Priesters, besonders wenn er Distriktsschulinspektor war, stellte aber im Zeichen des Kulturkampfes und der Auseinandersetzungen zwischen Liberalismus und katholischem Konservatismus eine politische Angelegenheit dar.[97] Die Kluft bestand vor allem zwischen der kirchlich angeleiteten katholischen Kultur der »einfachen Leute« auf der einen, dem gebildeten Bürgertum und der Beamtenschaft, die mehrheitlich einer liberalen Richtung folgten, auf der anderen Seite.[98] Vor diesem Hintergrund nahm das Schicksal des Pfarrers Glaser einen nicht eben erstaunlichen weiteren Verlauf: Im November 1901 erschien ein bissiger Artikel in der Münchener Post, in welchem dem Pfarrer nahegelegt wurde, sein Amt niederzulegen. Der Artikel erregte die Aufmerksamkeit des Staatsanwaltes, der nun von der Gendarmerie Seefeld schleunigste Aufklärung über den Sachverhalt verlangte.[99] Die Kinder wurden im Schulhaus zu Oberalting durch Lehrer und Stationskommandant ein zweites Mal vernommen. Wieder ergaben sich einige Verdachtsmomente, doch die Aussagen der Mädchen waren zurückhaltend. Eines erklärte, der Pfarrer habe sie einmal hochgehoben, »und zwar so, daß ich mit dem Kopf nach unten und mit den Füssen nach oben kam. Die Röcke fielen mir hiebei über den Kopf und ob mich der Herr Pfarrer irgendwie besah oder was er hiebei für Absichten hatte, weiß ich nicht.«[100] Der Staatsanwalt erhob Anklage aufgrund dieser und der Aussagen zweier weiterer Mädchen, die Glaser an Oberschenkel und Wade berührt haben sollte.

Diese Punkte allein hätten für eine strafrechtliche Verfolgung nicht ausgereicht, doch man hoffte, im Zuge weiterer Recherchen und Vernehmungen mehr herauszufinden. So hatte der Kommandant bereits in seiner ersten Anzeige geschrieben: »Herr Lehrer Krämer in Oberalting glaubt sicher, daß sämtliche Mädchen ihren Eltern gegenüber zurückhaltend sind, zumal nicht alle Eltern mit den Kindern in der Sache geeignet zu sprechen verstehen.«[101] Der Lehrer nahm deshalb Protokolle auf, in denen einige Kinder den Pfarrer belasteten.[102] Diese Aktivitäten seitens des Lehrers waren nicht ungewöhnlich in solch einem Fall. Zwischen Lehrer und Pfarrer, speziell wenn letzterer Lokal- oder Distriktsschulinspektor war, herrschte oft ein gespanntes Verhältnis. Der Kulturkampf in Bayern äußerte sich unter anderem in der heftig geführten Auseinandersetzung um die geistliche Schulaufsicht.[103] Die Lehrer bezweifelten die fachliche Qualifikation der Geistlichen, die die Unterrichtsführung überwachten, den Lehrer beurteilten und die Prüfungen abnahmen. Die Kleriker wiederum sahen in der Schulaufsicht eine der wichtigsten Einflußmöglichkeiten der Kirche.[104] Doch die Konflikte führten weit über die Auseinandersetzungen um die Schulaufsicht hinaus. Blessing sieht die Entwicklung einer liberalen Weltanschauung unter den Gebildeten, die im Konflikt mit der kirchlichen Bindung stand. Es sei zu einem mentalen Wandel des katholischen Bürgertums gekommen, der zwar überwiegend im urbanen Bereich seinen Niederschlag fand, doch von Ärzten, Beamten und Lehrern auch in die kleinen Amtsstädte und Märkte getragen wurde:

»Vor allem Volksschullehrer mit ihrem Aufstiegsstreben zum gebildeten Bürger, häufig in einer von der Berufsstellung erzeugten Spannung zur Geistlichkeit und seit den 1860er Jahren in liberal-national gerichtetem Verband hoch organisiert, wurden ›Agenten‹ bis ins Dorf – wenn auch durch ihre Abhängigkeit oft gehemmt.«[105]

Die Spannungen zwischen Pfarrern und Lehrern spielten in einem anderen, sehr ausführlich dokumentierten Fall ebenfalls eine zentrale Rolle.[106] Der Lokalschulinspektor zeigte auf einen Hinweis des Benefiziaten Schwarzer hin den Lehrer Leitl wegen »unzüchtiger Handlungen« an einer Schülerin an. Es stellte sich jedoch heraus, daß die Anschuldigungen Schwarzers gegen Leitl falsch waren. Schwarzer hatte den Lehrer beim Lokalschulinspektor angezeigt, um ihn ruhigzustellen oder zum Verlassen des Ortes zu bewegen. Der Lehrer hatte eine Bibliothek für die Dörfler eingerichtet, in der sich nach Meinung des Benefiziaten »geradezu sittengefährdende Bücher« befanden, die Schwarzer beschlagnahmte. Leitl gehörte der liberalen Partei an und trat nicht dem katholischen Lehrer-Verein bei, obwohl Schwarzer ihm dies mehrfach nahegelegt hatte.[107]

Benefiziat und Lehrer hatten in diesem Fall also unterschiedliche politische Einstellungen und rangen um den Einfluß auf die örtliche Bevölkerung.[108] Über ein ähnlich gespanntes Verhältnis zwischen Pfarrer Glaser und Lehrer Krämer in Oberalting ist in der Akte nichts vermerkt, doch gibt es einige Anhaltspunkte dafür, unter anderem die Bemühungen des Lehrers, Beweise zu erheben. In einem anonymen Brief wurde im Dezember 1901 die Verhaftung des Pfarrers gefordert. Dazu bemerkte Stationskommandant Burker, der Briefschreiber werde wohl unter den Lehrern der Umgebung zu suchen sein, »welcher Seite auch die sämtlichen Zeitungsnotizen zu verdanken sein dürften«. Bei seinen Recherchen in der klein- und unterbäuerlichen Bevölkerung von Oberalting biß der Kommandant allerdings auf Granit:

»Die Umfragen (...) nach allenfalls weiteren früheren Vorkommnissen (...) erfuhren keine Neuigkeiten. Es ist wohl mit Sicherheit anzunehmen, daß, selbst wenn noch unter den niederen Bevölkerungsschichten thatsächliche Fälle bekannt wären, Niemand etwas aussagen wird, denn man meidet unter diesen Leuten soviel als möglich, sich irgendwie an der Angelegenheit zu beteiligen.«[109]

Mit ganz wenigen Ausnahmen trete in Oberalting alles für den Pfarrer ein und nehme an seinem Schicksal regen Anteil. Eines der Kinder gab an, daß die Mutter ihm verboten habe, dem Kommandanten etwas über den Inspektor zu erzählen. Nachdem Glaser in die Schweiz geflüchtet war, trugen gar die Schwestern des nahegelegenen Hospitals die Möbel des Pfarrers über den Acker ins Krankenhaus, damit sie nicht konfisziert werden konnten.[110] Sicher hielten die Nonnen den Pfarrer für das Opfer antiklerikaler Verleumdung.

Die Personen, die gegen den Pfarrer aussagten oder mit der Gendarmerie kooperierten, waren diversen Anfeindungen ausgesetzt. Der Kommandant Burker schrieb, zwischen Oberalting und Seefeld sei Feindschaft ausgebrochen – die meisten Mädchen, die gegen Glaser aussagten, stammten aus Seefeld –, und der Lehrer Krämer und seine Frau würden von vielen nicht mehr gegrüßt. Der Hilfsmeßner habe Krämer seinen Dienst gekündigt und überdies den Grafen zu Törring gebeten, seinen Rechnungsführer Hüttner (dessen Tochter als erstes Kind vernommen worden war) zu entlassen und den Pfarrer in Schutz zu nehmen. Der Kommandant berichtete außerdem über diverse »Sühneversuche«, die mit dem Fall Glaser zusammenhingen. So sei der Arzt, der über Glasers Gesundheit aussagen sollte, in einem anonymen Brief bedroht worden. Der Bürgermeister von Höhendorf habe im Streit über den Fall einem anderen Gemeindemitglied sein Bier ins Gesicht geschüttet. Der Vater eines Mädchens, das gegen Glaser ausgesagt hatte, verklagte einen Austrägler wegen Beleidigung seiner Person und seiner Tochter. Die düstere Prognose des Kommandanten: »Der endgültige Ausgang der Angelegenheit läßt mit Bestimmtheit noch allerlei Folgen erwarten.«[111]

Mehrere Konfliktlinien verliefen hier innerhalb der Gemeinde: zwischen eher kirchlich orientierten und liberalen Gemeindemitgliedern, zwischen Klerus und Lehrerschaft, zwischen zwei Ortschaften sowie zwischen den höheren, dem Handwerk und Bürgertum zugehörigen, und den klein- und unterbäuerlichen Schichten. Im Laufe der Untersuchung stellte sich heraus, daß der Pfarrer die Tochter des Apothekers von Seefeld über einen längeren Zeitraum mißbraucht hatte: Anfangs griff er ihr über den Kleidern an den Po, dann begann er, öfter ihre Röcke zu heben und sie an sich zu drücken, schließlich berührte er ihr »Geschlechtsteil« und führte den Finger in ihre Scheide ein.[112] Weitere Kinder, die Glaser belasteten, waren Töchter von Handwerksmeistern, die Tochter des gräflichen Rechnungsführers, die Tochter eines Essigfabrikanten sowie eine Schmieds- und eine Kaufmannstochter. Es waren also durchweg Kinder von höhergestellten Gemeindemitgliedern betroffen. Erst gegen Ende der Untersuchung gab auch eine Gütlerstochter zu, daß Glaser ihr unter den Rock gegriffen hatte. Die Mutter eines weiteren betroffenen Kindes, die anfangs zu Glasers »Anhängern« gezählt hatte, so die Formulierung des Kommandanten, zog über Glaser her, nachdem ihre Tochter ihr alles erzählt hatte. Allmählich begann sich die Stimmung in Oberalting zu verändern: »Von einer solchen Frau läßt sich das ländliche Publikum eher belehren, als von allen jenen, die die Angelegenheit vom Anfange verurteilt haben«, konstatierte der Kommandant im Februar 1902. Er sei nun sehr vorsichtig bei seinen Recherchen, um das Geschimpfe nicht wieder anzufachen, denn es sei geäußert worden: »Der Herr Kommandant hätte auch nicht ›alles‹ aufnehmen brauchen.« Das große Mitleid mit Glaser, so mutmaßte er, sei wohl aus dessen Verhalten nach der Entdeckung erwachsen, »da er wirklich als ›mea maxima culpa‹ erschien«. In der Tat mag die zur Schau getragene Reue zur Einstellung gegenüber Glaser beigetragen haben. Vor allem aber waren die Bauern und Gütler in Oberalting offenkundig sehr kirchentreu. Der Priester war für sie zunächst unantastbar, über jeden Zweifel erhaben, und sie witterten Verleumdung aus kirchenfeindlichen, politischen Motiven.

Abgesehen vom Engagement der Gemeindemitglieder zeigt der Fall des Pfarrers Glaser, daß die Unterstützung für den Beschuldigten trotz seines guten Leumunds im Laufe der Untersuchung schwinden konnte. Oftmals fand lange vor der Verhandlung und Verurteilung eine Stigmatisierung statt. Die Gerüchte über die Taten des Beschuldigten verbreiteten sich wie ein Lauffeuer, altes, längst vergessen geglaubtes Gerede wurde wiederbelebt, und man erinnerte sich plötzlich, daß früher schon Verdächtiges vorgefallen war. Wenn dann genauer nachgeforscht wurde, stellte sich zuweilen heraus, daß die Gerüchte über die »Unsittlichkeit« des Angeklagten erst seit Beginn der Untersuchung kursierten. Keinesfalls nämlich blieb den Gemeindemitgliedern der Fortgang der Ermittlungen verborgen. Der Gendarm fragte überall herum; mit einigen Einwohnern pflegte er einen vertraulichen Umgang und berichtete ihnen von den Recherchen. So erklärte der Pfarrer Mayer, vor der Untersuchung habe er von »unsittlichen Sachen« über

Hauser nichts gehört, erst der Gendarm habe ihm erzählt, »daß früher schon das Gerücht gegangen sein soll, daß er solche Sachen treibe, daß aber die Geschichten vertuscht worden seien«.[113]

Ob die Gerüchte sich erst im Zuge der Recherchen verbreiteten oder der Beschuldigte schon früher »unzüchtiger Handlungen« verdächtigt wurde – der Gendarm nahm sie meistens in seine Berichte an den Staatsanwalt auf. Die Stimmung der Bevölkerung und die Einstellung des Gendarmen zu den Einwohnern des Ortes sowie zu Opfer und Täter trugen so zur Sicht von Staatsanwalt und Untersuchungsrichter auf den Täter bei.[114] Der Beschuldigte konnte durch die Dorfbewohner bereits vor seiner Verurteilung als Täter konstituiert werden.[115] Oft merkte der Gendarm in seiner Anzeige an, daß der Verdächtige das ihm zur Last gelegte Verbrechen leicht begangen haben könnte. Diese Schlußfolgerung zog er anhand seines eigenen Eindrucks – wenn er den Beschuldigten persönlich kannte – oder aufgrund der Äußerungen von Dorfbewohnern. Gerüchte waren eine wichtige Informationsquelle für die Gendarmerie und damit auch für Staatsanwaltschaft und Untersuchungsrichter.

Vor Beginn der Untersuchung schien Pfarrer Glaser in Oberalting jedenfalls außerordentlich beliebt gewesen zu sein, was nicht verwundert, da der Priester im Dorf meist ein hohes Ansehen besaß. Olaf Blaschke stellt fest, »daß der Respekt vor dem Piester und das ihm entgegengebrachte Vertrauen bis in unser Jahrhundert hinein auf einem festen Fundament ruhte«.[116] Allerdings konnte der Priester Ärger auf sich ziehen, wenn er sich allzusehr in weltliche Dinge, besonders die Politik, einmischte.[117] Der oben bereits erwähnte Benefiziat Schwarzer erhielt keinerlei Unterstützung aus dem Dorf, im Gegenteil. Über ihn kursierten seit langem Gerüchte, doch, so schrieb ein anderer Pfarrer an den Untersuchungsrichter, dem Ganzen sei kein rechter Glauben zu schenken, »weil viele Leute den Benefiziaten nicht mögen und über seine Verhaftung sich freuen«.[118] Dennoch waren die Gerüchte für den Untersuchungsrichter ein wichtiges Indiz. Über den zuerst denunzierten Lehrer Leitl war keinerlei Gerede im Umlauf, er berief sich sogar darauf, daß »die öffentliche Meinung« an seine Unschuld glaube. Der Untersuchungsrichter fragte Zeuginnen und Zeugen nach Gerüchten, und diese erklärten übereinstimmend, über den Lehrer sei nie schlecht geredet worden, er erfreue sich des besten Leumunds und sei überall beliebt.[119]

Dagegen berichteten fast alle Zeuginnen und Zeugen, über Schwarzer munkele man, daß er mit den Mädchen nicht sauber sei. Vor Jahren habe einmal ein Gendarm recherchiert, doch die Untersuchung sei im Sande verlaufen, weil niemand »standgehalten« habe.[120] Die befragten Kinder erklärten allesamt, daß der Lehrer ihnen nie etwas getan habe, erwähnten aber durchweg, der Schwarzer habe sie öfter auf den Schoß genommen und an sich gedrückt, so daß sie nicht mehr zu ihm gehen mochten. Zur Vernehmung eines neunjährigen Mädchens ließ der Untersuchungsrichter notieren, daß sie über den Lehrer frisch und ohne zu stocken ausgesagt habe. Sobald aber die Sprache auf die Vorgänge beim Benefiziaten gekommen sei, sei sie verlegen und zurückhaltend geworden und habe zu weinen angefangen.[121] Aufgrund dieser Vernehmungen und weiterer Verdachtsmomente eröffnete der Staatsanwalt das Verfahren gegen den Benefiziaten. Die Vorwürfe der Dörflerinnen und Dörfler und die belastenden Aussagen junger Mädchen flossen nun unaufhaltsam, beinahe gewinnt man beim Lesen der Protokolle den Eindruck, als habe sich eine Schleuse geöffnet – nach Jahren des Schweigens und des Flüsterns hinter vorgehaltener Hand brachen sich Ärger und Wut bei Erwachsenen und Kindern Bahn. Eine Mutter berichtete: »Als mein Mädchen das letzte Mal von der Vernehmung vor dem Untersuchungsrichter heimkam, sagte sie mir, es sei ihr jetzt ganz wohl u. leicht, daß sie jetzt Alles gesagt habe.«

In Lenggries hatte die Verhaftung des Lehrers Hader im Jahre 1901 ebenfalls das Schweigen gebrochen. Gerüchte, die vor Jahren über Haders 1899 in Pension gegangenen Vorgänger Hecker kursiert hatten, nahmen erneut Gestalt an, materialisierten im wahrsten Sinne des Wortes. Der Gendarm schrieb an den Staatsanwalt: »In letzter Zeit nun wurde das diesbezügliche Gerede so allgemein, daß man sicher annehmen konnte, daß mehrere Bewohner dahier Grund haben, die angedeuteten Verdächtigungen gegen Hecker öffentlich zu äußern.«[122] Die Gerüchte konnten sich demnach so sehr verdichten, daß man annahm, sie beruhten auf tatsächlichen Vorkommnissen und würden gezielt von Personen gestreut, die »etwas« wußten. Bereits zu Dienstzeiten des Lehrers hatten sich Gerüchte verbreitet, besonders unter den Kindern. Hecker wurde aber von einigen Honoratioren des Ortes gedeckt, insbesondere vom Cooperator und dem Lokalschulinspektor, die den Kindern die »Schwätzereien« über den Lehrer untersagten. Der Gendarm berichtete:

»Das in gegenwärtiger Anzeige geschilderte Thun und Treiben des Lehrers Hecker wurde seinerzeit unter den Kindern des 6. u. 7. Schuljahres – vom Jahr 93, 94 u. 95 – allgemein besprochen und haben mehrere Kinder diese Vorkommnisse auch daheim ihren Eltern erzählt. Es war dieser Angelegenheit früher nicht leicht, ja gar nicht auf den Grund zu kommen, da so manche Hilfe suchende Mutter der von Hecker zu Fall gebrachten Schulmädchen, von damals dahier gewesenen, einflußreichen Persönlichkeiten zum Schweigen veranlaßt wurden.«[123]

In der nun in Gang gebrachten Untersuchung sagte zunächst nur ein Mädchen sofort gegen Hecker aus. Die 18jährige, inzwischen in München lebende Maria Perlein dagegen hatte erst bestritten, daß Hecker etwas »Unsittliches« mit ihr getan habe. Kurz darauf erklärte sie jedoch in einem Brief, daß Hecker sich an ihr vergangen habe, als sie elf Jahre alt war. Sie hatte sich geschämt, die Aussage in Gegenwart ihrer Schwester und ihres Schwagers zu machen. Ein drittes Mädchen beichtete dem Pfarrer, daß Hecker an ihr »unzüchtige Handlungen« vorgenommen hatte, bat ihn aber zu schweigen, da sie um ihren guten Ruf fürchtete.[124] Der Pfarrer wahrte das Beichtgeheimnis, drängte sie später jedoch zur Anzeige, die sie schließlich auch erstattete. Diese Beispiele zeigen, wie sehr Scham und die Angst um den guten Ruf den Mädchen und ihren Eltern die Lippen versiegeln konnten. Die Gerüchte waren zwar nicht einzudämmen, doch es war eine andere Sache, öffentlich zu bekennen, daß sie auf Wahrheit beruhten.[125] Im Gegensatz zu den Fällen Glaser und Schwarzer existierten im Fall Hecker keine Spannungen zwischen Pfarrer und Lehrer. Die beiden Pfarrer versuchten im Gegenteil, dem Lehrer zu helfen. Die Konfliktlinien im Ort verliefen wiederum zwischen oberen und unteren Schichten, doch hier standen die oberen Schichten auf seiten des Lehrers. Die Zeuginnen, die gegen Hecker aussagten, stammten aus der klein- und unterbäuerlichen Schicht.

Etwas anders verlief die Konfliktlinie im Fall des Hilfslehrers Eisner. Eisner war der Sohn eines Arztes und seit gut drei Jahren Hilfslehrer in Zell. Der Bauer Josef Brandner erfuhr im November 1882, daß der Lehrer der Tochter des Bauern an die »Scham« gefaßt habe. Brandner ging daraufhin zum Expositus der Nachbargemeinde. Dieser meinte, Brandner sei verpflichtet, den Vorfall anzuzeigen, denn wenn Eisner einfach nur an eine andere Schule versetzt würde, würde er auch diese »ruinieren«. Brandner solle zum Lokalschulinspektor gehen oder, falls dieser die Sache nicht annehme, zum Distriktsschulinspektor.[126] Der Bauer begab sich also einige Tage später in Begleitung des Bürgermeisters zum Expositus von Zell. Doch der Expositus wollte von den Vorwürfen gegen den Hilfslehrer nichts wissen. Er rief den Bauern gar später zu einem Sühneversuch ins Schulhaus. Brandner selber stellte beide Szenen folgendermaßen dar:

»Derselbe [der Expositus] machte mir sofort Vorwürfe, daß ich dem Eisner feindselig gesinnt sei, daß ich das Mädchen habe verwahrlosen lassen, daß dasselbe sittlich verdorben u. geistesschwach sei. (...) Am 28. Jänner wurde ich zu einem Sühneversuch in's Schulhaus gerufen u. verlangte Eisner, ich solle widerrufen.«[127]

Drei Tage später, am 31. Januar, nahm Stationskommandant Retsch die Anzeige Brandners auf. Am 4. Februar berichtete er dem Staatsanwalt, daß weitere Fälle bisher nicht in Erfahrung gebracht werden konnten, und erklärte: »Daß über die einzelnen Fälle (...) nichts mehr herauszubringen ist, wird allgemein gesagt.« Retsch vermutete, daß der Lehrer Kaizinger und der Expositus dem Eisner halfen, denn diese drei bildeten auch im Wirtshaus »eine eigene Gesellschaft«. Die Lehrer und der Expositus, so

Retsch, würden zwar versuchen, den Bauern Brandner als streitsüchtig und seine Tochter als geistesschwach und verdorben hinzustellen.

»Wenn aber in der ganzen Gemeinde Zell Vernehmungen stattfinden, wo und bei wem sie wollen, so wird von jeder Mann Josef Brandner als ein gewissenhafter, gottesfürchtiger und ordentlicher Mann bezeichnet, und wird bei dessen Vernehmung selbst schon an seinem Äußeren zu erkennen sein, daß er dieser Mann nicht ist, der sein Kind zu einer solchen Aussage verleitet.«

Retsch empfahl, den Bürgermeister von Zell und den gesamten Gemeindeausschuß zu vernehmen.[128] Es scheint, als hätten die Bauern der Gemeinde weitgehend hinter Brandner gestanden, während die beiden Lehrer und der Expositus sich vom Rest der – sehr ländlichen – Gemeinde abschlossen. Dennoch wurde dem Hilfslehrer vom Gemeindeausschuß ein ausgezeichnetes Leumundszeugnis ausgestellt, man wandte sich also keineswegs offen gegen Eisner.

Dem Hilfslehrer selber gelang es mit Hilfe seiner Familienbeziehungen und seiner Bildung, am Ende trotz zahlreicher Indizien einen Freispruch zu erreichen. Um diesen Umstand zu erläutern, muß der Fall etwas näher betrachtet werden. Die Untersuchung Maria Brandners durch den praktischen Arzt Dr. Lauber in Zell hatte ergeben, daß das Jungfernhäutchen zerrissen war. Daraus schloß der Arzt, daß Maria »vor nicht zu langer Zeit (circa 4 Wochen) defloriert worden [sei] u. zwar durch eine Imißio penis«.[129] Über Maria wurde nach dieser Untersuchung das Gerücht verbreitet, daß sie häufig onaniere und mit einem Schulknaben Unsittlichkeiten begangen habe.[130] Das Gericht forderte ein zweites Gutachten des Landgerichtsarztes Dr. Rauscher an. Dieser sollte sich vor allem dazu äußern, ob »das Eingerissensein des Hymens ein bestimmtes Zeichen für eine stattgehabte Immissio penis« sei. Diese Frage verneinte Dr. Rauscher, denn zum einen müßten als Folge einer gewaltsamen Penetration auch Verletzungen der Scheide vorliegen, zum anderen reiße das Hymen bei Kindern höchst selten.[131] Auf der Grundlage dieses Gutachtens wurde das Verfahren gegen Eisner eingestellt. Der Staatsanwalt konstatierte, daß der Befund des Gerichtsarztes nicht unbedingt auf *immissio penis* hindeute, »sondern die vorgefundene Zerreißung des Hymen auch und sogar wahrscheinlich auf andere Weise entstanden sein kann«.[132] Rauschers Gutachten mutet jedoch in seiner Argumentation etwas konstruiert an, obwohl sich die Gerichtsmediziner seiner Zeit einig waren, daß das Hymen auch durch Onanie oder andere »mechanische Einwirkungen« reißen könne.[133] Rauscher war jedenfalls gewiß kein unparteiischer Gutachter, denn er war mit dem Vater des Beschuldigten bekannt.[134]

Die Einstellung des Verfahrens am 16. April 1883 überschnitt sich mit einer weiteren Anzeige aus Simbach vom 14. April, diesmal aufgesetzt von

Gendarm Lutz. Josef Brandner habe ihm mitgeteilt, daß bezüglich des Eisner wieder etwas Neues aufgekommen sei, zwei weitere Mädchen hätten ihn mit ihren Aussagen belastet. Nun lief die Maschinerie des Landgerichts noch einmal auf Hochtouren. Am 19. April wurden erneut etliche Zeuginnen und Zeugen vernommen. Expositus Krenn wurde über die beiden neuen Zeuginnen befragt und bezeichnete sie als vollkommen glaubwürdig. Daß Maria Brandner Onanie treibe, sei ihm nie zu Ohren gekommen, Lehrer Kaizinger sage allerdings, daß sie in letzter Zeit öfter unanständige Stellungen einnehme. Der erste Gutachter, Dr. Lauber, wurde gebeten, seine Schlußfolgerung, daß an Maria ein Geschlechtsverkehr vorgenommen worden sei, näher zu erläutern. Er erklärte: »Das Hymen war in mehrere kleine Fältchen zerrissen, welche sämtlich (...) lebhaft reagierten. Gleich lebhaft waren der Scheideneingang u. deßen allernächste Umgebung geröthet.«[135] Außerdem habe er ein »schleimig-wäßriges Sekret« vorgefunden. All dies deute auf einen Geschlechtsverkehr hin. Onanie komme nicht in Frage, da hierfür keine Anzeichen gegeben seien.[136]

Der Hilfslehrer und seine Familie entfalteten fieberhafte Aktivitäten, um die neuerlichen Vorwürfe zu entkräften. In einer Verteidigungsschrift skizzierte Eisner die drei gegen ihn aussagenden Mädchen als »sittlich verdorben« und unglaubwürdig und führte etliche Zeugen an.[137] Stationskommandant Retsch befragte die genannten Personen, die jedoch sämtlich die Vorwürfe Eisners entkräfteten oder abmilderten. Retschs Kommentar: »Die Verteidigungsschrift wurde wohl von Dr. Eisner geschrieben, und werden wohl noch mehr solche Schriftstücke folgen, da ein 20jähriger Sohn desselben in Zell von Haus zu Haus geht, um Stoff zu sammeln.« Überdies zeigte Eisner einige Zeugen wegen Beleidigung an, um Druck auf sie auszuüben.[138]

Der Staatsanwalt erhob schließlich Anklage in zwei Fällen. In der Anklageschrift erkärte er, daß Eisner zwar versuche, die beiden Mädchen als »äußerst verwahrloste, unsittliche und grundverdorbene Kinder darzustellen«. Doch sie hätten die besten Schulnoten gerade auch in sittlicher Beziehung, und bezüglich der Maria Brandner äußere sich der zuständige Pfarrer äußerst günstig. »Uebrigens haben sich auch die denselben zur Last gelegten verwerflichen Handlungen als unbedeutende Verfehlungen dargestellt, wie sie bei Kindern, namentlich auf dem Lande, wohl häufig vorkommen dürften.« Seitens der Eltern bestehe keine Feindschaft gegen Eisner, und sie machten nicht den Eindruck, als brächten sie ungerechtfertigt eine ihre Töchter korrumpierende Denunziation vor.[139] War es Eisner also anfangs gelungen, den Staatsanwalt von Maria Brandners Verdorbenheit und Unglaubwürdigkeit zu überzeugen, ergab sich im wiederaufgenommenen Verfahren ein völlig anderes Bild. Trotz aller Indizien wurde Eisner am 3.

Juli 1883 freigesprochen. Der Staatsanwalt versuchte noch, auf dem Disziplinarweg Konsequenzen zu erwirken, jedoch ohne Erfolg.[140]

Dieser Fall führte über den dörflichen Bereich hinaus und hinein in die Institution des Landgerichts. Die Einstellungen der Richter zur ländlichen Bevölkerung[141] waren nicht unbedingt immer negativ, manch ein Richter bescheinigte den Zeugen Gottesfürchtigkeit und Ehrlichkeit, zugleich jedoch einen niedrigen Bildungsstand. Ihre Bewertungen dürften sich zum großen Teil decken mit denen der Bezirksärzte, die in ihren Physikatsberichten[142] die Frömmigkeit und den Fleiß der bäuerlichen Schichten lobten, zugleich aber über deren Rauf- und Trinklust und ihren Hang zu »Unsittlichkeiten« klagten.[143] Dem Hilfslehrer kamen die Beziehungen seines Vaters zugute, und Landrichter und Staatsanwalt waren geneigt, dem gebildeten Sohn eines Arztes mehr Glauben zu schenken als den »einfachen« niederbayerischen Bauern. Eisner kämpfte zudem mit allen Mitteln; er schrieb überaus eloquente Briefe an das Gericht, in denen er Histörchen von verschwundenen Ohrringen und zerbrochenen Schiefertafeln zum besten gab, die beweisen sollten, daß die ihn belastenden Kinder diebisch und lügnerisch waren; er spielte mit möglichen Vorurteilen der Landrichter gegen die bäuerliche Bevölkerung, indem er seinen Hauptkontrahenten Brandner als streitsüchtigen Prozeßkrämer beschrieb und seine Tochter als geistesschwach.[144] Eisner reproduzierte Bilder, die sich auch im juristisch-medizinischen Diskurs über die »unzüchtigen Handlungen an Kindern« finden lassen, insbesondere die Denunziation des Opfers als »geistesschwach«. Sicher kannte Eisner als Arztsohn einige Elemente des Diskurses, in den Einstellungen bürgerlicher Männer gegenüber nichtbürgerlichen, wenig gebildeten Schichten eingegangen waren.[145] Beim Staatsanwalt, der zuerst die Untersuchung leitete, hinterließ Eisners Verteidigung daher einen gewissen Eindruck. Neben dem Gutachten des Landgerichtsarztes führte er als Begründung für die Einstellung des Verfahrens an, daß »die Angaben der beiden Mädchen Maria Brandner und Maria Haber bei den konstatierten Widersprüchen der Ersteren und bei der Persönlichkeit der beiden mit Vorsicht aufzunehmen sind.«[146]

4. Das Schweigen der Dorfbewohner

Auf den vorigen Seiten wurde vor allem das Reden der Dorfbewohner über die Tat dargestellt. Doch in einigen Fällen stieß der Gendarm auf ein hartnäckiges Schweigen, und zwar nicht nur wenn, wie im Fall des Pfarrers Glaser, lediglich geringfügige Verfehlungen angenommen wurden. Es war möglich, daß die meisten Dorfbewohner von der Schuld des Angeklagten überzeugt waren und ihn dafür verachteten, daß sie aber dennoch dem Gendarmen gegenüber keine Aussagen machen wollten. Die Bewohner von Fischbach wußten nach Angabe des Gendarmen seit vielen Jahren, daß der Meßner Pfaffl regelmäßig sexuelle Übergriffe auf Schulkinder verübte. Aufgrund von Gerüchten erstattete er dem Staatsanwalt hierüber Bericht und betonte:

»die Bewohner wollen gar nichts ausreden und brachte ich Rubriziertes nur in geheimer Weise in Erfahrung. (...) Das Gerücht, daß Pfaffl mit den Schulmädchen in der Kirche unzüchtige Handlungen vorgenommen habe, ging in der Umgebung von Fischbach schon lang und soll Rubrikat schon in seinen Jugendjahren in bezug auf Sittlichkeit nicht recht sauber gewesen sein.«[147]

Einige Tage später berichtete der Gendarm von weiteren Gerüchten, mußte jedoch abermals konstatieren:

»die Bewohner von Fischbach sind mit ihren Aussagen sehr zurückhaltend und wollen nichts wissen, obwohl mit Bestimmtheit angenommen werden muß, daß sämtliche Bewohner von Fischbach und Umgebung Kenntnis von den unzüchtigen Handlungen des Pfaffl hatten, denn es sollen auch vor einigen Jahren gegen Pfaffl unzüchtige Schriften in der Nähe von Fischbach angeschlagen gewesen sein, in welchen dessen Thun und Treiben näher geschildert war.«[148]

In der Tat ist es erstaunlich, daß niemand Pfaffl je angezeigt hatte und daß der Gendarm auch jetzt nur aufgrund von Gerüchten tätig geworden war. Jeder aufgedeckte »unzüchtige« Angriff Pfaffls zog weitere Enthüllungen nach sich, doch die Dorfbewohner blieben im großen und ganzen dabei, dem Gendarmen gegenüber zu schweigen. Vielleicht waren sie der Ansicht, daß die ans Licht gekommenen Vergehen ausreichten, um Pfaffl ins Gefängnis zu bringen. Vielleicht wollten sie weitere Skandale vermeiden, denn jede Gemeinde war auf ihren Ruf bedacht.[149] Die Gemeinden fürchteten das Gerücht, daß ihre Schulkinder »sittlich verdorben« seien. Vielleicht auch wollten die Dörfler die betroffenen Mädchen und ihre Familien schützen. Sicher wird außerdem das Mißtrauen gegenüber offiziellen Autoritäten eine Rolle gespielt haben. Gleich aus welchen Motiven: Die Gemeindemitglieder zogen es vor, mit dem Ganzen nichts zu tun zu haben. Dies war eine verbreitete Haltung, denn eine Aussage vor Gericht kam einer öffentlichen Stellungnahme gleich.

Das Schweigen resultierte aus Normen und Regeln der ländlichen Gesellschaft, aus dörflichen Traditionen und aus der dörflichen Sozialstruktur: Man schwieg aus Sorge um die Ehre des Mädchens und um den dörflichen Zusammenhalt; weil man die Einmischung von »oben« ablehnte und auf die traditionellen Mittler wie Pfarrer und Bürgermeister vertraute; man schwieg aus Hochachtung gegenüber den Honoratioren und aus Angst und Machtlosigkeit.[150] Der Ausschluß eines Mitglieds aus der dörflichen Gemeinschaft war wohlüberlegt, und es wurden auch die ökonomischen Folgen für die Gemeinde berücksichtigt. Erst wenn das Verhalten des Täters insgesamt unerträglich oder gar bedrohlich war und erst, wenn sie sich untereinander darüber verständigt hatten, waren die Dorfbewohner bereit, den Täter aus ihrer Gemeinschaft auszuschließen und der Justiz zu übergeben.[151] Reden und Schweigen, Empörung und Fortsehen lagen nah beieinander.

5. Die Täter: »Soviel ist nicht dahinter«

Insgesamt standen in den hier untersuchten Akten 101 Männer wegen »unzüchtiger Handlungen an Kindern« und »Verführung« vor Gericht. 86 Täter wurden verurteilt.[152] 59 Angeklagte gehörten zur traditionellen ländlichen Unterschicht, 19 zur Unter- und teilweise zur Mittelschicht, ohne daß sie innerhalb der ländlichen Sozialstruktur eindeutig zuzuordnen wären.[153] Drei Wirte und drei Müller beziehungsweise deren Söhne wären den angeseheneren Berufen der ländlichen Gesellschaft zuzurechnen. Aus der bäuerlichen Schicht stammten lediglich vier Gütler und sechs Bauern. Angeklagt waren schließlich noch vier Lehrer und drei Geistliche. Verheiratet waren nur 18 der Angeklagten. Gut die Hälfte der beschuldigten Männer war zum Zeitpunkt der Tat jünger als 31 Jahre (wobei hier 33 Täter unter 21 Jahre alt und damit Jugendliche waren), zehn Männer waren älter als 60 Jahre.[154] Die Täter waren somit überwiegend ledig, während sie sich nach Alter gleichmäßig verteilen, mit einem leichten Überhang in der Gruppe der Jugendlichen.

Motive: Sexualität, Macht und Männlichkeit

Die jugendlichen Täter sprachen am freimütigsten über ihre sexuellen Motive. Meist nannten sie als Auslöser der Tat Neugier und den Wunsch nach sexueller Initiation. Ein 19jähriger Taglöhnerssohn entgegnete auf die Frage des Gendarmen, warum er sich denn so ein Kind ausgesuchte habe, »daß er noch nie eine Frauensperson gehabt habe, und habe sich dabei gedacht, er wolle es nun auch einmal probieren«.[155] Unter Tränen gestand auch der 16jährige Krämerssohn Sebastian Spieß dem Stationskommandanten: »Ich wußte eben früher nicht, wie das ist, wenn man ein Frauenzimmer hat (...) und wollte ich es mit der Schäfer probieren.«[156] Der 15jährige Dienstknecht Josef Müller, unehelicher Sohn einer Inwohnerin, erklärte vor Gericht: »Er habe nicht gewußt, daß dieß verboten sei u. habe solches früher von dem Sohn seiner früheren Dienstherrschaft (...) gesehen, der mit der 18jährigen Maria M. von dort das Nämliche getrieben habe.«[157]

Die Unerfahrenheit der jugendlichen Täter zeigte sich auf zwei Ebenen: Zum einen gaben sie ohne Umschweife ihre sexuellen Motive zu, meist die Absicht, den »Beischlaf« auszuüben. Ihnen war nicht bewußt, daß genau diese »geschlechtliche Absicht« den Tatbestand der »unzüchtigen Handlung« oder sogar der versuchten »Notzucht« konstituierte. Auch waren sie sich offensichtlich nicht darüber im klaren, daß der (versuchte) »Beischlaf« gravierender war als eine Berührung der kindlichen Vulva mit der Hand. Erwachsenen Männern war dies meist bekannt. Sie leugneten oft jede sexuelle Absicht und versuchten, ihre Handlung so »harmlos« wie möglich darzustellen. Die sexuelle Unerfahrenheit der Jugendlichen zeigte sich außerdem in dem Wunsch, den »Beischlaf« überhaupt auszuführen. Ältere Männer versuchten selten, allenfalls bei älteren, zwölf- bis 14jährigen Mädchen, den Geschlechtsverkehr auszuüben. Dagegen gestanden die jugendlichen Täter in den meisten Fällen, daß sie den Geschlechtsverkehr beabsichtigt hatten, daß ihnen aber die Ausübung des »Beischlafs« nicht gelungen war – entweder, weil sie aus Furcht vor Entdeckung nervös waren, oder weil das Mädchen sich wehrte und zu schreien begann. So erklärte Josef Müller: »Er habe wohl ihr sein Glied hineinschieben wollen, sei aber davon abgestanden, weil das Mädchen geschrien habe.«[158]

Es scheint, als hätten Jugendliche gewisse Normen noch nicht verinnerlicht gehabt, etwa die (offizielle) Tabuisierung des sexuellen Umgangs mit Kindern und die Notwendigkeit, sexuelle »Triebe« zu »beherrschen« beziehungsweise ihnen nicht spontan freien Lauf zu lassen.[159] Viele Jugendliche gaben an, sie hätten nicht gewußt, daß sexuelle Handlungen an Kindern strafrechtlich verfolgt würden. Daß allerdings ihr Vergehen »nicht recht« war, war den meisten unter ihnen bewußt. Der 15jährige Wirtssohn Josef Hobmaier überfiel insgesamt acht Frauen und Mädchen und versuchte, sie zu vergewaltigen. Dem Untersuchungsrichter erkärte er: »Ich wußte auch, daß ich etwas unrechtes thue, ich konnte aber meinen Erregungen nicht Widerstand leisten und wollte meine Lust befriedigen.«[160] Daß dabei auch der Beweis der eigenen Männlichkeit und Potenz eine Rolle spielte, zeigt sich in der abschließenden Protzerei manches jugendlichen Täters. Josef Hobmaier vergewaltigte die 13jährige Maria und zeigte ihr anschließend sein »Geschlechtsteil«, »was das für ein Kerl ist«.[161] Der 18jährige Georg Biermaier, der auf das Schreien und Bitten des Mädchens den Versuch aufgab, den Geschlechtsverkehr auszuführen, zeigte ihr sein Glied und sagte: »gelt, Dirndl, ich habe einen großen.«[162]

Manche jugendlichen Täter zeigten eine Rücksichtslosigkeit und Brutali tät, die bei erwachsenen Tätern, zumindest in den hier ausgewerteten Akten, kaum vorkam. Möglicherweise waren die Erwachsenen in ihren Aussagen geschickter, doch nach den ärztlichen Untersuchungen und den Aussagen der Opfer zu urteilen waren ältere Männer tatsächlich »vorsichtiger«. Sicher fürchteten sie, entdeckt zu werden, wenn das Kind sichtbare Verletzungen davontrug. Jüngere Männer dagegen waren zum Teil weniger umsichtig und daher erschreckend brutal. Der 22jährige Xaver Beck schnitt mit einem Messer in die Schamlippen des Mädchens, um die Penetration zu ermöglichen.[163] Besonders erschütternd ist die Schilderung des 19jährigen Heinrich Maurer. Er traf die fünfjährige Magdalena im Wald und beschloß, sie zu »gebrauchen«. Als sie jammerte und schrie, stieß er trotzdem sein Glied so lange in ihre Scheide, bis er einen Samenerguß hatte. Er erklärte, er habe nicht aufgehört, weil er erst seine Wollust habe befriedigen wollen. Das Kind starb 22 Stunden nach der Tat.[164]

Im Gegensatz zu den Jugendlichen versuchten erwachsene Männer vor Gericht meist, jede sexuelle Motivation zu leugnen, doch sind einige aufschlußreiche Äußerungen der Täter in Zeugenaussagen und in den Schilderungen der Opfer überliefert. Zuweilen tauchen in diesen Aussagen die Begriffe »anlernen« oder »abrichten« auf. Im Fall des ledigen Maurers und Inwohners Karl Stoib etwa erzählte eine Dienstmagd, sie habe mit ihm bei der Heuernte zusammengearbeitet. Während der Brotzeit hätten sie vom Heiraten geredet, »wobei ich die Äußerung machte, ich mag keinen. Darauf sagte er, ich muß dich schon noch abrichten, die Maria habe ich schon abgerichtet u. über die kleinere werde ich auch schon noch kommen. Unter dem Abrichten hat Karl Stoib (...) unzweifelhaft einen geschlechtlichen Verkehr verstanden.«[165] Zu der achtjährigen Magdalena sagte Stoib, nachdem er sie mißbraucht hatte, so müsse sie es mit einem Buben auch einmal machen.

Ein Motiv mancher Männer war demnach die sexuelle Initiation des Mädchens. Es ist nicht möglich, die genaue Motivstruktur aufzuschlüsseln, die sich hinter dieser Absicht verbirgt. Es konnte einerseits der Wunsch sein, die Familie des Kindes, speziell den Vater, bloßzustellen, zu beleidigen und zu verletzen. Der Ausdruck »Gemeindestier«, mit dem ein Bauer in einem Fall bedacht wurde, verweist zudem auf die Verfügungsmacht, die ein Mann über die Frauen und Mädchen im Dorf hatte. Dies und die Tatsache, daß manch ein Täter sich seiner Handlung brüstete, zeigt, daß es auch um Männlichkeit ging[166] und damit um Macht – nicht nur über das jeweilige Opfer, sondern ebenso innerhalb des Dorfes. Die Männer im vorliegenden Sample freilich genossen augenscheinlich weder Ansehen noch

Macht, sondern wurden strafrechtlich verfolgt. Diese Männer waren zu weit gegangen – die Mädchen waren sehr jung oder standen in einem Abhängigkeitsverhältnis zum Täter, oder dieser hatte soziale Grenzen überschritten.

Daß das Motiv der sexuellen Initiation eine Rolle spielte, und zwar in Zusammenhang mit der sexuellen Verfügbarkeit eines Mädchens, ist aus zwei weiteren Fällen ersichtlich. Martin Hausschmidt, 31jähriger Sägknecht aus dem Bezirk Aibling, hatte versucht, die zwölfjährige Gütlerstochter Anna Zistl zu vergewaltigen. Als Begründung gab er an, sie habe ihm erzählt, »sie habe alles schon gesehen und probiert«. Deshalb habe er wissen wollen, ob sie wirklich schon »gebraucht« worden sei und an ihrem »Geschlechtsteil« nachgefühlt. Er fand aber, sie habe gelogen, und ging nach Hause, ohne noch etwas mit ihr zu tun zu haben, so seine Aussage.[167] Eine ähnliche Geschichte erzählte der 54jährige Gütler Michael Klingl: Amalie, zwölf Jahre alt, sei zu ihm gekommen und habe ihn ein paarmal an der Seite gekitzelt, weshalb er sie weggestoßen habe. Sie sei aufs Stroh gefallen und auf dem Rücken liegengeblieben.

»ich dachte mir, ich möchte doch wissen, ob das Dirndl wirklich schon auf die Mannsbilder so bös sei, wie es unter den Leuten heißt, und langte ihr mit der Hand unter die Röcke hinauf; ob ich ihre Scham berührte, weiß ich selbst nicht. (...) Sie hielt sich dabei ganz ruhig, und sah ich aus ihrem Verhalten, daß sie sich schon mit einem Mannsbilde abgeben würde. Ich sagte dann, der Spaß paße für mich nicht, wenn jemand dazu käme müßte ich Schand und Spott ausstehen, sie solle machen, daß sie weiter komme.«[168]

Beide Männer gaben also an, sie hätten nur »nachsehen« wollen, ob das Mädchen schon Geschlechtsverkehr gehabt hatte oder bereit dazu wäre. Dahinter verbirgt sich die Vorstellung, ab einer bestimmten Stufe der körperlichen Entwicklung stehe ein Mädchen für den Geschlechtsverkehr »zur Verfügung«. Ähnlich klangen die Äußerungen mancher Juristen über die »Mannbarkeit« oder das »Freigeben entwickelter Mädchen«.[169] Damit liegt der Schluß nahe, daß die sexuelle Verfügbarkeit von Frauen und Mädchen ein grundlegendes Element des Geschlechterverhältnisses in der Gesellschaft des Kaiserreichs bildete. Das bedeutet nicht, daß alle Frauen und Mädchen allen Männern jederzeit zur Verfügung standen, sondern daß der Status der Frau eng mit ihrer sexuellen Reife und Bereitschaft zusammenhing, der Status des Mannes dagegen mit seinen Möglichkeiten, über Frauen sexuell zu verfügen. Sehr junge Mädchen aber waren tabu. Männer wie der Maurer Stoib, der die vier- bis achtjährigen Töchter seines Logisgebers mißbrauchte,[170] verstießen gegen dieses Verbot. Dennoch existierte eine Vorstellung von Männlichkeit, die mit der sexuellen Verfügungsmacht über Mädchen und Frauen zusammenhing. In dieser Verknüpfung konnte die sexuelle Ausbeutung des Kindes der Dienstleute oder eines Nachbarn wahrscheinlich ein Gefühl von Macht vermitteln und den Täter zugleich in seiner Männlichkeit bestätigen.

Zu dieser Vorstellung von Männlichkeit gehörte die Annahme, daß dem Kind die sexuelle Handlung gefallen müsse. Eine Einstellung, die ebenso eng mit der Sicht auf weibliche Sexualität zusammenhing, genauer gesagt mit der Annahme vieler Männer, daß eine Frau selbst durch gewalthafte und erzwungene sexuelle Handlungen erregt werde, die auch im Diskurs der Juristen und Mediziner zu finden ist.[171] So fragte ein Täter das Mädchen: »Gelt, Reserl, das thut dir wohl, das kitzelt dich?«[172] Auch in der Äußerung des 40 Jahre alten Xaver Radl klingt die Überzeugung an, daß die 13jährige Maria im Grunde gern den Geschlechtsverkehr mit ihm »probieren« würde, sich aber nicht traute und deshalb wehrte: »gelt, thun möchtest du es schon, aber das Herz hast du nicht.«[173] Die achtjährige Franziska Wörle schilderte, wie der Taglöhner Josef Leberfinger sein Glied zwischen ihre Beine steckte: »Wenn ich dann sagte, daß es mir weh thue, sagte er, es thut nicht weh, es thut wohl.«[174] Damit mißachtete Leberfinger nicht nur Franziskas Willen, sondern definierte ihr Empfinden als falsch. Vielleicht hing auch diese Reaktion mit einer bestimmten Vorstellung von Männlichkeit zusammen: Aus seiner Perspektive mußte Leberfinger mit seiner »Männlichkeit« Lust in dem Mädchen hervorrufen, um seine Potenz zu beweisen.

Die Täter stellten ihre Handlung oft als »normalen« Sex dar, der zumindest einem älteren Mädchen nicht schaden konnte, oder als harmloses Spiel. Der Bauer Franz Linseder äußerte zu seiner 15jährigen Magd am Morgen, nachdem er sie vergewaltigt hatte: »warum schaust du denn so, gelt, das ist dir nicht recht, daß ich mich heute Nacht zu dir hinein gelegt habe, es ist nicht so viel dahinter, es vergeht schon wieder.«[175] Der Dienstknecht Michael Krämer entgegnete den Eltern der fünfjährigen Maria, die ihn zur Rede stellten: »es sei ja soviel nicht dahinter, wir dürften nur das Kind etwas einschmieren, sterben brauche es ja deshalb doch nicht (...) ein bischen wie Weiberleut ist es ja doch gewesen, und ich hab ja nur zwischen ihre Füße durchgethan.«[176] Offensichtlich war Krämer überzeugt, daß er nur wenig Schaden angerichtet hatte, da er nicht versucht hatte, in die Scheide des Mädchens einzudringen. Beide Männer sahen ihre Tat als Lappalie, wußten aber zugleich, daß ihr Handeln Konsequenzen haben könnte. Deshalb versuchten sie zum eigenen Schutz, dieses dem Mädchen oder dessen Eltern gegenüber zu verharmlosen. Michael Krämer war überdies bestrebt, seine Handlung, von der er wußte, daß sie als »abweichend« wahrgenommen wurde, einem »normalen« Geschlechtsverkehr mit einer erwachsenen Frau so nahe wie möglich erscheinen zu lassen.

War die Tat einmal entdeckt, unternahmen es die Täter auf unterschiedlichen Wegen, durch »korrektive Maßnahmen« eine Anzeige zu verhindern. Einige boten den Eltern Geld. Waren sie dazu nicht in der Lage, baten sie mitunter die Eltern um Verzeihung. Vor allem Jugendliche griffen zu diesem Mittel und gelobten Besserung. Der 16jährige Sebastian Spieß wurde von seinen Eltern zum Stationskommandanten geschickt, um ein Geständnis abzulegen und um Nachsicht zu bitten:

»Mein Vater und meine Mutter lassen Sie grüssen. Ich wurde über mein Vergehen von denselben bereits gezüchtigt, weßhalb ich Sie bitte, mir's dießmal nachzusehen, ich werde es nie mehr thun und Sie sollen über mich gewiß keine Klagen mehr hören.«[177]

In diesem Fall scheinen weder der Junge noch seine Eltern die Rechtslage gekannt zu haben. Bei kleineren Delikten mochte eine solche Entschuldigung dem Kommandanten gegenüber eine Anzeige bei der Staatsanwaltschaft verhindern, sofern diese überhaupt notwendig war und das Delikt nicht in die Zuständigkeit anderer Institutionen gehörte. Hier aber bestand die Möglichkeit, daß es sich um eine »Notzucht« handelte und damit um ein schweres Verbrechen, das von Amts wegen verfolgt werden mußte. Der Junge und seine Eltern scheinen den Vorfall dagegen als kleineres »Vergehen« angesehen zu haben.

Nach der Verhaftung leugneten die meisten Männer dem Gendarmen gegenüber (und oft auch noch in der ersten Vernehmung durch den Untersuchungsrichter), etwas Unrechtes oder Strafbares getan zu haben. Doch nur wenige hielten dies konsequent bis zur Verhandlung durch (18 Fälle). Die meisten Männer legten zumindest ein teilweises Geständnis ab. Scham und Reue äußerten dabei nur wenige.[178] Die Täter schienen ihr Vergehen oft nur als kleine und damit läßliche Sünde zu betrachten und zu glauben, daß auch andere einen Griff unter den Rock eines Mädchens nicht als Verbrechen erachteten. Ein Knecht gestand, daß er die Tochter seines Dienstherrn manchmal an der »Scham« »gekitzelt« habe: »In meinen Handlungen an Maria B. habe ich nichts strafwürdiges erblickt und gemeint, es sei nur eine kleine Sünde.«[179] Ein Pfarrer gab als Zeuge sein Gespräch mit dem Schmied Johann Hauser wieder:

»Ich stellte ihm vor, wie er sich so weit habe vergessen können, mit den Kindern unzüchtige Sachen zu machen, er meinte darauf, er habe mit den Kindern nur Spaß gemacht, er habe eben die Kinder so gern, was Besonderes habe er ja mit denselben nicht gethan, eigentlich versündigt habe er sich ja nicht. Er meinte damit wahrscheinlich, daß er die Kinder nicht fleischlich benützt habe.«[180]

Viele Täter sagten aus, sie hätten nur gescherzt, Dummheiten oder Spaß gemacht oder das Kind ganz ohne Hintergedanken liebkost. Jacob Freymuth erklärte, die Mädchen hätten ihn geneckt, da habe er sie gepackt und übereinander auf den Boden geworfen.[181] Er vermied jegliche sexuelle Einfärbung in seiner Darstellung. Andere Männer gaben zwar zu, das Kind möglicherweise am Po, am nackten Bein oder gar am »Geschlechtsteil« berührt zu haben, aber es sei zufällig geschehen oder aus Versehen oder, wie ein Angeklagter behauptete, »in momentaner Verwirrung, ohne an etwas böses zu denken«.[182] Diese Männer spielten einerseits die Handlung selbst herunter: Sie hätten zwar unter den Rock gegriffen, aber nicht an die »Scham«, sie hätten wohl *an* die »Scham« gelangt, aber nicht hinein, sie hätten das Kind nur mit der Hand, nicht mit dem Glied berührt. Zugleich waren sie bestrebt, jede sexuelle Motivation abzustreiten, selbst wenn sie zugestanden, eine als sexuell zu interpretierende Handlung begangen zu haben. Der Dienstknecht Aigner sagte dem Gendarmen gegenüber aus, er habe zwar die Schamlippen des Mädchens mit der Hand berührt, aber nicht sein Glied aus der Hose genommen. Es sei nur ein Scherz gewesen, er habe keineswegs seine Sinnenlust befriedigen wollen. In der Voruntersuchung gestand er dann:

»Ich gestehe nun auch zu, daß ich meinen Geschlechtsteil herausthat, so daß das Kind ihn sah. Mein Geschlechtsteil wurde aber nicht steif (...). Ich habe das Glied nur aus Spaß heraus u. mit dem Kinde (...) nichts vorgehabt. Samenerguß hatte ich nicht.«[183]

Die Täter versuchten also sowohl ihre Handlung als relativ geringe Verfehlung erscheinen zu lassen, als auch das Ziel der Handlung und ihre Motivation zu verschleiern. Freilich wußten sie wahrscheinlich selten, daß das Ziel der »Erregung oder Befriedigung der Geschlechtslust« ein zentrales Tatbestandsmerkmal des Paragraphen 176,3 war.[184] Dennoch war ihnen anscheinend klar, daß erst das sexuelle Motiv, der Versuch, ein Kind für eine sexuelle Handlung zu mißbrauchen, ihr Handeln als moralisch verwerfliche und strafrechtlich zu verfolgende Tat konstituierte.

Manche Männer negierten nicht die sexuelle Motivation, sondern die Tatsache, daß es sich bei dem Opfer um ein unschuldiges, unwissendes Kind handelte. Sie stellten das Mädchen als »sittlich verdorben« und sexuell erfahren dar. Der Bauernsohn Wendelin Ruf behauptete über Maria Hessner: »Meines Wissens spielt das Mädl überhaupt viel zu viel mit den Buben herum; nach meinem Dafürhalten ist das Mädchen lügenhaft und durch den Umgang mit der Anna Treiber schon recht verdorben worden.«[185] Der Bauer Franz Linseder erklärte: »Die Cäzilie Englhard ist mir schon lange nachgegangen und hat sich extra zu mir hingelegt (...) vis-a-vis von meiner Kammer (...) daß ich leicht zu ihr kommen konnte. Sie hat mich förmlich gereizt und verführt.« Er fügte hinzu, Cäzilie habe gesagt, sie sei schon 17 Jahre alt und sie habe bei einem Bauern eine eigene Kammer gehabt, in der die Burschen zu ihr gekommen wären.[186] Linseder beschrieb sich somit selbst als das verführte Opfer. Solche Darstellungen konnten vor Gericht durchaus Gehör finden, da entsprechende Bilder auch im Diskurs der Juristen konstruiert und (re-)produziert wurden.[187]

In den hier untersuchten Fällen hatte diese Strategie jedoch wenig Erfolg. Der Cäzilie Englhard beispielsweise wurde ein hervorragendes Zeugnis ausgestellt. Ihr ganzes Benehmen deutete nach Meinung des Gendarmen auf Unbescholtenheit, »indem sich die Englhard so still verhielt, auch keine Burschen in die Behausung des Linseder kamen, sowie auch dieselbe in keine Unterhaltung ging, sondern stets nach verrichteter Arbeit in der Behausung des Linseder verblieb«. Zudem wurden ihre Eltern von allen Nachbarn als rechtschaffene Leute beschrieben.[188] Einem anderen Mädchen wurde zwar einiges nachgesagt, doch waren dies nach Ansicht des Gerichts nur »vage Gerüchte«.[189] Die Täter hatten also vor Gericht nicht unbedingt Erfolg, wenn sie die Sittlichkeit des Opfers in Zweifel zogen und sich selbst als die Verführten beschrieben. Dies hing von ihrem eigenen und dem Leumund des Mädchens ab.

Strafminderungs- und Strafmilderungsgründe[190]

Eine weitere »korrektive Maßnahme« des Täters nach der Anzeige war das Abweisen der vollen Verantwortung für die Tat. Die am häufigsten vorgebrachte Rechtfertigung war der Einfluß von Alkohol. Viele Täter gaben an, sie seien angetrunken gewesen. Der Maurer Stoib erklärte dem Gendarmen, er habe die Handlungen meist an Sonn- und Feiertagen verübt, »da er, wie sich Stoib ausdrückt, Gelegenheit hiezu u. da er auch an diesen Tagen mehr Bier wie sonst zu sich genommen hatte, was auch viel hiezu beigetragen habe«.[191] Einige Angeklagte behaupteten, sie seien so betrunken gewesen, daß sie nicht mehr gewußt hätten, was sie taten, und sich an nichts mehr erinnern könnten. Der Taglöhner Josef Leitmaier sagte aus: »Ob und wann ich mit dem Mädchen (...) nach Hause ging, weiß ich nicht mehr, da ich so betrunken war, daß ich nicht mehr wußte, was um mich her vorging.«[192] Georg Mayer erklärte, er habe morgens Bier und Schnaps getrunken: »ich weiß nicht mehr, was mit mir sodann geschehen ist, oder was ich selbst gethan habe.«[193] Beide Männer entlasteten sich einerseits von der Verantwortung für die Tat und brauchten andererseits nicht über den Vorfall auszusagen, da sie sich an nichts mehr erinnerten. Innerhalb des Dorfes konnten sie sich auf diese Weise ebenfalls in Schweigen hüllen und vielleicht sogar auf Verständnis hoffen.[194]

Nur wenige Täter beriefen sich auf ein Leiden oder einen Drang, dem sie nicht abhelfen könnten. Zwei Männer gaben an, sie litten unter »Sand und Gries«,[195] wie der 21jährige Alois Obermaier: »ich leide an Sand u. Gries, kenne mich gar nicht mehr aus was ich thue, wenn ich von dieser Krankheit befallen werde.«[196] Erinnern konnte Obermaier sich allerdings genau an die Tat; seine Krankheit enthob ihn nicht des Geständnisses, wohl aber der vollen Verantwortlichkeit. Mehrere Beschuldigte erklärten, sie litten unter Nervosität, Kopfschmerz oder Schwindel. Der Spieldosenbesitzer Georg Mayer erzählte, er habe seit einem Unfall als Torfstecher »ein schweres Nervenleiden, habe oft Schwindelanfälle, in denen ich nicht weiß, was ich thue«.[197] Der Landgerichtsarzt Dr. Hofmann konstatierte in seinem Gutachten über Mayer zwar körperliche Folgen des Unfalls, stellte jedoch weder ein Rückenmarks- oder Nervenleiden noch eine »Störung der Geistestätigkeit« fest. Allerdings, so heißt es im Gutachten, sei M. 1894 bereits wegen eines »Verbrechens wider die Sittlichkeit« zu sechs Monaten Gefängnis verurteilt worden.[198] Mayer war zwar zurechnungsfähig, erhielt aber mildernde Umstände zuerkannt, »da immerhin die Möglichkeit besteht, daß der Angeklagte infolge des seinerzeit erlittenen Unfalls, sowie infolge des damaligen Genusses geistiger Getränke leicht zu geschlechtlichen Ausschreitungen gereizt wurde.«[199]

Der Pfarrer Matthias Glaser gab in der Voruntersuchung an: »Ich bin seit vier Jahren sehr nervös, leide seit vielen Jahren an Schlaflosigkeit u. bin ohne gerade krank zu sein immer kränklich.«[200] Der Anwalt des Pfarrers forderte daher, daß Freiherr von Schrenck-Notzing mit einem Gutachten beauftragt werden sollte – ein Ansinnen, welches der Untersuchungsrichter jedoch ablehnte. Er bestellte statt dessen den Landgerichtsarzt Dr. Wetzel als Sachverständigen. Der Pfarrer selbst stritt dem Untersuchungsrichter gegenüber ab, geisteskrank zu sein. Dennoch ließ der Staatsanwalt die Gendarmerie nach Fällen von Geisteskrankheit oder Alkoholismus in der Familie Glasers forschen und erheben, ob Glaser in seiner Jugend ein auffälliges Benehmen gezeigt habe. Dr. Wetzel stellte bei Glaser eine »schwere erbliche Belastung« und einen »melancholischen Zug« fest. Er bezeichnete Glaser als »belasteten Neurastheniker«, der aber voll für seine Handlungen verantwortlich sei. Die Dinge hätten eine »ganz natürliche Entwicklung« genommen, »wie dies bei einem schwachen, der Selbstzucht entbehrenden und sexuell abnorm erregten Menschen nicht anders zu erwarten steht«. Glaser sei also zurechnungsfähig, aber infolge der erblichen Belastung (ein Bruder war einige Zeit in einem »Irrenhaus«) und der daraus resultierenden Willensschwäche weniger widerstandsfähig als andere.[201] Der Richter sah diese Tatsachen als strafmildernd an:

»Bei solcher körperlicher und geistiger Beschaffenheit sind die von dem Angeklagten (...) verübten Handlungen allerdings begreiflich. Allein bei seiner hohen geistigen Begabung, sowie in seiner Stellung als katholischer Geistlicher, Religionslehrer und Schulinspektor war er sich zweifellos jederzeit bewußt, daß er sich mit seinen eigenen Schulmädchen nicht in der von ihm bethätigten, seinen Geschlechtstrieb befriedigenden Weise abgeben dürfe.«[202]

Einige Angeklagte schließlich beriefen sich auf ihren »Trieb«. Der Privatier Kaspar Pfaffl erklärte: »Sieh'st, ich hab halt so einen Drang bekommen u. da habe ich mir nicht mehr anders zu helfen gewußt.«[203] Weder der Tölzer Bezirksarzt Dr. Edelmann noch der Münchener Landgerichtsarzt Dr. Hofmann stellten aber bei ihm eine »sexuelle Perversion« fest. Dr. Hofmann schrieb, die Äußerung Pfaffls, er habe sich nicht helfen können, habe nahegelegt, daß er seinen Trieb nicht unterdrücken könne und im Zustand der Willenlosigkeit gehandelt habe. Von einem die freie Willensbestimmung ausschließenden krankhaften Geisteszustand sei aber nichts festzustellen. Ähnlich fiel das Gutachten über den Benefiziaten Schwarzer aus. Dem Gutachter Dr. Holterbach erzählte er:

»Er habe von jeher eine große Vorliebe zu Kindern empfunden, aber eine sexuelle Beimischung sei erst seit einigen Jahren dazugetreten. Zuletzt sei seine Neigung zu Kindern zu einem starken Drang geworden, dem er wenig Widerstand entgegensetzen könne.«[204]

Diese wie auch die Pfaffl betreffende Schilderung kam zwar dem Krankheitsbild der Pädophilie nahe, der Arzt stellte jedoch bei Schwarzer nur eine leichte Neurasthenie fest. Es liege keine sexuelle Perversion vor, da Schwarzer auch zu erwachsenen Frauen Beziehungen »mit sexueller Beimischung« angeknüpft habe.[205] Schwarzer wurde aufgrund der beiden ärztlichen Gutachten vom Gericht als zurechnungsfähig erachtet. Seine Neurasthenie galt jedoch als strafmindernd. Der Lehrer Greiner schließlich behauptete, »einem förmlichen Zwang unterlegen zu sein«.[206] Daraufhin wurde er zur Beobachtung in die Kreis-Irrenanstalt München eingeliefert. Im Gespräch mit deren Leiter, Dr. Vocke, machte er für seine Willensschwäche eine Nervenschädigung durch eine Influenza in der Kindheit verantwortlich sowie seine häufigen Kopfschmerzen. Dr. Vocke zog aus der Untersuchung den Schluß: »Greiner ist willens- und charakterschwach infolge erblicher Belastung und mangelhafter Erziehung und darum verdient er eine mildere Beurteilung.«[207]

Die Angeklagten vermieden es, sich explizit als »geisteskrank« darzustellen. Sie beriefen sich auf körperliche Schwächen, die wiederum eine geistige oder eine Willensschwäche mit sich brachten. Bis auf Georg Mayer gehörten sie der gebildeten Schicht an. Nervosität aber galt unter anderem als Krankheit der Gebildeten.[208] Ein Pfarrer oder ein Lehrer hatten daher gute Chancen, dieses Leiden als strafmindernd geltend zu machen. Den Verdacht der Geisteskrankheit wiesen sie allerdings selbst zurück, und ebensowenig waren sie bestrebt, eine sexuelle Perversion als Begründung für ihre Handlungen anzuführen. Die Gutachter suchten zuallererst nach Anzeichen hierfür, doch allenfalls beriefen sich die Beschuldigten auf einen

»Drang« oder »Zwang«, oder, wie Glaser, auf eine »Versuchung« und die eigene »Schwäche«, dieser zu widerstehen. An diesem Punkt berührt der Diskurs der Ärzte die Lebenswelt der angeklagten Männer. Als Gebildete kannten sie wahrscheinlich einen Teil des ärztlichen Diskurses und versuchten, ihn zu ihrem Vorteil zu nutzen.[209] Alle anderen angeklagten Männer waren sich über die Möglichkeit eines milderen Urteils aufgrund geistiger Beeinträchtigung offensichtlich nicht im klaren, der ärztlich-juristische Diskurs drang also nicht bis zu den »einfachen Leuten« vor, auch nicht in popularisierter Form. Figuren wie der »Geistesschwache«, der demente Greis oder explizit »geisteskranke« Täter finden sich in den hier ausgewerteten Akten nicht.

Die Täter selbst wendeten vor Gericht unterschiedliche Strategien an, um eine möglichst milde Bestrafung zur erreichen. Viele legten ein Geständnis ab und zeigten Reue, womit sie meist erfolgreich waren. Andere leugneten hartnäckig – allerdings gelang es nur vereinzelt, dadurch einen Freispruch zu erlangen. Die meisten Angeklagten legten ein Teilgeständnis ab, in dem sie zugaben, das Opfer »unsittlich« berührt zu haben, jedoch die Tat bagatellisierten und die sexuelle Motivation abstritten. Andere schrieben dem Opfer die Schuld zu und behaupteten, sie seien verführt worden oder das Mädchen sei bereits »verdorben« gewesen. Schließlich gab es noch den Ausweg, die Verantwortung für die Tat abzustreiten oder zu mindern, indem man eine Einschränkung der Willensfreiheit geltend machte, sei es durch Alkohol oder Krankheit. Den geringsten Erfolg erzielten die Täter, die ein teilweises Geständnis ablegten. In solchen Fällen schenkte das Gericht den Aussagen der Opfer meist vollen Glauben, das Teilgeständnis wurde faktisch als volles Geständnis gewertet, galt jedoch nicht im selben Maße strafmindernd wie ein vollständiges und reumütiges Geständnis. Auch die Strategie, das Opfer zu verunglimpfen, war nur dann wirkungsvoll, wenn sich Zeugen fanden, die die Behauptungen des Angeklagten aus eigener Anschauung bestätigten.

Die häufigsten Strafminderungsgründe waren ein tadelloser Leumund (34 Fälle) und das Geständnis der Tat (19 Fälle). Das jugendliche Alter des Angeklagten wurde in 14 Fällen als strafmindernd berücksichtigt. Ein niedriger Bildungsstand oder eine mangelhafte Erziehung wurden in sechs Fällen in der Urteilsbegründung angeführt. Außerdem wurde in zehn Fällen strafmindernd berücksichtigt, daß die Tat »nur eine geringe Verfehlung« darstellte. Weitere Strafminderungsgründe waren: daß die Tat keine gesundheitlichen (neunmal) oder moralischen (16mal) Nachteile mit sich gebracht habe; daß das Opfer bereits nahe der Altersgrenze von 14 Jahren stand (viermal); daß es dem Ansinnen des Täters »leicht zugänglich« war[210] (achtmal); daß das Mädchen sittlich bereits »verdorben« war (viermal). Als straferschwerend galten dagegen ein schlechter Leumund, der meist in einer Vorstrafe begründet lag (14 Fälle), das niedrige Alter des Kindes (achtmal), die Fortsetzung der Handlung (sechsmal), Schamlosigkeit oder Verwerflichkeit (14mal), die Anwendung von Gewalt oder die Brutalität der Tat (sechsmal), die Erregung öffentlichen Ärgernisses (sechsmal), der Mißbrauch des Dienst- oder eines anderen Autoritätsverhältnisses (vier Fälle) oder der Umstand, daß der Täter verheiratet war (zwei Fälle).

Ausschlaggebend war vor allem der Lebenswandel des Angeklagten, die vorherige Straffreiheit oder Vorstrafe. Daneben waren »korrektive Maßnahmen« wie Geständnis, Reue, Verharmlosung der Tat oder der Versuch, die eigene aktive Rolle zu minimieren, gängige Strategien der Beschuldigten, und sie entsprachen den Richtlinien, nach denen die Richter ihre Urteile fällten. Die Täter kannten sich aber gewiß nur selten in der Praxis der Rechtsprechung aus. Daher liegt der Schluß nahe, daß ihre Strategien auf alltäglichen Einstellungen beruhten. An dieser Stelle überschnitten sich die Einstellungen der Juristen und der ländlichen Bevölkerung. Entscheidend für die Beurteilung der Tat und des Täters selbst waren in beiden Kontexten seine Lebensführung, Alter und Persönlichkeit des Opfers, die Art der Handlung sowie der Grad der Schädigung des Opfers.

XI. Kulturelle Deutungsmuster sexueller Gewalt

Das Geschlechterverhältnis in der bürgerlichen Gesellschaft des Kaiserreiches beruhte auf einer grundlegenden Ungleichheit: Frauen besaßen nicht dieselben staatsbürgerlichen Rechte wie Männer, und zivilrechtlich waren sie dem Vater oder dem Ehemann unterstellt. Auch das Verhältnis zwischen den Generationen war geprägt von der väterlichen (rechtlichen) Gewalt über die Kinder. Diese grundlegenden gesellschaftlichen Beziehungen zwischen Männern, Frauen und Kindern prägten auch den Diskurs der Juristen und Mediziner über sexuelle Gewalt. Begründet wurde die Strafbarkeit der »Notzucht« und anderer Formen sexueller Gewalt aus den Interessen der bürgerlichen Gesellschaft. Der Schutz der weiblichen »Geschlechtsehre«, der Schutz der Kinder und der Schutz von Ehe und Familie dienten letztendlich dem Erhalt der bürgerlichen Gesellschaft. Zugleich schloß der Diskurs gesunde bürgerliche Männer aus dem Kreis der potentiellen »Notzüchtler« und »Kinderschänder« weitgehend aus. Die Opfer, ob Frauen oder Kinder, waren nach Ansicht der Rechtsgelehrten und Mediziner ebenfalls vorrangig in den proletarischen und ländlichen Schichten zu finden. Sexuelle Gewalt fand, glaubt man den Worten der Mediziner und Rechtsgelehrten, außerhalb der bürgerlichen Gesellschaft, an ihren Rändern statt.

In den Definitionen und Konstruktionen sexueller Gewalt überschneidet sich der bürgerliche mit dem männlichen Blick. Männliche Vorstellungen von der eigenen und der weiblichen Sexualität bildeten die Basis für die Definition der »Notzucht«. Der Gewaltbegriff im Sexualstrafrecht ging nicht von der Handlung des Täters aus, sondern von der Reaktion der Frau. Der Notzuchtsparagraph nahm die Perspektive des Täters ein: Wichtig war, ob aus seiner – und damit allgemein männlicher – Sicht das Verhalten der Frau eindeutig abwehrend war. Die Verantwortung des Täters wurde überdies dadurch gemindert, daß als Ursache für seine Tat der männliche, aggressiv-drängende Trieb galt. Zugleich wurde die Verantwortung des Opfers erhöht: Die Frau traf ein Teil der Schuld, weil sie sich nicht konsequent gewehrt hatte, das Kind, weil es ein sexualisiertes Verhalten gezeigt und die Tat selbst herausgefordert hatte.

Im Sinne Foucaults könnte man sagen, daß Frauen und Kinder im Diskurs über sexuelle Gewalt Gegenstand einer Subjektivierung waren: einer Subjektivierung nicht nur in Form einer Unterwerfung, sondern in Form der Anerkennung einer bestimmten Subjektivität. Zumindest in bezug auf das Sexualstrafrecht bestand diese darin, sich als Opfer anzuerkennen, als Trägerin der »Geschlechtsehre« und gleichzeitig als deren Verteidigerin. Die Verantwortung dafür, ob sie ihre »Geschlechtsehre« bewahren konnte oder nicht, lag bei der Frau. Sie wurde zum einen als Objekt und Opfer definiert und konstruiert, zum anderen als Subjekt mit einem ausgeprägten Willen, den sie dem Täter in dem Moment entgegensetzen mußte, in dem sie ihre Eigenschaft als Subjekt im Grunde bereits verloren hatte und um ihr Leben fürchtete.

In der Gesetzgebung wie im Alltagsleben galten nicht die Deutungen und Wahrnehmungen der Frauen und Kinder als ausschlaggebend für die Grenzziehung zwischen sexueller Gewalt und tolerierbarer männlich-aggressiver Sexualität. Zwar ließe sich einwenden, daß eine Magd um die Jahrhundertwende einen Griff unter ihren Rock durchaus als Scherz empfinden, darüber lachen und es dem Knecht mit gleicher Münze heimzahlen konnte. Freilich mag eine andere Magd im selben Fall Scham und Angst empfunden und sich fortan durch den Knecht bedroht gefühlt haben. Wir haben keine Möglichkeit, die Grenzen zu rekonstruieren, die die Frauen selbst setzten oder gesetzt hätten, wenn es ihnen möglich gewesen wäre. Was sich aber zeigt, ist eine Asymmetrie zwischen den Geschlechtern in der sexuellen Interaktion. Der Mann »beschloß«, den Beischlaf zu vollziehen, er »nahm« sich die Frau, »probierte«, ob sie nicht doch zum Geschlechtsverkehr bereit sei – die Frau gab nach, »ergab« sich, »hielt her«, ließ sich »gebrauchen«. Im Alltag wurde ein erzwungener Geschlechtsverkehr, sofern er nicht mit massiver Gewaltanwendung einherging, nicht als »Notzucht« gedeutet, wenn das Opfer einen schlechten Leumund besaß. Es waren allgemeine Deutungsmuster männlicher und weiblicher Sexualität, daß der Mann eroberte und die Frau nachgab und daß manche Frauen sexuell verfügbar waren, andere jedoch nicht.[1]

Der Diskurs der Juristen und Mediziner konstruierte ein Bild sexueller Gewalt, dem bestimmte Einstellungen zu Männlichkeit und Weiblichkeit zugrunde lagen, und befestigte diese Einstellungen zugleich: Männliche Lust wurde im Diskurs als aggressiv und (be-)drängend definiert, und im Alltag gehörte ein entsprechendes Verhalten von Männern gegenüber Frauen zur Interaktion zwischen den Geschlechtern. Weibliche Lust wurde als rezeptiv und nachgebend gedeutet, wozu die Vorstellung gehörte, daß eine Frau durch sexuelle Handlungen leicht zu erregen sei und daß Frauen und Mädchen ab einem bestimmten Alter sexuell verfügbar wären. Diese

Einstellung findet sich in der ländlichen Gesellschaft etwa, wenn ein Mann vorgab, er habe »nachsehen« wollen, ob das Mädchen schon einmal Geschlechtsverkehr gehabt habe, oder ein anderer sich damit brüstete, daß er die Mädchen zum Geschlechtsverkehr »abrichte«.

Das heißt nicht, daß alle Frauen und Mädchen allen Männern sexuell zur Verfügung standen oder daß sexuelle Gewalt in den Beziehungen zwischen Männern und Frauen an der Tagesordnung war. Die genannten Einstellungen waren kulturelle Deutungsmuster, auf Grund derer bestimmte männliche und weibliche Verhaltensweisen wahrgenommen und beurteilt wurden. Sie eröffneten oder verwehrten den Geschlechtern jeweils bestimmte Handlungsmöglichkeiten und prägten die subjektiven Erfahrungen von Männern, Frauen und Kindern. Die Definitionsmacht lag hier klar auf seiten der Männer: Strafrechtliche Bestimmungen und alltägliche Einstellungen beruhten auf männlichen Wünschen und Bedürfnissen. Nur sehr selten erhoben Frauen ihre Stimmen in der Öffentlichkeit und protestierten gegen diese einseitige Sicht: wie die Ärztin Anna Fischer-Dückelmann, die sexuelle Gewalt in der Ehe anprangerte; wie Katharina Scheven, die Partei für zwei jugendliche Prostituierte ergriff.

Die »Notzucht« wurde zwar als »Brutalität« und als furchtbares Schicksal für die Frau gesehen. Zugleich jedoch wurde die Identität der Frau ganz und gar mit ihrer Sexualität verwoben. Die Wichtigkeit eines Merkmals wie der Jungferschaft für die Persönlichkeit der Frau führte zu der Vorstellung, mit der Zerstörung des Hymens werde auch die »Geschlechtsehre« und somit die soziale Identität der Frau zerstört. Damit aber wurde Männern Macht über die Sexualität und das gesamte Sein von Frauen zugeschrieben. Einerseits wurde das subjektive Erleben sexueller Gewalt – der Schmerz, die Angst, das Trauma – kaum zur Kenntnis genommen, andererseits wurden Frauen und Kinder als Opfer schlechthin definiert.

Die »unzüchtigen Handlungen an Kindern« bildeten ein Dunkelfeld, ein Feld von Handlungen, die selten zur Anzeige gelangten, obwohl viele Menschen zumindest einen Verdacht gegen den Täter hegten. Es waren Handlungen, von denen viele gar nicht wissen wollten, daß sie begangen wurden – aus Scham, Angst, Machtlosigkeit und anderen Gründen. Diese These wird erstens gestützt durch die Aussagen vieler Eltern, ihre Tochter habe ihnen erzählt, daß etwas geschehen sei, sie hätten aber nicht nachfragen mögen. Zweitens spricht für diese Annahme der Umstand, daß, obwohl oft über Jahre hinweg Gerüchte kursierten, viele Zeugen behaupteten, sie hätten nicht geglaubt, daß sie auf Wahrheit beruhten. Dennoch bleibt festzuhalten, daß »unzüchtige Handlungen an Kindern« keineswegs toleriert wurden. Die Menschen schwiegen nicht, weil sie diese Handlungen akzeptierten, sondern im Rahmen bestimmter Werte und Einstellungen: um die Ehre des Mädchens zu bewahren, um die dörfliche Gemeinschaft zu schützen oder um Einmischung von außen zu verhindern. Oftmals griffen sie zu traditionellen Formen der Konfliktbeilegung oder wandten sich an dörfliche Autoritäten wie den Bürgermeister oder den Pfarrer.

Die »Täterbilder«, die von den Psychiatern konstruiert wurden, finden sich in den Akten nicht wieder. Die Täter wurden von ihrem sozialen Umfeld weder als geisteskrank noch als schwachsinnig eingestuft – wohl aber als »unsittlich« und insofern gefährlich. »Unsittlichkeit« aber ging in den Augen der Dorfbewohner meist einher mit Arbeitsscheu und Verschwendungssucht. Damit fand innerhalb der ländlichen Gemeinden ebenso wie innerhalb des bürgerlichen Diskurses eine Stigmatisierung von Männern aus den unteren Schichten statt. Die Leute waren eher bereit, einem Taglöhner eine solche Tat zuzutrauen, der bereits gegen andere Normen verstoßen hatte, als einem ehrbaren Bauern.[2] Ein angesehenes Gemeindemitglied wurde zunächst oft verteidigt und unterstützt, und man denunzierte eher das Opfer als den Beschuldigten. Hier waren auch ökonomische Gründe im Spiel: Jede Gemeinde vermied es, einen Familienvater der Justiz auszuliefern und so seiner Frau und seinen Kindern die Lebensgrundlage zu entziehen.

Doch der gesellschaftliche Umgang mit sexueller Gewalt war nicht allein durch diesen lebensweltlichen Kontext geprägt. Die bürgerliche Gesellschaft des Kaiserreichs war bestrebt, strenge moralische Normen zu etablieren. Kinder wurden mehr und mehr als soziales und kulturelles Kapital wahrgenommen – eine Sicht, die mit Theorien wie dem Sozialdarwinismus und dem Degenerationskonzept einherging. Diese Umstände riefen eine im Vergleich zu früheren Zeiten rigorose strafrechtliche Verfolgung von »unzüchtigen Handlungen an Kindern« hervor, eine Verfolgung im staatlichen Interesse, wie die Umwandlung des Paragraphen 176 in ein Offizialdelikt implizierte. Ärzte und Juristen wußten um die Verbreitung der sexuellen Ausbeutung von Kindern; sie waren alarmiert durch die Zahlen der Kriminalstatistiken und vermuteten überdies eine hohe Dunkelziffer. Auch im Alltag wurden viele Menschen mit sexuellen Übergriffen auf Kinder konfrontiert – das Wissen darum war präsent in den Warnungen der Erwachsenen und in den Gesprächen der Kinder. Doch innerhalb des Strafrechtssystems wie im Alltag herrschte eine doppelte Moral. Sie verwies jene »verabscheuungswürdigen Handlungen« in die unteren Schichten und denunzierte die Opfer als sexuell verführerisch und »verdorben«. Ihnen wurde kein Glauben mehr geschenkt, ihre Erzählungen wurden als Phantasiegebäude betrachtet, ihre Verletzungen ignoriert – oder es wurde ihnen sexuelles Wissen nachgewiesen, das als Zeichen moralischer Verdorbenheit gedeutet wurde. Für die Schilderung sexueller Übergriffe auf Kinder stand nur die Sprache der Unschuld und Scham zur Verfügung oder deren Verneinung, die Schamlosigkeit und Komplizenschaft.

Insgesamt zeigt sich ein seltsames Nebeneinander sowohl im Diskurs als auch im Alltagsleben: Mitgefühl für die Opfer und Empörung auf der einen Seite, auf der anderen Verständnis für die Täter, Fortsehen und Nichtwissenwollen. Die Gesellschaft des Kaiserreiches war nicht in der Lage, sexuelle Gewalt eindeutig zu verurteilen, zu sehr dominierten männliche Sichtweisen, zu gering galt die Perspektive der Frauen und Kinder. Immerhin stand dem Mann rechtlich die Gewalt sowohl über seine Ehefrau als auch über seine Kinder zu. Dennoch war sexuelle Gewalt keine »normale« Verhaltensweise zwischen den Geschlechtern und Generationen. In einem Aufsatz zur aktuellen Debatte um sexuellen Kindesmißbrauch heißt es: »Der sexuelle Mißbrauch ist normal, indem sich in ihm die Machtverhältnisse unserer Gesellschaft ausdrücken; er ist ein Extremfall, in dem sich die Machtverhältnisse zugespitzt äußern und für ihren Ausdruck der besonderen Problemkonstellation bedürfen.«[3] Das bedeutet: Sexuelle Gewalt war und ist Konsequenz und Ausdruck der »normalen« Machtverhältnisse zwischen den Geschlechtern und Generationen; gleichzeitig aber können und dürfen bestimmte Formen sexueller Gewalt nicht als »normal« gelten, weil dies die »Normalität« in Frage stellen würde.

Bei einem Thema wie dem der sexuellen Gewalt, das seit einiger Zeit im Zuge der Berichterstattung über Vergewaltigungen und Morde an Kindern, über Kinderprostitution und über Kinderpornographie im Internet die Medien beherrscht, stellt sich die Frage, welches Licht eine historische Untersuchung wie die vorliegende auf die aktuellen Debatten zu werfen vermag. Viele Deutungsmuster, die im juristisch-medizinischen Diskurs über sexuelle Gewalt für die Zeit des Kaiserreiches galten, existieren bis heute: das Bild vom verführerischen Kind, die Einstellung, eine Vergewaltigung müsse stets mit einem hohen Maß an physischer Gewalt und dem heftigen körperlichen Widerstand der Frau einhergehen, die Vorstellung vom nächtlichen Überfall durch einen Fremden als typischem Fall von Vergewaltigung. Diese Bilder halten sich hartnäckig, da immer noch der männliche Blick auf sexuelle Gewalt dominant ist. Auch im Strafrecht gelten noch immer ähnlich enge Definitionen der Vergewaltigung wie vor hundert Jahren, obschon es seit den 1970er Jahren Reformen gab, zuletzt die Einführung des Tatbestands der Vergewaltigung in der Ehe. In der Rechtspraxis aber wirken viele Deutungsmuster fort.[4]

Wenngleich die aktuelle Berichterstattung über sexuelle Gewalt gegen Kinder Empörung, Entsetzen und Wut ausdrückt, scheint es doch weniger um wirksame Mittel zu gehen, die Ausmaße der sexuellen Ausbeutung von Kindern zu verringern, ja, überhaupt darüber aufzuklären. In den Medien wird vor allem über zwei Formen sexueller Gewalt gegen Kinder berichtet: über Vergewaltigung und Mord durch psychisch »abweichende« Männer und über die Ausbeutung von Kindern durch Prostitution und Pornographie. Die Wut richtet sich gegen einzelne Täter, die starken Emotionen, die das Leid der Opfer hervorruft, werden für politische Forderungen nach einer Verschärfung des Strafrechts und des Strafvollzugs genutzt.[5]

Wie vor hundert Jahren werden auch heute bestimmte Geschichten diskursiv konstruiert, Geschichten, die Rechtspraxis und Alltagsleben durchdringen. Im hier behandelten Zeitraum wurde etwa das Bild des »unschuldigen Kindes« sowohl im juristisch-medizinischen Diskurs als auch in den Aussagen der Zeuginnen und Zeugen vor Gericht beständig reproduziert. Zu diesem Bild gehörten Parameter, die sowohl in Falldarstellungen von Juristen und Psychiatern als auch in den Gerichtsakten immer wieder auftauchen, etwa daß der Täter das unwissende Kind durch Naschwerk, Geld oder durch das Ausnutzen kindlicher Neugier an sich lockte. Nichts spricht dagegen, daß sexuelle Übergriffe häufig auf diese Art verübt wurden, aber daß immer wieder dieselbe Geschichte erzählt wurde, verweist auf die diskursive Erzeugung und Konstruktion dieses Bildes, die andere Geschichten ausschloß. Der Diskurs stellt, wie Garthine Walker schreibt, den sprachlichen Rahmen zur Verfügung, innerhalb dessen Geschichten von sexueller Gewalt in einer Gesellschaft erzählt werden, vom Vokabular, das für diese Geschichten verwendet wird, bis zu ganzen Skripten, nach denen die Menschen in den Geschichten handeln.[6] So gehörte zur offiziellen Geschichte auch die Scham der Opfer. Wurde aus dem Verhalten des Opfers nicht ersichtlich, daß es sich schämte, wurde sexuelle Ausbeutung unter Umständen gar nicht wahrgenommen und vor Gericht nicht als solche beurteilt. Der Diskurs konstruiert also Geschichten und versieht sie mit dem Siegel der Authentizität. Genauso werden Gegengeschichten entworfen, in denen nicht der Mann der Täter ist, sondern die Frau oder das Kind. Für die Opfer selbst gab und gibt es kaum eine andere Möglichkeit, als sich einer dieser beiden Geschichten zuzuordnen, eine dieser beiden Geschichten zu erzählen. Daher erzählten vergewaltigte Frauen entweder wortreich von ihrer Gegenwehr oder sie räumten ein, daß sie sich nicht kräftig genug gewehrt hatten, und bewerteten selbst den Übergriff nicht als Notzucht. Erst wenn sich die Gesellschaft andere Geschichten erzählt, andere Geschichten als wahr zuläßt, können sich die Erfahrung, Wahrnehmung und Beurteilung sexueller Gewalt grundlegend verändern.

Eine solche Feststellung mag ein wenig nach dem Versuch klingen, historische und kulturelle Unterschiede einzuebnen. Doch gerade das Gegenteil ist beabsichtigt. Die Untersuchung des juristisch-medizinischen Diskurses und die Auswertung der Akten haben einen Teil unbekannter

Geschichten und befremdlicher Bilder und Vorstellungen zutage gefördert. Die Geschichte des Bankiers Sternberg aus dem Jahr 1900 unterscheidet sich sehr vom belgischen Fall Dutroux des Jahres 1997. Einzelne Topoi, einige Elemente der wissenschaftlichen Diskurse, die Ursachen und Folgen dieser Taten zu ergründen such(t)en, mögen sich ähneln, andere sind heute verschwunden, etwa die Metapher des moralischen Verderbens, das sich infektiös ausbreitet. Und doch lassen sich einzelne Elemente isolieren, die eine erstaunliche Beharrlichkeit und Kontinuität aufweisen. Sie haben zu tun mit dem Geschlechter- und Generationenverhältnis, mit der Definitionsmacht sozialer Gruppen, deren mit Autorität ausgestattete Diskurse wirkungsmächtige Bilder produzieren, und mit tief verwurzelten kulturellen Vorstellungen und tradierten Interaktionsformen. Solche Elemente sind etwa die Bilder vom übermächtigen sexuellen Trieb, vom verführerischen Kind oder der erpresserischen Mutter. Sie sind heute sicher umstrittener als vor hundert Jahren und werden auf andere Weise verwendet. Dennoch sind sie Teil der möglichen, der »wahren« Geschichten über sexuelle Gewalt geblieben. Andere Geschichten verhallen beinahe ungehört, wie die Vorstellung, daß die gewaltsame Penetration der weiblichen Vagina durch das männliche Glied der Frau einen alles durchdringenden körperlichen Schmerz verursachen kann, gleich ob der Mann sie vorher oder nachher geschlagen oder wieviel Gewalt er sonst angewendet hatte, und daß bereits diese Form der Gewalt oftmals schmerzhafte Verletzungen hervorruft. Hartnäckig hält sich das Bild, ein erzwungener Geschlechtsverkehr ohne zusätzliche Gewaltanwendung unterscheide sich kaum von einem einvernehmlichen.

Auf den vorhergehenden Seiten wurde sexuelle Gewalt vor allem in Verbindung mit Einstellungen zu männlicher und weiblicher Sexualität untersucht. Dabei wurden insbesondere die Konstruktion männlicher und weiblicher Sexualitäten und die damit vorgenommene Positionierung der Geschlechter nachvollzogen. Der Ausgangspunkt für diese Perspektive war Foucaults These, daß Sexualität nichts vorgängig Gegebenes ist, sondern gesellschaftlich und kulturell konstruiert wird.[7] Das Vorkommen sexueller Gewalt in einer Gesellschaft läßt sich nicht erklären aus einem konstant vorhandenen, biologisch bedingten männlichen Sexualtrieb, der nur schwer beherrschbar sei, oder aus einer rezeptiven weiblichen Sexualität. Erst von diesem Standpunkt aus, der Sexualität als kulturelles Konstrukt definiert, lassen sich Sexualität und sexuelle Gewalt historisieren.[8] Die Historisierung sexueller Gewalt betont aber wiederum deren Konstruiertheit und Wandelbarkeit: Sexuelle Gewalt ist nicht der »Fluch der Schönheit«, wie Alain Corbin es poetisch formulierte,[9] sondern der Fluch von Machtbeziehungen und Definitionen, in denen Frauen und Kindern der Status des Opfers zugewiesen wird.

Anmerkungen

Einleitung

1 Shorter, History, S. 471.

2 Forschungsüberblicke und Kritiken an unterschiedlichen Ansätzen, sowohl an feministischen als auch an psychoanalytischen, biologistischen, interaktionistischen und anderen Studien, bieten Kelly, Violence, S. 43-60; Brockhaus/Kolshorn, Gewalt, S. 36-44; Bourque, Rape, S. 3-19 u. 60-74; LaFree, Rape, S. 8-34 (v.a. zu *labeling theory* und Konfliktheorie); Baron/Straus, Theories; Schwendinger/Schwendinger, Rape S. 65-74.

3 Die Aufsätze (sie sind alle im Literaturverzeichnis aufgeführt) behandeln die unterschiedlichsten Aspekte des Themas, meist die Gesetzgebung zur Notzucht. Einige Aufsätze gehen auf das Thema der Erzählungen über sexuelle Gewalt in Gerichtsakten ein und bieten interessante methodische Ansätze, insbes. Chaytor, Narratives; Walker, Rape; Roper, Sexualität; Pelaja, Praxis. Mit dem Thema der Notzucht in der Gerichtsmedizin beschäftigt sich Lorenz, Delikt. Speziell mit sexueller Ausbeutung von Kindern setzen sich Sohn, Handlungen, u. Kerchner, Bürger, auseinander. Sohn richtet dabei ihr Augenmerk auf die Wahrnehmung und den Umgang mit solchen Fällen im sozialen Kontext, während Kerchner den Diskurs über »unzüchtige Handlungen« und dessen politische Intentionen und Wirkungen untersucht. Konzeptionell beschäftigen sich mit dem Thema Shorter, History; Porter, Rape; D'Cruze, Rape. Die Aufsätze umfassen ganz unterschiedliche Zeiträume und Regionen, von England, den USA, Frankreich und Italien bis Rußland, vom ausgehenden Mittelalter bis in die jüngste Vergangenheit, wobei der Schwerpunkt auf England und Deutschland vom 17. bis zum 19. Jahrhundert liegt.

4 Clark, Silence; Dubinsky, Advances; Meyer-Knees, Verführung. In allgemeineren Arbeiten über Kriminalität, über Alltagsleben, über Sexualität oder über Gewalt in der Geschichte wird die sexuelle Gewalt zumeist nur kurz behandelt. Eine Ausnahme bildet Lorenz, Körper, die innerhalb eines größeren Abschnitts über »Menschliche Wollust« (S. 189-251) die Thematisierung sexueller Gewalt in der Gerichtsmedizin des 18. Jahrhunderts darstellt (S. 225-251).

5 Corbin, Gewalt. Zu dieser Aufsatzsammlung vgl. die Kritik auf S. 15f.

6 Vgl. Bashar, Rape, S. 28: »It seems that rape is too risky, too political a subject to be dealt with comfortably by the present day male historian.« Auch Porter, Rape, S. 216, stellt fest, daß das Thema Vergewaltigung in der Sozial- u. ebenso in der Kriminalitäts- u. in der Sexualitätsgeschichte selten auftaucht, zum Teil, da es ein schwierig zu erforschendes u. zu interpretierendes Thema ist, zum Teil aber auch, weil es als Randthema ohne historische Bedeutung betrachtet wird.

7 Sarasin, Subjekte, S. 142.

8 Ebd., S. 142 bzw. 131ff. Sarasin bezieht sich hier auf Max Weber.

9 Foucault, Subjekt, S. 243f.

10 Deleuze, Foucault, S. 163f. u. O'Brien, History, S. 46.

11 Vgl. Foucault, Wille, S. 78. Das französische *sujet* bedeutet sowohl »Untertan« als auch »Subjekt«. Vgl. Kammler, Foucault, S. 172. Zur Subjektivierung auch Sheridan, Discours, S. 204.

12 Vgl. Walkowitz, City, S. 8.

13 Mitterauer, Sozialgeschichte, S. 10f., warnt, daß bei »biologienahen« Themen wie Jugend, Sexualität oder Geschlecht die Gefahr bestehe, sie als anthropologische Konstanten zu behandeln, sich auf die naturhaften Gegebenheiten und Bedingungen zu konzentrieren. Damit könne der Eindruck des Gleichbleibend-Statischen entstehen.

14 Lindenberger/Lüdtke, Einleitung, S. 29.behandeln, sich auf die naturhaften Gegebenheiten und Bedingungen zu konzentrieren. Damit könne der Eindruck des Gleichbleibend-Statischen entstehen.

15 Scott, Evidence.

16 Ebd., S. 779.

17 Eine ähnliche Forderung stellen Althoff/Kappel, Geschlechterverhältnis, S. 91f., an die feministische Kriminologie: Sie solle die Techniken aufdecken, »mit deren Hilfe ein bestimmtes Wissen und eine Praxis ›weibliche Erfahrung‹ produziert und durchgesetzt wird.« Vgl. als Kritik an der Rekonstruktion von »Erfahrung« und dem damit verbundenen Begriff der Authentizität auch Jordanova, Visions, S. 12f.

18 Scott, Evidence, S. 780. Vgl. auch Meyer-Knees, Verführung, S. 47-54.

19 Duden, System, S. 261, erwähnt den Leib als historische und immer nur historisch erlebbare Wirklichkeit, verwahrt sich aber gegen die dekonstruktivistische »Entkörperung« vor allem der Frau und verteidigt den »leibhaftigen Menschen mit Haut und Haaren« als Gegenstand der Geschichtswissenschaft.

20 Tanner, Körpererfahrung, S. 489.

21 Was natürlich nichts daran ändert, daß der Tod eine unabänderliche physische Gegebenheit darstellt oder daß ein Organismus, dem nicht genügend Nahrung zugeführt wird, früher oder später zusammenbricht. Vgl. zum Schmerz auch Morris, Geschichte, S. 9, der meint, Schmerz sei zwar durchaus ein physiologischer Vorgang, aber zugleich »eindeutig von der individuellen menschlichen Psyche und einer spezifischen Kultur geprägt und modifiziert«.

22 Tanner, Biomedizin, S. 4. Vgl. auch Porter, History, S. 208ff. Die vorliegende Arbeit will sich bewußt nicht einordnen in eine »Körpergeschichte«, wie sie derzeit in unterschiedlichen Zusammenhängen diskutiert wird. Vgl. Duden, Geschlecht, S. 105-122; dies., System; Tanner, Körpererfahrung; Bynum, Theater; van Dülmen, Körper-Geschichten; *Körper Macht Geschichte*, hg. v. Graduiertenkolleg »Sozialgeschichte«. Nicht alle Geschichten, die von Körpern handeln, sind Körpergeschichte. Körpergeschichte ist nur dann sinnvoll und als solche zu bezeichnen, wenn sie neue Einsichten in historische Strukturen und Situationen vermittelt, die sich aus der genuinen Beschäftigung mit den Körpern der Menschen herleiten lassen – wenn sie also in eine Sozial- und Kulturgeschichte integriert wird. Vgl. auch List, Körper, S. 169.

23 Vgl. Walker, Rape, S. 3.

24 Vgl. Sandler u.a., Trauma, S. 30f.

25 Vgl. Lüdtke, Lebenswelten, S. 57f.

26 Vgl. hierzu auch die Ausführungen aus S. 102f. der vorliegenden Arbeit.

27 Vgl. z.B. die Definition bei Kelly, Surviving, S. 41.

28 In feministischen Analysen werden die sozio-kulturell definierten »sexual scripts and norms« mit Einstellungen zu sexueller Gewalt in Verbindung gebracht. Das heißt, mit den sozialen Geschlechterrollen und den damit einhergehenden Einstellungen und Verhaltensweisen ändern sich auch die Einstellungen zu sexueller Gewalt. Vgl. Bourque, Rape, S. 3-9 u. 15.

29 Vgl. z.B. Brockhaus/Kolshorn, Gewalt, S. 94f. u. 98ff.

30 Alternativ wird in dieser Arbeit der Begriff »sexuelle Ausbeutung« zur Bezeichnung sexueller Übergriffe auf Kinder benutzt. Vgl. Russell, Exploitation, S. 21.

31 Brockhaus/Kolshorn, Gewalt, S. 28.

32 Estrich, Rape, S. 103f., formulierte treffend: »Whether one adheres to the ›rape as sex‹ school or to the ›rape as violence‹ school, the fact remains that what makes rape, whether ›simple‹ or ›aggravated‹, different from other crimes is that rape is a sexual violation – a violation of the most personal, most intimate, and most offensive kind.« Vgl. auch MacKinnon, Sex, S. 85-92.

33 So kritisiert die Anthropologin Sanday, Context, S. 25, das Bild eines unkontrollierbaren Triebes mit den Worten: »men are not animals whose sexual behavior is programmed by instinct. Men are human beings whose sexuality is biologically based and culturally encoded.« Vgl. auch Hucker/Bain, Hormones, S. 100f. Sie haben die Rolle des männlichen Hormons Testosteron bei sexueller Gewalt untersucht. Ihr Ergebnis: Testosteron bildet zwar eine Basis für sexuelle Bedürfnisse, diese werden aber durch Sozialisation entscheidend modifiziert. Groth, Men, S. 2, bezeichnet Vergewaltigung als »pseudosexual act«.

34 Vgl. die Kritik von Bock, Dichotomies, S. 7f., an der Unterscheidung zwischen »biologischem« und »sozialem« Geschlecht. Diese Unterscheidung, so Gisela Bock, beruhe auf einer unreflektierten Verwendung des Begriffs »Biologie«.

35 Nach Brockhaus/Kolshorn, S. 206ff., gingen 60 Prozent der Anfang der 1990er Jahre von ihnen befragten Personen davon aus, daß jeder zweite Mann, der ein Kind mißbraucht, einen ungewöhnlich starken Sexualtrieb habe. Ein Viertel der Befragten meinte, daß ein krankhafter Trieb die Ursache für sexuelle Ausbeutung von Kindern sei.

36 Ebd., S. 214.

37 Corbin, Vorwort, S. 7.

38 Leguay, Fall, S. 26.

39 Vgl. auch Shorter, History, der ebenfalls sexuelle Frustrationen für die von ihm postulierte relative Häufigkeit von Vergewaltigungen in der frühen Neuzeit verantwortlich macht. Zur Kritik an Shorter Hartmann/Ross, Comment, sowie Porter, Rape, S. 218ff., der diese These kritisiert: Sie impliziere, daß der männliche Sexualtrieb unveränderbar sei.

40 Beispiele sind hier Clark, Silence, und Dubinsky, Advances. Pionierarbeit hat auch Judith Walkowitz geleistet mit *City of Dreadful Delight*. Hier steht sexuelle Gewalt nicht im Vordergrund, ist aber als Teil des *gender conflict* stets präsent. Vgl. auch Walkowitz' Studien zum Ripper-Mythos ebd., S. 191-228 u. dies., Ripper. Sohn, Handlungen, ist ebenfalls um andere Erklärungsansätze bemüht als ihre Mitautoren in Corbins Sammelband (abgesehen von Judith Walkowitz), bezieht sich aber mitunter auf Stereotypen. So spricht sie etwa von einem »Gewohnheitspädophilen« (S. 82) oder führt die sexuelle Isolation von Landarbeitern als eine Ursache der »unzüchtigen Handlungen« an (S. 88). Andere Klischees dagegen widerlegt sie. Aus ihrem Aufsatz stammen viele Anregungen, denen die vorliegende Arbeit am eigenen Material nachgeht, etwa bei der Interpretation der dörflichen Reaktionen oder bei der Analyse der »Sprache des Sexuellen«, die sich in den Aussagen der Kinder findet.

41 Realität meint hier das tatsächliche Vorkommen sexueller Gewalt sowohl quantitativ als auch qualitativ, also der unterschiedlichen Formen sexueller Gewalt, Täter-Opfer-Konstellationen etc.

42 Reher, Schamgefühle, S. 158. Vgl. Ehlert/Lorke, Psychodynamik, S. 503f., sowie Sandler u.a., Trauma, S. 28. Verwendet wurde der Begriff in der Psychiatrie erstmals 1888/89 in Bezug auf die *railway spine*, die als »traumatische Neurose«

bezeichnet wurde, womit ein Zusammenhang zwischen einem äußeren traumatischen Ereignis und der Neurose gemeint war. Vgl. ebd., S. 15. Zur *railway spine* auch Riedesser/Verderber, Maschinengewehre, S. 27ff. u. Fischer-Homberger, Neurose, S. 16-23 u. 36-47.

43 Vgl. Sandler u.a., Trauma, S. 30f.

44 Vgl. Reher, Schamgefühle, S. 159.

45 Vgl. Sandler u.a., Trauma, S. 19. Freud erklärte: »Als solches [Trauma] kann jedes Erlebnis wirken, welches die peinlichen Affekte des Erschreckens, der Angst, der Scham, des psychischen Schmerzes hervorruft.« Zitiert nach ebd., S. 29. Bei Freud selbst galt das Trauma später nicht mehr als die zentrale Ursache von Neurosen. Ferenczi war der erste Psychoanalytiker, der diesen Gedanken wieder aufgriff. Hirsch, Schuld, S. 101-108. Zum Traumabegriff in der frühen Psychoanalyse Fischer-Homberger, Neurose, S. 77-81.

46 Reher, Schamgefühle, S. 158.

47 Lyndal Roper stellte die These auf, daß die Menschen der Vergangenheit gar nicht so »fremd« seien, wie in der neueren Kulturgeschichte oft vorausgesetzt wird: »Ich bin davon überzeugt«, so schreibt sie, »daß die frühneuzeitlichen Menschen über eine individuelle Subjektivität verfügten, die geprägt war durch Konflikte, welche uns nicht ganz unvertraut sind.« Sie wendet sich gegen eine einseitige Betonung der kulturellen Erzeugung von Subjektivität und plädiert für eine Einbeziehung der psychischen Dimension in die Geschichte. Roper, Einleitung, S. 14. Vgl. auch Chaytor, Narratives, S. 392ff., zum Verhältnis von psychischer und sozialer Realität und dem Nutzen der Psychoanalyse für die Geschichtswissenschaft. Sie spricht vom »psychic life as something that is continually *done*«.

48 Vgl. die Kritische Kriminologie, die, »unter dem Blickwinkel der *Konstruktion*, abweichendes Verhalten von der Gesellschaft her zu analysieren« versucht. »›Kriminalität‹ wird nicht als Eigenschaft verstanden, die dem Verhalten inhärent ist, sondern als ein Produkt vielfältiger Zuschreibungsprozesse.« Althoff/Leppelt, Kriminalität, S. 12.

49 Vgl. zum Begriff des abweichenden Verhaltens und zur *labeling theory* Peters, Devianz, S. 95-100; Kaiser, Wörterbuch, S. 1-5; Kunz, Kriminologie, S. 20-24, 42-48 u. 154-171.

50 Kunz, Kriminologie, S. 163.

51 Vgl. hierzu die Kritik bei Dürkop, Feminismus, S. 273-289 u. Kelly, Surviving, S. 31ff. Zur Historischen Kriminologie und deren Vernachlässigung der Kategorie Geschlecht Ulbrich, Kriminalität, S. 208f.

52 Vgl. insbesondere Blasius, Gesellschaft; ders., Kriminalität und Geschichtswissenschaft, S. 136-149.

53 Vierhaus, Bedeutung.

54 Zum Gegenstand der Historischen Kriminologie Blasius, Kriminalität in der Geschichte, S. 61-65; Romer, Kriminologie, S. 228f.

55 Vgl. Eibach, Kriminalitätsgeschichte. Schulte, Dorf, analysiert die Erscheinungsformen von und Umgangsweisen mit Kriminalität als »Medium historischer Anthropologie« (S. 21).

56 Zum Begriff des Rechtsguts vgl. S. 24f. dieser Arbeit.

57 Diesen Gedanken entwickelt Anke Meyer-Knees in ihrer von Foucault inspirierten Analyse des gerichtsmedizinischen Diskurses über sexuelle Gewalt im 18. Jh. Sie stellt fest, daß im medizinischen Diskurs Mann und Frau jeweils eine bestimmte Subjektposition zugeschrieben wurde. Die Sprache, mit der männliche Sexualität beschrieben wurde, »ermöglichte es, eine Vergewaltigung als Ausdruck ausgelebten männlichen Begehrens und als deutlichste Demonstration der männlichen Triebstruktur zu begreifen«. So wurden die Positionen von Täter und Opfer vorbereitet,

die dann im juristischen Diskurs ausdifferenziert wurden. Meyer-Knees, Verführung, S. 47-54, Zitat S. 51.

58 So die kommentierten Ausgaben des RStGB von Olshausen (11. Aufl. 1927), Oppenhoff (3. Aufl. 1873), von Liszt (23. Aufl. 1910), von Schwarze (3. Aufl. 1873), Binding (1905) und Frank (1897).

59 Weisbrod, Sittlichkeitsverbrechen.

60 Mittermaier, Verbrechen. Mittermaier (1867-1956) übernahm 1903 den kriminalwissenschaftlichen Lehrstuhl in Gießen, den Franz von Liszt begründet hatte.

61 Über Wulffens popularisierende Darstellung von Kriminalität vgl. Schönert, Bilder.

62 Karl Binding (1841-1920) war Strafrechtsprofessor und verfaßte als wichtigstes Werk das *Handbuch des deutschen Strafrechts*. Vgl. Müller, Begriff, S. 306-317. Franz von Liszt war Strafrechtsprofessor in Marburg, Halle a.d.S. und Berlin. Seit 1880 Herausgeber der *Zeitschrift für die gesamte Strafrechtswissenschaft*. Vgl. ebd., S. 339-442; Schmidt, Einführung, S. 358-386; Bohnert, Straftheorie, S. 40-53; Bellmann, Vereinigung, S. 3-6 sowie Bd. 81 der *Zeitschrift für die gesamte Strafrechtswissenschaft* von 1969. Albert Friedrich Berner (1818-1907) war von 1861-1899 Strafrechtsprofessor in Berlin. Sein *Lehrbuch des deutschen Strafrechts* wurde zu einem wichtigen Standardwerk.

63 Vgl. S. 13 der vorliegenden Arbeit.

64 Eine ausführliche Auseinandersetzung mit der Bedeutung des ländlichen Umfeldes und dem Charakter und Aussagewert der Quellen erfolgt in Kapitel VII der vorliegenden Arbeit.

65 Vgl. die Definition des »Hexendeutungsmusters« bei Labouvie, Geburt, S. 194f. Voraussetzung für die Aussonderung einer Person als Hexe sei in der frühen Neuzeit eine »ländliche Hexenvorstellung« oder ein dörfliches »Hexenbild« gewesen. »Dieses bestand aus kollektiv akzeptierten Indikatoren, die dann immer wieder aufs neue aktiviert und aktualisiert wurden, wenn es darum ging zu entscheiden, ob es sich bei einem Ereignis um einen Unfall, eine Krankheit oder aber um Hexenwerk, ob es sich um eine ›normale‹ Person oder eine Hexe handelte.« Es gab »besondere Merkmale, Erkennungszeichen, Eigenschaften oder Verhaltensweisen, die bei entsprechender Konzentration zu Gerüchten, offenen Hexereibeschuldigungen und schließlich zu Denunziationen vor den Ausschußmitgliedern oder vor Gericht führten. Sie lassen sich auf einen immer wiederkehrenden kollektiven Bestand an hierarchischen Be- und Verurteilungskriterien reduzieren, der zur eindeutigen und akzeptierten Identifikation von Vorgängen als Hexerei diente.« Diesen Bestand bezeichnet Labouvie als Hexendeutungsmuster.

66 Farge, Leben, S. 9f. »Verstehen« kann aber nichts anderes meinen als »deuten« im Sinne einer Interpretation oder »dichten Beschreibung«. Interpretationen, so Geertz, sind nur nachvollziehbar, wenn sie mit präzisen Begrifflichkeiten arbeiten. Sonst verifiziert sich die Deutung allenfalls selbst oder wird allein durch die »angebliche Sensibilität« der Autorin oder des Autors bewiesen. Dem sollen die hier erarbeiteten Zugänge und Begriffe vorbeugen. So werden die Interpretationen, trotz der »Verstrickung« in Gefühle, hoffentlich nachvollziehbar – wenn auch gewiß nicht unangreifbar. Vgl. Geertz, Beschreibung, S. 34.

Kapitel I

1 Die vorhandene Literatur zur Rechtsgeschichte des 19. Jahrhunderts beschränkt sich zum großen Teil auf institutionen- und dogmengeschichtliche Darstellungen. V.a. für die Zeit des Kaiserreiches und die Geschichte des Straf- und Strafprozeßrechts klafft eine deutliche Lücke. Vgl. Grimm, Rechtswissenschaft, S. 406 u. 411ff.;

Landau, Rechtsgeschichte, v.a. S. 11ff.; Holthöfer, Justizgeschichte, S. 225 u. 252f. sowie den kurzen Überblick bei von Hodenberg, Partei, S. 21f. Grundlage des folgenden Abrisses ist zunächst die Einführung in die Rechtsgeschichte von Eberhard Schmidt, der ein Schüler Franz von Liszts war. Etwas neueren Datums ist der knappe Überblick von Rüping/Sellert, Quellenbuch, Bd. 2. Ebenso knapp behandelt wird das Kaiserreich in Wesel, Geschichte.

2 Vgl. Wesel, Geschichte, S. 450: »Das Strafrecht der deutschen bürgerlichen Gesellschaft beginnt mit Anselm von Feuerbach.« Zum Bayerischen StGB von 1813 schreibt Wesel: »Kantisch, liberal und nun auch ohne die ständischen Privilegierungen und Diskriminierungen, die noch im Strafrecht des Preußischen Allgemeinen Landrechts enhalten sind, außerdem sehr viel kürzer - abstrakter - und mit größerer Präzision in der Formulierung der Tatbestände.« (S. 451) Vgl. auch Müller, Generalprävention, S. 115-126, sowie Rosenberger, Sexualstrafrecht, S. 169-215.

3 Das Bayerische StGB sah so gut wie keinen richterlichen Ermessensspielraum vor. Der Richter hatte sich an die genau definierten Tatbestände und Strafmaße zu halten. Dies änderte Feuerbach in einem Revisionsentwurf 1824, in welchem er ein richterliches »Strafmilderungsrecht« einräumte. Vgl. Schmidt, Einführung, S. 266. Zu Feuerbachs rechtsphilosophischen Ansichten ebd., S. 232-240; Eisenhardt, Rechtsgeschichte, S. 360; Müller, Generalprävention, S. 120-126; Rosenberger, Sexualstrafrecht, S. 51-60.

4 Kursorische Überblicke bieten Bar, Geschichte, S. 178-182; von Liszt, Lehrbuch, S. 30f., Geyer, Strafrecht, S. 660f.

5 Zum Preußischen StGB von 1851 Müller, Generalprävention, S. 263-267.

6 Vgl. ebd., S. 273-277; Rosenberger, Sexualstrafrecht, S. 328-373; Barth, Strafgesetzbuch.

7 Vgl. die Überblicke bei Geyer, Strafrecht, S. 663f.; von Liszt, Lehrbuch, S. 44-48; Schmidt, Einführung, S. 322ff.; Bar, Geschichte, S. 188-194; Müller, Generalprävention, S. 277-281.

8 Zugleich sollten klare Definitionen aber auch die Tätigkeit des Richters erleichtern. Rüping stellt in bezug auf das RStGB fest: »Im Besonderen Teil werden schon früh für den Alltag des Strafrichters wichtige Tatbestandsmerkmale (...) gesetzesvertretend abstrakt gefaßt und ausweitend interpretiert.« Rüping, Quellenbuch, S. 116. Trotz dieser Definitionen von Tatbeständen und Tatbestandsmerkmalen wurde der richterliche Ermessensspielraum bei der Strafzumessung durch das Institut der mildernden Umstände wesentlich erweitert. Vgl. Müller, Generalprävention, S. 278.

9 Schmidt, Einführung, S. 386ff.

10 Zitiert in Bohnert, Straftheorie, S. 84. Insgesamt zu Bindings Normentheorie S. 77-93.

11 Nach von Liszt waren Rechtsgüter »das rechtlich geschützte Lebensinteresse des Einzelnen oder der Gemeinschaft«. Bohnert, Straftheorie, S. 40. Insgesamt zu von Liszts Straftheorie S. 40-53. Bei Binding dagegen gab es kein Rechtsgut, das nicht als solches vom Gesetzgeber definiert worden sei. Von Liszt ging zwar ebenfalls nicht von einem vorpositiven und transjuristischen Rechtsgutsbegriff aus, denn auch bei ihm legte der Gesetzgeber fest, welche Interessen als Rechtsgüter zu schützen seien. Doch es gab bei von Liszt eine »Sozialschädlichkeit unabhängig vom positiven Recht«. »Nach dieser Lehre«, so Monika Frommel, »umfaßt das rechtliche Unwerturteil außer der formellen Rechtswidrigkeit zugleich die Bewertung einer Handlung als *materiell* rechtswidrig, d.h. gesellschaftswidrig und antisozial.« Frommel, Präventionsmodelle, S. 120. Vgl. zu den Unterschieden im Rechtsgutsverständnis bei von Liszt und Binding ebd., S. 115-135. Zur Geschichte des Begriffs Marx, Definition, S. 4-7 u. Sina, Dogmengeschichte, S. 3-27. Ebd., S. 42-47 zum Rechtsgutsbegriff bei Binding u. S. 47-54 zu von Liszts Auffassung.

12 Von Liszt, Lehrbuch, S. 53-57, Zitate S. 54 u. 55. Vgl. zu von Liszts Rechtsgutbegriff auch ders., Begriff, S. 138f.

13 Vgl. Bohnert, Straftheorie, S. 66ff.

14 Naucke, Kriminalpolitik, S. 540. Vgl. auch Kempe, Liszt, S. 809f.: Wenn von Liszt vom Volk sprach, so Kempe, meinte er »den entwickelten bien-pensant, der zugleich als Repräsentant und Beschirmer des ›guten‹ (lies: unmündigen) Volkes auftritt«.

15 Bürgerliche Gesellschaft meint hier keine sozialhistorische Charakterisierung, sondern die Utopie »einer Gesellschaft rechtlich gleicher, durch Besitz und Bildung ausgezeichneter, wirtschaftlich frei konkurrierender, besitzindividualistischer, politisch handlungsfähiger, das ›vernünftige‹ Gemeinwohl ermittelnder und verwirklichender Bürger«. Diese Utopie beinhaltete die Vorstellung einer idealen Lebensführung entlang bestimmter Normen und Werte. Mit dieser Vorstellung identifizierten und definierten sich die bürgerlichen Schichten des Kaiserreiches, und sie besaß prägende Kraft auch für andere Schichten. Zitat bei Wehler, Kaiserreich, S. 253. Vgl. ders., Gesellschaftsgeschichte, Bd. 3, S. 763-772.

16 Kocka stellt unter der Überschrift *Kein Stand, keine Klasse – eine Kultur?* die These auf, daß »gemeinsame und gleichzeitig spezifische Deutungsmuster und Wertungen« die Klammer bilden könnten, um das Bildungsbürgertum zu definieren. Hierzu zählt er unter anderem »Neigung zu Rationalität und Methodik der Lebensführung« sowie, als zentralen Aspekt bürgerlicher Lebensführung, ein besonderes Verständnis von Familie. Kocka, Bürgertum, S. 43f. Siehe auch die in Anmerkung 21 genannte Literatur zum Bildungsbürgertum.

17 Wehler, Gesellschaftsgeschichte, Bd. 3, S. 766.

18 Zum Großteil handelt es sich in dieser Arbeit um Rechtstheoretiker, also Universitätsprofessoren, seltener um Rechtspraktiker wie Staatsanwälte und Richter.

19 Vgl. hierzu die Äußerung Nauckes über von Liszt, zitiert auf S. 25 dieser Arbeit. Zur »Bürgerlichkeit im Recht« auch den Aufsatz dieses Titels von Grimm. Wehler, Kaiserreich, S. 269, schreibt zum Entwurf der liberalen bürgerlichen Gesellschaft: »Der liberale Rechts- und Verfassungsstaat soll die möglichst ungehemmte Entfaltung bürgerlichen Lebens garantieren.«

20 Vgl. zum »Rangwechsel von öffentlichem und privatem Interesse« Grimm, Bürgerlichkeit, S. 12-15. Zum bürgerlichen Staatsverständnis auch Kocka, Bürgertum, S. 28ff.

21 Kocka, Bürgertum, S. 43f. zu Bürgerlichkeit als Mentalität und Kultur. Zum Bildungsbürgertum ebd., S. 33-38; Wehler, Gesellschaftsgeschichte, Bd. 3, S. 730-750. Vgl. auch Kocka, Muster, S. 18; Wehler, Kaiserreich, S. 246ff.

22 Vgl. z.B. Quanter, Sittlichkeitsverbrechen, S. 3f., der anmahnte, daß das Privatleben und die persönliche Freiheit durch die Sexualgesetzgebung nicht unmäßig eingeschränkt und reguliert werden dürften.

23 Zur Entstehung des Rechtsstaates Wesel, Rechtsgeschichte, S. 417f.

24 Vorentwurf, S. 677f.

25 Carneri, Sittlichkeit, S. 311-336, 422ff. u. 455. Vgl. auch Quanter, Sittlichkeitsdelikte, S. 4-7.

26 Vgl. Hull, Sexuality, S. 349ff.

27 Rosenberger, Sexualstrafrecht, S. 5-15, bezieht sich hier auf die Sittlichkeitsbewegung, die z.T. von der Frauenbewegung initiiert und mitgetragen wurde. Doch für die Frauen ging es um weit mehr und andere Ziele als eine Kontrolle von Sexualität und die Aufrechterhaltung von Moral und Sitte. Sie rangen um Bewegungsfreiheit und protestierten gegen sexuelle Übergriffe und Belästigungen. Vgl. z.B. Jeffreys, Campaigns. Zum Sexualstrafrecht der Aufklärung Hull, Sexuality, S.

127-154, zum Bayerischen StGB von 1813 ebd., S. 349-359. Die während des 18. Jahrhunderts positive Einstellung zum Sexualtrieb beschreibt Hull ebd., S. 236-243.

28 Vgl. Rosenberger, Sexualstrafrecht, S. 5-15, hier 13ff. Aus einer ähnlichen Position auch Killias, Jugend.

29 Der Anteil der Verbrechen nach Paragraph 173, 174 und 176-178 RStGB an den »Verbrechen und Vergehen gegen die Person« schwankte in den Jahren 1882 bis 1910 zwischen 2,3 und 3 Prozent. Vgl. Tabelle 1 im Anhang.

30 Vgl. Wulffen, Sexualverbrecher, S. 253, der richtigstellt, »daß die Zunahme der Verurteilungen wegen Verbrechen gegen die Sittlichkeit nach der Statistik keine solche ist, wie allgemein angenommen wird«.

31 So wurden von 100.000 strafmündigen Personen zwischen 1882 und 1892 verurteilt: wegen »Blutschande« zwischen 0,9 und 1,1; wegen »Unzucht unter Mißbrauch eines Vertrauensverhältnisses« zwischen 0,1 und 0,2; wegen »Unzucht mit Gewalt, an Bewußtlosen oder Kindern« und »Notzucht« zwischen 8,6 und 9,8. Vgl. Tabelle 2 im Anhang.

32 Vgl. Kerchner, Bürger, die darstellt, wie die Debatte um die »unzüchtigen Handlungen an Kindern« zum Erreichen politisch-moralischer Ziele instrumentalisiert wurde.

33 Vgl. Frevert, Frauen-Geschichte, S. 128-132.

34 Vgl. Weisbrod, Sittlichkeitsverbrechen, S. 3ff.: Er sah als die stärksten Triebfedern menschlichen Handelns das Streben nach materiellem Besitz und den Geschlechtstrieb. Beide seien Grundlagen für »Kulturfortschritt« und den Bestand des Staates, sofern sie in Schranken gehalten würden. Für den Geschlechtstrieb sei dies der Fall, »sobald er in dem Familienleben seinen veredelten Ausdruck« finde. Ungezügelt könnten diese beiden »Triebfedern« »alles friedliche Zusammenleben und jede gesellschaftliche Ordnung mit Vernichtung bedrohen«. Selbst innerhalb des für eine Sexualreform eintretenden Teils der Frauenbewegung wurde zwar die Ehe auf Grundlage des BGB scharf kritisiert, der Begriff der Freien Liebe aber wurde z.B. von Helene Stöcker durchaus nicht im Sinne von Promiskuität verwendet. Die heterosexuelle Beziehung sollte durch den Willen zur Dauer »veredelt« werden, nicht jedoch unbedingt durch eine formale Trauung. Vgl. Meisel-Hess, Wesen, S. 284-291; Meyer-Benfey, Grundlagen, S. 27f. u. 38f.; Stöcker, Ehe, S. 131f.

35 Hull, Sexuality, S. 407.

36 Vgl. Quanter, Sittlichkeitsdelikte, S. 3f. (siehe Anm. 22 zu diesem Kapitel).

37 Vgl. zur Debatte um die Prostitution z.B. Frevert, Frauen-Geschichte, S. 131ff. u. Schmackpfeffer, Frauenbewegung, S. 31-64.

38 Vgl. zum Kampf gegen »Schmutz und Schund« im Kaiserreich, v.a. in bezug auf Jugendliche, Maase, Kinder.

39 Über das Delikt der Unzucht gibt es mittlerweile zahlreiche Untersuchungen. Für den deutschen Raum seien hier nur erwähnt: Breit, Leichtfertigkeit; Gleixner, Konstruktion; Habermas, Frauen.

40 Olshausen, Commentar, S. 785f. Zum Paragraphen 175 RStGB vgl. Hutter, Kontrolle.

41 Radbruch, Gerichtsordnung, S. 82.

42 Rosenberger, Sexualstrafrecht, S. 120.

43 Vgl. Kapitel III.1.

44 Die Notzucht war, wie die unzüchtigen Handlungen, mit Zuchthaus bis zu zehn Jahren bedroht, bei mildernden Umständen lag die Mindeststrafe bei einem Jahr Gefängnis. Bei Todesfolge galt für beide Delikte eine Mindeststrafe von zehn Jahren Zuchthaus (Paragraph 178 RStGB).

45 Vgl. zum Sexualstrafrecht bezogen auf Kinder in Mittelalter und Früher Neuzeit Killias, Jugend, S. 36-76. »Qualifiziert« war ein Tatbestand durch zusätzliche, strafverschärfende Merkmale.

46 Zitiert nach Aaron, Handlungen, S. 3.

47 Zitiert nach Beseler, StGB Preußen, S. 316. Vgl. auch Mittermaier, Verbrechen S. 12 u. 118. In Frankreich wurde 1832 das Alter, bis zu welchem von einem Einverständnis des Kindes nicht ausgegangen werden könne, auf das vollendete 11. Lebensjahr festgelegt. 1863 wurde diese Grenze auf das vollendete 13. Lebensjahr erhöht. Vgl. Bernard/Garraud, Attentats, S. 402. – Die Kabinettsorder von 1815 markiert insgesamt einen Wendepunkt in der rechtlichen Auffassung von Kindheit. Im selben Jahr wurde ein Rescript verfaßt, in dem es hieß, daß unmündige Personen nicht nach dem gegenüber Erwachsenen üblichen Verfahren bestraft werden könnten. 1817 wurde dann angeordnet, daß bei Vernehmung Minderjähriger wegen der Unsicherheit der Kinder und zwecks liberalerer Behandlung der elterliche Gewalthaber anwesend sein müsse. Roth, Entstehung, S. 20ff.

48 Vgl. Casper, Nothzucht, S. 26f. Im ALR bezog sich der Artikel über unzüchtige Handlungen noch allein auf Mädchen.

49 Vgl. Wächter, Abhandlungen, S. 225.

50 Bei mildernden Umständen galt eine Mindeststrafe von sechs Monaten Gefängnis. Bis 1876 galt für den Paragraphen 176 wie für den Paragraphen 177, daß die Verfolgung nur auf Antrag eintrete. Mit der Umwandlung in Offizial-, also von Amts wegen zu verfolgende Delikte, stieg die Zahl der Sittlichkeitsverbrechen sprunghaft an. Vgl. z.B. Köhne, Bewegungen, S. 269f., der erläuterte, daß Notzucht und unzüchtige Handlungen vor 1876 oft nicht zur Verfolgung gelangten oder »infolge eines niederträchtigen Schachers« die Verfahren vor Eröffnung der Hauptverhandlung aufgehoben wurden.

51 Oppenhoff, StGB Preußen, S. 189.

52 Wulffen, Sexualverbrecher, S. 444.

53 Hier der Wortlaut von Abs. 2 des Paragraphen 176 im RStGB: »wer eine in einem willenlosen oder bewußtlosen Zustande befindliche oder eine geisteskranke Frauensperson zum außerehelichen Beischlafe mißbraucht«. Paragraph 176,2 bezog sich ausschließlich auf weibliche Personen sowie auf den außerehelichen Beischlaf, entsprach also der Notzucht, nur daß die Gewaltklausel entfiel. Eine nähere Auseinandersetzung mit dem Paragraphen findet sich bei Jessen, Mißbrauch.

54 Von Schwarze, Commentar, S. 465. Bei einem Kind, so meinte auch Hälschner, könne wegen seiner mangelnden Einsicht kein ernstlicher Widerstand erwartet werden. Hälschner, Strafrecht, S. 226. 1848 hatte schon Haeberlin geäußert, die Unzucht mit Kindern sei strafbar, da »Kinder noch keine klare Einsicht von dem moralisch Verwerflichen der mit ihnen vorgenommenen unzüchtigen Handlungen, sowie von den höchst verderblichen Folgen derselben für ihr ganzes Lebensglück haben können, eben weil sie noch nicht reif zu einem Geschlechtsgenusse, weil sie noch nicht mannbar sind.« Haeberlin, Grundsätze, S. 272.

55 Anonymus, Fleischesverbrechen, S. 246.

56 Paragraph 174,1 bestimmte: »Mit Zuchthaus bis zu fünf Jahren werden bestraft: 1) Vormünder, welche mit ihren Pflegebefohlenen, Adoptiv- und Pflegeeltern, welche mit ihren Kindern, Geistliche, Lehrer und Erzieher, welche mit ihren minderjährigen Schülern oder Zöglingen unzüchtige Handlungen vornehmen«. Im 1911 veröffentlichten Gegenentwurf zum StGB-Entwurf von 1909 wurde eine Erweiterung des Paragraphen 174 auf den »Mißbrauch eines Abhängigkeitsverhältnisses« vorgeschlagen, z.B. zwischen Dienstherr und Magd, sowie die Einbeziehung von Amts- und Dienstverhältnissen. Gegenentwurf, S. 231f.

57 Vgl. Radbruch, Gerichtsordnung, S. 82, Artikel 118 der Carolina.

58 Vgl. hierzu S. 58 der vorliegenden Arbeit.
59 Radbruch, Gerichtsordnung, S. 81, Artikel 117 der Carolina.
60 Rosenberger, Sexualstrafrecht, S. 204 u. S. 339ff.
61 Wächter, Abhandlungen, S. 233.
62 Wiener, Reconstructing, vermittelt den Zusammenhang zwischen der veränderten Wahrnehmung von Kriminalität und dem sozio-kulturellen Kontext der viktorianischen Gesellschaft. Wie Becker, Identitäten, S. 143, feststellt, enthält Wieners Buch wichtige Anhaltspunkte zum Verständnis auch der deutschen Diskussion über Kriminalität im 19. Jahrhundert. Die Geschichte der Kriminologie als wissenschaftlicher Disziplin wurde bisher vorrangig als Erfolgsgeschichte einer »modernen« Wissenschaft geschrieben, die im 19. Jahrhundert von einigen »Pionieren« begründet wurde, so etwa in Mannheim, Pioneers, oder Hering, Weg. Ausnahmen bilden die kritischen Arbeiten von Strasser, Verbrechermenschen, und von Frommel, Präventionsmodelle, die sich u.a. mit Franz von Liszts kriminalpolitischem Wirken auseinandersetzt, sowie Leps, Criminal, die eine von Foucault beeinflußte Perspektive einnimmt. In jüngster Zeit ist jedoch das historische Interesse an der Kriminologie gestiegen. Siehe an neueren Arbeiten Gadebusch Bondio, Rezeption, u. Bellmann, Vereinigung. – Die Konstruktion von Kriminalität im Kontext der bürgerlichen Gesellschaft analysiert Peter Becker in zwei Aufsätzen: Becker, Identitäten sowie ders., Verbrecher.
63 Schönert, Bilder. Vgl. zur Wahrnehmung von Kriminalität in der Öffentlichkeit des Kaiserreichs Gadebusch Bondio, Rezeption, S. 78-84.
64 Becker, Identitäten, S. 143.
65 Über Lombrosos wissenschaftlichen Werdegang vgl. Wolfgang, Lombroso, S. 232-236. Lombroso studierte Medizin, arbeitete als Armeearzt und erhielt 1876 den Lehrstuhl für Gerichtsmedizin und Hygiene in Turin. Seit 1896 war er dort Professor für Psychiatrie, seit 1906 für Kriminalanthropologie. Lombroso war Jude und Sozialist, was auf den ersten Blick erstaunen mag, da seine Theorien an antisemitische, rassistische Konzeptionen erinnern. Sie galten jedoch zu seiner Zeit als modern, fortschrittlich und reformerisch. Zu Lombrosos Theorien Strasser, Verbrechermenschen, S. 41-101. Vgl. außerdem Gadebusch Bondio, Rezeption, S. 18-51.
66 Vgl. Strasser, Verbrechermenschen, S. 53-60; Gadebusch Bondio, Rezeption, S. 37f.
67 Die Degenerationstheorie war 1857 von Bénédict Morel formuliert worden. Vgl. Weingart u.a., Rasse, S. 48f. u. Wettley/Leibbrand, Sexualwissenschaft, S. 45ff.
68 Zu Lombrosos »Uomo delinquente« Wolfgang, Lombroso, S. 247-251. Zur von Lombroso vorgenommenen »Lektüre des Körpers und der Seele« vgl. Becker, Verbrecher, S. 151-155.
69 Vgl. Becker, Verbrecher, S. 147f.
70 Zur Anlage-Umwelt-Debatte vgl. Frommel, Reformbewegung.
71 Über Aschaffenburg siehe von Hentig, Aschaffenburg; über seine Rezeption Lombrosos vgl. Gadebusch Bondio, Rezeption, S. 199-217. Aschaffenburg war Professor für Psychiatrie und leitete 1901 bis 1904 die Abteilung für geisteskranke Verbrecher am Strafgefängnis Halle a.d.S.
72 Von Liszt, Lehrbuch, S. 57-61. Vgl. auch Roxin, Konzeption.
73 Aschaffenburg, Verbrechen, S. 6.
74 Die Unterscheidung zwischen »Gelegenheits-« und »Gewohnheitsverbrecher« findet sich sowohl bei Lombroso (vgl. Wolfgang, Lombroso, S. 252f.; Ellis, Verbrecher, S. 1-22) als auch bei Aschaffenburg, Verbrechen, S. 227-238, und bei von Liszt (Schmidt, Einführung, S. 377). Mit Hilfe dieser Unterscheidung wurden in der

deutschen Kriminologie Grade einer mehr oder weniger »sozialschädigenden Gesinnung« berücksichtigt. Vgl. Frommel, Reformbewegung, S. 468.

75 Vgl. Weingart u.a., Rasse, S. 30-42.

76 Das Gefühl der Bedrohung faßt Becker, Verbrecher, S. 147, zusammen: »Sie [Ärzte und Juristen] waren besorgt um den Fortschritt der bürgerlichen und nationalen Gesellschaften, den man von drohender Degeneration, vom Überhandnehmen der Schwächlichkeit in Form von Krankheit und Asozialität bedroht sah.« Vgl. auch Weingart u.a., Rasse, S. 114-121.

77 Blasius, Seelenstörung, S. 95. Von ihm stammt auch der Ausdruck »Ordnungspsychiatrie«.

78 Foucault, Concept, S. 3.

79 Dazu Becker, Identitäten, S. 156f.: »Diese Pathologisierung von Kriminalität, die aus dem Kriminellen schließlich einen Kranken machte und ihn wegen seines abweichenden Verhaltens potentiell entmündigte, beendete die Herausforderung, die Kriminalität an das Selbstverständnis der bürgerlichen Gesellschaft gestellt hatte.« Vgl. auch Wiener, Reconstructing, S. 266-279, über die Annahme von Unzurechnungsfähigkeit insbes. bei Mördern und Vergewaltigern: »The proportion of offenders certified as criminal lunatics who had been charged with murder, serious assault, or rape (...) rose from only one-third in 1857 to over one-half in 1881 and to two-thirds by 1890 (...).« (S. 272) Die Debatte um die Unzurechnungsfähigkeit war allerdings bereits während des 18. Jahrhunderts heftig geführt worden. Vgl. Kaufmann, Psychiatrie, S. 23-39 u. Lorenz, Körper.

80 Vgl. zur Pathologisierung abweichenden Sexualverhaltens Klabundt, Psychopathia, S. 107-130, sowie speziell zur Deutung von Homosexualität als »krankhafte Störung der Geistestätigkeit« Hutter, Kontrolle, S. 88-103. Vgl. auch Foucault, Wissen, S. 70f. u. 87-90.

81 Frank, Milderungsgründe, S. 225-278, plädierte 1910 für die verminderte Zurechnungsfähigkeit, erwähnte jedoch, es gäbe Bedenken, daß damit ein übermächtiger Einfluß »der allem Strafrecht feindlichen Psychiater« zu erwarten sei. Ein Ausspruch, der die Ressentiments vieler Juristen gegen die Etablierung von Psychiatern als Sachverständige vor Gericht wiedergibt.

82 Der »Lustmord« war spätestens seit Jack the Ripper Thema nicht nur in der Presse, sondern auch in der psychiatrischen Fachliteratur. Einschlägige Aufsätze wurden zu Beginn des 20. Jahrhunderts veröffentlicht von Ilberg, Lustmord; Nerlich, Lustmörder; Schwabe, Mordversuch; Walter, Lustmord. Die Verarbeitung dieses Themas in Kunst und Literatur der 1920er Jahre erforscht Tatar, Lustmord.

83 Vgl. die Tabellen 1 und 2 im Anhang.

84 Wehler, Wie bürgerlich, S. 255. Vgl. Gay, Kult, S. 197, der die Entwicklungen in der Kriminologie als Ausdruck des Versuchs eines neuen Bürgertums interpretiert, Aggressivität einzudämmen.

Kapitel II

1 Vgl. den Wortlaut des Paragraphen 177, zitiert auf S. 28 der vorliegenden Arbeit.

2 Winkler, Begriff, S. 2. Vgl. Riede, Begriff, S. 6-16. Zum Gewaltbegriff im Paragraphen 177 des RStGB Teufert, Notzucht; Sick, Selbstbestimmungsrecht, S. 54f.

3 Beseler, Kommentar, S. 314. Ebenso bei Oppenhoff, Strafgesetzbuch, S. 188. Beseler (1809-1888) wirkte als Nationalliberaler am preußischen StGB von 1851 mit. Oppenhoff (1820-1899) war Oberstaatsanwalt beim Königl. Preuß. Ober-Tribunal in Berlin.

4 Von Schwarze, Commentar, S. 470. Von Schwarze (1816-1886) war Generalstaatsanwalt und wurde 1876 Mitglied der Reichstags-Justizkommission.

5 Binding, Lehrbuch, Bd.1, S. 201. Vgl. auch Anonymus, Fleischesverbrechen, S. 429. Er schrieb, die Gewalt gegenüber der Frau müsse so groß sein, »daß deren äußerste Gegenwehr ganz vergeblich ist«.

6 Vgl. Frommel, Gewalt, S. 267.

7 Maschka, Zeichen, S. 137. Ein Kollege zitierte aus einem Gutachten Maschkas: »In der Regel muß man wohl annehmen, daß ein kräftiges, gesundes Mädchen einem einzelnen Manne hinreichend Widerstand leisten und von demselben nicht leicht überwältigt werden könne.« Buchner/Buchka, Bericht, S. 57. Maschka (1820-1899) war ab 1852 Landesgerichtsarzt und ab 1857 Professor für Gerichtsmedizin in Prag. Vgl. Meyer-Knees, Verführung, sowie Lorenz, Schmerz, die feststellen, daß in der Gerichtsmedizin des 18. Jahrhunderts davon ausgegangen wurde, daß eine Vergewaltigung gegen den Willen der Frau unmöglich sei.

8 Wulffen, Sexualverbrecher, S. 450.

9 Strassmann, Lehrbuch, S. 103f. Strassmann (geb. 1858, gest. nach 1937) habilitierte sich 1889 und war seit 1894 Professor für Gerichtsmedizin in Berlin.

10 Weisbrod ging als Jurist wiederum auf den Willen des Opfers ein. Er gestand zu, daß häufig der Widerstand der Angegriffenen verhindert werde »durch die Lähmung, welche der Wille durch solche Vergewaltigungen erfährt, auf welchen Schrecken, Verzweiflung und Bestürzung einwirken«. Weisbrod, Sittlichkeitsverbrechen, S. 43. Frommel, Gewalt gegen Frauen, S. 268, weist darauf hin, daß auch im heutigen Strafrecht Schock und Angst »einer sich ihrer eingeschränkten Verteidigungsmöglichkeit bewußt werdenden Frau« systematisch ausgeblendet werden.

11 Maschka, Zeichen, S. 139.

12 Zu diesem Begriff Bourque, Rape. Zur heutigen Rechtsprechung Frommel, Gewalt, S. 266.

13 Meyer, Lehrbuch, S. 996. Bei von Raumer, Leitfaden, S. 57, hieß es zu den Pargraphen 176 und 177: »›Gewalt‹ heißt Ueberwindung eines ernstlich gemeinten Widerstandes, also nicht ein oft nicht ernstlich gemeintes Widerstreben, Sichsträuben.«

14 Dieser Ausdruck ist angelehnt an die durch darwinistische Begrifflichkeiten beeinflußte Terminologie etwa bei Ellis, Liebeskunst.

15 Mittermaier, Verbrechen, S. 104.

16 Vgl. Meyer, Studie, S. 43f. Diese Einstellung fand Clark, Silence, S. 70f., auch für das England des 18./19. Jahrhunderts: »many women will not consent without some force«, so die Ansicht vieler Richter. Meyer war in der Sexualreformbewegung engagiert und Mitglied im Bund für Mutterschutz (BfM). Der BfM war von einzelnen, der bürgerlichen Frauenbewegung nahestehenden Frauen gegründet worden als Hilfsorganisation für ledige Mütter. Unter dem Einfluß Helene Stöckers, die für die Zeitschrift des Bundes verantwortlich zeichnete, setzte sich die Organisation zum Teil auch für eine »Reform der Sexualmoral« ein. Vgl. zum BfM und zur Sexualreform Allen, Feminism, S. 158-182; Evans, Movement, S. 116-125; Nowacki, Bund; Schlüpmann, Radikalisierung; Schmackpfeffer, Frauenbewegung, S. 38-47; Soltau, Erotik, S. 65-81; Stöcker, Reform; Stoehr, Fraueneinfluß, S. 161ff.; Wickert, Stöcker, S. 64-83.

17 Sie wurden sowohl von Ärzten als auch von der Sexualreformbewegung rezipiert. Vgl. etwa Ellis' zahlreiche Aufsätze in der *Neuen Generation*, der Zeitschrift des BfM (siehe vorige Anmerkung). Ellis war Psychiater und beschäftigte sich auch mit dem Thema des »Kriminellen«. Er stand den Ansichten Lombrosos nahe und gilt heute als Vertreter der Degenerations- und Vererbungslehre. Vgl. Ellis, Verbrecher. Zu Ellis siehe auch Smith-Rosenberg, Discourses, S. 270.

18 Ellis, Geschlechtsgefühl, S. 100f.

19 Krafft-Ebing, Psychopathia, S. 12f.

20 Ellis, Psychologie, S. 221, insges. zum Geschlechtstrieb bei Mann u. Frau 221-224. Es gab auch andere Positionen, z.B. bei Löwenfeld, Konstitution, S. 71f. Er wandte sich gegen die Ansicht, der Trieb der Frau sei geringer. Sie sei entstanden aus Erfahrungen mit Frauen der höherstehenden Klassen. Außerdem seien dem Trieb der Frau viele Beschränkungen auferlegt, »die Äusserungen sexueller Bedürftigkeit« würden bei Mann und Frau sehr ungleich beurteilt.

21 Thal, Moral, S. 11ff. Thal war in der Sexualreformbewegung (siehe Anmerkung 16) engagiert. Vgl. auch die Ausführungen zum männlichen Geschlechtstrieb in der einflußreichen Schrift Forels, *Die sexuelle Frage*, S. 42-51 sowie S. 51-56 zum weiblichen Geschlechtstrieb. Forel (1848-1931) war seit 1879 Direktor der Irrenanstalt Burghölzli bei Zürich und Professor für Psychiatrie. Seit 1898 war er nur noch publizistisch tätig. Seine *Sexuelle Frage* erreichte eine Auflage von 200.000 Exemplaren und wurde bis zu seinem Tod in elf Sprachen übersetzt.

22 Wulffen, Sexualverbrecher, S. 448f.

23 Merkel, Nothzucht, S. 247.

24 Weisbrod, Sittlichkeitsverbrechen, S. 42.

25 Z.B. in StAM, Staw., Nr. 409 (1884) u. Nr. 442 (1884). Vgl. S. 135f. der vorliegenden Arbeit.

26 Von Schwarze, Commentar, S. 475. Auch der Anonymus, Fleischesverbrechen, S. 433, empfahl eine Prüfung der persönlichen Eigenschaften und Verhältnisse der Beteiligten und aller äußeren Umstände. Bis heute ist die Beziehung zwischen Täter und Opfer in der Rechtsprechung zentral. In den 1980er Jahren etwa lag die Einstellungsquote aller Verfahren wegen Vergewaltigung, bei denen der mutmaßliche Täter bekannt war, bei 40 Prozent. Kannten sich Täter und Opfer, stieg die Quote auf 50 Prozent, von den Fällen, in denen ein enger Kontakt bestand, wurden 70 Prozent nicht weiterverfolgt. Frommel, Gewalt, S. 266.

27 Mittermaier, Verbrechen, S. 105.

28 Ehmer, Beiträge, S. 261.

29 Wulffen, Sexualverbrecher, S. 447f.

30 Zur Rolle der Alltagstheorien in der Rechtsprechung Abel, Vergewaltigung, S. 28-31.

31 Siehe StAM, Staw., Nr. 673 (1888) u. Nr. 453 (1885). Vgl. S. 121f. zum ersten, S. 128f. zum zweiten Fall sowie Kapitel VIII.

32 Von Schwarze, Verbrechen, S. 312.

33 Vgl. hierzu etwa Winkler, Gewalt, S. 8f.

34 Alle Zitate Weisbrod, Sittlichkeitsverbrechen, S. 44.

35 Von Schwarze, Verbrechen, S. 310. Vgl. zur weiblichen Ehre Kapitel III.1.

36 Anonymus, Fleischesverbrechen, S. 432f.

37 Vgl. Wulffen, Sexualverbrecher, S. 447f. In diesem Zusammenhang sprach Wulffen auch vom »sexuellen Einflusse des ländlichen Milieus«.

38 Frevert, Ehre, S. 197. Weibliche Aktivität war nicht nur unstatthaft, sondern wurde auch als Bedrohung wahrgenommen: »the menace of unregulated female sexuality«, wie Wiener, Reconstructing, S. 16, schreibt, bestand in der nach Wahrnehmung der Zeitgenossen daraus entstehenden Kriminalität (als Folge von Prostitution) und in der Gefährdung von Ehe und Familie. Krafft-Ebing, Psychopathia, 14. Aufl., S. 12f., hielt das sinnliche Verlangen der Frau für gering: »Wäre dem nicht so, so müsste die ganze Welt ein Bordell und Ehe und Familie undenkbar sein.«

39 Löwenfeld, Konstitution, S. 72. Vgl. Frevert, Frauen-Geschichte, S. 130: »Weibliche Ehre war alles andere als klassenneutral.« Siehe auch Bland, Purity, S. 10, die schreibt, im 19. Jahrhundert habe es in England neben dem Bild der viktorianischen

asexuellen Dame auch das der sexuell aktiven Arbeiterin gegeben. Mort, Sexualities, S. 47-53, schildert die stark erotisierten Darstellungen englischer Arbeiterinnen durch Fabrikinspektoren.

40 Siehe seine Äußerung auf S. 39 dieser Arbeit.

41 Vgl. hierzu auch Estrich, Rape, S. 31f.; Clark, Silence, S. 69-74 u. 81.

42 Wie etwa Ehmer, Beiträge, S. 261, konstatierte. Vgl. zu den hier aufgezählten Zitaten S. 37-40 dieser Arbeit, wo die Zitate ausführlich wiedergegeben und nachgewiesen sind.

43 Auch im früheren 19. Jahrhundert wurde in Zusammenhang mit Schwängerungsklagen der Topos des anständigen Bürgers bemüht, der zum »Opfer lasterhafter Unterschichtsfrauen« wurde. Von Hodenberg, Partei, S. 239. Die Rhetorik des männlichen Opfers findet sich ebenfalls bei dem englischen Juristen Wigmore 1915: »The unchaste (...) mentality finds incidental but direct expression in the narration of imaginary sex incidents of which the narrator is straightforward and convincing. The real victim, however, too often is the innocent man.« Zitiert in Bourque, Rape, S. 105.

44 Mittermaier, Verbrechen, S. 127.

45 Vgl. etwa Rohleder, Veranlagung, S. 270: »im Ablauf der physiologischen Vorgänge während des Sexualaktes selbst« finde man die Geschlechtscharaktere wieder: Das Weib nehme die passive, duldende Rolle ein, »es will angegriffen, erobert, in Besitz genommen werden«. Der Mann habe die aggressive Rolle inne, er wolle erobern und besitzen. Vgl. auch Ellis, Liebeskunst, S. 74: Der Mann müsse die Frau vorsichtig und überlegt an die Liebe heranführen: »sie ist in der Liebe das Instrument, seine Hand muß ihm die Musik entlocken.«

46 Vgl. zum Beischlaf und zum Kriterium der Geschlechtlichkeit im RStGB Sick, Selbstbestimmungsrecht, S. 56f.

47 Barth, Bayern, S. 162.

48 Vgl. Maschka, Zeichen, S. 102: »Abgethan ist der ekelhafte Streit über die Vollendungsfrage (seminis immissio); in der Conjunctio membrorum [Vereinigung der Geschlechtsteile] liegt die Vollendung.«

49 Vgl. die Schilderung eines solchen Falles bei Strassmann, Lehrbuch, S. 108.

50 Vgl. Kapitel III.1 dieser Arbeit.

51 Vgl. die Aussagen einiger Frauen auf S. 118f. dieser Arbeit.

52 Vgl. die Definition im *Archiv für Strafrecht und Strafprozeß* 59 (1912), S. 341.

53 Oppenhoff, Preußen, S. 188f. u. ders., Strafgesetzbuch, S. 303.

54 Weisbrod, Sittlichkeitsverbrechen, S. 45. Interessant ist die französische Definition der »attentats à la pudeur«: Es ging um den Angriff auf die Schamhaftigkeit des Opfers, die Intention des Täters war nebensächlich. So definierten die Gerichtsmediziner Bernard und Garraud die »attentats à la pudeur« als »tout acte exercé directement sur une personne (...) dans le but de blesser sa pudeur (...). Peu importe le mobile de l'acte, l'intention indirecte du délinquant: l'acte constitue un attentat à la pudeur, qu'il ait eu pour objet de procurer à celui qui en est accusé la jouissance sexuelle, ou qu'il doive être attribué à tout autre mobile, la haine, la vengeance, la curiosité.« Bernard/Garraud, Attentats, S. 398. Sie gingen also davon aus, daß ganz andere als sexuelle Motive, etwa Haß, Rache oder Neugier, zu »unzüchtigen Handlungen« führen könnten.

55 Fuld, Begriff, S. 292. Vgl. auch Meyer, Studie, S. 47.

56 Fuld, Begriff, S. 292.

57 So heißt es in einem Urteil des LG München II vom 24.4.1897: »Die Ausrede, sich nur Scherze erlaubt zu haben, erscheint gegenüber der schamlosen Art seiner Behandlung der im Kindesalter stehenden Mädchen [der Angeklagte hatte mehrere Mädchen betastet und ihnen unter die Röcke an ihre Geschlechtsteile gefaßt sowie

ihnen sein entblößtes Glied gezeigt], [und] den zum Teil dabei geführten gemeinen Reden (...) als eine Frivolität.« StAM, AR, Fasc. 3153, Nr. 188. In einem Urteil desselben Gerichts vom 25.5.1898 hieß es: »daß ein Mann einem noch nicht 14 Jahre alten Mädchen an die bloße Scham greife u. mit dem Finger selbst in die Scham des Kindes lange nur Scherzes halber (...) ist ausgeschlossen. Der Angeklagte hat nach der aus der Natur des ganzen Vorganges geschöpften Überzeugung des Gerichtes in der Absicht gehandelt, seine Geschlechtslust zu befriedigen.« StAM, AR, Fasc. 3146, Nr. 52.

58 Vgl. Strassmann, Lehrbuch, S. 73f.

59 Vgl. den Fall des Pfarrers Glaser auf S. 185-189 dieser Arbeit.

60 Godenzi, Gewalt, S. 22, sieht in der Rede vom »Beischlaf« impliziert, daß Vergewaltigung eine Form von Sexualität sei. Daraus werde der Schluß gezogen, daß eine Vergewaltigung einer Frau, die häufig und mit wechselnden Partnern Geschlechtsverkehr habe, weniger ausmache.

61 Mittermaier, Sittlichkeitsverbrechen, S. 43. Ellis, Geschlechtsempfindungen, S. 37, war der Meinung, daß auch gynäkologische Untersuchungen eine Frau sexuell erregen könnten.

62 Strassmann, Lehrbuch, S. 100.

63 Zitiert in Stanko, Intrusions, S. 35.

64 Man vgl. die Stellung der Frau im öffentlichen Leben: Frauen besaßen bekanntermaßen kein Stimmrecht und, wie Gisela Bock formulierte: »Bis zum Ersten Weltkrieg jedoch galten nur Männer als Staatsbürger«. Dies., Armut, S. 427. Bezüglich der Geschichte des deutschen Frauenwahlrechts vgl. Bock, Frauenwahlrecht, die hier auch neue Ergebnisse hinsichtlich der Rolle der Frauenbewegung präsentiert. Vgl. zu den Rechten der Frauen Gerhard, Grenzziehungen, sowie als Regionalstudie Schmitter, Bürgerinnenrechte. Mit dem BGB, das 1900 in Kraft trat, wurden Frauen in der Ehe regelrecht entmündigt. Zur Stellung der Frau in der Ehe laut BGB-Entwurf von 1896 beziehungsweise BGB von 1900 vgl. Berneike, Frauenfrage, S. 21-24; Berg, Familie, S. 94; Dölemeyer, Frau; Buchholz, Gesetzbuch; Schwab, Gleichberechtigung.

65 Göb, Bemerkungen, S. 417ff., nennt »den Körper schädigende, entwürdigende Handlungen« des Ehemannes an der Ehefrau, diese sollten aber als Mißhandlung nach Paragraph 223 oder 224 RStGB bestraft werden. Eine »Notzucht« oder »unzüchtige Handlung« in der Ehe konnte es nach seiner Ansicht nicht geben.

66 Mittermaier, Verbrechen, S. 104.

67 Tardieu, Vergehen, S. 125f.

68 Vgl. hierzu die oben in Anmerkung 64 genannte Literatur.

69 Fischer-Dückelmann, Geschlechtsleben, S. 151f. u. 89. Anna Fischer-Dückelmann (1855-1917) war eine der ersten Ärztinnen. Sie promovierte in Zürich und ließ sich als Frauenärztin in Dresden nieder. Ihr Buch erreichte 19 Auflagen. Ihre hier zitierte Aussage richtete sich eindeutig auch gegen das Eherecht des BGB. Vgl. die Äußerung Iwan Blochs, daß der Begriff der »ehelichen Pflicht« den »Besitz eines menschlichen Wesens für lebenslange ausschließlich sexuelle Dienstbarkeit« impliziere. Bloch, Sexualleben, S. 303. Der Rechtsanwalt Bruno Meyer verwies auf die nicht seltenen Mißhandlungen von Frauen durch ihre Ehemänner. Meyer, Stimme, S. 149. Sowohl Bloch als auch Meyer standen der Sexualreformbewegung und dem BfM (siehe Anmerkung 16 zu diesem Kapitel) nahe. Zu Gewalt in der Ehe als Thema der Frauenbewegung vgl. Karstedt, Emanzipation, S. 154ff. Für das England der Jahrhundertwende Jeffreys, Campaigns, S. 630f.

70 Von Liszt, Lehrbuch, S. 355.

71 Dorn, Strafrecht, S. 23.

72 Kocka, Bürgertum, S. 74.

Kapitel III

1 Vgl. das Bayerische StGB von 1813 sowie Rosenberger, Sexualstrafrecht, S. 120 u. 169-215; Hull, Sexuality, S. 127-154 u. 349ff.

2 Schroeder, Stellung, S. 867.

3 Mittermaier, Verbrechen, S. 8f. Vgl. auch Weisbrod, Sittlichkeitsverbrechen, S. 13f.; Meyer, Lehrbuch, S. 974.

4 Von Liszt, Lehrbuch, S. 347.

5 Mittermaier, Verbrechen, S. 102.

6 Vgl. Hull, Sexuality, S. 351. Sie nennt einen weiteren Grund für die geschlechtsneutrale Formulierung des Notzuchtsartikels im Bayerischen StGB: »The impetus for gender symmetry came from the imperialism of absolute law and its imperative, equality before the law.«

7 Wächter, Abhandlungen, Bd. 1, S. 273f. Vgl. auch ebd., S. 21f. Wächter (1797-1880) war Strafrechtsprofessor, siehe Müller, Generalprävention, S. 304.

8 Von Schwarze, Verbrechen, S. 310. Vgl. den Artikel von Merkel über die Notzucht, S. 246: »Sie vereinigt die Merkmale der gegen die Freiheit gerichteten Verbrechen mit denjenigen der Unzuchtsverbrechen und zwar speciell der die weibliche Geschlechtsehre verletzenden.« Simson/Geerds, Straftaten, S. 368f., stellten die These auf, daß in früheren Gesetzgebungen die Strafbarkeit der Notzucht vor allem dem Schutz der Geschlechtsehre der Frau oder der Familienehre gedient habe. Im 19. Jahrhundert sei dieser Aspekt in den Hintergrund getreten: »es ging nicht mehr wesentlich um die Ehre, sondern vor allem um die Selbstbestimmung.« Ganz so linear war die Entwicklung aber nicht, wie der in diesem Kapitel erfolgende Blick in die damalige juristische Literatur zeigt.

9 Zur Unterscheidung zwischen männlicher und weiblicher Ehre: Frevert, Identitätsbegriff, S. 23, 40f. u. 47-68, zur schichtenspezifischen Unterscheidung S. 24ff.

10 Zitiert nach dies., Ehre, S. 188. Marie Raschke engagierte sich in der Frauenbewegung v.a. als Kritikerin des BGB, vgl. Berneike, Frauenfrage, S. 67-80.

11 Vgl. Frevert, Ehre, S. 188; dies., Ehrenmänner, S. 277. Die Unbestimmtheit des Begriffs der »Geschlechtsehre« und den bei aller Betonung ihrer Wichtigkeit unzulänglichen Schutz durch das Strafrecht kritisierte Wilhelmine Mohr, Mädchen, S. 134f.: Die Sittlichkeitsgesetze seien gekennzeichnet »durch einen matten, schwächlichen Schutz des vagen Begriffes der Geschlechtsehre.« Vgl. auch die Kritik bei Thal, Moral, S. 61, an dem Begriff der weiblichen Ehre, »welche nicht auf innere sittliche Kraft, sondern auf körperliche Unberührtheit sich gründet«. Zur Kritik der Frauenbewegung und der Sexualreformbewegung auch Frevert, Identitätsbegriff, S. 50f. u. 67f. Zur weiblichen »Geschlechtsehre« in der ersten Hälfte des 19. Jahrhunderts siehe Hodenberg, Partei, S. 229-242, v.a. 237.

12 Rohleder, Vorlesungen, Bd. 3, S. 68. Rohleder war Arzt in Leipzig und Mitherausgeber der 1908 gegründeten *Zeitschrift für Sexualwissenschaft*. Vgl. Haeberle, Anfänge, S. 14.

13 Binding, Lehrbuch, S. 194. Dieselbe Definition findet sich in ders., Handlungen, S. 458.

14 Casper, Nothzucht, S. 56f. Casper (1796-1864) war seit 1839 Professor der gerichtlichen Medizin in Berlin und seit 1852 Herausgeber der *Vierteljahrsschrift für gerichtliche und öffentliche Medizin*.

15 Hälschner, Strafrecht, Bd. 2, Abt. 1, S. 221. Hälschner (1817-1889) war Strafrechtsprofessor.

16 Vgl. Mittermaier, Verbrechen, S. 102.

17 Weisbrod, Sittlichkeitsverbrechen, S. 45.

18 Berner, Lehrbuch, S. 467.

19 Burghartz, Jungfrauen, S. 181. Vgl. auch Roper, »Wille«; Frevert, Identitätsbegriff, S. 52-57: »Neu und ›bürgerlich‹ war hingegen die Verengung und immer rigidere Zuspitzung des weiblichen Ehrbegriffs auf das Moment absoluter sexueller Integrität.« (S. 54) Bock, Frauenräume, macht außerdem deutlich, daß der Begriff der weiblichen Ehre in der frühen Neuzeit sehr viel weiter gefaßt war als im 19. Jahrhundert.

20 Walkowitz, City, S. 220; insges. zu Jack the Ripper S. 191-228 sowie S. 2-5 zum Thema *gender conflict*. Vgl. außerdem dies., Jack the Ripper, S. 107-136. Zum *gender conflict* auch Clark, Silence, S. 116-123; Dubinsky, Advances.

21 Zitiert nach Gerhard, Unerhört, S. 261. Auch in den hier ausgewerteten Akten finden sich Hinweise darauf, daß einsame oder dunkle Wege und Orte als Bedrohung für Frauen gesehen wurden. Vgl. StAM, AR, Fasc. 3161, Nr. 233 sowie StALa, Rep. 167/1, Nr. 960, beide zitiert in Anmerkung 13 zu Kapitel VIII der vorliegenden Arbeit.

22 Weisbrod, Sittlichkeitsverbrechen, S. 35-40, Zitat S. 38.

23 Diese Auffassung bildete sich mit der Entstehung des bürgerlichen Rechts allgemein heraus, vgl. Grimm, Bürgerlichkeit. Zur Ehe als Rechtsgut in der bürgerlichen Gesellschaft siehe auch Hull, Sexuality, S. 409.

24 Berner, Lehrbuch, S. 449. Das Konzept der »stufenweisen Entfernung von der Natur« gleicht der von der kirchlichen Moral abgeleiteten Abstufung der »Fleischesverbrechen« im gemeinen Recht vor der Aufklärung. Die Strafbarkeit der »nichtnaturwidrigen Unzucht« und die harten Strafen für »widernatürliche Unzucht« (etwa die Todesstrafe für sexuelle Handlungen zwischen Männern) waren jedoch im Zuge der Aufklärung abgeschafft worden. Vgl. zu Sexualstrafrecht und christlicher Morallehre Hull, Sexuality, S. 10-29; Rosenberger, Sexualstrafrecht, S. 5ff., zur Kritik der Aufklärung an der strengen Bestrafung vor allem der »einfachen Unzucht« S. 7-13.

25 Weisbrod, Sittlichkeitsverbrechen, S. 13f.

26 Wulffen, Sexualverbrecher, S. 362.

27 Vgl. zum Kinderschutz im Kaiserreich Dickinson, Politics, S. 11-80. Dickinson legt allerdings den Schwerpunkt nicht auf den Schutz von Kindern vor Mißhandlung, sondern auf die Fürsorge für »verwahrloste« Kinder, auf die Säuglingsfürsorge, den Jugendarbeitsschutz und den Umgang mit jugendlichen »Kriminellen«. Über die Kinderschutzbewegung in England Behlmer, Reform; in den USA Gordon, Incest, S. 255f., Schultz, Child Sexual Abuse, S. 21f.; in Frankreich und Belgien Dupont-Bouchat, Approche, S. 23-54.

28 Vgl. Behlmer, Reform, bes. S. VII, 12-16 u. 161; Gorham, Prostitution, S. 353-387. Zum *Punishment of Incest Act* Bailey/Blackburn, Punishment, S. 708-718. Zur Arbeit der Kinderschutzorganisationen Behlmer, Reform, S. 65-75 u. S. 162-170 zu den *cruelty men*.

29 Vgl. Bagley/King, Abuse, S. 27ff.; Gordon, Incest, S. 255f., über die Arbeit der *Massachusetts Society for the Prevention of Cruelty to Children* Anfang des 20. Jahrhunderts; Schultz, Child Sexual Abuse, S. 251f.

30 Dupont-Bouchat, Approche, S. 41-52.

31 Lucas, Strafrecht, S. 288.

32 Vgl. Sohn, Handlungen, S. 61. Den Zusammenhang mit einer stärkeren Trennung zwischen Jugend- und Erwachsenenwelt in der Industriegesellschaft streicht Killias, Jugend, S. 28, heraus.

33 Vgl. z.B. Glücksmann, Schutz, S. 115.

34 Mittermaier, Verbrechen, S. 125.

35 Wulffen, Sexualverbrecher, S. 424.

36 Haeberlin, Grundsätze, S. 273ff.

37 Mittermaier, Verbrechen, S. 116. Vgl. auch Haeberlin, Grundsätze, S. 272: »Dazu kommt noch, daß Kinder durch mit ihnen vorgenommene Unzucht auf die Zeit ihres Lebens unglücklich gemacht und sittlich verdorben werden können.«

38 Zitiert nach Aaron, Handlungen, S. 7.

39 Vgl. Mittermaier, Verbrechen, S. 114-119.

40 Wulffen, Sexualverbrecher, S. 363.

41 Vgl. Kapitel VI der vorliegenden Arbeit.

42 Mittermaier, Verbrechen, S. 114 u. 108.

43 Anonymus, Fleischesverbrechen, S. 247.

44 Wulffen, Sittlichkeitsverbrechen, S. 382f.

45 Anonymus, Fleischesverbrechen, S. 252. Jungen konnten in der Wahrnehmung der Zeitgenossen durch »unzüchtige Handlungen« also auch Schaden nehmen; ihre männliche Ehre aber verloren sie nicht.

46 Gleichzeitig wurden Kinder und Jugendliche – v.a. unbeaufsichtigte, »verwahrloste« Kinder in den großen Städten – als Bedrohungs- und Kriminalitätspotential gesehen. Vgl. hierzu z.B. Reicher, Verwahrlosung. Siehe auch Dickinson, Politics, S. 11-15, über die »Rettungshäuser«, die seit den 1830er Jahren in Preußen gegründet wurden, um »verwahrloste« Kinder aufzunehmen. Für das Kaiserreich ebd., S. 15f. u. 21-24; Maase, Kinder; Malmede, Kindheitsbilder. Für das viktorianische England Wiener, Reconstructing, S. 17-21: »Anxieties about what industrialism was doing to accepted generational and gender roles were rife« (S. 18).

47 Dupont-Bouchat, Approche, S. 48, stellt fest: »L'enfant, c'est le capital futur de la nation, *porteur de la vigueur de la race, force morale, future âme de la nation* qu'il faut protéger au physique et au moral comme le plus précieux des investissements.« Zur Rolle des Sozialdarwinismus vgl. Malmede, Kindheitsbilder, S. 199-202.

48 Maase, Kinder, S. 124.

49 Mittermaier, Verbrechen, S. 120.

50 Vgl. Kerchner, Bürger, S. 14; Vowinckel, Unschuld,; Behlmer, Reform, S. 3.

51 Haeberlin, Grundsätze, S. 273.

52 Held, Bemerkungen, S. 52.

53 In Deutschland wurde das Thema Jugend in den 1890er Jahren aktuell; vgl. Herrmann, Denken, S. 167. Vgl. auch Bland, Sexuality, S. 374: Um die Wende vom 19. zum 20. Jahrhundert sei der Gedanke entstanden, daß man einen Menschen in der Jugendphase für die Gesellschaft gewinnen oder verlieren könne. Vor allem Mädchen brauchten nach dieser Ansicht Schutz vor sich selbst und vor »schlechter Gesellschaft«.

54 Wulffen, Sexualverbrecher, S. 424.

55 Vgl. Kapitel VI der vorliegenden Arbeit.

56 Killias, Jugend, S. 121f., verweist auf den Zusammenhang der Entkriminalisierung »einfacher Homosexualität« mit der Ausweitung des Tatbestandes der »unzüchtigen Handlungen« an Kindern auf Jungen.

57 Forel, Konflikte, S. 42, schildert den Fall eines jungen Mannes, der sowohl von seinem Lehrer als auch von seiner Tante sexuell ausgebeutet wurde und infolgedessen an Depressionen und »nervösen Störungen« litt und an Selbstmord dachte.

58 Schultz, Abuse, S. 27: »Social welfare institutions and services moved from protecting girls from a harsh society to protecting society from sexually active girls.«

59 Vgl. zu Sozialdarwinismus und Degeneration in bezug auf Jugendliche Malmede, Kindheitsbilder, S. 199-206. Allgemein Weingart u.a., Rasse, S. 30-42 u. 114-125.

60 Wulffen, Sexualverbrecher, S. 363f.

61 Weisbrod, Sittlichkeitsverbrechen, S. 34f.

62 Frank, Strafgesetzbuch, S. 218.

63 Vgl. von Olshausen, Kommentar, S. 822. Von Olshausen (1844-1929) war Oberreichsanwalt und Senatspräsident beim Reichsgericht.

64 Villnow, Verbrechen, S. 155.

65 Hälschner, Strafrecht, S. 235.

66 Alsberg, Sittlichkeitsdelikte, S. 342. Alsberg (1877-1933) war ein bekannter Strafverteidiger.

67 Meyer, Lehrbuch, S. 991.

68 Meyer, Studie, S. 39-43.

69 Siehe S. 54 der vorliegenden Arbeit.

70 Vgl. von Schwarze, Commentar, S. 481: »Das Antragsrecht der Eltern ist nicht als Stellvertretung der Verführten, sondern als Vertretung der Familienehre aufzufassen.« Frevert, Ehrenmänner, S. 275f., stellt fest, daß eine Frau ihre Ehre nicht selbst verteidigen konnte, sondern der Ehemann ihr beispringen mußte. Zur »Familienehre«, die durch die »Verführung« verletzt wurde, dies., Identitätsbegriff, S. 31f.

71 Dubinsky, »Maidenly Girls«, S. 39f., sieht die Verführungsklage als Möglichkeit für die junge Frau oder ihre Eltern, den Mann zur Heirat zu zwingen. Allerdings, so schränkt sie ein, wurde den Frauen selten geglaubt, daß sie »verführt« worden waren. In einigen Fällen wurde die Klage vom Vater des Mädchens angestrengt, gegen deren Willen. Ebd., S. 45f. Vgl. auch Frevert, Identitätsbegriff, S. 48.

72 Vgl. Jellinek, Frauenforderungen, S. 182. Für England Jeffreys, Campaigns, S. 634f. Vgl. Gorham, »Maiden Tribute«, S. 363ff. sowie Walkowitz, City, S. 81ff., zur Debatte über das *age of consent* in England.

73 Hierzu Schultz, Abuse, S. 26: »The effect of the new age-of-consent law was to give police, courts and social welfare agencies far greater jurisdiction over children and the poor.« Er betont jedoch sehr einseitig den Aspekt der »sozialen Kontrolle« und der Unterdrückung kindlicher Sexualität, die vor allem durch die Frauenbewegung und die Kinderschutzvereine durchgesetzt worden und auf eine Einschränkung elterlicher Rechte hinausgelaufen sei.

74 Glücksmann, Schutz, S. 106. Vgl. insgesamt zur Frage des Rechtsguts im Kinderschutz S. 102-109. Schutz und Überwachung bilden auch die beiden Aspekte des von Auguste Forel geforderten »10-Punkte-Programms zur Lösung dringender ethischer Probleme«. Er verlangte die sexuelle Aufklärung der Kinder sowie den »Schutz derselben vor sexuellem Missbrauch jeder Art und dafür zweckmässige Überwachung der Jugend. Zugleich aber Schaffung eines Rechtsschutzes für die Kinder, der die Achtung ihrer Persönlichkeit garantiert«. Forel, Konflikte, S. 65f.

75 Frommel, *Es geschieht zu wenig*, konstatiert »Wertungswidersprüche« im heutigen Strafrecht zu sexuellem Kindesmißbrauch, die sie auf historische Gründe zurückführt. Bis zur Reform 1968/1975 hätten Sexualdelikte als Unzuchtsdelikte gegolten: »Nicht der Machtmißbrauch, sondern jede Form außerehelicher Sexualität galt als ›Sünde‹. (...) Erst wenn Kinder als Personen ernst genommen werden und das sexuelle Selbstbestimmungsrecht von Kindern und Frauen denselben Wert einnimmt wie einst das Eigentum in der bürgerlichen Gesellschaft, kann sexueller Mißbrauch zur Kenntnis genommen und angemessen geregelt werden.« In bezug auf das amerikanische Sexualstrafrecht schreibt Schultz, Abuse, S. 25: »Emphasis was on conviction of offenders with little attention paid to victims.«

76 Aaron, Handlungen, S. 61.

77 Anonymus, Fleischesverbrechen, S. 460.

78 Vgl. z.B. von Olshausen, Kommentar, S. 772: »Gegenstand des Schutzes ist hier die körperliche und sittliche Gesundheit der Familie«. Im Vorentwurf 1909, S. 688, heißt es: »Den schwersten Angriff auf das sittliche Wesen der Familie bildet die Blutschande.«

79 Meyer, Lehrbuch, S. 990.

80 Für England stellten Bailey/Blackburn, Punishment, S. 715ff. dagegen fest, daß eugenische Argumentationen in der Debatte über den Inzest zu Anfang des 20. Jahrhunderts noch selten auftauchten.

81 Rohleder, Geschlechtsleben, Bd. 3, S. 142. Vgl. auch ders., Zeugung, S. 159: »Denn der Staat ist begründet auf der Institution der Familie, der Ehe. Ist diese auf sittlich reiner Grundlage aufgebaut, dann kann auch das Staatswesen gedeihen. Wäre aber das Eheleben moralisch so morsch und mürbe, daß diese Reinheit der Familie durch solche sexuelle Delikte wie der Inzest geduldet würde, dann würde ein solches Staatswesen eben in seinen sittlichen Grundfesten, in seinem Innersten zerstört und zerrüttet.«

82 Vgl. ders., Geschlechtsleben, Bd. 3, S. 146; Marcuse, Kritik, S. 132ff.

83 Marcuse, Kritik, S. 130f. Marcuse (1877-1963) war Arzt in Berlin und seit 1908 Herausgeber der Zeitschrift *Sexual-Probleme*.

84 Bereits Tardieu schrieb – bezogen auf Frankreich – über die unzüchtigen Handlungen an Kindern, es sei traurig, »daß die Bande des Bluts nicht etwa diesen sträflichen Neigungen den Zügel anlegen, vielmehr denselben oftmals geradezu Vorschub leiten. Väter missbrauchen die Töchter, Brüder die Schwestern.« Tardieu, Vergehen, S. 42. Vgl. auch Bailey/Blackburn, Punishment, S. 710, sowie Marcuse, Psychologie, S. 268ff.; ders., Inzest.

85 Vgl. zur Studie über die Prostituierten Mohr, Mädchen, die diese Schrift auf S. 51 zitiert. Hier die bibliographische Angabe: Helenefriederike Stelzner, Gibt es geborene Prostituierte? (=Abolitionistische Flugschriften 11), Dresden o.J. Leider konnte diese Schrift nicht ermittelt werden. Siehe außerdem dies., Analyse. Vgl. auch Gordon, Incest, S. 261-266, über die Arbeit des Kinderschutzvereins mit jugendlichen Prostituierten.

86 Vgl. S. 88f. dieser Arbeit.

87 Anonymus, Fleischesverbrechen, S. 460.

88 Mengelein, Strafgesetzbuch, S. 84f.

89 Mittermaier, Verbrechen, S. 143.

90 Held, Bemerkungen, S. 52. Wenngleich in einzelnen Strafgesetzbüchern eine mildere Bestrafung oder gar Straffreiheit für die Kinder vorgesehen war, galten sie doch in den meisten Landesgesetzbüchern bis dahin immer noch als strafbar.

91 Von Olshausen, Kommentar, S. 774.

92 Zitiert in *Archiv für Strafrecht und Strafprozeß* 51 (1904), S. 177f.

93 Vgl. hierzu auch Meyer, Studie, S. 48-54, der schrieb, wie beim Paragraphen 176 könnten auch beim Paragraphen 173 die Kinder die Verführer sein, sie seien nicht unbedingt Unschuldslämmer, die nicht wüßten, wie ihnen geschieht.

94 Bis zur Vollendung des 14. Lebensjahres des Kindes fielen diese Handlungen unter den Paragraphen 176,3.

95 Im Vorentwurf von 1909, S. 685f., wurde daher die Erweiterung des Paragraphen 174 auf Eltern, die an ihren Kindern »unzüchtige Handlungen« vornahmen, vorgeschlagen.

96 Rohleder, Geschlechtsleben, Bd. 3, S. 149f.

97 Gaupp, Reform, S. 111-115, S. 114. Das Mädchen versuchte später, sich das Leben zu nehmen. Sie gab als Motiv die Vergewaltigung durch den Vater an. Zunächst wurde sie in eine Anstalt eingewiesen, kurze Zeit darauf kam sie wieder nach Hause. Gaupp (1870-1953) war Nervenarzt und seit 1900 Mitarbeiter und später Leiter des *Centralblattes für Nervenheilkunde und Psychiatrie*.

98 Siehe S. 29 und Anmerkung 56 zu Kapitel I der vorliegenden Arbeit.

99 Cohn, Reform, S. 328. Ähnlich argumentierte von Schwarze, Studien, S. 431, gegen eine Erweiterung des Paragraphen 174: »Man wollte den häuslichen Frieden

und das Verhältnis der Aeltern zu den Kindern schonen.« Eine Erwiderung zu Cohn verfaßte Zucker, Bemerkungen.

100 Mittermaier, Verbrechen, S. 144-147.

Kapitel IV

1 Institutionalisiert waren gerichtsmedizinische Untersuchungen seit der Bamberger Halsgerichtsordnung von 1531 und der Carolina von 1532. Meyer-Knees, Verführung, S. 124f.

2 Zur Tätigkeit des Gerichtsarztes vgl. Strassmann, Lehrbuch, S. 17ff.

3 Honegger, Frauen, S. 186.

4 Zum Beispiel Strassmann, Lehrbuch, S. 23ff.

5 Vgl. Tardieu, Attentats aux moeurs, S. 14; Casper, Nothzucht, S. 22; Haberda, Verbrechen, S. 171f.; Maschka, Zeichen, S. 102. Haberda (1868-1933) war seit 1897 Professor für gerichtliche Medizin in Wien.

6 Lacassagne, Attentats, S. 63. Im Deutschen wurde der Ausdruck »Schenkelverkehr« verwendet.

7 Vgl. Toulmouche, Viol, S. 100-103; ders., Adultes; Tardieu, Attentats aux moeurs, S. 26-29.

8 Arnemann, Anomalien, S. 17. Arnemann war seit 1902 Arzt an der Heil- und Pflegeanstalt Gross-Schweidnitz bei Löbau.

9 Maschka, Zeichen, S. 171; Rohleder, Geschlechtsleben, Bd. 3, S. 83.

10 Strassmann, Lehrbuch, S. 79.

11 Ebd., S. 96.

12 Vgl. den Fall StAM, Staw., Nr. 28, der die Vergewaltigung eines Kindes betrifft, das an seinen schweren Verletzungen starb. Der Gerichtsarzt erklärte, daß das Kind »auf eine äußerst rohe, schauderhafte, unmenschliche Weise (...) mißhandelt und vergewaltigt« worden sei. Er benutzte also eine wertende, emotionale Sprache, die Gerichtsärzte eigentlich vermeiden sollten.

13 Maschka fand bei 248 Untersuchungen nur fünfmal solche Verletzungen vor. Maschka, Zeichen, S. 105.

14 So erwähnte Tardieu, bei 118 von den insgesamt 261 »Angriffen auf die Scham«, die er untersucht habe, seien keine Spuren nachweisbar gewesen. Tardieu, Vergehen, S. 20f.

15 Zahl zitiert nach Janssen-Jurreit, Einleitung, S. 21.

16 Strassmann, Lehrbuch, S. 81. Vulvovaginitis ist eine Entzündung der weiblichen Genitalien.

17 Krafft-Ebing zitiert nach Rohleder, Geschlechtsleben, Bd. 3, S. 52ff.

18 Maschka, Zeichen, S. 162f.

19 Vgl. Anonymus, Beitrag, S. 27; Ehmer, Beiträge, S. 263.

20 Haberda, Verbrechen, S. 232.

21 Vgl. S. 152ff. der vorliegenden Arbeit.

22 Leppmann, Sittlichkeitsverbrecher, S. 317. Mrazek, Definition, S. 8f., schreibt, daß seit Beginn des 20. Jahrhunderts Sexualität zwischen Erwachsenen und Kindern als »Perversion« eingestuft werde, der Fokus allerdings auf dem Täter gelegen habe. Erst seit kurzem würden die Auswirkungen auf das Kind thematisiert.

23 Anonymus, Beitrag, S. 35.

24 Maschka, Zeichen, S. 96f.

25 Rohleder, Geschlechtstrieb, Bd. 1, S. 324. Vgl. auch Maschka, Zeichen, S. 97.

26 Strassmann, Lehrbuch, S. 92.

27 Casper, Novellen, S. 7f.

28 Tardieu, Vergehen, S. 18f.

29 Zitiert nach Schneickert, Untersuchung, S. 224. Vgl. zu den folgenden Zitaten ebd., S. 224ff. Vgl. zur Debatte um diese Frage auch einen Artikel im *Archiv für Kriminalanthropologie und Kriminalistik* 67 (1916), S. 236-240.

30 Vgl. Gerhard, Unerhört, S. 256-261; Meyer-Renschhausen, S. 84-92.

31 Strassmann, Lehrbuch, S. 85f.

32 Vgl. Edwards, Sexuality, S. 135ff., zu gerichtsmedizinischen Untersuchungen im 19. Jahrhundert: »It is more than likely that the experience of a medical examination for the victim of a sexual assault was but a repetition of the rape she had sometime earlier experienced. (...) The examination was a degrading and humiliating experience, carried out in inadequate clinical conditions, with poor lighting and by inexperienced doctors.« Allgemein zogen viele Frauen es Ende des Jahrhunderts vor, sofern dies möglich war, sich einer Ärztin anzuvertrauen: L'Esperance, Doctors, S. 119f.

33 Vgl. Casper, Novellen, S. 3f.

34 Fournier, Simulation, S. 504.

35 Vgl. zur Geschichte des Nachweises der Virginität bis ins 18. Jahrhundert Fischer-Homberger, Medizin, S. 204-218. Schon im Mittelalter galt die Feststellung der Jungfräulichkeit des Opfers als Beweis für die Unschuld des Beklagten. Vgl. Kittel, Rape, S. 104.

36 Hier war der französische Arzt Fournier Vorreiter. Er hatte entdeckt, daß eine Mutter ihrer Tochter Verletzungen an den Genitalien verursacht hatte, um ein Sittlichkeitsverbrechen vorzutäuschen und einen Mann zu erpressen. Fournier schilderte diesen Fall in einem Aufsatz und erklärte es zur Pflicht (»un véritable devoir social«) eines Arztes und Ehrenmannes, solchen Simulationen nachzuforschen und sie – trotz ärztlicher Schweigepflicht – aufzudecken. Fournier, Simulation, S. 507f.

37 Strassmann, Lehrbuch, S. 79. Hervorhebung durch die Autorin.

38 Vgl. Haberda, Nachweis, S. 73. In einer Rezension dieses Aufsatzes im *Archiv für Kriminalanthropologie und Kriminalistik* 3 (1900), S. 372f., wird angesichts der Ergebnisse dieser Experimente davor gewarnt, ein intaktes Hymen als Beweis gegen die Notzucht anzusehen.

39 Vgl. zur Ästhetik und zum »ideologischen« Charakter anatomischer Illustrationen Laqueur, Leib, S. 187-193. Zu den genannten Zeichnungen vgl. z.B. Maschka, Zeichen, S. 91-95; Strassmann, Lehrbuch, S. 87-90.

40 Wachholz, Lehre, S. 69.

41 Vgl. Leers, Kasuistik.

42 Vgl. die widersprüchlichen Gutachten im Fall StaLa, Rep. 167/1, Nr. 801, S. 193 der vorliegenden Arbeit.

43 Strassmann, Lehrbuch, S. 108. Dieses Beispiel zeigt auch, wie vor Gericht zur Entlastung des Angeklagten Alltagsvorstellungen benutzt wurden, die die Geschworenen teilen könnten.

44 Die Bedeutung des Hymens ging darüber noch hinaus. Im Rahmen evolutionistischer Denkfiguren wurde ihm eine »biologische« Funktion für die »geschlechtliche Auslese« zugeschrieben. Es verhindere, so Ellis, die Befruchtung durch unreife, schwächliche oder alte Männchen. »Das Hymen ist demnach der morphologische Ausdruck für die Bewunderung der Stärke, welche dem Weibchen bei der Auswahl des Männchens eigen ist.« Ellis, Geschlechtsempfindungen, S. 31. Vgl. auch die Ausführungen von Wulffen, zitiert in Anmerkung 36 zu Kapitel V der vorliegenden Arbeit, sowie Meisel-Hess, Bedeutung.

45 Vgl. z.B. Maschka, Zeichen, S. 88ff. u. 99f.

46 Vor Gericht sprachen auch die ländlichen Zeuginnen und Zeugen vom »Verderben« der Kinder. Vgl. Kapitel XI und X.

47 Meyer-Knees, Verführung, S. 38.

48 Ebd., S. 39

49 Ebd., S. 137.

50 Zitat aus A.v. Haller, Elementa physiologicae corporis humanis, 8 Bde., 1757-1766, bei Meyer-Knees, Verführung, S. 43.

Kapitel V

1 Dannemann, Genese, S. 559. Dannemann (1867-1932) war 1907 außerordentlicher Professor für Psychiatrie in Gießen. 1913 wurde er Direktor der Landes-Heil- und Pflegeanstalt Philippshospital bei Goddelau.

2 Leppmann, Sittlichkeitsverbrecher, S. 278. Leppmann (1854-1921) war seit 1889 Leiter der »Irrenabteilung« der Strafanstalt Moabit/Berlin.

3 Im RStGB gab es nur die Wahl zwischen Unzurechnungsfähigkeit – die selten von den Sachverständigen eingeräumt wurde – und der Zubilligung mildernder Umstände. Vgl. Frank, Milderungsgründe, S. 238, zu den Bedenken vieler Juristen gegenüber der Einführung der verminderten Zurechnungsfähigkeit und dem damit wachsenden Einfluß der Psychiater.

4 Arnemann, Anomalien, S. 32. Ähnlich auch Leppmann, Sittlichkeitsverbrecher, S. 313.

5 Aus einer Notiz im *Archiv für Kriminalanthropologie und Kriminalistik* 16 (1904), S. 343.

6 Leppmann, Sittlichkeitsverbrecher, S. 311.

7 Bei Krafft-Ebing, Psychopathia sexualis, 16. Aufl., S. 16, heißt es: »Da dem Manne durch die Natur die Rolle des aggressiven Teils im sexuellen Leben zufällt, läuft er Gefahr, die Grenzen, die ihm Sitte und Gesetz gezogen haben, zu überschreiten.«

8 Bloch, Beiträge, S. 244ff. Bloch (1872-1922) war Arzt in Berlin. Er stand der Sexualreformbewegung nahe und war 1913 Mitbegründer der *Medizinischen Gesellschaft für Sexualwissenschaft und Eugenik.*

9 Ebd., S. 368-373.

10 Wulffen, Sexualverbrecher, S. 146.

11 Bloch, Beteiligung, S. 791.

12 Sie war auch keineswegs neu, erhielt aber eine Fundierung im Kontext der neu entstehenden Wissenschaften. Vgl. für die Mitte des 19. Jahrhunderts von Hodenberg, Partei, S. 240.

13 Moll, Perversionen, S. 20. Moll (1862-1939) eröffnete 1887 eine nervenärztliche Praxis in Berlin und wurde als medizinisch-psychologischer Sachverständiger vor Gericht sehr populär. Da er Jude war, wurde ihm 1933 die Approbation entzogen.

14 Moll in Krafft-Ebing, Psychopathia sexualis, 16. Aufl., S. 106f.

15 Dagegen bezeichnete Quanter, Sittlichkeitsverbrechen, S. 13, den Geschlechts- als Naturtrieb, der noch stärker sei als Hunger oder Durst.

16 Leppmann, Sittlichkeitsverbrecher, S. 278.

17 Ebd., S. 297f.

18 Dieser Schluß liegt auch bei Wulffens Definition eines »Sexualaffektes« nahe: »Wenn die einfachen sexuellen Gefühle (...) eine Verbindung mit den erotischen, sozialen oder ästhetischen Gefühlen nicht eingehen, was durch Eigenschaften des individuellen Trägers oder des Objektes bzw. beider zugleich bedingt sein kann, so

bleibt lediglich der rein sinnliche, physiologische Gefühlston übrig, der den Geschlechtstrieb unmittelbar umspielt.« Wulffen, Sexualverbrecher, S. 120f.

19 Leppmann, Sittlichkeitsverbrecher, S. 288.

20 Reukauff, Gutachten, S. 251. Reukauff (geb. 1873) war bis 1918 Leiter der »Irren-Abteilung« der Strafanstalt Waldheim.

21 Lombroso, Geschlechtstrieb, S. 10. Leppmann, Sittlichkeitsverbrecher, S. 278, wies auf »brunstartige Zustände« in der Pubertät hin, die zu Sittlichkeitsverbrechen führen könnten.

22 Vgl. dazu d'Cruze, Rape, S. 383: »the dominant discourse that has been identified as developing since the eighteenth century, understood (male) sexuality as unruly biological urges located in a body distinct from the rational, enlightened (male) mind.« Die Selbstdefinition des Bürgertums durch einen bestimmten Umgang mit Sexualität beschreibt Hull, Sexuality, S. 297f., bereits für das ausgehende 18. Jahrhundert.

23 Rohleder, Geschlechtsleben, Bd. 3, S. 66.

24 Vgl. etwa zum Geschlechtstrieb des Arbeiters Wulffen, Sexualverbrecher, S. 291f. u. 408f., zum Sexualleben auf dem Lande ebd., S. 242f.

25 Leppmann, Sittlichkeitsverbrecher, S. 296f.

26 Wulffen, Sexualverbrecher, S. 454. Die Betonung liegt hier auf der »echten« Notzucht – damit klammert Wulffen mögliche »Grenzfälle« aus, etwa die Notzucht an einer Prostituierten (sie wäre kein »exorbitanter Eingriff in die Geschlechtsehre« der Frau), Fälle mit geringer körperlicher Gewalt und solche, in denen der Täter von der Vollendung der Tat Abstand nahm. Traute Wulffen also Männern bürgerlicher Schichten Handlungen zu, die nicht als »echte« Notzucht einzustufen wären? Gleichwie, diese Äußerung deutet darauf hin, daß viele Formen sexueller Gewalt strafrechtlich nicht erfaßt wurden. Siehe ebd., S. 255, wo Wulffen hervorhebt, daß die Kriminalstatistik nur ein Bruchteil der »Verbrechen wider die Sittlichkeit« erfasse.

27 Dannemann, Sittlichkeitsverbrechen, S. 572.

28 Zitiert bei Wettley, »Psychopathia sexualis«, S. 60. Dagegen sei bei Frauen der »Unterwerfungsinstinkt« bis zu einem gewissen Grad normal (S. 61).

29 Krafft-Ebing, Psychopathia sexualis, 16. Aufl., S. 128f.

30 Freud, Abhandlungen, S. 34. Vgl. auch Forel, Frage, S. 130f.

31 Wulffen, Sexualverbrecher, S. 452.

32 Ebd., S. 405. Fast wörtlich dieselbe Schilderung auch ders., Vergehen, S. 133. Wulffen wird außerdem zitiert von Rohleder, Geschlechtsleben, Bd. 3, S. 78.

33 Wulffen, Vergehen, S. 133. Die sexuelle Ausbeutung von Kindern wurde also durchaus als besondere Form der Gewalt gesehen, als »psychische Gewaltsamkeit« und als gewaltsames Eingreifen in das Seelenleben des Kindes. Dennoch fand Freud mit seiner Traumatheorie kein Gehör. Vgl. das folgende Kapitel.

34 Ders., Sexualverbrecher, S. 429.

35 Bloch, Beiträge, S. 250.

36 Wulffen entwickelte diesbezüglich eine Theorie über die Entstehung des Hymens: »Die Jungfräulichkeit und das Hymen haben sich (...) phylogenetisch als Reizmittel für den sadistischen Mann entwickelt. Weil der Mann das aktive und das Weib das passive Element in der Sexualität vertreten, reizte den Mann das unberührte Weib am meisten; es erschien ihm also am begehrenswertesten, so daß die Auslese es am besten fortpflanzte und so physiologisch die Bildung des Jungfernhäutchens ermöglichte.« Wulffen, Sexualverbrecher, S. 429.

37 Rohleder, Geschlechtsleben, Bd. 3, S. 81ff.

38 Senf, Geschlechtstrieb, S. 37f. Der »Reiz der Deflorierung« ist wieder verbunden mit dem männlichen Sadismus. Es wäre spannend, den »Kult« der Entjungferung

näher zu betrachten. So kursierte in den Schriften deutscher Autoren der Mythos, in England herrsche unter den Männern der Oberschicht eine regelrechte »Deflorationsmanie«. (Vgl. Wulffen, Sittlichkeitsverbrechen, S. 382.) Solche Vorstellungen wurden u. a. gespeist aus den Artikeln über Kinderprostitution und Mädchenhandel in der englischen Presse. Vgl. Walkowitz, City, S. 121ff.

39 Arnemann, Anomalien, S. 29.

40 Wulffen, Sexualverbrecher, S. 423f. Zwar war Sternberg Protestant, sein Vater war jedoch jüdischer Herkunft. Und so schloß Wulffen, daß Sternbergs Handlungen der »jüdischen Kriminalität« zugerechnet werden müßten. Dies galt freilich nicht für den Fall Riedel, ebd., S. 430, obwohl dieser dem Sternbergs sehr ähnlich war: »Die Kriminalpolizei hat schon mehrmals versucht, Dr. Riedel (...) unschädlich zu machen. Aber er hatte die Mittel, Kinder und deren Eltern zu beeinflussen und eine Schar von ›Detektivs‹ mit der Verdunkelung aller Spuren zu beschäftigen.« Zum Fall Riedel Alsberg, Fall, S. 32-46 u. 139-145. Zum Fall Sternberg Kerchner, Bürger, S. 10f.

41 So kritisierte Karl Kraus die Funktionalisierung von »Skandalprozessen« für antisemitische und homosexuellenfeindliche Umtriebe in seiner Artikelfolge in der *Fackel* 1902-1907, nachgedruckt in ders., Sittlichkeit. Vgl. zur Skandalisierung Kerchner, Bürger, S. 22ff.

42 Leppmann, Sittlichkeitsverbrecher, S. 287. Dagegen schrieb Freud, Abhandlungen, S. 25: »Aus ästhetischen Gründen möchte man gern diese wie andere schwere Verirrungen des Geschlechtstriebes den Geisteskranken zuweisen, aber dies geht nicht an.«

43 Aschaffenburg, Psychologie, S. 401. Aschaffenburg führte seine Untersuchung an Insassen der Gefängnisanstalt in Halle a.d.S. durch.

44 Leppmann, Sittlichkeitsverbrecher, S. 283. Leppmann untersuchte in der Strafanstalt Moabit inhaftierte Täter. Den Zusammenhang zwischen sexueller »Perversion«, »Geisteskrankheit« beziehungsweise »Degeneration« und »Sittlichkeitsverbrechen« untersuchte auch Jolly, Sexualtrieb.

45 Vgl. zu Krafft-Ebing: Klabundt, Psychopathia, S. 109-120.

46 Krafft-Ebing, Lehrbuch, S. 28ff. Vgl. Wettley, »Psychopathia sexualis«, S. 55, die Krafft-Ebing als »Entartungstheoretiker« bezeichnet.

47 Arnemann, Anomalien, S. 26.

48 Ebd., S. 31.

49 Vererbung wurde als wichtigste Ursache für Geisteskrankheiten gesehen. Vgl. Gay, Kult, S. 190; Wettley, »Psychopathia sexualis«, S. 66ff.

50 Der Delinquent wurde zur Erstellung des Gutachtens oft über Wochen – im Gefängnis oder in einer Anstalt – beobachtet und befragt. Der Blick (*regard*) als Instrument der Macht und des Wissens, den Foucault als wichtige Technik der »Disziplinargesellschaft« herausarbeitete, war also auch in der Gerichtspsychiatrie präsent. Vgl. Foucault, Überwachen, S. 258-261; Fraser, Foucault, S. 38f.

51 Engelhard, Sittlichkeitsdelinquenz, S. 149ff., stellte fest, daß zur Erklärung von »Sittlichkeitsverbrechen« im 19. Jahrhundert meist physische und psychische Krankheiten oder Abweichungen mit dem Degenerationsgedanken verbunden wurden.

52 Krafft-Ebing, Unzucht, S. 261-283.

53 Vgl. Bloch, Beiträge, S. 244ff.; Dannemann, Sittlichkeitsverbrechen, S. 574-579; Moll, Sexualleben, S. 199.

54 Freud, Abhandlungen, S. 24. Sexuelle Übergriffe auf Kinder wurden oft als Ersatzsexualität gesehen, so auch bei Bonhoeffer, Sittlichkeitsdelikt, S. 468f. Bonhoeffer (1868-1948) war seit 1904 Professor für Psychiatrie in Breslau und wurde 1912 Direktor der Nervenklinik der Charité in Berlin.

55 Moll in Krafft-Ebing, Psychopathia sexualis, 16. Aufl., S. 522. Ähnlich ders., Sexualleben, S. 203. Wulffen, Sittlichkeitsverbrechen, S. 387f., schlug als Präventionsmaßnahme vor, die Polizei solle »den an solchen Plätzen sich aufhaltenden und in nicht verkennbarer Weise heimlich lüstern die Kinder beobachtenden Mannspersonen allerlei Standes, vom Arbeiter bis zum Rentier, zu erkennen (...) geben, daß sie beobachtet werden, was in manchen Fällen genügen würde, sie zu vertreiben.« Vgl. zu den Alltagsvorstellungen StA Freiburg, A 26/1, Nr. 443: 1913 zeigte eine Mutter aus Villingen einen 36jährigen Fabrikarbeiter an, weil er sich in der Nähe von Kindern herumtrieb, ihnen Süßes gab, eines der Mädchen küßte und ihm den Rock mit einem Stock anhob. Eltern waren also durchaus sensibilisiert für das typische Bild des »Pädophilen«. Vgl. auch den auf S. 147 dieser Arbeit geschilderten Fall StAM, AR, Fasc. 3162, Nr. 242 (1897).

56 Wulffen, Sexualverbrecher, S. 426.

57 Senf, Geschlechtstrieb, S. 39.

58 Wulffen, Sexualverbrecher, S. 416, schrieb über diesen Tätertyp: »Nicht selten erstatten Mütter, besonders aus dem Arbeiterstande, Anzeige gegen ihre greisen Väter, die an ihren Enkeln Unzucht verübt haben. (...) Es ist in solchen Fällen schwer, die Wahrheit zu ermitteln. Ich habe den Eindruck, daß die Anzeige oft auf Wahrheit beruht.«

59 Diese These hatte als erster Krafft-Ebing aufgestellt, und sie wurde allgemein übernommen. Vgl. Krafft-Ebing, Lehrbuch, S. 169-172; Rohleder, Geschlechtsleben, Bd. 1, S. 270-274 u. ebd., Bd. 3, S. 79; Merzbach, Erscheinungen, S. 24ff.; Dannemann, Sittlichkeitsverbrechen, S. 579f. Aschaffenburg beschrieb die »Dementia senilis« nicht eigens, doch tauchen in seiner Statistik unter den 106 wegen »unzüchtiger Handlungen an Kindern« verurteilten Männern zwölf an »seniler Demenz« erkrankte Täter auf, von denen er zehn für unzurechnungsfähig hielt.

60 Dannemann, Sittlichkeitsverbrechen, S. 579f. Vgl. auch Moll, Sexualleben, S. 211.

61 Sie galten nicht als »Geisteskrankheiten«, sondern stellten eine eigene Kategorie.

62 Krafft-Ebing, Lehrbuch, S. 65ff.

63 Leppmann, Sittlichkeitsverbrecher, S. 284.

64 Ebd.

65 Ebd., S. 285.

66 Arnemann, Anomalien, S. 29.

67 Vgl. ebd., S. 29f.

68 StAM, AR, Fasc. 3156, Nr. 211 u. 214 sowie Fasc. 3157, Nr. 217.

69 Vgl. Moll, Sexualleben, S. 200.

70 Leppmann, Sittlichkeitsverbrecher, S. 306. Ähnlich der Diskurs über den Alkoholismus in England in den 1880er und 1890er Jahren. Vgl. Wiener, Reconstructing, S. 188ff.

71 Wulffen, Sexualverbrecher, 201f.

72 Schmidt, Eifersuchtswahn, S. 267.

73 Wulffen, Sexualverbrecher, S. 629.

74 Vgl. zum Beispiel Rohleder, Zeugung, S. 158.

75 Zum Beispiel Forel, Frage, S. 202.

76 Marcuse, Kritik, S. 136.

77 Goroncy, Untersuchungen, S. 14. Ein ähnliches Beispiel schilderte Forel, wobei hier die Ehefrau angeblich bewußt ihre Tochter dem Vater auslieferte, um sich selbst zu schützen: »Ein roher betrunkener Ehemann verfolgte seine Frau mit Beischlafversuchen. Um denselben zu entgehen, gab die Frau ihre eigene Tochter dem Manne zum sexuellen Mißbrauch.« Forel, Frage, S. 202.

78 Auch heute noch wird die Verantwortung für den Vater-Tochter-Inzest oft bei der Mutter gesucht. Herman/Hirschman, Incest, S. 41ff.

79 Vgl. Wulffen, Sexualverbrecher, S. 363.

80 Vgl. Frank, Milderungsgründe, S. 238: »Für mich sind vermindert zurechnungsfähig solche Personen, die zufolge einer geistigen Minderwertigkeit verbrecherischen Anreizen geringeren Widerstand zu leisten vermögen als der normale Mensch.«

81 Aschaffenburg, Psychologie, S. 416. Interessant ist, wie Aschaffenburg und seine Kollegen zu ihren Kategorisierungen gelangten: Sie stellten den Probanden Fragen etwa zum Krieg von 1870/71, fragten nach dem Namen des Kaisers etc. Der Arzt Ernst Rodenwaldt wartete 1903 mit für ihn selbst verblüffenden Ergebnissen auf, als er nach dieser Methode nicht »Verbrecher« untersuchte, sondern 174 Rekruten eines preußischen Leib-Kürassier-Regiments. 35 von ihnen kannten den Krieg von 1870/71 nicht, 50 wußten mit dem Sedantag nichts anzufangen, und fast die Hälfte von ihnen konnte das Datum der Reichsgründung nicht nennen. »So weit man Defektprüfungen zur Diagnose von Imbecillität, Dementia praecox, Paralyse etc. angestellt findet, werden [solche] Defekte schon als charakteristisch für krankhafte Zustände angenommen, die die Mehrzahl der von mir untersuchten Leute als hochgradig geisteskrank erscheinen lassen würde.« Dies konnte Rodenwaldt freilich nicht annehmen, handelte es sich bei den Probanden doch um durchschnittliche junge Männer, meist Bauerssöhne, die keine Anzeichen einer »Belastung« oder »Degeneration« aufwiesen. Rodenwaldt wird zitiert bei Scharfe, Erinnern, S. 19ff.

82 Vgl. Strasser, Verbrechermenschen, S. 15f.: Der Verbrecher werde als Homo delinquens identifizierbar gemacht und als abnorme Persönlichkeit konstruiert.

83 Aschaffenburg, Psychologie, S. 416.

84 Vgl. zum Beispeil Wulffen, Sexualverbrecher, S. 10f.

85 So konstatierte Dannemann, viele Fallbeispiele würden dem Richter zeigen, »welche elementare Gewalt auf diesem Gebiet dem Triebleben zukommt, (...) sie lehren ihn so oft, daß seine strafenden Maßnahme gegen den abnorm veranlagten Sittlichkeitsverbrecher ohnmächtig u. zwecklos sind u. der Gesellschaft einen weit geringeren Schutz diesem gegenüber garantieren, wie andere modi, die zugleich humaner sind.« Dannemann, Sittlichkeitsverbrechen, S. 565.

Kapitel VI

1 Einer der Begründer der Viktimologie war Mittermaiers Schüler von Hentig. 1940 schrieb er: »the human victim in many instances seems to lead the evildoer actively into temptation.« Zitiert nach Scully, Violence, S. 42.

2 Edwards, Sexuality, S. 126-129, stellt dar, wie in England seit Mitte des 19. Jahrhunderts die Hypothese von der sexuellen Falschbeschuldigung immer mehr Raum einnahm. So gab es 1870 bis 1900 viele Artikel über Frauen, die unschuldige Gentlemen der Vergewaltigung oder sexuellen Belästigung in einem Eisenbahnwaggon bezichtigten. Einige Autoren waren allerdings bereit zuzugestehen, daß manche Männer sich gewisse »Freiheiten« herausnahmen, und ein Abgeordneter im House of Commons beantragte, getrennte Waggons für Männer und Frauen einzurichten.

3 Krafft-Ebing, Lehrbuch, S. 134ff.

4 Gross, Kriminal-Psychologie, S. 623. Gross (1847-1915) war seit 1897 Professor für Strafrecht, seit 1905 an der Universität Graz. Ab 1890 gab er das *Archiv für Kriminalanthropologie* heraus. Zu Gross vgl. Grassberger, Gross.

5 *Archiv für Kriminalanthropologie und Kriminalistik* 39 (1910), S. 183.

6 Gross, Kriminal-Psychologie, S. 423.

7 Dazu Edwards, Sexuality, S. 96: »The socio-legal construction of the sexual assault victim was aided by the belief in 'hysterization of women's bodies' and gynaecolo-

gical definitions of sexuality. The sexual assault complainant, whether a working-class woman or middle-class lady, was considered to be making a false accusation of a sexual nature, either out of spite, malice or revenge, or else out of shame and an effort to conceal an act of unchastity. Allegations of a sexual kind were also frequently considered to arise from hallucinations, fantasy or delusions.«

8 Vgl. ebd., S. 97f.

9 Freud, Aetiologie, berichtete von zwölf weiblichen und sechs männlichen Patienten, bei deren Behandlung er auf sexuelle Kindheitserlebnisse gestoßen war.

10 Vgl. Herman, Narben, S. 25, zu Charcot S. 21ff. Zu Freuds Besuchen in der Salpêtrière Masson, Verführungstheorie, S. 58.

11 Freud, Aetiologie, S. 439.

12 Masson, Verführungstheorie, S. 118.

13 Freud, Abhandlungen, S. 63: »ich kann nicht zugestehen, daß ich in meiner Abhandlung 1896 ›Über die Ätiologie der Hysterie‹ die Häufigkeit oder die Bedeutung derselben [der Verführung] überschätzt habe, wenngleich ich damals noch nicht wußte, daß normal gebliebene Individuen in ihren Kinderjahren die nämlichen Erlebnisse gehabt haben könnten, und darum die Verführung höher wertete als die in der sexuellen Kostitution und Entwicklung gegebenen Faktoren.« Vgl. Bange, Seite, S. 12-19.

14 Freud, Selbstdarstellung (1925), zitiert nach Herman, Narben, S. 27.

15 So schrieb Freud später, daß es bei Kindern während der Pubertät oft zu Phantasien komme, die sich in Träumen äußerten; am häufigsten seien Phantasien vom Belauschen des elterlichen Geschlechtsverkehrs oder von der Verführung durch geliebte Personen. Freud, Abhandlungen, S. 95. Vgl. zu Freuds Verführungstheorie und deren Revision auch Masson, Verführungstheorie, S. 94-145; Sandler u.a., Trauma, S. 16ff.; Herman/Hirschman, Incest, S. 9ff.; Ehlert, Verführungstheorie; Krutzenbichler, Mißbrauch, S. 95f.

16 Krutzenbichler, Mißbrauch, S. 93f., spricht bezüglich Freuds Abkehr von der Verführungstheorie und seiner Konzeption der »Übertragung«, mit der er die Sexualisierung des therapeutischen Geschehens als durch die sexuellen Wünsche und Phantasien der Patientin hervorgerufen erklärt, vom »Anfang einer unheilvollen Tradition: Opfer werden zum Täter deklariert, Täter werden exkulpiert«.

17 Daß genau hierin ein Problem lag, darauf weist Ferenczis Mahnung hin, »daß das Trauma, speziell das Sexualtrauma, als krankmachendes Agens nicht hoch genug angeschlagen werden kann (...). Auch Kinder angesehener, von puritanischem Geist beseelter Familien fallen viel öfter, als man es zu ahnen wagte, wirklichen Vergewaltigungen zum Opfer. Entweder sind es die Eltern selbst (...) oder aber Vertrauenspersonen wie Verwandte (...), Hauslehrer, Dienstpersonal, die Unwissenheit und Unschuld der Kinder missbrauchen.« Ferenczi, Sprachverwirrung, S. 517.

18 Ein Stigma hier im Sinne von Goffmann als zutiefst diskreditierende Eigenschaft bzw. »eine besondere Art von Beziehung zwischen Eigenschaft und Stereotyp«. Goffmann, Stigma, S. 12. »Wir konstruieren«, so erklärt Goffmann weiter, »eine Stigma-Theorie, eine Ideologie, die ihre Inferiorität [der Stigma-Tragenden] erklären und die Gefährdung durch den Stigmatisierten nachweisen soll.« Ebd., S. 14. Eine solche Ideologie rankte sich schließlich auch um die hysterische Frau.

19 Micale, Hysteria, S. 319, bezeichnet die Hysterie als Metapher für all das, was Männern am anderen Geschlecht rätselhaft und unkontrollierbar erschienen sei.

20 Birnbaum, Falschbeschuldigungen, S. 1. Birnbaum (geb. 1878, gest. nach 1960) war Anstaltsarzt an der städtischen Irrenanstalt Bruch/Berlin.

21 Ebd.

22 Ebd., S. 10-13.

23 Ebd., S. 32.

24 Ebd., S. 35, vorheriges Zitat S. 34. Auch der englische Jurist Wigmore schlug 1904 vor, das Opfer einer Notzucht psychiatrisch untersuchen zu lassen, bevor man ihr Glauben schenke. Estrich, Rape, S. 48.

25 Schrenck-Notzing, Attentat. Schrenck-Notzing (1862-1929) war seit 1889 niedergelassener Arzt in München.

26 Ebd., S. 142.

27 Ebd. Schrenck-Notzing fügte noch hinzu, auch ein einfaches Dienstmädchen sei imstande, »ein ganzes Schwurgericht auf Irrwege zu führen und Justizirrtümer zu veranlassen«.

28 Ebd., S. 145.

29 Ebd.

30 Ebd., S. 145f.

31 Ebd., S. 146f. Schrenck-Notzing war auf Hypnosebehandlungen spezialisiert, er war also selbst von dem Verdacht gegen Ärzte, die mit Hypnose arbeiteten, betroffen. Vgl. Heimann, Stereotypen, S. 156. Schrenck-Notzing veröffentlichte noch zwei weitere Artikel zu diesem Thema: »Das angebliche Sittlichkeitsvergehen des Dr. K. an einem hypnotisierten Kinde«, in: *Zeitschrift für Hypnotismus* 8 (1898), S. 193-207; »Der Fall Mainone. Verbrechen gegen die Sittlichkeit an einer Hypnotisierten«, in: *Archiv für Kriminalanthropologie und Kriminalistik* 7 (1901), S. 132-143.

32 Freilich waren die Ärzte sensibel gegenüber den »Gefahren«, denen sie ausgesetzt waren. So stellte der Mediziner Hoche 1904 einen Fall vor, in dem ein Arzt narkotisierte Frauen zu pornographischen Fotos mißbrauchte, aber von der Anklage nach Paragraph 176,2 freigesprochen wurde, da kein Geschlechtsverkehr stattgefunden hatte. Hoche bedauerte diese »Lücke« im Gesetz, vertrat jedoch den Standpunkt, daß eine Änderung des Paragraphen nicht in Frage komme. Es bestünde sonst die Möglichkeit, »daß übelwollende und abnorme, speziell hysterische Frauenspersonen, mit nachträglichen Beschuldigungen hervorträten«. Hoche, Lücke, S. 424.

33 Vgl. Bruck/Ceci, Suggestibility, S. 405ff., zur Erforschung der Beeinflußbarkeit und Erinnerungsfähigkeit von Kindern zu Beginn des 20. Jahrhunderts, v.a. allem durch William Stern und Otto Lipmann. Ihre Untersuchungen ergaben u.a., daß kleine Kinder Fragen oft als Befehle auffassen, daß freies Erzählen weniger Fehler hervorruft als Ja/Nein-Fragen und daß Kinder häufig Phantasie und Realität vermischen. Bis heute sind die Ergebnisse der Aussagepsychologie widersprüchlich. Häufig wird immer noch sehr polemisch und einseitig gegen die Anerkennung von Kinderaussagen argumentiert. Zum modernen Forschungsstand siehe ebd., S. 403.

34 Schneickert, Zeugenvernehmung, S. 440f.

35 Behlmer, Reform, S. 75f.

36 Vgl. auch Marbe, Kinderaussagen, der die Aussagen mehrer Mädchen gegen ihren Lehrer analysierte. Er vermutete »eine Übertragung der angeblichen Erlebnisse« eines der Mädchen auf die übrigen. Dabei bezeichnete er dieses Mädchen als absolut unglaubwürdig und erstellte Tabellen, um zu zeigen, daß dieses Mädchen »das Gerede unter den Kindern am meisten geschürt hat« (S. 390f.).

37 Ellis/Moll, Funktionsstörungen, S. 695. Vgl. auch Moll in Krafft-Ebing, Psychopathia sexualis, 16. Aufl., S. 801-805.

38 Hans Gross widmete dem Phänomen, daß vor allem Kinder, aber auch Erwachsene, Träume für reale Erlebnisse halten konnten, einen kurzen Abschnitt in Kriminal-Psychologie, S. 647-650.

39 Bresler, Anschuldigung, S. 34ff. Vgl. auch Gross, Kriminal-Psychologie, S. 402-408: Er schrieb, daß während der Menstruation der sexuelle Trieb der Frau erhöht sei; ein junges Mädchen könne sich dabei an harmlose Träumereien verlieren, die jedoch die Gefahr falscher sexueller Anschuldigungen mit sich brächten.

40 Vgl. Wilmanns, Beitrag, S. 114: »Es ist bekanntlich durchaus keine Seltenheit, dass Kinder (...) mit grosser Bestimmtheit und allen Einzelheiten über Vorgänge ähnlicher Natur berichten, die vollkommen jeder Grundlage entbehren und lediglich in ihrer Phantasie bestehen. (...) Die Sicherheit und Bestimmtheit, mit der das Kind alle Einzelheiten des angeblichen Vorkommnisses schildert, sprechen durchaus nicht für seine Glaubwürdigkeit. Es muss im Gegenteil besonders betont werden, dass sich das Kind in seiner lebhaften Einbildungskraft so in seine Erfindungen hineindenken kann, dass es sie wie tatsächlich Erlebtes auszumalen versteht.« Ähnlich auch Moll, Sexualleben, S. 184f.

41 Vgl. Kerchner, Bürger, S. 16-20 u. 29-32.

42 Bloch, Beiträge, S. 253ff.; Merzbach, Erscheinungen, S. 16-20. Vgl. auch Meyer, Studie, S. 44ff., der Straffreiheit in solchen Fällen forderte.

43 Freud, Abhandlungen, S. 47-78 u. 92.

44 Moll, Sexualleben, S. 178f.

45 Leppmann, Hauptversammlung, S. 500.

46 Wulffen, Sexualverbrecher, S. 444. Vgl. auch Meyer, Studie, S. 44f. Vgl. zum Topos des verführerischen Kindes außerdem Cameron/Frazer, Lust, S. 32.

47 Haberda, Nachweis, S. 71. Anscheinend wurden häufig kindliche Zutraulichkeit und Zuneigung als sexuelle Begehrlichkeit interpretiert. Vgl. Reher, Schamgefühle, S. 151: Erst Sándor Ferenczi stellte in seinem Aufsatz von 1932 fest, »daß das Kind zwar sexuelle Wünsche auf den Täter gerichtet haben mag, daß die Wünsche aber *Zärtlichkeitswünsche* sind, die auf keinen Fall mit den genitalen Wünschen erwachsener Sexualität verwechselt werden dürfen«.

48 Abraham, Erleiden, S. 859. Abraham (1877-1925) war zunächst Arzt an der Anstalt Dalldorf/Berlin. 1904 ging er nach Burghölzli/Zürich und kam dort über C.G. Jung mit der Psychoanalyse in Kontakt. Mit Freud verband ihn bald eine enge Freundschaft.

49 Krutzenbichler, Mißbrauch, S. 97, nennt Abrahams Äußerungen »das beschämendste der Psychoanalyse zum sexuellen Mißbrauch gegen Kinder und für lange Zeit in der Tat das Letzte, im wörtlichen und doppelten Sinne«. Begreiflicherweise ein hartes Urteil, doch Abraham dachte nur konsequent zu Ende, was sich als Thema seit dem Ende des 19. Jahrhunderts latent durch die gesamte Literatur über »unzüchtige Handlungen an Kindern« zog. Vgl. zu Abraham auch Sandler u.a., Trauma, S. 18.

50 Näcke, Psychologie, S. 150f. Näcke (1851-1913) war Mediziner, seit 1880 Anstaltsarzt und später Mitherausgeber des *Archivs für Kriminalanthropologie*.

51 Ebd., S. 151ff.

52 Aschaffenburg, Psychologie, S. 410. Vgl. auch die auf einer Konferenz über »Criminal assaults to children« im Jahr 1914 geäußerte Kritik von amerikanischen Feministinnen daran, daß Richter selbst kleine Kinder als verführerisch bezeichneten. Jeffreys, Campaigns, S. 935f.

53 Vgl. die auf S. 208ff. zitierten Urteilsbegründungen.

54 Alsberg, Sittlichkeitsdelikte, S. 339. Ähnliche Kritik übte er am Paragraphen 174: »In sehr vielen Fällen kann das angeblich verletzte Objekt der schuldige Teil sein.« Ebd., S. 343.

55 Vgl. z.B. Haberda, Verbrechen, S. 230.

56 Vgl. Casper, Novellen, S. 13 u. auf S. 22 das Fallbeispiel eines elfjährigen Mädchens, das Casper als Prostituierte bezeichnete. Er meinte, in diesem Fall habe eigentlich »Notzucht eines Mannes durch ein elfjähriges Kind« vorgelegen. Demnach hätte also ein Kind einen eigenen Willen entwickelt und einem erwachsenen Mann diesen sogar aufgezwungen – welch ein Widerspruch zur gleichzeitig konstatierten Unmündigkeit des Kindes.

57 Alle Zitate stammen von Max Marcuse, der im *Archiv für Kriminalanthropologie* 56 (1913/14), S. 188f. den Fall schilderte und die Kritik der Frauenbewegung an der Berichterstattung als »unsagbar töricht« bezeichnete.
58 Zitiert nach ebd., S. 189.
59 Ebd. Überdies schrieb er zu den wenigen Stimmen, die die betreffenden Männer verurteilten: »An der Ehrlichkeit all dieser Ergüsse zu zweifeln ist selbstverständlich nicht erlaubt; aber dann muß man doch sagen, daß die hier überall zum Ausdruck kommende Verblendung durch ›Programme‹ und ›Prinzipien‹ gegenüber den realen Verhältnissen einen sehr gefährlichen Charakter anzunehmen beginnt, zumal ihr die gegenwärtige Strömung sehr günstig ist. Dieser Tatsache gegenüber wirkt die Beschwerde der Frau Scheven (...), namentlich angesichts unserer (...) Rechtsprechung, wie Ironie.« Eine interessante Parallele zur heutigen Debatte um den sexuellen Mißbrauch von Kindern. Zwar argumentieren jene, die heute der Frauenbewegung das Schüren einer moralischen Panik vorwerfen, anders als etwa Marcuse. (Vgl. etwa Karstedt, Emanzipation, S. 143: »Feministinnen gelten derzeit als Befürworterinnen einer Intensivierung staatlicher Sozialkontrolle und als Protagonistinnen einer Verschärfung des Strafrechts, insbesondere des Sexualstrafrechts.« Vgl. auch Rommelspacher, Diskurse, die eine Zusammenfassung der heutigen Auseinandersetzung bietet.) Die Strukturen ähneln sich jedoch: Daß sexueller Kindesmißbrauch als gesellschaftlich-strukturelles Phänomen auf dem Geschlechterverhältnis beruhen soll, ist für weite Teile der Gesellschaft nicht akzeptabel.
60 Herman, Narben, S. 17ff. Vgl. als ein weiteres Beispiel für die unterschiedlichen Bewertungen eines psychischen Traumas, der »Kriegsneurosen«, je nach historischer Situation und gesellschaftlicher Interessenlage Riedesser/Verderber, Maschinengewehre.
61 Herman, Narben, S. 31f.
62 Ebd., S. 32.

Kapitel VII

1 Der Begriff stammt von Dagmar Günther, die ihn während einer Tagung an der Universität Bielefeld im Oktober 1998 verwendete.
2 Die Akten des LG Deggendorf betreffen Fälle aus den Gebieten der Amtsgerichte: Arnstorf, Deggendorf, Grafenau, Regen, Viechtach, Vilshofen; die Akten des LG München I: Altötting, Aibling, Dorfen, Freising, Fürstenfeldbruck, Laufen, Moosburg, Starnberg, Trostberg, Wasserburg; die des LG München II: Tölz, Dachau, Ebersberg Erding, Freising, Fürstenfeldbruck, Garmisch, Miesbach, Starnberg, Weilheim, Wolfratshausen.
3 Vgl. Schulte, Dorf, S. 25-28, die mit demselben Aktenbestand des Münchener Staatsarchivs arbeitete, der in der vorliegenden Arbeit verwendet wird. Sie untersucht allerdings andere Delikte und damit andere Einzelfälle. Auch ihre Quellenkritik setzt andere Schwerpunkte, da es ihr um die Interaktion zwischen bürgerlichem Gericht und ländlicher Gesellschaft geht.
4 Der Zeitpunkt 1876 ist hervorzuheben, da in jenem Jahr die Paragraphen 176 und 177 von Antrags- in Offizialdelikte (von Amts wegen zu verfolgende Delikte) umgewandelt wurden. Eine weitere Schilderung der Akten erfolgt in Anmerkung 3 zu Kapitel VIII und in Anmerkung 3 zu Kapitel IX.
5 Laut Reichsstrafprozeßordnung (RStPO) durfte eine Verhaftung nur bei gleichzeitigem Beginn der Voruntersuchung erfolgen. Das hieß, daß der Verhaftete spätestens am folgenden Tag dem Richter vorgeführt werden mußte. Bei der Vernehmung mußte ihm mitgeteilt werden, welche Straftat ihm zur Last gelegt wurde.

Über die Eröffnung des Hauptverfahrens sollte dann binnen einer Woche entschieden werden, wobei diese Frist im Falle von Verbrechen um zwei Wochen verlängert werden konnte. Gründe für eine Verhaftung lagen vor bei dringendem Tatverdacht und bei Flucht- bzw. Verdunkelungsgefahr. Fluchtgefahr wurde bei schwereren Verbrechen, bei Heimatlosen und bei Landstreichern stets vermutet. Vgl. Roth, Kriminalitätsbekämpfung, S. 240f.

6 Das Gendarmeriekorps wurde in Bayern 1813 eingerichtet, es war militärisch organisiert und unterstand der Militärgerichtsbarkeit. 1868 wurde die Anordnung und Leitung des Gendarmeriedienstes den Bezirksämtern übertragen. »Die Gendarmerie bildet fortan keinen Bestandteil der bewaffneten Macht mehr, doch ist sie in Bezug auf Disziplin und innere Verfassung militärisch gegliedert.« Jeder Station stand entweder ein Sergeant oder ein Stationskommandant vor. Vgl. Schröder, Gendarmerie, S. 95-99, Zitat S. 95.

7 Zur Rolle der Staatsanwaltschaft Carsten, Geschichte, S. 28f., 59ff. u. 71; Roth, Kriminalitätsbekämpfung, S. 207ff. u. 230f.; Claussen, Justizverwaltung, S. 460; John, Strafprozeß, S. 740-743 u. 760ff.

8 Der Staatsanwalt, so von Lilienthal, sah den Beschuldigten oftmals erst in der Hauptverhandlung, da die Vernehmung durch den Untersuchungsrichter erfolgte. Lilienthal, Reform, S. 1002.

9 Untersuchungsrichter waren vom Landgericht auf die Dauer eines Geschäftsjahres bestellt. Mitunter wurde auch ein Amtsrichter mit der Untersuchung betraut. Der Untersuchungsrichter sollte weder Mitglied des erkennenden Gerichts noch der Strafkammer sein. Er entschied also nicht über die Eröffnung der Hauptverhandlung. Vgl. Kries, Lehrbuch, S. 121 u. 147f. Die Voruntersuchung selbst war nach dem Prinzip der Schriftlichkeit geregelt, das Urteil über die Eröffnung des Hauptverfahrens wurde auf Grundlage der Akten gefällt. Vgl. John, Strafprozeß, S. 720. Zur Voruntersuchung insgesamt S. 718ff. sowie Lilienthal, Reform.

10 Zur Rolle des Gerichtsschreibers vgl. Kries, Lehrbuch, S. 140ff.

11 Die Anklageschrift war äußerst formalisiert. In ihr etablierte der Staatsanwalt eine lückenlose Fallschilderung anhand der Tatbestandsmerkmale, die im entsprechenden Paragraphen festgelegt waren. Äußerungen von vernommenen Personen wurden hier nicht wörtlich zitiert, und die Darstellung der Ereignisse beschränkte sich auf die Paraphrasierung der strafrechtlichen Formulierungen. Vgl. Schönert, Einführung, S. 12ff., der feststellt, die einzelnen Aussagen würden in der Anklageschrift zu einer »faktengetreuen, kohärenten und beurteilungsfähigen Geschichte« verdichtet.

12 Volkert, Handbuch, S. 119f.

13 Roth, Kriminalitätsbekämpfung, S. 207f.

14 Volkert, Handbuch, S. 128f.

15 Als schweren Übelstand bei der Hauptverhandlung bezeichnete von Lilienthal, Reform, S. 1001f., den Umstand, daß sie »meist nur die Probe auf das schon im Vorverfahren gelöste Exempel bildet. Dem geständigen Angeklagten wird die Bestätigung der Ermittelungsergebnisse einfach abgefragt. Die Zeugen aber werden, oft genug auch durch direkte Fragen, veranlaßt, das vor Gericht auszusagen, was in den dem Vorsitzenden vorliegenden Akten protokolliert ist.«

16 Die Entscheidungen des Gerichts wurden nach dem Prinzip der Mündlichkeit aufgrund der Äußerungen in der Hauptverhandlung gefällt; die Voruntersuchung sollte lediglich die Anklageerhebung vorbereiten. Vgl. Caspari, Beobachtungen, S. 213ff. Vgl. auch John, Strafprozeß, S. 732-736. In der Praxis spielten jedoch die Akten der Voruntersuchung eine weit größere Rolle, wie die in der vorigen Anmerkung zitierte Kritik von Lilienthals vermuten läßt.

17 Diese Beurteilung von Gerichtsakten als Quellen hat inzwischen in den allgemeinen Forschungskonsens Eingang gefunden. Einschlägige Auseinandersetzungen mit

diesem Quellentypus bieten z.B. Behringer, Gegenreformation; Gleixner, Konstruktion, S. 19-27; Kienitz, Sexualität, S. 59-70; Roper, Wille; Chaytor, Narratives, S. 379ff.; Göttsch, Konstruktion, S. 444f.; aus juristischer Sicht Naucke, Stilisierung.

18 Der Zwang, den Sachverhalt eindeutig festzustellen, führt zu einer bestimmten Sprache im Protokoll: Sie stellt fest und läßt sich auf undeutlich faßbare Gegenstände, wie Gefühle, nicht ein. Naucke, Stilisierung, S. 65f. Roper, Wille, S. 182, schrieb über die von ihr benutzten Kriminalakten aus dem 16. Jahrhundert: »Die Protokolle enthalten also weder Erlebnisberichte noch individuelle Erinnerungen der Befragten, sondern gerichtsverwertbare Verarbeitungen von Erfahrung.« Vgl. auch von Hodenberg, Partei, S. 147-151.

19 Naucke, Stilisierung, S. 67, konstatiert: »Für den Zeugen besteht keine Freiheit in der Sachverhaltsschilderung, weder in der Bestimmung des Gegenstandes noch in der Bestimmung der Ausdrucksform. Stil, Ziel und Umfang der Schilderung sind fest vorgegeben.«

20 Vgl. Kienitz, Sexualität, S. 61f.

21 Vgl. Schneickert, Zeugenvernehmung, S. 432-436, sowie § 68 der StPO von 1877.

22 Vgl. die Empfehlung des Gerichtsmediziners Puppe: Zwar könne man auf Kinderaussagen nicht verzichten, doch sei es wichtig, »näheres über das Kind, auf dessen Aussage hin ein Mensch ins Gefängnis wandern soll, zu erfahren«, und zwar durch Befragung der Lehrer, Erkundigungen zum Leumund der Eltern »und durch Feststellungen über die Psyche des Kindes am besten unter Zuziehung des Gerichtsarztes«. Puppe, Medicin, S. 475.

23 Becker, Illegitimität, S. 165, warnt vor Verallgemeinerungen zum Thema Sexualität und Begehren auf der Grundlage von Gerichtsakten. Vgl. ebenfalls Gestrich, Jugend, S. 123: »Die normalen Umgangsformen lassen sich aus den Konflikten jedoch nur ex negativo erschließen, indem sie nicht mehr tolerierbares Handeln, die extremsten Verhaltensmöglichkeiten aufzeigen.«

24 Ginzburg weist darauf hin, daß auch aus massiv kontrollierten Texten verschiedene Wirklichkeiten hervorscheinen können. Ginzburg, Inquisitor, S. 49f.

25 Roper, Wille, S. 180. Vgl. Behringer, Gegenreformation, S. 276ff. u. S. 281-288.

26 Der Richter wählt aus, welche Tatsachen »bedeutungsvoll« sind – dies jedoch oftmals auf der Grundlage außerrechtlicher Vorstellungen, nämlich Alltagstheorien und Wertvorstellungen, wie Abel, Vergewaltigung, in bezug auf sexuelle Gewaltdelikte herausarbeitete. Vgl. insbes. S. 28-32.

27 Diese Vorstellungen gehören in den Bereich des Alltagswissens, das Lüdtke, Lebenswelten, S. 57f., definiert: »›Alltagswissen‹ verweist auf die alltäglichen Wahrnehmungen, Deutungsleistungen und Sinngebungen. Gemeint sind Orientierungen, die einzelnen bzw. Gruppen in ihren konkreten Lebensverhältnissen zuhanden sind, die sie ohne ausdrückliche oder langwierige Instruktion in der Aneignung von Natur wie Gesellschaft lernen. Diese Orientierungen sind immer schon ›gelernt‹. Eine solche Näherungsweise beharrt auf den sozial-kulturell ›produzierten‹ und sozialisierten Wahrnehmungs-, Erfahrungs- und Orientierungsweisen.«

28 Pelaja, Praxis, S. 32ff., hebt den Aspekt der Selbstdarstellung durch die Klägerinnen hervor. (Es handelt sich um Unzuchts- und Schändungsklagen vor dem römischen *Tribunale del Vicario* im 19. Jahrhundert.) Die Frauen waren bemüht, ein Bild weiblicher Ehrbarkeit aufrechtzuerhalten. Die Vorstellungen der Richter von weiblicher Sexualität und der Gewalthaftigkeit der Defloration strukturierten die Erzählungen der Frauen. Habermas, Frauen, S. 111f., zeigt auf, wie Frauen als Zeuginnen in Schwängerungsklagen das Stereotyp weiblicher Passivität und Schutzlosigkeit für ihre Selbstdarstellung vor Gericht nutzten.

29 Vgl. Isaac, Sklave, S. 153: »anstelle einstimmig vorgetragener Aussagen über das Wesen der Dinge endecken wir dort ein völliges Durcheinander konkurrierender und widersprüchlicher Deutungen dessen, was in einer bestimmten Situation passiert ist.«

30 Eine ähnliche Verfahrensweise schlug Miranda Chaytor vor, die mit englischen Gerichtsakten des 17. Jahrhunderts arbeitet: »making the mediating narrative the object of study«. – »Depositions deserve close attention, and attention not just to their content but to language and form: to the way the narrative is structured, to imagery, emphases and – for these point to the failure, the repression, of memory – to evasions and gaps. Content is not separate from form, it is carried within it; and both are the product of the emotional context in which these stories were told.« Chaytor, Narratives, S. 379f.

31 Man könnte hier auch von »Metaphern« reden, wie sie Rhys Isaac definiert: Metaphern, »von denen die Begegnungen durchdrungen sind und die diese zu einem strukturierten System sozial anerkannter Bedeutungen oder *Typisierungen* verbinden«, Metaphern als mentale Konstrukte der historischen Akteure. Isaac, Sklave, S. 174.

32 Vgl. Scott, Evidence, sowie zum hier verwendeten Begriff der »Erfahrung« S. 12-14 der vorliegenden Arbeit.

33 »Erinnern bedeutet Verändern«, schreiben die Volkskundler Andreas Bruck und Burkhard Fenner: »Gedächtnis als psychische Aktivität ist immer *aktiv*, immer *rekonstruierend* oder sogar *konstruierend*, immer im Kontext des gesamten aktuellen Wissens, Könnens, Bewertens, Normierens. Es wird nicht so detailliert erinnert wie vorher wahrgenommen, es wird reduziert bzw. abstrahiert, kurz: es wird verändert, und zwar nicht nur durch Weglassen, sondern auch durch andere Perspektiven, durch Ausschmücken, Neubewerten oder Neuschildern.« Bruck/Fenner, Erinnern, S. 114. Vgl. auch Rath, Erinnern, S. 65ff.

34 Scott, Evidence, S. 797. Ähnlich schreibt Wiener, Reconstructing, S. 3: »The idea of human experience in a ›pure‹ form, free of interpretation, is a chimera.«

35 Vgl. Spindler, Handbuch, S. 754f.; Hoffmann, Aspekte, S. 435-441.

36 So Ludwig Thoma über das Dachauer Land, zit. in Göttler, Sozialgeschichte, S. 6. Vgl. zur Industrialisierung in Altbayern auch Blessing, Umwelt, S. 15-21.

37 Vgl. Berg/Herrmann, Einleitung, S. 3f.

38 Vgl. zu diesem Abschnitt insgesamt Blessing, Umwelt, S. 27ff. u. 37.

39 Kaschuba/Lipp, Überleben, S. 205.

40 Vgl. Hoffmann, Aspekte, S. 440f.

41 Vgl. Spindler, Handbuch, Bd. 4, S. 755f.

42 Kleinstbetriebe waren Höfe bis 2 Hektar Größe, Kleinbetriebe umfaßten zwischen 2 und 5 Hektar, die mittleren Betriebe zwischen 5 und 20 Hektar. Göttler, Dachau, S. 33, gibt für das Dachauer Land folgende Zahlen:

	1882	1895	1907
bis 2 ha	28	22,5	22
2-5 ha	22	24	24
5-20 ha	32	35	37
20-100 ha	17,5	18	16
darüber	0,1	0,3	0,2

Aus dem Dachauer Land gibt es sieben Fälle in den Akten: StAM, Fasc. 3245, Nr. 24; Fasc. 3150, Nr. 135; Fasc. 3151, Nr. 140; Fasc. 3162, Nr. 242; Fasc. 3165, Nr. 282; Fasc. 3166, Nr. 309.

43 Vgl. zu den Betriebsgrößen die Tabellen bei Frankenstein, Verhältnisse, S. 148ff. sowie *Die Landwirtschaft in Bayern*, S. 51.

44 Vgl. Schulte, Dorf, S. 32ff.

45 Sieben Fälle stammen aus dem Bezirk: StAM, Fasc. 3145, Nr. 24; Fasc. 3150, Nr. 135; Fasc. 3151, Nr. 140; Fasc. 3162, Nr. 242; Fasc. 3165, Nr. 282; Fasc. 3166, Nr. 309.

46 *Untersuchung der wirtschaftlichen Verhältnisse*, S. 33. Zu Eberfing insgesamt S. 20-35.

47 Vier Fälle: StALa, Rep. 167/1, Nr. 754, 784, 791, 792.

48 *Untersuchung der wirtschaftlichen Verhältnisse*, S. 53. Nach Wehler, Gesellschaftsgeschichte, Bd. 3, S. 831 hatten in Bayern 4/5 der Landwirte um die Jahrhundertwende keine Vollbauernstelle und waren damit auf Nebenerwerb angewiesen.

49 In einer amtlichen Untersuchung von 1895 über die Landarbeiter in Bayern hieß es fast übereinstimmend aus den altbayerischen Gemeinden, es gebe keine reinen Taglöhner, jeder habe Grundbesitz. Nur in Polling wohnten einige wenige Taglöhner zur Miete. Vgl. *Untersuchung der wirtschaftlichen Verhältnisse*, S. 18, 33, 46, 59, 82 u. 94 zur Lebenshaltung der Taglöhner. Die Schilderungen stammen z.T. von Bezirksamtmännern, z.T. von den Bürgermeistern der Gemeinden. Vgl. Frankenstein, Verhältnisse, S. 156-173, zu den Arbeitszeiten und -löhnen der Taglöhner.

50 Vgl. Schnorbus, Unterschichten, S. 845.

51 Vgl. Schulte, Dorf, S. 34.

52 Bauer, Brotzeit, S. 19. Vgl. zu den Inwohnern Ernst, Arbeitsverhältnisse, S. 89ff.

53 Vgl. Göttler, Dachau, S. 198ff.

54 *Untersuchung der wirtschaftlichen Verhältnisse*, S. 33. Zum Teil sind solche Berichte geschönt; die Taglöhner waren durchaus schlechter gestellt als die Vollbauern. Doch sofern sie tatsächlich eine eigene »Wirtschaft« besaßen, waren sie in die Gemeinde integriert und führten, wenn sie nicht zuviele Kinder zu ernähren hatten, ein Leben ohne blanke Not. Wehler, Gesellschaftsgeschichte, Bd. 3, S. 827-831, betont demgegenüber die extreme soziale Ungleichheit zwischen Vollbauern auf der einen, Kleinbauern, Taglöhnern und Gesinde auf der anderen Seite und verweist auf die »überwiegend prekäre Existenz« der Kleinbauern.

55 Vgl. Hoffmann, Aspekte, S. 440f., zur »Verbäuerlichung« der Kleinhandwerker.

56 Spindler, Handbuch, Bd. 4, S. 773; Blessing, Umwelt, S. 7.

57 Zur Flexibilität der ländlichen Sozialstruktur und ihrer Verknüpfung mit anderen Differenzierungs- und Zugehörigkeitsmerkmalen vgl. Ehmer/Mitterauer, Einführung, S. 16-20. Vgl. auch Schulte, Dorf, S. 54: »Hobsbawm hat darauf hingewiesen, daß die Differenzierungen innerhalb der Bauernschaft, zu welcher letztlich auch die landbesitzenden Taglöhner gehörten, sekundär sein können angesichts ihrer gemeinsamen Charakteristika und ihrer gemeinsamen Interessen, Bedrohungen abzuwehren, die die Grundlage ihrer gemeinsamen Existenz angreifen.«

58 Spindler, Handbuch, Bd. 4, S. 755f.

59 Schulte, Gerede, S. 72. Vgl. Ilien, Kommunikationsstile, S. 220; Kienitz, Geschäfte, S. 458f. Holenstein/Schindler, Plädoyer, S. 49, bezeichnen das Gerede als »eine so volkstümliche wie bedrohliche Justiz«.

60 Vgl. Ryter, Überlegungen, S. 127ff.

61 Vgl. Schulte, Dorf, S. 60f. Den Weg des dörflichen »Sittengerichts«, bei dem das Gerede oft mit der Verfolgung durch die Justiz endete, zeichnet Schulte nach in dies., Recht, S. 408-413.

62 Ilien/Jeggle, Leben, S. 22.

63 StAM, AR, Fasc. 3165, Nr. 298 (1897).

64 StAM, Staw., Nr. 442 (1884).

65 Blessing, Umwelt, S. 6.

66 Vgl. Schulte, Dorf, S. 60f. Alte und Kranke waren von Ausgrenzung betroffen, wenn sie arm waren, also zum Beispiel im Alter nicht vom Austrag des inzwischen den Kindern überschriebenen Hofes leben konnten.

67 Zit. in Plößl, Frauen, S. 11.

68 Vgl. z.B. Probst, Frömmigkeit, S. 417. Im Tölzer Physikatsbericht hieß es über die Ehe: »Das eingegangene Verhältnis ist mehr Folge der Überlegung und des Calculs als der Zuneigung.« Wellnhofer, Alltag, S. 144.

69 Vgl. hierzu aber Becker, Leben, S. 187-206. Er stellt fest, daß bei der Partnerwahl Emotionen, Hoffnungen und Träume eine Rolle spielten, zeigt aber auch die funktionalen Erwägungen. Beide Aspekte waren bei der Partnerwahl untrennbar miteinander verknüpft.

70 Spindler, Handbuch, Bd. 4, S. 768-771. Vgl. zur bäuerlichen Familie Berg, Familie, S. 110f.

71 Vgl. Ehmer/Mitterauer, Einführung, S. 10, zum Vergleich zwischen bäuerlicher und unterbäuerlicher Familie.

72 Bauer, Brotzeit, S. 57. Vgl. zum frühen Dienst außerhalb der Familie auch Mitterauer, Sozialgeschichte, S. 97f. u. ders., Gesindeleben, S. 259-263 u. 270f.

73 In einer *Denkschrift nach amtlichen Quellen* hieß es 1890: »Dabei ist auch das patriarchalische Verhältniß früherer Zeiten, in denen die Familienglieder den Bauernhof als ihre Arbeits- und Unterkunftsstätte auf Lebenszeit zu betrachten pflegten, heute großentheils als geschwunden zu betrachten.« *Landwirtschaft in Bayern*, S. 55.

74 Vgl. Ernst, Arbeitsverhältnisse, S. 96-106. Dies betraf jedoch eher die Ober- als die Mittelschicht, da sich in der mittleren Schicht Dienstboten und Dienstleute von der sozialen Herkunft oft wenig unterschieden. Auch Schweyer, Schöffau, S. 126, schreibt, daß Dienstboten in der von ihm untersuchten Gemeinde »im ganzen als Familienglieder betrachtet und behandelt werden«. Vgl. zu Löhnen und Arbeitsalltag des Gesindes Frankenstein, Verhältnisse, S. 173-187.

75 Vgl. Mitterauer, Sozialgeschichte, S. 107-112. Mitterauer geht auch auf sexuelle Beziehungen zwischen Dienstmagd und Hausherr ein: »Hausrechtliche Abhängigkeit konnte zur Grundlage sexueller Ausbeutung werden. Die Herr-Magd-Beziehung war in dieser Hinsicht besonders anfällig.« S. 111.

76 Mitterauer, Sozialgeschichte, S. 120f. Vgl. Weber, Häuslerkindheit, S. 28.

77 Gestrich, Jugend, S. 139. Vgl. Plößl, Kinder, S. 14-18.

78 Vgl. Weber, Häuslerkindheit, S. 29.

79 Vgl. Plößl, Kinder, S. 15.

80 Ähnlich äußert sich Berg, Familie, S. 113ff.: »Niemand wird bestreiten wollen, daß es im Kaiserreich in allen Sozialschichten auch viele glückliche Kinder mit großen Empathieerfahrungen seitens Vater und Mutter gegeben hat.«

81 Blessing, Kirchenfromm, S. 95f. Ebd., S. 96, bezeichnet Blessing Bayern als »überwiegend katholischen Lebensraum«. Pohl, Sozialdemokraten, S. 241, spricht von der katholischen »Mentalität« in Bayern. Blaschke/Kuhlemann, Religion, S. 10, bezeichnen Religion als »ein prägendes Element für die persönliche Lebensführung, als Deutungskultur und Orientierungsmacht«.

82 Kaschuba, Lebenswelt, S. 78. Vgl. auch Nipperdey, Religion, S. 7, der Religion versteht als »ein Stück Deutungskultur, die die ganze Wirklichkeit der Lebenswelt konstituiert, ihre Lebensinteressen prägt, gesellschaftliche Strukturen und Prozesse, ja auch die Politik«. Phayer, Religion, S. 64-82, schildert den Stellenwert der Religion im Alltagsleben für die erste Hälfte des 19. Jahrhunderts.

83 Blessing, Kirchenfromm, S. 97. Vgl. zur Religiosität auch ders., Reform, S. 97 u. 108-113. Zu Kultformen und Frömmigkeitspraktiken Nipperdey, Religion, S. 17-21; Busch, Frömmigkeit, bes. S. 136-142.

84 Zitiert in Probst, Frömmigkeit, S. 412.

85 Vgl. den Physikatsbericht aus Wolfratshausen, in dem die Trunksucht und Rauflust der Bauern beklagt wird. Zit. in Wellnhofer, Alltag, S. 98.

86 Plößl, Kinder, S. 67.

87 Ebd.

88 Wiebel-Fanderl, Religion, S. 61. Zum Gebet auch ebd., S. 50ff.; Mitterauer, Formen, S. 154-204; Probst, Frömmigkeit, S. 410.

89 Wiebel-Fanderl, Religion, S. 131.

90 Ebd., S. 138.

91 Vgl. Bauer, Brotzeit, S. 19.

92 Der Laufener Bezirksarzt kommentierte: »Man will behaupten, daß ein Mädchen von 18 Jahren, welches nicht schon deflorirt sey, selten getroffen werde.« Sein Kollege aus Tegernsee schrieb über die »freien Beziehungen der Geschlechter«, »daß es als selbstverständlich gilt, daß ein Mädchen einmal wenigstens zum Falle gekommen«. Zitiert in Wellnhofer, Alltag, S. 145f. u. 147.

93 Ein 15jähriger erklärte, er habe oft mit zwei anderen Buben im Bach gebadet und wurde von diesen »angelernt, ein Mädchen zu gebrauchen«. Wenn ein Mädchen oder eine Frau vorbeigekommen seien, seien sie herausgesprungen und hätten ihre Glieder in die Hand genommen und hergezeigt. StALa, Rep. 167/1, Nr. 774. Vgl. die auf S. 165 zitierten Akten StAM, AR, Fasc. 3156, Nr. 210 u. StALa, Rep. 167/1, Nr. 750.

94 Vgl. die Äußerung des Bezirksarztes von Wolfratshausen: »Die Jugend ist roh u. hat derbe Ausdrucksweise in ihren Reden.« Zit. in Wellnhofer, Alltag, S. 98. Zu den Nachstellungen, denen Mägde durch den Bauern, dessen Söhne und Knechte ausgesetzt waren: Mitterauer, Gesindeleben, S. 280.

95 StAM, AR, Fasc. 3156, Nr. 207.

Kapitel VIII

1 Vgl. *Statistik des Deutschen Reiches*, N.F., Bd. 120 (1899), S. 94ff., sowie Tabelle 2 im Anhang.

2 Vgl. Tabelle 4 im Anhang.

3 Ein Fall entspricht einer einzelnen Tat; eine Akte kann also mehrere Fälle enthalten, wenn ein Täter mehrere Vergewaltigungen begangen hat. Neun Akten stammen aus Oberbayern, darunter fünf aus dem Jahr 1884 und je eine aus den Jahren 1880, 1886 und 1896. Die übrigen Fälle haben sich in Niederbayern ereignet und wurden vor dem Landgericht Deggendorf verhandelt. Sie umfassen die Jahre 1873 bis 1882, ein Fall stammt aus dem Jahr 1888.

4 Auf eine Analyse der Urteile wird dagegen verzichtet – für eine statistische Auswertung sind die Akten wegen ihrer geringen Zahl nicht repräsentativ, für eine qualitative Auswertung sind die überlieferten Urteilsbegründungen allzu sehr formalisiert, zumal der Urteilsspruch meist ohne Begründung von Geschworenen gefällt wurde, vgl. Kapitel VII.1.

5 StALa, Rep. 167/1, Nr. 752. Vernehmung in der Voruntersuchung 9.10.1877.

6 Ebd., Vernehmung des Ehemannes 21.11.1877.

7 Vgl. S. 36 der vorliegenden Arbeit.

8 Hier sei nochmals auf den Aspekt der Selbstdarstellung vor Gericht verwiesen. Siehe Anmerkung 28 zu Kapitel VII der vorliegenden Arbeit. Habermas, Frauen, S. 119f., unterscheidet in den von ihr ausgewerteten Gerichtsakten zwei Ebenen: die tatsächliche Unterlegenheit der Frau, die von einem Mann während der Schwangerschaft verlassen wurde, und andererseits die entsprechende Selbstinszenierung der

Frauen vor Gericht. Wenn hier dieser Aspekt ebenfalls hervorgehoben wird, so um zu verdeutlichen, daß die Frauen gezwungen waren, eine ganz bestimmte Darstellung des Geschehens und ihrer eigenen Person zu geben.

9 Vgl. hierzu die Definition des Gewaltbegriffs im RStGB, die in Kapitel II.1 erläutert ist.

10 Vgl. Kapitel II.2 der vorliegenden Arbeit zur juristischen Definition des »Beischlafs«.

11 Darauf verweist die Aussage der Anna Weiss auf S. 120 dieser Arbeit.

12 Vgl. hierzu die Studie von Ehlert/Lorke, Psychodynamik.

13 Vgl. den Fall eines Dienstmädchens, das in Starnberg von einem Burschen angesprochen wurde und mit ihm im Park spazierenging. Nach Ansicht der Strafkammer des LG München II sprach diese Tatsache gegen die Annahme eines Notzuchtsversuchs, während der Staatsanwalt der Meinung war: »man dürfte um deßwillen ein Mädchen (...) noch nicht geschlechtlichen Angriffen für zugängig erklären können, wenn es an einem so bekannten (...) Vergnügungsorte wie Starnberg, mit einem ihm anständig erscheinenden Herrn einen Spaziergang macht, weil es sich ja sagen muß, daß ihm selbst in den entfernteren Anlagen fast auf Schritt u. Tritt Spaziergänger begegnen, so daß eine Unsicherheit fast ausgeschlossen erscheint.« StAM, AR, Fasc. 3161, Nr. 233 (1896). Vgl. außerdem StALa, Rep. 167/1, Nr. 960 (1878): Eine Zeugin erklärte, sie kenne die vergewaltigte Frau schon lange und diese sei den betreffenden Weg schon viele Male allein gegangen, es sei der Weg zur Kirche, und noch niemals sei dort jemand angepackt worden.

14 Frommel, Gewalt, S. 266, spricht vom »konventionellen Stereotyp der überfallartigen Vergewaltigung«.

15 Vgl. die Ergebnisse von Clark, Silence, S. 24f., für England im späten 18. und frühen 19. Jahrhundert.

16 Diese und die folgenden Zahlen lassen keine Rückschlüsse zu auf die Realität sexueller Gewalt im ländlichen Bayern der Jahrhundertwende. Sie dienen hier nur der Charakterisierung der dargestellten Fälle.

17 Vermutlich waren die Dienstmägde, Taglöhnerinnen und Häuslerinnen mobiler als die Bauersfrauen. Sie erledigten oft Besorgungen und arbeiteten allein im Wald oder auf dem Feld. Dadurch gerieten sie häufig in die modellhafte Ausgangssituation einer Vergewaltigung, die in der Mehrzahl der überlieferten Fälle geschildert wurde. Dienstmägde waren überdies schutzloser als andere Frauen, da sie abhängig und oft fremd waren. Allerdings müßten die Zahlen im Verhältnis zur Größe der jeweiligen sozialen Gruppe gesehen werden. Bei der mangelnden Repräsentativität der Akten wären jedoch auch diese Zahlen nicht sehr aussagekräftig; es ist also hier nicht feststellbar, welche Frauen häufiger Opfer einer Vergewaltigung wurden als andere.

18 StALa, Rep. 167/1, Nr. 949 (1874) u. 958 (1878).

19 StAM, Staw., Nr. 183 (1880) u. StALa, Rep. 167/1, Nr. 949 (1874).

20 StALa, Rep. 167/1, Nr. 951. Vernehmung vom 5.4.1874.

21 StALa, Rep. 167/1, Nr. 956. Vernehmung vom 23.1.1877.

22 StALa, Rep. 167/1, Nr. 951. Vernehmung vom 5.4.1874.

23 Solche »defensiven Abwehrstrategien« werden nach heutigen Erkenntnissen häufig von Frauen, die mit einer Vergewaltigung bedroht werden, angewendet. Frommel, Gewalt, S. 267f., konstatiert, daß der Gewaltbegriff des Vergewaltigungsparagraphen nicht zu den tatsächlichen Strategien von Vergewaltigungsopfern paßt. Nur etwa die Hälfte von ihnen wehren sich physisch.

24 StALa, Rep. 167/1, Nr. 960. Vernehmung vom 24.10.1878.

25 StALa, Rep. 167/1, Nr. 958. Vernehmung vom 13.3.1878.

26 Vgl. auch den Fall der Theres Wiederholler, die während des Überfalls mehrfach die »drei heiligsten Namen« anrief. StALa, Rep. 167/1, Nr. 949 (1874).

27 StALa, Rep. 167/1, Nr. 949 (1874).

28 StALa, Rep. 167/1, Nr. 958. Vernehmung vom 13.3.1878.

29 StALa, Rep. 167/1, Nr. 963. Vernehmung vom 14.9.1888. Es scheint, als habe der Untersuchungsrichter hier mehrfach nachgehakt. Außerdem klingt die Aussage, als habe der Schreiber seine eigenen Formulierungen verwendet. Beide Umstände belegen jedoch, wie zentral die Schilderung der physischen Gegenwehr im Notzuchtsverfahren war.

30 Vgl. Clark, Silence, S. 47: In ihren Akten lag die Verurteilungsrate bei versuchter Notzucht bei 25 Prozent, bei vollendeter Notzucht bei 7 bis 13 Prozent.

31 Vgl. Kapitel II.1 und II.2 der vorliegenden Arbeit.

32 StALa, Rep. 167/1, Nr. 948. Vernehmung vom 23.7.1873.

33 StALa, Rep. 167/1, Nr. 951. Vernehmung vom 5.4.1874.

34 Vgl. Kapitel II.2 der vorliegenden Arbeit.

35 StALa, Rep. 167/1, Nr. 960. Vernehmung vom 24.10.1878. Vgl. auch StALa, Rep. 167/1, Nr. 951 (1874): Die 61jährige Theres Holzapfel beschrieb, daß der Täter nur ein wenig mit seinem Glied in ihre Scham eindrang und der Samen sich nebenher ergoß.

36 StALa, Rep. 167/1, Nr. 958 (1878).

37 StALa, Rep. 167/1, Nr. 778. Vernehmung vom 10.6.1882.

38 Beide Fälle siehe STAM, Staw., Nr. 673 (1888).

39 Zwar sind in allen Beispielen die genauen Bezeichnungen («männliches Glied«, »Samenerguß«, »Scheide«, »Scham« oder »naß machen«) nicht unbedingt die Ausdrücke, die die Zeuginnen benutzt haben, sondern vom Schreiber in eine möglichst neutrale Sprache gebracht bzw. der Zeugin durch Fragen in den Mund gelegt worden. Dennoch ist anzunehmen, daß dort, wo direkte Ausdrücke benutzt werden, die Frauen sich genauer ausgedrückt hatten als in den Fällen, in denen Umschreibungen festgehalten wurden.

40 StALa, Rep. 167/1, Nr. 958. Vernehmung vom 13.3.1878.

41 StALa, Rep. 167/1, Nr. 948. Vernehmung vom 23.7.1873.

42 Lindenberger/Lüdtke, Einleitung, S. 29, stellen fest, daß sexuelle Gewalt fast immer von Morddrohungen, also auch Todesangst der Opfer, begleitet ist. Viele Opfer sexueller Gewalt fürchten auch ohne explizite Drohung um ihr Leben, da die Verbindung einer Vergewaltigung mit Mord eine verbreitete Vorstellung ist. Vgl. Frommel, Gewalt, S. 268.

43 Selbst wenn die Frau nicht explizit um ihr Leben fürchtete, war die Angst vor Gewalttätigkeiten des Mannes präsent. Vgl. StALa, Rep. 167/1, Nr. 963 (1888): Eine Frau äußerte, daß sie und eine Zeugin fürchteten, den Täter zu einem Gewaltausbruch zu reizen.

44 Vgl. die im folgenden geschilderten Fälle StAM, Staw., Nr. 442 (1884) u. 673 (1888) sowie StALa, Rep. 167/1, Nr. 766 (1880) u. 768 (1880). Hier war die Frau jeweils schlecht beleumundet, und Täter und Opfer waren gut miteinander bekannt.

45 StAM, Staw., Nr. 442. Bericht des Gendarmen vom 7.10.1884.

46 Allerdings deutete die Bäuerin die Tat so, daß sie selbst im besten Licht erschien. Sie machte deutlich, daß sie sehr wohl in der Lage gewesen wäre, in ihrem Haus für Ordnung zu sorgen, wenn etwas Unrechtes geschehen wäre.

47 StAM, Staw., Nr. 442. Alle Aussagen im Vernehmungsprotokoll vom 12.12.1884.

48 StAM, Staw., Nr. 673. Bericht des Gendarmen vom 3.3. u. Aussage in der Voruntersuchung vom 10.4.1888.

49 Vgl. zur »Übermächtigung« Becker, Illegitimität, S. 163ff.

50 Vgl. Clark, Silence, S. 104-108: Oft hinderte die Angst, die Stellung zu verlieren, eine Magd oder ein Dienstmädchen daran, den Übergriff durch einen Knecht anzuzeigen oder der Dienstherrschaft mitzuteilen.

51 StAM, Staw., Nr. 673. Aussage in der Voruntersuchung vom 10.4.1888.

52 Dementsprechend hatten beide Frauen den Vorfall nicht angezeigt. In beiden Fällen wurde der jeweilige Mann wegen eines anderen sexuellen Übergriffs angezeigt. Daraufhin kamen Gerüchte über weitere Vorfälle auf, denen die Gendarmerie nachging.

53 Dies war die Bezeichnung für einen sexuellen Verkehr, der seitens der Frau nicht gewollt war. Vgl. z.B. StAM, Staw., Nr. 453: Die Bewohner eines Dorfes schlossen aufgrund nächtlicher Schreie: »Da hat eine nicht herhalten wollen.« Bericht des Gendarmen vom 22.1.1885.

54 Kelly/Radford, Invalidation, S. 20.

55 Ebd., S. 20. Vgl. auch Kelly, Surviving, S. 138-151.

56 Vgl. Kunz, Kriminologie, S. 24, zur Definition von Handlungen als »kriminell«: »Jedenfalls ist zwischen den Kriminalitätsdefinitionen und den so definierten Handlungen – ebenso wie zwischen den beidseits beteiligten Akteuren – eine Wechselbeziehung anzunehmen, die sich als soziale Interaktion bestimmen läßt.« Zum *labeling approach* insgesamt ebd., S. 154-171.

57 Kienitz, Gewalt, S. 55ff.

58 Hierzu Clark, Silence, S. 79f.: Sie beschreibt, daß nur etwa 15 Prozent der ins Founding Hospital in London eingelieferten schwangeren Frauen angaben, mit Gewalt zum Geschlechtsverkehr gezwungen worden zu sein. Als jedoch ein Mitarbeiter die Frage einführte, ob sie dem Verkehr zugestimmt hätten, antworteten 31 Prozent mit Nein. Eine einleuchtende These stellt Pelaja, Praxis, S. 38f. auf: Frauen, die bereits durch einen »unmoralischen Lebenswandel« stigmatisiert waren, fanden sich damit ab, daß sie keinen Schutz erhalten würden, und waren sich bewußt, daß ihnen die Schuld zugewiesen würde. Clark, Silence, S. 31, weist ebenfalls darauf hin, daß viele Frauen eine Vergewaltigung als unvermeidliches Schicksal ansahen.

59 StALa, Rep. 167/1, Nr. 948. Aussage in der Voruntersuchung 23.7.1873.

60 Clark, Silence, S. 31 stellt fest, daß die Frauen in den von ihr ausgewerteten Akten eher der Mutter, der Schwester oder der Dienstherrin von einer Vergewaltigung erzählten als einem Mann.

61 Vgl. zum Reden über Sexualität Schulte, Dorf, S. 141-146; Kienitz, Geschäfte, S. 438.

62 StALa, Rep. 167/1, Nr. 960. Aussage der Förstersfrau vom 24.10.1878.

63 Vgl. zur Ehre Kapitel III.1 der vorliegenden Arbeit. Guillais, Chair, S. 25, fand als Motiv für den Mord eines Vaters an seiner Tochter, daß diese durch eine uneheliche Schwangerschaft (infolge einer Vergewaltigung) seine Ehre und die der ganzen Familie befleckt hatte.

64 StALa, Rep. 167/1, Nr. 956 (1877).

65 StALa, Rep. 167/1, Nr. 958. Aussage des Knechts vom 23.6.1878.

66 StALa, Rep. 167/1, Nr. 960. Aussage der Försterin vom 24.10.1878.

67 Ebd., Aussage Thekla Nagel vom 24.10.1878.

68 StALa, Rep. 167/1, Nr. 949. Aussage der Tochter vom 22.3.1874.

69 StALa, Rep. 167/1, Nr. 956 (1877).

70 StAM, Staw., Nr. 687. Bericht des Gendarmen vom 2.8.1888.

71 Vier Anzeigen erfolgten nach etwa einer Woche, sieben nach etwa einem Monat und eine nach einem halben Jahr.

72 StALa, Rep. 167/1, Nr. 960. Bericht des Gendarmen vom 15.10.1878. Der Fall zeigt auch, daß die Angst der Frau und die Bedrohung durch den Täter nach der

Vergewaltigung präsent blieben. In diesem Fall erhielt die Frau Unterstützung durch ihr soziales Umfeld, weil sie eine wichtige Funktion für ein einflußreiches Mitglied der Gemeinde erfüllte und in den dörflichen Zusammenhang eingebunden war.

73 StAM, Staw., Nr. 453. Aussage eines Zeugen vom 31.1.1885.

74 StALa, Rep. 167/1, Nr. 752. Aussagen Anna Wackers und des Gendarmen vom 9.10.1877.

75 Allgemein kann ein Täter Sanktionen verhindern oder mildern, wenn er »korrektive Maßnahmen« ergreift, also sich entschuldigt, Reue zeigt, eine Einschränkung seiner Urteilsfähigkeit zum Zeitpunkt der Tat geltend macht (z.B. durch Alkoholgenuß) oder schlicht die Tat abstreitet. Smaus, Strafrecht, S. 99.

76 Vgl. Becker, Leben, S. 263: »Die grundsätzliche Bereitschaft, den Konflikt vorerst informell zu regeln, scheint eine wesentliche Praxis des dörflichen Zusammenlebens gewesen zu sein. Erst die Unmöglichkeit solcher Einigungen bildete den Anlaß für eine gerichtliche Verhandlung.«

77 StAM, Staw., Nr. 673 (1888). Ein ähnlicher Fall ist StAM, Staw., Nr. 678 (1888). Vgl. zum Kirchgang als Ort dörflicher Kommunikation Wiebel-Fanderl, Religion, S. 77.

78 Was jedoch nicht zu solch weitreichenden Schlußfolgerungen führen sollte, wie sie Ammerer, Sexualität, S. 127, vertritt: »Der sexuelle Umgang war inner- wie außerhalb der Ehe derb und zum Teil recht gewaltsam. Erotik und Zärtlichkeit spielten im ausgehenden 18. Jahrhundert bei der Regie des Geschlechtsaktes keine tragenden Rollen; sie scheinen im Gefühlsrepertoire des 18. Jahrhunderts weitgehend zu fehlen.« Diese Schlußfolgerung aus zwei Fällen sexueller Gewalt läßt sich so weder für das Ende des 18. noch des 19. Jahrhunderts treffen. Vgl. aber die im Diskurs getroffenen Definitionen männlicher und weiblicher Sexualität, die in Kapitel II dargestellt sind.

79 StAM, Staw., Nr. 419 (1884).

80 StAM, Staw., Nr. 442. Aussagen vom 12.12.1884.

81 StALa, Rep. 167/1, Nr. 949. Bericht des Gendarmen vom 20.3.1874.

82 StALa, Rep. 167/1, Nr. 963 (1888).

83 Töngi, Gewalt, S. 8.

84 StALa, Rep. 167/1, Nr. 963. Aussage vom 14.9.1888.

85 StALa, Rep. 167/1, Nr. 752. Aussagen in der Voruntersuchung 21.11.1877.

86 Shorter, Beiträge, S. 542. Er ergänzt, daß »der Nachhauseweg üblicherweise eine kleine Unterbrechung für den Geschlechtsverkehr einschloß«. Er zieht diesen Schluß aus den Klagen bürgerlicher Beobachter. Ein niederbayerischer Arzt schrieb über die Tanzböden: »Man trifft in Wäldchen und im Dickichte der Stauden 8 bis 10 Paare in nicht allzu weiter Entfernung von einander, Aphroditen Opfer bringend; das ist der sogenannte ›Staudenkirta‹.« Probst, Frömmigkeit, S. 431. Es ist zu fragen, ob es sich tatsächlich immer um Geschlechtsverkehr handelte und nicht vielfach um Tändeleien oder ob es sich um Paare handelte, die schon länger in einer festen Beziehung zueinander standen und sich die Ehe versprochen hatten. Vgl. Wellnhofer, Alltag, S. 150f.; Stieler, Bilder, S. 240-244.

87 StAM, Staw., Nr. 453. Alle Zitate aus den Aussagen Bibers vom 21.1. und Kuglers vom 31.1.1885. Die Sache blieb auch unter den Männern. Als Anna Haas den Kugler fragte, was er denn mit Hartl besprochen habe, antwortete er: »du brauchst auch nicht alles zu wissen.«

88 StAM, Staw., Nr. 673 (1888) u. 678 (1888) sowie StAM, AR, Fasc. 3162, Nr. 240 (1896).

89 Vgl. StAM, Staw., Nr. 409 (1884) u. 442 (1884).

90 So z.B. StALa, Rep. 167/1, Nr. 752 (1877), 948 (1873) u. 958 (1878).

91 StAM, Staw., Nr. 442. Bericht des Gendarmen vom 24.4.1888.

92 StAM, Staw., Nr. 678. Aussage vom 24.4.1888.

93 StAM, AR, Fasc. 3162, Nr. 240. Aussage des Gendarmen vom 21.12.1896.

94 StAM, Staw., Nr. 687. Aussage vom 24.8.1888. Vgl. Schulte, Dorf, S. 146-152 zu den Folgen einer unehelichen Geburt u. Breit, »Leichtfertigkeit«, S. 8 u. S. 94-97 zu Unehelichkeit und »Bekanntschaften«. Göttler, S. 196, konstatiert für den Bezirk Dachau: »Die Geburt eines unehelichen Kindes galt zwar als ärgerlich (...) wurde aber nicht als Schande empfunden. Kind und Mutter durften in der Regel weiter auf dem Hof bleiben, manchmal floh eine Magd vor dem Gerede auch in ein umliegendes Dorf.«

95 StALa, Rep. 167/1, Nr. 956. Aussage des Pfarrers vom 23.1.1877.

96 StAM, AR, Fasc. 3162, Nr. 240. Aussage des Gendarmen vom 21.12.1896.

97 StALa, Rep. 167/1, Nr. 962. Aussage des Stationskommandanten vom 19.3.1882. Ob man hier tatsächlich von »Genußsucht« reden kann und es nicht eher ums nackte Überleben ging, sei dahingestellt. Katharina Trauner hatte mehrere Kinder zu versorgen, ihr Mann war an Tuberkulose erkrankt und zum Zeitpunkt der Untersuchung schon lange nicht mehr arbeitsfähig.

98 StALa, Rep. 167/1, Nr. 962. Urteil LG Deggendorf von 1882.

99 StaLa, Rep. 167/1, Nr. 766. Bericht des Gendarmen vom 26.6.1880.

100 Ebd. Bericht des Bürgermeisters vom 28.7.1880.

101 Ebd. Einstellungsbeschluß des Staatsanwalts vom 13.8.1880.

102 StAM, Staw., Nr. 453. Vermögens- und Leumundszeugnis vom Januar 1885 sowie Bericht des Gendarmen vom 22.1.1885.

103 Plößl, Frauen, S. 14f.

104 Vgl. StAM, Staw., Nr. 673 (1888).

105 StAM, Staw., Nr. 442. Bericht des Gendarmen vom 1.10.1884.

106 StAM, AR, Fasc. 3162, Nr. 240. Aussage des Gendarmen vom 21.12.1896 und Leumundszeugnisse vom 18.11.1896.

107 Schulte, Dorf, S. 60f.

108 StAM, Staw., Nr. 439. Leumundszeugnis vom 29.8.1884.

109 StALa, Rep. 167/1, Nr. 951. Leumundszeugnis vom 16.4.1874.

110 StAM, Staw., Nr. 442. Vermögens- und Leumundszeugnis vom Oktober 1884.

111 StALa, Rep. 167/1, Nr. 766. Bericht des Gendarmen vom 26.6.1880.

112 Vgl. die Charakterisierung des Retsch in StAM, AR, Fasc. 3162, Nr. 240: Er stamme aus einer geachteten Familie, sei aber durch schlechten Umgang verdorben worden. Aussage des Gendarmen vom 21.12.1896.

113 StALa, Rep. 167/1, Nr. 963. Leumundszeugnis vom 16.9.1888.

114 StALa, Rep. 167/1, Nr. 952. Leumundszeugnis vom 8.8.1875.

115 Freilich besaßen Frauen nur selten ein Vermögen, das sie vergeuden, oder ein Anwesen, das sie zugrunderichten konnten. Ledige Frauen sparten sich aber mitunter ein ansehnliches Guthaben zusammen, dessen Grundstock oft die Auszahlung durch den erbenden Bruder bildete. Dies war etwa bei der unverheiratet gebliebenen 64jährigen Müllerstochter Theres Koller der Fall. Vgl. StALa, Rep. 167/1, Nr. 958. Vermögens- und Leumundszeugnis vom 31.3.1878.

116 Vgl. Holenstein/Schindler, Geschwätzgeschichte(n), S. 49.

117 Wulffen, Sexualverbrecher, S. 448f. Vgl. Kapitel II, S. 38.

118 Unter den 23 Notzuchtsakten betreffen 21 jeweils einen Täter, während zwei jeweils vier Täter betreffen – im einen Fall Jugendliche zwischen zwölf und 16 Jahren, im anderen Fall junge Männer zwischen 24 und 35 Jahren. Die meisten der 21 übrigen Täter waren zwischen 20 und 40 Jahre alt, nur zwei waren unter 20 und zwei über

40. Verheiratet waren nur vier der betroffenen Männer. Bei den Tätern überwiegen außerdem ebenso wie bei den Frauen Angehörige der unterbäuerlichen Schichten. Zwei der Männer waren Inwohner, sechs Taglöhner, drei Häusler und sieben Dienstknechte.

119 Vgl. dazu Kunz, Kriminologie, S. 154-171; Smaus, Strafrecht, S. 66f.

120 Bezogen auf die heutige Rechtsprechung kritisiert Frommel, Gewalt, S. 268, daß diese, indem sie auf das Merkmal der körperlichen Gegenwehr Wert legt, den Sinn des Strafrechts verkehre. Dieses Merkmal begünstige opferbeschuldigende Rechtfertigungsstrategien potentieller Täter und trage zu einer inhumanen Situation in den Verfahren bei.

121 StAM, Staw., Nr. 409. Aussage vom 26.6.1884.

122 StALa, Rep. 167/1, Nr. 960. Aussage vom 22.12.1878.

123 StAM Staw., Nr. 687. Aussage vom 24.8.1888.

124 StALa, Rep. 167/1, Nr. 963. Bericht des Gendarmen vom 24.9.1888.

125 Diese Rechtfertigungen waren schon im 16. Jahrhundert gängige Verteidigungsstrategien von Männern bei Anzeigen wegen Unzucht und Notzucht. Der Mann konnte vorbringen, die Frau habe sich nicht gewehrt, sie habe sich selbst zu ihm ins Bett gelegt oder sie sei als eine unkeusche Frau bekannt. Roper, Wille, S. 187-190; Lindemann, Rape, S. 67f.

126 StAM, Staw., Nr. 409. Aussage vom 26.6.1884.

127 Vgl. Kapitel II, S. 42.

128 StAM, Staw., Nr. 338 (1884).

129 StAM Staw., Nr. 410 (1884).

130 StAM Staw., Nr. 442. Aussage Krötzer 1.10. u. Bericht des Gendarmen Oktober 1884.

131 Vgl. den Fall der Katharina Trauner, die in Freising gelegentlich der Prostitution nachgegangen war. StALa, Rep. 167/1, Nr. 962. Siehe auch Kienitz, Geschäfte, S. 442-446.

132 StAM, Staw., Nr. 409. Aussage vom 13.6.1884.

133 Ebd., Aussagen vom 13.6.1884.

134 StAM Staw., Nr. 453 (1884) u. StALa, Rep. 167/1, Nr. 963 (1888) sowie StAM, AR, Fasc. 3161, Nr. 233 (1896).

135 StAM, Staw., Nr. 409 (1884).

136 StAM, Staw., Nr. 442 (1884).

137 Vgl. zu den Bräuchen, mit denen eine »Bekanntschaft« geschlossen wurde, Breit, Leichtfertigkeit, S. 94-98.

138 StAM, Staw., Nr. 698.

139 StALa, Rep. 167/1, Nr. 963. Aussage Weber 14.9.1888.

140 StAM Staw., Nr. 453. Bericht des Gendarmen vom 23.12.1884. Eine solche Drohung konnte eine Anzeige aber auch provozieren, statt sie zu verhindern. Vgl. StALa, Rep. 167/1, Nr. 960 (1878), dargestellt auf S. 125f. dieser Arbeit.

141 StALa, Rep. 167/1, Nr. 956. Aussage vom 13.1.1877.

142 StAM Staw., Nr. 687. Aussage vom 24.8.1888.

143 Zum Beispiel Ernst, Arbeitsverhältnisse, S. 88.

144 Auch in einem anderen Fall schlug der Täter die Frau mit der Faust und einem Stock zusammen. Dabei hatte er geäußert: »Warum hast du dich nicht still gehalten.« StALa, Rep. 167/1, Nr. 951. Aussage Theres Hambauer 5.4.1874. Vgl. auch Becker, Leben, S. 292: »Vergewaltigungen haben aber neben ihrem Aspekt der Befriedigung des Sexualtriebes auch noch einen deutlich sichtbaren Herrschaftsaspekt.«

145 StALa, Rep. 167/1, Nr. 956. Aussage vom 13.1.1877.

146 StAM Staw., Nr. 687. Aussage vom 24.8.1888.

147 StALa, Rep. 167/1, Nr. 752 (1877). Der Oralverkehr wirkte vermutlich als besondere Form der Machtausübung und Erniedrigung, da er eine verpönte Sexualpraktik war. Auch die vom Täter ausgesprochene Drohung »ich renne ihn dir schon hinab bis in die Gurgel« zeugt davon, daß es sich um eine Form der Gewalt- und Machtausübung handelte.

148 Becker, Leben, S. 291.

149 Angezeigt wurde der Fall, weil der Bauer dem Mädchen nach ihrem Dienstaustritt ihre Gewandtruhe nicht aushändigen wollte. Die Magd wurde in der Auseinandersetzung von ihrer leiblichen Mutter und deren Ehemann unterstützt. Somit gab es Grenzen der Verfügungsgewalt, die aber nicht auf moralischer Empörung über die Tat, sondern auf einem Verstoß des Dienstherrn gegen bestimmte Regeln beruhten. Vgl. ebd., S. 290f.

150 Vgl. zum Beispiel die Darstellung des Fensterlns bei Schulte, Dorf, S. 236-240, und die Schilderungen einiger Bräuche bei Breit, Leichtfertigkeit, S. 84-94. Dazu Kaschuba, Lebenswelt, S. 10f.: In Tanzveranstaltungen »lenken interne Normen die Beziehung zwischen den Geschlechtern (...). Es ist ein rituelles System der jugendlichen Selbstkontrolle von Sexualität (...), ein Einüben in sozialmoralische Leitwerte und biographische Rollen.« Medick, Spinnstuben, schildert die Spinnstuben als Form jugendlicher Geselligkeit, bei der auch sexuelle Annäherungen stattfanden. In Bayern entsprach der Heimgarten diesem Brauch. In StAM, AR, Fasc. 3156, Nr. 210 schilderte ein Mädchen, wie sie im Heimgarten einer Freundin von deren Bruder in die Tenne geführt wurde, wo er dann den Geschlechtsverkehr mit ihr verübte.

151 Breit, Leichtfertigkeit, S. 115f.

152 Breit selber stellt das »Konzept eines mechanistischen Triebes« in Frage: »Diese mechanistische Triebvorstellung vergißt, daß menschliche Bedürfnisse von dem kulturellen System einer Zeit modifiziert, aufgestachelt, umgeleitet, zurückgehalten, unterdrückt werden können.« Ebd., S. 297.

153 Vgl. Becker, Leben, S. 294: In einem von ihm ausgewerteten Fall befahl der Mann der Frau, »ihm unterthänig zu sein«: »Es ist gleichgültig, ob diese Phrase wörtlich von Stephan oder dem Schreiber des Protokolls verwendet wurde, denn diese Redewendung gehörte zum Repertoire männlicher Sichtweisen der Sexualität. (...) Schon durch diese Redeweise wird der Herrschaftsanspruch des Mannes beim Sexualakt deutlich ausgedrückt.«

154 Roper, Wille, S. 187.

155 Vgl. Ilien/Jeggle, Dorf, S. 81: »der Mann war der Kommandierende, sein Bedürfnis war zu stillen. Die Frauen wurden verführt, herumgebracht, ›geschwächt‹.« Nicht aus den Quellen ersichtlich ist, ob der Begriff »gebrauchen« nur eine ganz *bestimmte* Beziehung zwischen Mann und Frau bezeichnete, etwa eine einmalige Begegnung ohne längere Beziehung. Sicher ist, daß sich dieser Ausdruck nicht nur auf erzwungenen Geschlechtsverkehr bezog, da er auch zur Bezeichnung konsensualer Begegnungen verwendet wurde. Carola Lipp fand den Ausdruck für das 19. Jahrhundert auch in Autobiographien von ArbeiterInnen und vermutet, daß »Sich-Gebrauchen-Lassen« die gängige Bezeichnung für den Geschlechtsverkehr war. Lipp, Innenseite, S. 243.

156 Kienitz, Geschäfte, S. 456. Auch Carola Lipp stellt fest, daß der Begriff »gebrauchen« die Frau als Sexualobjekt konstituiere. Die »sexuelle Freiheit« im Arbeitermilieu habe vor allem »das Recht der Männer auf Durchsetzung ihrer sexuellen Wünsche« beinhaltet. Lipp, Innenseite, S. 243.

157 So etwa in Ariès/Duby, Histoire, Bd. 4, S. 146 u. 276f.; Göttsch, Quellen, S. 55f.; Ammerer, Sexualität, S. 127.

Kapitel IX

1 Vgl. zu den Zahlen für Ober- und Niederbayern die Tabellen 3 und 5 im Anhang.

2 Brockhaus/Kolshorn, Sexuelle Gewalt, S. 47f.

3 Ausgewertet wurden insgesamt 102 Akten, in denen 169 Vergehen nach Paragraph 174, 176,3 oder 182 RStGB dokumentiert sind. Daraus ergeben sich also 169 Fälle, die in die Untersuchung einbezogen wurden. In vielen Akten ist ein Täter angeklagt, mehrere Mädchen unabhängig voneinander mißbraucht zu haben. In der Auswertung wird jeder dieser Übergriffe als ein Fall gezählt. Wurde ein Mädchen von einem Täter mehrmals mißbraucht, also über einen längeren Zeitraum sexuell ausgebeutet, gilt dies als ein Fall. Mehrere Fälle ergeben sich, wenn ein Mädchen von mehreren Männern unabhängig voneinander mißbraucht wurde. – 50 der ausgewerteten Akten stammen aus dem LG Deggendorf, wobei 39 von ihnen die Jahre 1880 bis 1885 betreffen, sechs Akten die Jahre 1876 bis 1879 und fünf Akten die Jahre 1871 bis 1875. Neun Akten sind vom LG München I überliefert, davon sieben aus den 1880er Jahren und jeweils eine von 1879 und 1891. 43 Akten stammen aus dem LG München II, darunter 37 aus den Jahren 1897 bis 1899 und jeweils eine aus den Jahren 1895 sowie 1900 bis 1903.

4 Hierzu gehören Nachbarn aus dem Dorf (42 Fälle), Taglöhner im Dienst der Eltern, die nicht in deren Haushalt lebten (zwei Fälle), Knechte oder bei den Eltern in Logis lebende Taglöhner (acht Fälle) und schließlich im Haushalt lebende Verwandte (fünf Fälle). Hinzu kommen Lehrer, Priester und sonstige Vertrauenspersonen (vier Fälle). In sechs Fällen ist das Verhältnis zwischen Täter und Opfer unklar. Zu beachten ist, daß es sich nicht bei jedem Fall um verschiedene Täter handelt.

5 In sechs Fällen war es der Knecht der Eltern, in fünf Fällen der Dienstherr des Mädchens, in drei Fällen ein Familienangehöriger, in zwei Fällen ein Mitknecht.

6 Zehn Mädchen wurden von Männern mißbraucht, die bei den Eltern in Logis lebten (meist Taglöhner, die Arbeiten auf dem Anwesen übernahmen), zwei von den Logisgebern. Fälle von Inzest, also Blutschande, wurden hier nicht näher berücksichtigt, da kein Fall von Blutschande überliefert ist, der ein Kind betrifft. Allerdings wird in einigen Akten darauf hingewiesen, daß das betreffende Mädchen sexuelle Gewalt in der Familie, seitens des Vaters, Großvaters oder Onkels, erlitten hatte. Dazu werden jedoch nicht ausreichend Informationen geliefert, um sie als eigenständige Fälle auswerten zu können.

7 Zehn Mädchen wurden von ihrem Lehrer über einen längeren Zeitraum sexuell ausgebeutet, elf Mädchen von einem Pfarrer, wobei diese Fälle insgesamt drei Lehrer und zwei Priester betreffen.

8 In den ausgewerteten Akten waren von 165 Kindern zum Zeitpunkt des ersten Übergriffes 29 zwischen drei und sechs Jahre alt, 65 zwischen sieben und zehn, 41 Kinder elf und zwölf Jahre und 18 Kinder 13 Jahre alt. Zwei Mädchen wurden im Alter von 15 Jahren »verführt«. Bei den übrigen Kindern ist das Alter unklar.

9 Vgl. etwa StALa, Rep. 167/1, Nr. 848. Hier fielen die oralen Praktiken straferschwerend ins Gewicht, wie es im Urteil hieß: »die Brutalität, mit der er gegen das Kind vorging, das, wenn es auch noch nicht das Wesen des sittenverderblichen Vorganges zu erfassen vermochte, immerhin schon fähig war, denselben seinem Gedächtnis einzuprägen«. Urteil LG Deggendorf, 1885.

10 StAM, AR, Fasc. 3148, Nr. 85. Aussage Amalie in der Voruntersuchung 24.4.1898. Amalie war, wie ihr Vater aussagte, das einzige Kind, das von Kritzenberg nach Thurmansbang zur Schule ging. Lange Schulwege, »die stellenweise durch Busch und Wald führen«, waren nicht ungewöhnlich, weshalb bürgerliche Autoren die Gefahren dieses Umstands hervorhoben, hier Wittenberg, Verhalten, S. 37.

11 So wurde Anna Dandl von einem Unbekannten 1899 während des Jahrmarktes in Indersdorf gefragt, ob sie ihm den Weg nach Esterhofen zeige, sie bekomme dafür 20 Pfennige. Hinter den Mauern des Klosters zog er sie dann auf den Acker und vergewaltigte sie. StAM, AR, Fasc. 3154, Nr. 194 (1899). Der Franziskanerpater Schreiber bat im Jahre 1898 die zehn Jahre alte Anna, ihm den Weg zum nahegelegenen See zu zeigen. Im Wald griff er ihr unter die Röcke. StAM, AR, Fasc. 3146, Nr. 52 (1898).

12 StALa, Rep. 167/1, Nr. 784 (1882).

13 StALa, Rep. 167/1, Nr. 790 (1882).

14 StAM, AR, Fasc. 3154, Nr. 194. Aussage Sturm in der Voruntersuchung 22.6.1899.

15 StAM, AR, Fasc. 3162, Nr. 242. Bericht Gendarm 3.2.1897.

16 Vgl. Anm. 55 zu Kapitel V der vorliegenden Arbeit.

17 StAM, AR, Fasc. 3153, Nr. 178. Aussage in der Voruntersuchung 29.11.1898.

18 StAM, AR, Fasc. 3153, Nr. 190. Aussage in der Voruntersuchung 5.12.1899.

19 Ein Mädchen erklärte einer Nachbarin – wie diese als Zeugin äußerte –, sie könne nichts dafür, sie habe ja fortlaufen wollen. StAM, AR, Fasc. 3165, Nr. 281 (1897). Zur Funktion der Darstellung, die die Kinder von der Tat gaben, siehe S. 155-158 dieser Arbeit.

20 Vgl. z. B. StALa, Rep. 167/1, Nr. 846. Urteil LG Deggendorf 9.7.1885.

21 StAM, AR, Fasc. 3153, Nr. 188. Aussage Marias in der Voruntersuchung 18.2.99. Aussage Magdalenas laut Bericht des Gendarmen vom 3.2.1899.

22 StALa, Rep. 167/1, Nr. 782. Aussage in der Voruntersuchung 4.7.1882.

23 StAM, AR, Fasc. 3150, Nr. 122. Aussage in der Voruntersuchung 17.9.1898.

24 StALa, Rep. 167/1, Nr. 795. Aussage in der Voruntersuchung 28.3.1882.

25 Heute wird dieses Phänomen als typische Reaktion während der traumatischen Situation angesehen. Ferenczi sprach 1933 als erster »von einem Abschalten, einem Paralysieren des Opfers während des Akts der Gewalt«. Hirsch, Schuld, S. 259.

26 StALa, Rep. 167/1, Nr. 796. Aussage in der Voruntersuchung 18.4.1882.

27 StAM, Staw., Nr. 20. Aussage Dressel in der Voruntersuchung August 1880.

28 Der Müller Maier kam hinzu, als ein Bursche versuchte, Anna Messner zu vergewaltigen. Der Bursche flüchtete, Anna aber ging »ganz verwirrt« ins Gehölz. Maier fragte sie, wohin sie denn wolle, worauf sie erwiderte, sie wolle nach Altenmarkt. Sie war aber in ihrer Verwirrung in die falsche Richtung gegangen, so daß Maier sie zur Sicherheit nach Altenmarkt begleitete. StAM, Staw., Nr. 448. Aussage Maier in der Voruntersuchung 10.12.1884.

29 Vgl. zum Beispiel auch Lorenz, Schmerz, S. 350ff.

30 StALa, Rep. 167/1, Nr. 754. Aussagen in der Voruntersuchung 8.11.1878.

31 Vgl. Plößl, Kinder, S. 14-18.

32 Dienstboten beteiligten sich durchaus an der Kindererziehung. Ebd., S. 18.

33 StAM, AR, Fasc. 3144, Nr. 14. Aussagen in der Voruntersuchung 27.12.1897.

34 Vgl. den sehr ähnlichen Fall StAM, AR, Fasc. 3166, Nr. 309 (1897).

35 StAM, AR, Fasc. 3145, Nr. 16. Aussage in der Voruntersuchung 29.12.1897.

36 StAM, AR, Fasc. 3153, Nr. 190. Aussage in der Voruntersuchung 28.11.1898.

37 Vgl. auch Kapitel IX.5 dieser Arbeit.

38 Die Angst vor den Eltern schilderte die 1897 geborene Tochter eines Gütlers aus dem Landkreis Augsburg im Rahmen eines Oral-History-Projekts: »Da hat man keine Widerrede, das hat es nicht gegeben, nein, das hätte man sich gar nicht getraut. Da hat man wirklich einen Respekt und eine Achtung gehabt und sozusagen ein bißle Angst.« Plößl, Kinder, S. 15.

39 Vgl. zur Geschwistererfahrung und zur Übernahme der Mutterfunktion durch ältere Töchter Mitterauer, Sozialgeschichte, S. 104ff.

40 StALa, Rep. 167/1, Nr. 754 (1878).

41 StALa, Rep. 167/1, Nr. 849. Aussage der Mutter in der Voruntersuchung 6.7.1885. Diese Aussage verdeutlicht nochmals, daß ältere Mädchen sich vor Gericht in einer Rechtfertigungssituation befanden.

42 StALa, Rep. 167/1, Nr. 745. Aussage Anna in der Voruntersuchung 7.10.1875.

43 StAM, AR, Fasc. 3146, Nr. 52. Bericht des Gendarmen 22.4. u. Aussage Creszenz Maier in der Voruntersuchung 9.5.1898. Annas Anspielung auf die Beichte deutet auf einen weiteren Weg hin, über den manche Kinder Hilfe erhielten. Vgl. S. 168f.

44 StALa, Rep. 167/1, Nr. 777. Aussage in der Voruntersuchung 4.6.1882. In zwei weiteren Fällen gab es Gerüchte, daß die betreffenden Mädchen vom Vater bzw. Stiefvater »benützt« worden seien, doch wurde ihnen nicht weiter nachgegangen. Die Kinder selbst hatten sich hierzu anscheinend nicht geäußert. StAM, AR, Fasc. 3162, Nr. 236 (1897) und StALa, Rep. 167/1, Nr. 779 (1882). In beiden Fällen waren die angeklagten Täter ebenfalls Verwandte, nämlich der Bruder des Vaters im einen, des Stiefvaters im anderen Fall.

45 StALa, Rep. 167/1, Nr. 777. Anklageschrift vom 9.6.1882.

46 StAM, AR, Fasc. 3154, Nr. 191 (1898).

47 Vgl. S. 61 der vorliegenden Arbeit.

48 Vgl. hierzu die Idee des »Haut-Ichs«, nach der die Haut die Grenze des Körpers und des Ichs bildet, wie der Psychoanalytiker Anzieu erläutert: »Unter Haut-Ich verstehe ich ein Bild, mit dessen Hilfe das Ich des Kindes während früher Entwicklungsphasen – ausgehend von seiner Erfahrung der Körperoberfläche – eine Vorstellung von sich selbst entwickelt als Ich, das die psychischen Inhalte enthält.« Die Haut erfülle verschiedene Funktionen, darunter die einer Grenzfläche: »sie bildet die Grenze zur Außenwelt und sorgt dafür, daß diese draußen bleibt; das ist wie eine Barriere, die vor der Penetration als Ausdruck von Gier und Aggression anderer Menschen und Objekte schützt.« Anzieu, Haut-Ich, S. 60f. Von »Grenzüberschreitungen« spricht auch Hirsch, Schuld, S. 123.

49 StAM, AR, Fasc. 3148, Nr. 85. Vgl. die Beschreibung des Falls auf S. 145ff.

50 Vgl. Anzieu, Haut-Ich.

51 StALa, Rep. 167/1, Nr. 947. Aussage der Mutter in der Voruntersuchung 9.1.1872.

52 StAM, Staw., Nr. 28 (1880).

53 StAM, AR, Fasc. 3154, Nr. 194. Aussage in der Voruntersuchung 27.6.1899.

54 StALa, Rep. 167/1, Nr. 776. Aussage des Vaters in der Voruntersuchung 20.12.1881.

55 StALa, Rep. 167/1, Nr. 765. Bericht des Gendarmen vom 3.9.1880.

56 StALa, Rep. 167/1, Nr. 848. Bericht des Gendarmen vom 9.5.1885.

57 StALa, Rep. 167/1, Nr. 847. Aussage in der Voruntersuchung 1885.

58 Psychosomatische Beschwerden von Kindern infolge sexuellen Mißbrauchs, insbesondere Schlaf- und Eßstörungen, wurden bereits in der Gerichtsmedizin des 18. Jahrhunderts geschildert. Spätfolgen aber, etwa Schmerzen beim Wasserlassen oder Ekel vor Essen und Trinken, wurden von den Ärzten häufig als Übertreibungen abgetan. Vgl. Lorenz, Schmerz, S. 748-754.

59 Ilien und Jeggle stellen die These auf, Kinder seien vor allem Arbeitskräfte und eine mögliche Altersversorgung gewesen. Ilien/Jeggle, Dorf, S. 57ff. u. 96f. Vgl. Blessing, Umwelt, S. 8f.: »Die ländliche Familie war in der Regel eine patriarchalische Produktions-, Versorgungs- und Fürsorgegemeinschaft von zwei bis drei Generationen; sie bezweckte Besitzschaffung und -erhaltung (›Umtreiben‹) des ererbten oder erworbenen Besitzes.« Siehe auch Plößl, Kinder, S. 15.

60 Vgl. zu dieser Thematik auch Kapitel X.1 der vorliegenden Arbeit.

61 StALa, Rep. 167/1, Nr. 798. Aussage in der Voruntersuchung 26.6.1883.

62 StAM, AR, Fasc. 3156, Nr. 210. Aussage in der Voruntersuchung 1900.

63 StAM, AR, Fasc. 3149, Nr. 109. Aussage in der Voruntersuchung 21.7.1898.

64 StAM, AR, Fasc. 3151, Nr. 151. Aussage in der Voruntersuchung 20.10.1898.

65 Dissoziation: Abspalten oder Leugnen von Gefühlen und Körperempfindungen. Vgl. Hirsch, Vernachlässigung, S. 108f.; Reher, Schamgefühle, S. 144ff.

66 Schubbe, Psychotherapie, S. 125.

67 Auch Chaytor, Narratives, S. 382, benutzt den Begriff des Reparierens durch die Erzählerin: »It is this – the sense of being completely annihilated, of having nothing but an abused and expendable body – that her narrative sought to repair.«

68 Der Psychoanalytiker Shengold bezeichnete als Wesen des »Seelenmordes«, als welchen er sexuellen Mißbrauch sieht, »den Angriff auf das zentrale Identitätsgefühl, die primäre Identität«; sie muß wiederhergestellt werden. Hirsch, Schuld, S. 114-120, Zitat S. 115.

69 StAM, AR, Fasc. 1345, Nr. 17. Aussage in der Voruntersuchung 22.12.1897.

70 Z.B. Fröhlich, Anleitung, S. 106ff. sowie im Erbauungsbüchlein des Paters Aegidius Jais, das seit dem Beginn des 19. Jahrhunderts im Unterricht verwendet wurde, S. 7f., 52f. u. 69.

71 StALa, Rep. 167/1, Nr. 812. Aussage in der Voruntersuchung 9.1.1884.

72 StAM, Staw., Nr. 34. Aussage in der Voruntersuchung November 1880.

73 Integrität meint hier »das Begreifen von sich selbst als jemanden, der alle seine Strebungen in ein kontinuierliches Selbst (›Identität‹) integriert, und zwar unter der Leitung einer Hierarchie von Werten, die mit einer historischen oder gegenwärtigen Gemeinschaft geteilt werden können.« Die Integrität beruht auf einem »kontrollierten normalen sublimierten Narzißmus«, dessen tragende Elemente unter anderem Selbstachtung und Wertschätzung des Selbst sind. Der Mißbrauch beraubt das Opfer seiner Integrität. Vor diesem Hintergrund sind die hier dargestellten »Reparaturen« zu sehen. Vgl. Reher, Schamgefühle, S. 76f.

74 In der Psychoanalyse bezeichnet Verdrängung einen Abwehrmechanismus des Ich, das unbewußte Vergessen eines Wunsches oder einer Erfahrung. Wurmser, Maske, S. 15 u. 17. Vgl. Hirsch, Vernachlässigung, S. 110; Reher, Schamgefühle, S. 122f.

75 StAM, AR, Fasc. 3166, Nr. 307. Aussage in der Voruntersuchung 13.6.1897.

76 StALa, Rep. 167/1, Nr. 797. Aussage in der Voruntersuchung 29.3.1882.

77 StALa, Rep. 167/1, Nr. 744. Vernehmungen durch den Untersuchungsrichter 20.6. u. 1.10.1872.

78 StALa, Rep. 167/1, Nr. 776.

79 StAM, AR, Fasc. 3151, Nr. 150. Protokoll der Hauptverhandlung 12.12.1898.

80 Vgl. die Aussagen der Kinder z.B. in StAM, AR, Fasc. 3145, Nr. 17 (1898); Fasc. 3162, Nr. 242 (1897); Fasc. 3165, Nr. 283 (1897).

81 Es finden sich verschiedene Schreibweisen, so auch »Piserl«, »Pisler« oder »Pisserl«.

82 StAM, AR, Fasc. 3154, Nr. 194 (1899). Auf die Indizien, die die Erzählung strukturieren, kann hier nicht näher eingegangen werden. Nur soviel sei festgehalten, daß der Schmerz und das Blut im zeitgenössischen Verständnis auf eine Entjungferung hindeuten mußten. In diesem Fall wurde dies durch die ärztliche Untersuchung bestätigt, doch in vielen anderen Fällen war das Hymen unverletzt.

83 StALa, Rep. 167/1, Nr. 767 (1880).

84 Diese Unwissenheit konstatiert auch Sohn, Handlungen, S. 65f.

85 StAM, AR, Fasc. 3168, Nr. 350. Aussage in der Voruntersuchung 8.10.1897. Vgl. auch in StAM, AR, Fasc. 3153, Nr. 151 (1898), die Vernehmung der fünfjährigen Ursula.

86 Vgl. Kapitel II.2.

87 StALa, Rep. 167/1, Nr. 755. Aussage in der Voruntersuchung 22.1.1878.

88 StALa, Rep. 167/1, Nr. 758. Aussage in der Voruntersuchung 13.1.1879.

89 StAM, AR, Fasc. 3153, Nr. 188. Notizen des Pfarrers Januar 1899.

90 Vgl. Sohn, Handlungen, S. 67: In den von ihr untersuchten Akten verwenden die Kinder mitunter Dialektbegriffe und Argot, was zeigt, daß die »Sprache des Sexuellen« in der Familie vermittelt wurde.

91 StAM, AR, Fasc. 3144, Nr. 14 (1897).

92 StAM, AR, Fasc. 3156, Nr. 210.

93 StALa, Rep. 167/1, Nr. 750. Vgl. auch Schulte, Dorf, S. 145, die konstatiert, daß über Geburt und Schwangerschaft unter Frauen offen geredet worden sei.

94 StAM, AR, Fasc. 3145, Nr. 17. Aussage in der Voruntersuchung 15.1.1898.

95 Lipp, Innenseite, S. 224.

96 Vgl. Ernst, Arbeitsverhältnisse, S. 81-88 zur Unterbringung des Gesindes, S. 87-92 zu den Wohnverhältnissen der Taglöhnersfamilien.

97 Lipp, Innenseite, S. 226.

98 StAM, AR, Fasc. 3157, Nr. 217. Aussage in der Voruntersuchung 10.2.1903.

99 StAM, AR, Fasc. 3145, Nr. 17. Aussage in der Voruntersuchung 22.12.1897.

100 Dies lag sicher auch in ihrer sozialen Position begründet, denn als uneheliche Tochter einer Taglöhnerin wohnte sie im Armenhaus und stand somit am untersten Punkt der sozialen Hierarchie. Die Buben aber gehörten wenigstens zum Teil zur höheren Schicht des Dorfes.

101 StAM, AR, Fasc. 3166, Nr. 307. Aussage Klaras in der Voruntersuchung 31.5.1897.

102 StAM, AR, Fasc. 3153, Nr. 140. Aussage in der Voruntersuchung 29.9.1898.

103 Wurmser, Grenze, S. 31. Der Frage, ob Scham ein universeller Affekt ist, wie Duerr, Intimität, S. 256-269, vertritt, oder das Ergebnis eines Zivilisationsprozesses, gekennzeichnet durch wachsenden Selbstzwang und Rationalisierung, wie ihn Elias schildert (Elias, Prozeß, Bd. 1, S. 230ff, 243-250, 257-262 u. insbes. Bd. 2, S. 397-409), soll hier nicht nachgegangen werden. Wurmsers Definition ist kulturübergreifend, doch ist damit noch nicht impliziert, daß der Schamaffekt eine anthropologische Konstante darstellt. Der psychoanalytische Zugang wurde hier gewählt, weil er über das Thema der Körperscham weit hinausgeht, weil er die Tätigkeit des Subjekts ebenso sie die Rolle der Sozialisation einbezieht und damit Raum für Historisierungen läßt und weil die psychoanalytische Schamtheorie kürzlich in der Studie von Reher, Schamgefühle, für das Thema des sexuellen Mißbrauchs angewendet wurde.

104 Wurmser, Grenze, S. 19. Eine ähnliche Definition entwickelte Georg Simmel 1901. Scham sei, schrieb er, das Hin- und Hergerissenwerden zwischen Hervorhebung des Ich und der Herabsetzung, »die es in seinem gleichzeitigen Manko gegenüber der vollständigen und normativen Idee seiner selbst fühlt«. Simmel, Psychologie, S. 42.

105 Das Ich-Ideal entspricht dem Über-Ich. Nach Freud wird ein Ich-Ideal gebildet, »als dessen Wächter das Gewissen bestellt ist« und das »von dem...kritischen Einfluß der Eltern ausgegangen ist«. Zitiert nach Hirsch, Schuld, S. 76 aus Freud, *Zur Einführung des Narzißmus* (1914). 1923 ersetzte Freud den Begriff des Ich-Ideals durch den des Über-Ichs.

106 Vgl. Plößl, Kinder, S. 67-74.

107 Klein, Rechtsstellung, S. 88. Insgesamt vgl. S. 82-105 zu Kirche und bayerischer Volksschule von 1821 bis 1918.

108 Plößl, Kinder, S. 67.

109 Wiebel-Fanderl, Religion, S. 50ff. Vgl. S. 109f. dieser Arbeit.

110 Blessing, Kirchenfromm, S. 97 verweist auf die Ende des 19. Jahrhunderts neu belebte »Sündenpredigt und Kirchenzucht«.

111 StALa, Rep. 167/1, Nr. 801. Aussage in der Voruntersuchung 12.2.1883. Vgl. auch Heller, Katholizismus, S. 29.

112 Vgl. Heller, Katholizismus, S. 29: »Religion und religiöse Einstellung werden eng mit Schuld- und Schamgefühlen im Umfeld von Körperlichkeit und Sexualität verbunden.«

113 Sintzel, Kind, S. 253.

114 Fröhlich, Anleitung, S. 67. Vgl. Schmitt, Anleitung, S. 219f.; Sintzel, Kind, S. 230, sowie die Geschichte um ein »schamhaftes und sittsames Kind« bei Jais, Geschichten, S. 89.

115 So heißt es bei Fröhlich, Anleitung, S. 126: »Es wäre allerdings wünschenswert, über das sechste Gebot zu den kleinen Katechumenen noch gar nicht reden zu müssen (...); aber die sittliche Verdorbenheit und Verkommenheit unsrer Tage machen es unbedingt notwendig, die Sache gründlich, dabei aber zugleich höchst vorsichtig zu behandeln.«

116 Sintzel, Kind, S. 97f.

117 Ebd., S. 186. Vgl. auch Schmitt, Anleitung, S. 213-222.

118 StAM, AR, Fasc. 3165, Nr. 298. Aussage in der Voruntersuchung 25.5.1897.

119 Vgl. Wiebel-Fanderl, Religion, S. 131 u. 141, insges. S. 126-136. Vgl. Blaschke, Kolonialisierung, S. 109: »Im Überwachungsinstitut der Beichte definierte der Priester ›abweichendes‹ Verhalten als ›Sünde‹, die er damit jedoch erst konstruierte. (...) Die Sünde und ihr Aufspüren im Beichtstuhl erfüllte eine wichtige klerikale Kontrollfunktion gegenüber den Pfarrkindern.«

120 So z.B. in StALa, Rep. 167/1, Nr. 755 (1878) u. 779 (1882).

121 StAM, Staw., Nr. 34. Aussage Barbara Krapichler in der Voruntersuchung 1879.

122 Vgl. Plößl, Kinder, S. 15, über das »bißle Angst«, das viele Kinder den Eltern gegenüber empfanden.

123 StALa, Rep. 167/1, Nr. 760. Aussage des Vaters in der Voruntersuchung 23.1.1879.

124 StAM, AR, Fasc. 3148, Nr. 85. Aussage vom 6.5.1898.

125 StAM, AR, Fasc. 3157, Nr. 217. Aussagen in der Voruntersuchung 16.2.1903.

126 StALa, Rep. 167/1, Nr. 760. Aussage in der Voruntersuchung 23.1.1879.

127 Vgl. Sohn, Handlungen, S. 66f.; Lipp, Innenseite, S. 227.

128 StALa, Rep. 167/1, Nr. 847. Aussage der Mutter in der Voruntersuchung 1885.

129 StAM, AR, Fasc. 3166, Nr. 307. Aussage in der Voruntersuchung 31.5.1897.

130 StAM, AR, Fasc. 3145, Nr. 17. Bericht des Gendarmen vom 11.12.1897.

131 StAM, AR, Fasc. 3166, Nr. 310. Aussage in der Voruntersuchung 27.8.1895. Es ließe sich einwenden, daß es sich hier um eine Selbststilisierung der Mutter dem Richter gegenüber handelte. Sicher spielt dieser Aspekt eine Rolle, doch war es die Mutter selbst, die Anzeige erstattet hatte, sie war also wirklich empört.

132 StAM, AR, Fasc. 3145, Nr. 16. Aussage Xaver Maier in der Voruntersuchung 29.12.1897. Der Begriff »abrichten« oder »herrichten« fällt in Zusammenhang mit unzüchtigen Handlungen an Kindern über einen längeren Zeitraum öfter. Vgl. S. 199 dieser Arbeit.

133 StAM, AR, Fasc. 3165, Nr. 282. Aussage der Tante in der Voruntersuchung 17.5.1897.

134 StAM, AR, Fasc. 3156, Nr. 214. Aussage in der Voruntersuchung 16.12.1901. Vgl. auch Sohn, Handlungen, S. 67.

135 StALa, Rep. 167/1, Nr. 754. Vernehmung des Beschuldigten vom 25.11. u. Bericht des Gendarmen vom 3.12.1878.

136 StAM, AR, Fasc. 3156, Nr. 214. Aussage der Mutter in der Voruntersuchung 1901. Zur Tabuisierung von Schwangerschaft und Geburt gegenüber Kindern vgl. die Erzählung Max Bauers über die Geburt seines Bruders. Geredet, schreibt er, wurde vorher nicht darüber: »Wenn ältere Leute von solchen Dingen redeten und sich Kinder näherten, hieß es: ›Schindeln sind auf dem Dach‹, worauf dann die

Gespräche sofort verstummten.« Bauer, Brotzeit, S. 19. Lipp, Innenseite, S. 124, stellt fest, daß kindliche Neugier in diesem Bereich in den Arbeiterfamilien im 19. Jahrhundert mit volkstümlichen Kinderweisheiten befriedigt wurde.

137 StALa, Rep. 167/1, Nr. 786. Urteil LG Deggendorf vom 24.10.1882.

138 StALa, Rep. 167/1, Nr. 805. Urteil LG Deggendorf vom 15.11.1883.

139 So die Formulierung eines Cooperators 1872: »Das Mädchen zeigte sich (...) immer als ein unverdorbenes Kind, das sich (...) besonders über geschlechtliche Verhältnisse bisher noch in einer glücklichen vollkommenen Unwissenheit befand.« StALa, Rep. 167/1, Nr. 947.

140 Sohn, Handlungen, S. 86.

141 Vgl. zum Thema des moralischen Verderbens und zum Schutz der Kinder Kapitel III.2.

Kapitel X

1 Vgl. die bei Kerchner, Bürger, S. 2f., erwähnte Literatur.

2 Smaus, Strafrecht, S. 99.

3 Bei den übrigen beiden Fällen läßt sich die Beziehung nicht feststellen.

4 Vgl. StAM, AR, Fasc. 3145, Nr. 20; Fasc. 3149, Nr. 109; Fasc. 3150, Nr. 124.

5 Vgl. StALa, Rep. 167/1, Nr. 743, 760, 764, 782, 795 u. 797 sowie STAM, Staw., Nr. 193.

6 StAM, AR, Fasc. 3144, Nr. 14 u. STALa, Rep. 167/1, Nr. 849.

7 StALa, Rep. 167/1, Nr. 792. Bericht des Gendarmen vom 19.11.1882.

8 StAM, AR, Fasc. 3166, Nr. 307. Bericht des Gendarmen vom 25.5.1897.

9 StAM, AR, Fasc. 3151, Nr. 151. Bericht des Gendarmen vom 7.10.1898.

10 Auch Sohn, Handlungen, S. 80, stellt fest, daß die Betroffenen aufgrund ihrer Ablehnung der Gerichte oft eine private Einigung vorzogen.

11 StAM, Staw., Nr. 192. Aussagen der Mutter u. des Wirtssohnes in der Voruntersuchung 11.2.1881. Wie es zur Anzeige gekommen war, ist aus der Akte nicht ersichtlich. Der Gendarm hielt allerdings fest, daß die Eltern keinen Strafantrag stellen wollten. Bericht des Gendarmen vom 29.1.1881.

12 StALa, Rep. 167/1, Nr. 784. Bericht des Gendarmen vom 28.7.1882.

13 StAM, AR, Fasc. 3145, Nr. 20. Bericht des Gendarmen vom 25.1.1898.

14 StALa, Rep. 167/1, Nr. 764 (1880) u. 849 (1885).

15 StALa, Rep. 167/1, Nr. 783. Aussage des Vaters in der Voruntersuchung 25.7.1882.

16 Blaschke, Kolonialisierung, S. 99. Vgl. auch Blessing, Kirchenfromm, S. 99.

17 StAM, AR, Fasc. 3154, Nr. 194 (1899).

18 Insgesamt war dies in sieben Akten der Fall: StAM, AR, Fasc. 3145, Nr. 17 (1898); Fasc. 3153, Nr. 188 (1899); Fasc. 3156, Nr. 210 (1900); Fasc. 3157, Nr. 217 (1902); Fasc. 3165, Nr. 298 (1897) sowie StALa, Rep. 167/1, Nr. 745 (1875) u. Nr. 743 (1872).

19 StALa, Rep. 167/1, Nr. 743 (1872).

20 So bestätigte in einem Fall der Kommandant der Gendarmeriestation in der Verhandlung, seitens der Eltern sei keine Gehässigkeit zu konstatieren, sie hätten gar keine strafrechtliche Verfolgung gewünscht. Der Vater habe ihm, dem Kommandanten, lediglich eine vertrauliche Mitteilung gemacht, um eine Wiederholung der Tat zu verhindern. StALa, Rep. 167/1, Nr. 783. Aussage in der Hauptverhandlung vor dem LG Deggendorf vom 26.10.1882.

21 StALa, Rep. 167/1, Nr. 743. Aussage vom 20.3.1872.

22 Die Anzeige war und ist ein »aktives Sanktionsverhalten« und persönliches Engagement. Smaus, Strafrecht, S. 100.
23 StALa, Rep. 167/1, Nr. 745. Bericht des Gendarmen vom 12.8.1875.
24 StALa, Rep. 167/1, Nr. 767 (1880).
25 StALa, Rep. 167/1, Nr. 805. Aussage in der Voruntersuchung 22.9.1883.
26 StALa, Rep. 167/1, Nr. 789 (1882).
27 So drohte ein Vater einem Jungen an, wenn dieser seine Tochter nicht in Frieden lasse, werde er ihn bei den Ohren nehmen. StAM, AR, Fasc. 3166, Nr. 310. Aussage in der Voruntersuchung 27.8.1895.
28 Vgl. Blessing, Umwelt, S. 11f.
29 StAM, AR, Fasc. 3153, Nr. 174. Aussage in der Voruntersuchung 19.11.1898.
30 StAM, AR, Fasc. 3153, Nr. 188. Aussage in der Voruntersuchung 18.2.1899.
31 StAM, AR, Fasc. 3168, Nr. 354. Bericht des Gendarmen vom 10.11.1897.
32 Vgl. Sohn, Handlungen, S. 67, die ebenfalls feststellt, daß die Eltern oft versuchten, den Übergriff geheimzuhalten.
33 Aus strafrechtlicher Sicht handelte es sich weder um »unzüchtige Handlungen« nach Paragraph 176,3, da Cäzilie das 14. Lebensjahr vollendet hatte, noch um Notzucht, weil sie sich nicht gewehrt hatte. Es lag der Tatbestand der Verführung vor. StAM, Staw., Nr. 698 (1888).
34 StALa, Rep. 167/1, Nr. 758. Aussage des Vaters in der Voruntersuchung 13.1.1879.
35 StALa, Rep. 167/1, Nr. 760 (1879).
36 StALa, Rep. 167/1, Nr. 802. Berichte des Gendarmen vom 17. u. 29.9.1883. Der Gendarm berichtete auch, daß Rosinas Eltern dem Ecker 250 Mark schuldeten.
37 StALa, Rep. 167/1, Nr. 744. Aussage in der Voruntersuchung 1.10.1872. Vgl. auch StALa, Rep. 167/1, Nr. 779: Die elfjährige Walburga Keller wurde von ihren Eltern angewiesen, vorerst nicht über den Mißbrauch durch ihren Onkel zu reden. Aussage Walburgas in der Voruntersuchung 15.5.1882.
38 StALa, Rep. 167/1, Nr. 961 (1876).
39 Vgl. zur Häufigkeit der Stiefelternerfahrung und den daraus sich ergebenden Spannungen Mitterauer, Sozialgeschichte, S. 102ff.
40 Vgl. Ilien/Jeggle, Dorf, S. 57 u. Blessing, Umwelt, S. 9f.
41 StALa, Rep. 167/1, Nr. 770. Bericht des Gendarmen vom 28.6.1880.
42 StAM, Staw., Nr. 181 (1881).
43 Zur Bedeutung der Brandstiftung vgl. Schulte, Dorf, S. 54ff.
44 StALa, Rep. 167/1, Nr. 810. Bericht des Gendarmen vom 22.10.1883.
45 StAM, AR, Fasc. 3168, Nr. 350. Aussage Albrechts in der Voruntersuchung 8.10. u. Bericht des Gendarmen vom 15.10.1897.
46 StAM, AR, Fasc. 3145, Nr. 16. Aussage eines Zeugen in der Voruntersuchung 22.11.1897.
47 StALa, Rep. 167/1, Nr. 955. Aussage in der Voruntersuchung 8.2.1877.
48 StAM, Staw., Nr. 34. Aussage in der Voruntersuchung November 1880.
49 Vgl. auf S. 182ff. dieser Arbeit den Fall des Wirts Ziegler, der auf eine Beschimpfung hin Maßnahmen ergreift, um sich zu verteidigen. Vgl. auch Ryter, Überlegungen, S. 128. Sie schildert einen Fall aus dem Jahre 1858, in dem sich ein Mann im Wirtshaus als Ehebrecher beschimpfen ließ, ohne etwas zu erwidern. Hätte der Mann gelogen, hätte dies Sanktionen nach sich gezogen. Also war es besser zu schweigen – was dann wieder als Zeichen für ein schlechtes Gewissen gedeutet wurde. »Ein Konflikt um Ehre und Ansehen, in der Wirtsstube ausgetragen, hat daher grosse Bedeutung, er definiert den Ruf eines Mannes stärker als anderswo.«
50 StAM, AR, Fasc. 3145, Nr. 16. Bericht des Gendarmen vom 17.12.1897.
51 StAM, Staw., Nr. 34. Aussage in der Voruntersuchung November 1880.

52 Vgl. Becker, Leben, S. 263: »Die grundsätzliche Bereitschaft, den Konflikt vorerst informell zu regeln, scheint eine wesentliche Praxis des dörflichen Zusammenlebens gewesen zu sein. Erst die Unmöglichkeit solcher Einigungen bildete den Anlaß für eine gerichtliche Verhandlung.«

53 Clark, Silence, S. 42, stellt für das späte 18. und das frühe 19. Jahrhundert fest, daß die Vergewaltigung von Kindern verabscheut wurde und die Täter fast immer streng verurteilt wurden. Ein Beispiel für die Wut, die einem Täter von der Bevölkerung entgegengebracht werden konnte, schildert Simpson, Vunerability, S. 197: 1826 wurde in London ein Delinquent abgeführt, der wegen versuchter Notzucht an zwei vier und sechs Jahre alten Mädchen verurteilt worden war: »The officers...had some difficulty in saving him from being torn to pieces by the women.«

54 StALa, Rep. 167/1, Nr. 776. Bericht des Gendarmen vom 13.12.1881.

55 StALa, Rep. 167/1, Nr. 754. Aussage der Mutter in der Voruntersuchung 8.11.1878.

56 StAM, AR, Fasc. 3145, Nr. 24. Bericht des Gendarmen vom 3.2.1898.

57 StAM, AR, Fasc. 3153, Nr. 188. Aussagen in der Voruntersuchung 11.2.1899.

58 Vgl. Ilien/Jeggle, Dorf, S. 18. Sie stellen fest, daß in der ländlichen Gesellschaft (hier bezogen auf Württemberg) ein komplexes System von Regeln herrschte. Jede Person hatte einen bestimmten Ruf, der u.a. durch Alter, Besitz, Familie, geographische Herkunft und Konfession definiert war. Vgl. für Bayern Schulte, Dorf, S. 35-38.

59 StAM, Staw., Nr. 20 (1880).

60 StAM, Staw., Nr. 181. Aussage in der Voruntersuchung 1881.

61 StAM, AR, Fasc. 3147, Nr. 65. Schreiben des Lokalschulinspektors vom 19.4.1898. Smaus, Strafrecht, S. 100, stellt fest, daß innerhalb der Familie eine interne Sanktionierung stattfinde, bis »sie keine überzeugende Darstellung ihrer eigenen Kontrollfähigkeit in der Öffentlichkeit mehr bieten kann. Es ist wahrscheinlich, daß auch die Nachbarschaft erst dann reagiert, wenn sie diese Kontrolle durch die Familie nicht mehr gewährleistet sieht.« Vgl. den Fall eines Dienstbuben, dessen Vater den Bauern noch beschimpfte, worauf letzterer beide entließ und den Jungen anzeigte. StaLa, Rep. 167/1, Nr. 767 (1880).

62 StALa, Rep. 167/1, Nr. 743. Bericht des Gendarmen vom 13.3.1872.

63 StALa, Rep. 167/1, Nr. 744. Aussage in der Voruntersuchung 7.9.1872.

64 Für die ländliche Gesellschaft der frühen Neuzeit stellt Rummel, Verletzung, S. 113, fest: Ein »dörflicher Konsens« bezüglich der Schuld einer Person am Verlust von Eigentum konnte dazu führen, »daß jene mit weiteren Vorwürfen geradezu überhäuft wurde«.

65 StALa, Rep. 167/1, Nr. 810. Bericht des Gendarmen vom 21.9.1883.

66 Der Laufener Bezirksarzt beschrieb in seinem Bericht die Versorgung der Armen durch die Gemeinde: »Den Gemeindearmen werden theils Materialien in ihre Herberge verabreicht, theils wandern sie als Einleger von Gemeindeglied zu Gemeindeglied, welches sie nach durchschnittlicher jährlicher Zwischenrechnung auf Grund des Besitzstandes länger oder kürzer in Kost und Wohnung nehmen muß.« Wellnhofer, Alltag, S. 115.

67 Bauer, Brotzeit, S. 70.

68 StALa, Rep. 167/1, Nr. 847. Bericht des Gendarmen 1885.

69 In einer von einem Sittlichkeitsverein durchgeführten Umfrage über die »geschlechtlich-sittlichen Verhältnisse der Landbewohner« forderte ein Berichterstatter, um der »Unsittlichkeit« abzuhelfen sollten unter anderem Dienstherren, »welche ihre Mädchen verführen«, hart bestraft werden. Wittenberg, Verhältnisse, S. 38.

70 Vgl. Blessing, Umwelt, S. 8f. Ortmayer, Leben, S. 101, schreibt, ein Bauer, der Regeln verletzte, wurde öffentlich angeklagt, sein Ruf geschädigt: »Und diesem

Gerede kam durchaus sanktionierende und damit verhaltenssteuernde Funktion zu, denn in jedem kleinen Sozialsystem mit intensiven persönlichen Wechselbeziehungen führt Gerede und Gespött zu Scham- und Reuegefühlen und sorgt so für eine wirksame Verhaltenskontrolle.«

71 StAM, AR, Fasc. 3145, Nr. 16. Aussage eines Zeugen in der Voruntersuchung 22.11.1897. Vgl. auch die Fälle StAM, AR, Fasc. 3165, Nr. 282 (1897) u. StAM, AR, Fasc. 3152, Nr. 156 (1898).

72 Vgl. Mitterauer, Sozialgeschichte, S. 111f.

73 Schulte, Gerede, S. 70.

74 Vgl. Ryter, Überlegungen, S. 127: »Das Gerede verbreitet die Beobachtungen einzelner, macht sie zum Allgemeingut. Das Gerede schafft auch eine gewisse Einmütigkeit: Man weiss einfach, wer was tut und wie er/sie ist.«

75 StAM, AR, Fasc. 3156, Nr. 210 (1900). Ilien, Kommunikationsstile, S. 202, stellt fest: »man hat beständig Angst vor Gerüchten, Angst vor sozialen Sanktionen, man hat durchaus Angst vor dem dörflichen Sozialsystem, von dem gerade man in hohem Maß affektiv abhängt. Eben deshalb aber bevorzugt man das vorsichtig-verhaltene Abwarten, man riskiert wenig.«

76 In einem Brief wird die Angst vor Sanktionen durch andere Gemeindemitglieder und vor Auseinandersetzungen mit dem Täter selbst als Begründung für die Anonymität angeführt: »denn es wird eine große Feindschaft.« StAM, AR, Fasc. 3150, Nr. 122 (1898).

77 StAM, AR, Fasc. 3153, Nr. 174 (1898).

78 StAM, AR, Fasc. 3168, Nr. 351 (1897).

79 StALa, Rep. 167/1, Nr. 779. Bericht des Gendarmen vom 1.5.1882.

80 Göttsch, Sprechen, S. 160, stellt ebenfalls fest, daß die von ihr ausgewerteten Kriminaluntersuchungen aus dem 18. und frühen 19. Jahrhundert oft aufgrund eines Gerüchts eingeleitet wurden.

81 StAM, AR, Fasc. 3145, Nr. 16. Bericht des Gendarmen vom 7.11.1882.

82 Ammerer, Sexualität, untersuchte die Bestrafung von Unzuchtsvergehen in österreichischen Dörfern Ende des 18. Jahrhunderts und schildert, wie die Dorfbewohner »verdächtige Paare« oft nicht direkt anzeigten, sondern den Gerichtsbediensteten Gerüchte zutrugen. Sie »ließen anzeigen, ›steuerten‹ die öffentliche Meinung« (S. 119).

83 StAM, AR, Fasc. 3145, Nr. 16. Bericht des Gendarmen vom 7.11.1897.

84 Ebd. Aussage des Bauern in der Voruntersuchung 22.11.1897.

85 Ebd., dem Bericht des Gendarmen vom 7.11.1897 beigelegt.

86 Ebd. Aussage Kitzel in der Voruntersuchung 22.11.1897.

87 Ebd. Bericht des Gendarmen vom 18. u. Aussage in der Voruntersuchung vom 28.10.1897.

88 Ebd. Bericht des Gendarmen vom 7. u. Aussage in der Voruntersuchung vom 22.11.1898.

89 Ebd. Bericht des Gendarmen vom 25.11.1897.

90 Ebd. Aussage in der Voruntersuchung 29.12.1897.

91 Ebd. Vernehmung am 29.12.1897.

92 Ebd. Aussage in der Voruntersuchung 27.11.1897.

93 Vgl. Holenstein/Schindler, Geschwätzgeschichte(n), S. 70: »Wichtig, d.h. hervorgehoben aus der Unsumme der alltäglichen Gerüchteküche, wurde etwas erst und ausschließlich dadurch, daß sich die wichtigen Leute im Dorf seiner annahmen und ihm dadurch allgemeine Bedeutung verliehen.«

94 StAM, AR, Fasc. 3156, Nr. 214 (1901).

95 Ebd. Aussage in der Voruntersuchung 25.11.1901.

96 Ebd. Berichte der Gendarmerie vom 10.9. u. 16.11.1901. Auf die Gefahren, denen ein Priester sich aussetzte, wenn er sich Kindern körperlich näherte, wies Pfarrer Schönfelder seine Leser deutlich hin: »eine allzu zärtliche Vertraulichkeit, besonders Mädchen gegenüber, steht einem Priester durchaus nicht an. (...) Wenn ein Kind weint, so fühlt man sich geneigt, es zu liebkosen (...). Der Pfarrer überlasse dies jedoch den Angehörigen des Kindes, um nicht bösen Zungen Stoff zu üblen Nachreden zu geben.« Schönfelder, Pfarrer, S. 91f.

97 In ihrer Untersuchung *Klerus und abweichendes Verhalten* stellte Götz von Olenhusen einen Zusammenhang fest zwischen einer im Zeichen des Kulturkampfes ausgeweiteten sozialen Kontrolle gegenüber Priestern und einer sinkenden Dunkelziffer bei von Pfarrern begangenen Sittlichkeitsdelikten. Götz von Olenhusen, Klerus, S. 241. Zum Kulturkampf in Bayern vgl. Spindler, Handbuch, Bd. 4, S. 321-329. Auch in Frankreich fanden sich bei Anschuldigungen gegen Lehrer oder Geistliche oft politische Anspielungen. Sohn, Handlungen, S. 84.

98 Blessing, Kirchenfromm, S. 96.

99 StAM, AR, Fasc. 3156, Nr. 214. Schreiben des Staatsanwalts an die Gendarmerie Seefeld 15.11.1901.

100 Ebd. Vernehmungsprotokoll des Gendarmen vom 16.11.1901.

101 Ebd. Bericht vom 10.9.1901.

102 Ebd. Protokoll Krämers vom 12.10.1901.

103 Allgemeine Darstellungen zur Entwicklung der geistlichen Schulaufsicht in Bayern: Bernhard, Beteiligung; Hindringer, Schulaufsicht; Klein, Rechtsstellung. Die Geschichte eines niederbayerischen Schulsprengels untersuchte Hauzenberger, Geschichte; über die Schulaufsicht vgl. S. 286-304. Zur Auseinandersetzung zwischen Klerus und Lehrerschaft vgl. als Beispiele aus einer Flut von Artikeln in katholischen Zeitschriften einige Artikel in der *Theologisch-praktischen Monatsschrift* 18 (1908): Bleibtreu, Fachaufsicht; Nist, Schulaufsicht; Geiger, Schulaufsicht.

104 Vgl. Geiger, Schulaufsicht, S. 547: »Die Kirche (...) kann und darf niemals auf die Schulaufsicht verzichten (...). Denn die Kirche braucht zu den übrigen Mitteln der Seelsorge auch die Schule, um auf die Kinderseelen in Religionslehre und Religionsübung einzuwirken; sie verlangt daher die Schulaufsicht hauptsächlich wegen der Kinder.«

105 Blessing, Kirchenfromm, S. 109.

106 StAM, AR, Fasc. 3157, Nr. 217 (1902/03).

107 Da Schwarzer behauptete, der Lehrer sei Freimaurer, verteidigte ihn der Pfarrer einer anderen Gemeinde: Der Lehrer preise durchaus die Kirche und habe sich nie über den Meßnerdienst beklagt. Ebd. Brief des Pfarrers Huber, vorgelegt vom Verteidiger Schwarzers, 26.2.1903. In Bayern waren die Lehrer noch bis ins 20. Jahrhundert hinein zum Meßnerdienst verpflichtet. Um die Jahrhundertwende gab es verstärkt Proteste seitens der Lehrerschaft gegen diese Aufgabe, die nicht vergütet wurde. Vgl. Hauzenberg, Geschichte, S. 132.

108 Marbe, Kinderaussagen, S. 375ff., schildert einen ähnlichen Fall.

109 StAM, AR, Fasc. 3156, Nr. 214. Bericht des Gendarmen vom 6.12.1901.

110 Vgl. ebd., den der Akte beigelegten Brief der Haushälterin an den Pfarrer vom Januar 1902.

111 Ebd. Bericht des Gendarmen vom 18.12.1901.

112 Diese Schilderung bestätigte Glaser teilweise in seinen Aussagen in der Voruntersuchung. Endgültige Klarheit ist jedoch aus den Akten nicht zu gewinnen.

113 StAM, AR, Fasc. 3153, Nr. 188. Aussage in der Voruntersuchung 11.2.1899.

114 Sie beeinflußten damit auch die Hauptverhandlung. Vgl. die in Anm. 15 zu Kapitel VII dieser Arbeit zitierte Kritik von Lilienthals an der Verwendung der Untersuchungsprotokolle in der Hauptverhandlung.

115 Nach Smaus, Strafrecht, S. 1, übt die »öffentliche Meinung« eine soziale Kontrolle in zwei Richtungen aus: zum einen über Definitionsprozesse, d.h. vor der Erfassung durch die institutionelle soziale Kontrolle werden bereits Definitionen, Selektionen und Stigmatisierungen abweichender Taten und Individuen getroffen; zum anderen über Legitimationsprozesse, d.h. die »öffentliche Meinung« wirkt als Korrektiv zur Tätigkeit der offiziellen Instanzen.

116 Blaschke, Kolonialisierung, S. 98f. Laut Blessing, Kirchenfromm, S. 105, »sahen die einfachen Leute im Klerus, wie er seit der Zeit der katholischen Erneuerung auftrat, ihren nächsten Anwalt. So setzte ein Großteil der unterbürgerlichen Bevölkerung, der nach wie vor in einer religiös geleiteten Kultur stand, in einem bedrängenden Wandel vor allem auf die Priester.« Vgl. auch Probst, Frömmigkeit, S. 423: In einem der zwischen 1858 und 1862 verfaßten Physikatsberichte des südlichen Oberbayerns heißt es über den »Landmann«: »Er bezeigt nemlich nicht nur den Vertretern derselben, dem Clerus, eine ganz besondere Ehrfurcht und wendet ihrem Rathe in allen religiösen und auch nicht religiösen Dingen offenes Gehör zu.«

117 Blessing, Kirchenfromm, S. 101: »Auch bei Kirchenfrommen stieß offenkundig ein Loyalitätsanspruch, der die Kirchensphäre weit überschritt, an Grenzen, als sich politische Wahrnehmung bis auf das flache Land zu verselbständigen begann.« Überdies ließ laut Blessing die Integrationskraft des Katholizismus in Bayern um 1900 nach. Aus dieser Zeit aber stammen die beiden Fälle um die Pfarrer Glaser und Schwarzer. Vgl. auch Blessing, Staat. Auch im 17. und 18. Jahrhundert mußte der Pfarrer bestimmte Regeln einhalten. Vgl. Beck, Pfarrer, insbes. S. 137 zu dem »Verhaltensstil«, den das Dorf vom Pfarrer erwartete. Siehe auch Weiß, Wandel.

118 StAM, AR, Fasc. 3157, Nr. 217. Brief des Pfarrers Huber 26.2.1903. Schwarzer war offenbar auch deshalb unbeliebt, weil er auf die »sittliche Aufführung« der Gemeindemitglieder scharf achtete; so verbot er einer jungen Frau das Radfahren und wetterte gegen die Beziehung zwischen dem Hilfslehrer und einer Bauerstochter. Brief des Hilfslehrers Keiner an die Staatsanwaltschaft 5.2.1903. Zu Konflikten zwischen Pfarrer und Dorf Beck, Pfarrer, S. 109-112.

119 StAM, AR, Fasc. 3157, Nr. 217. Aussagen in der Voruntersuchung 4.2.1903.

120 Ebd. Vernehmungen vom 16.2.1903.

121 Ebd. Vernehmungsprotokoll der Voruntersuchung vom 4.2.1903.

122 StAM, AR, Fasc. 3156, Nr. 213. Bericht des Gendarmen vom 8.1.1901.

123 Ebd.

124 Ebd. Aussage des Pfarrers Lidl in der Hauptverhandlung vom 22.6. u. Bericht des Gendarmen vom 23.6.1901. Aufgrund von Lidls Aussage hatte die Staatsanwaltschaft umgehend eine weitere Untersuchung gegen Hecker eingeleitet.

125 Den betroffenen Mädchen konnten durchaus Nachteile entstehen. Die 13jährige Viktoria Ertl mußte, nachdem ein junger Mann wegen eines an ihr begangenen Sittlichkeitsverbrechens verurteilt wurde, auf Druck des Pfarrers ihren Dienstort verlassen und in ihr Heimatdorf zurückkehren. StAM, AR, Fasc. 3165, Nr. 282 (1897).

126 StALa, Rep. 167/1, Nr. 801. Aussage Brandners in der Voruntersuchung 12.2.1883. Der Expositus benutzt hier eine Metapher, die an den juristischen Diskurs erinnert: Die Schule wurde durch die Handlungen des Lehrers »ruiniert«, die Kinder also »verdorben«, und zwar nicht nur einzelne, sondern alle Kinder, da sich das »Verderben« infektiös ausbreitete.

127 Ebd.

128 Ebd. Berichte des Gendarmen vom vom 31.1. u. 4.2.1883.

129 Ebd. Gutachten Dr. Lauber 6.2.1883.

130 Ebd. Protokoll der Voruntersuchung vom 12.2.1883. U.a. erklärte Johann Huber, Bauer und Bürgermeister von Zell: »Ich habe auch von seinem [Brandners] Mäd-

chen nichts Unrechtes gehört, nur hat in allerneuester Zeit, seitdem die Sache gegen Lehrer Eisner laut geworden ist, der Lehrer Kaizinger allerlei gegen dasselbe vorzubringen.«

131 Ebd. Gutachten des Landgerichtsarztes Dr. Rauscher 13.4.1883.

132 Ebd. Einstellungsbeschluß der Staatsanwaltschaft vom 16.4.1883.

133 Vgl. Kapitel IV der vorliegenden Arbeit.

134 Vgl. einen in der Akte enthaltenen Brief Dr. Eisners an seinen Sohn, in dem er Grüße an Dr. Rauscher ausrichten läßt.

135 StALa, Rep. 167/1, Nr. 801. Gutachten Dr. Lauber 22.4.1883.

136 Ebd. Hier der genaue Wortlaut: »Abgesehen von dem blühenden Aussehen der B., ihrem treuherzigen Blicke, dem Mangel jedweder sekundären Entwicklung der Brüste, dem Vermißen jeder örtlichen Verletzungsspur (...) ist der anatomische Hauptsitz der Wollust (Clitoris) bei B. gar nicht derart entwickelt, daß eine Reizung an demselben erfolgt gewesen. Die Berührung des Organs hat auch keinerlei wahrnehmbaren subjektiven Reflexe hervorgerufen.« Hier zeigt sich wieder der Anspruch der Ärzte, den weiblichen Körper als Zeichensystem zu entziffern, vgl. Kapitel IV.

137 Ebd. Schreiben Eisners vom 26.4.1883.

138 Ebd. Bericht des Gendarmen vom 3.5.1883.

139 Ebd. Anklageschrift vom 5.5.1883.

140 Am 21. August 1883 schrieb die Königliche Regierung Niederbayern an die Staatsanwaltschaft: »theilen die jenseitige Auffassung, daß Hilfslehrer Eisner nach den Aussagen der vernommenen Mädchen allerdings sehr graviert erscheint. Allein angesichts des erfolgten freisprechenden Erkenntnißes (...) werden wir Eisner, jedoch nicht mehr in Zell, wenigstens probeweise als Hilfslehrer weiter verwenden«. Ebd.

141 Vgl. zu diesem Punkt auch von Hodenberg, Partei, S. 215-229. Ihre Darstellung bezieht sich auf die Mitte des 19. Jahrhunderts, doch dürften viele Vorurteile auch um die Jahrhundertwende noch gewirkt haben. So heißt es bei Döhring, Geschichte, S. 240, zum Umgang der Richter mit Angehörigen der niedrigeren Schichten, bis zur Jahrhundertwende hätten sich »eine biedere Barschheit und ein Zug ›wohltuender Grobheit‹« gehalten.

142 Vgl. Göttler, Dachau; Huber, Beschreibung; Hug, Topographie; Wellnhofer, Alltag; Probst, Frömmigkeit; Molitor, Physikatsberichte.

143 Probst, Frömmigkeit, S. 415, stellt fest, daß die Ärzte die Rauflust und den unerlaubten geschlechtlichen Umgang, Hoffahrt und Übermut des Landvolkes beklagten und meinten, ihnen sei die göttliche Lehre nicht in Fleisch und Blut übergegangen, »sonst könnten nicht so viele Beispiele der Inhumanitaet und Unmoralitaet die Landgerichts-Akten füllen«.

144 StALa, Rep. 167/1, Nr. 801. Schreiben Eisners vom 16.2. u. 26.4.1883. Der Fall zeigt auch, wie nützlich es für einen Beschuldigten war, wenn er sich schriftlich gut auszudrücken verstand. Den in dieser Hinsicht weniger geschickten Bauern und Dienstboten stand dieser Weg einer ausgiebigen schriftlichen Verteidigung nicht offen, und auch in den richterlichen Vernehmungen legten sie gewiß nicht die Redekünste eines Lehrers oder Pfarrers an den Tag. Schriftverkehr der ländlichen Bevölkerung findet sich in den Akten fast nur in Form von Gnadengesuchen, die von Gemeindeschreibern oder Anwälten verfaßt wurden.

145 Vgl. die Kapitel V und VI der vorliegenden Arbeit.

146 Ebd. Einstellungsbeschluß des Staatsanwaltes 16.4.1883.

147 StAM, AR, Fasc. 3153, Nr. 190. Bericht des Gendarmen vom 22.11.1898.

148 STAM, AR, Fasc. 3153, Nr. 190. Bericht des Gendarmen vom 26.11.1898. Pamphlete waren ein Mittel, anonym Gerüchte zu verbreiten. Auch in einem

anderen Fall brachten Unbekannte Pamphlete in der Umgebung an. StALa, Rep. 167/1, Nr. 750 (1877).

149 In den Dörfern herrschte bis ins 20. Jahrhundert ein ausgeprägtes dörfliches Gemeinschaftsbewußtsein. Vgl. Spindler, Handbuch, Bd. 4, S. 755f.

150 Vgl. auch die Zusammenfassung bei Sohn, Handlungen, S. 83.

151 So stellt auch Rummel, Verletzung, S. 103, für die frühe Neuzeit fest: »Im Gegensatz zu solchem Schweigen konnte das Dorf massiv tätig werden, wenn sich seine Mitglieder in sensiblen Bereichen ihrer Daseinfürsorge bedroht fühlten.«

152 Darunter befinden sich zwei Jugendliche, die in eine »Erziehungs- und Besserungsanstalt« überwiesen wurden.

153 Diese insgesamt 78 Männer waren Dienstknechte (28), Taglöhner (16), Inwohner (sechs) oder Häusler (vier). Betroffen waren außerdem fünf »Arme« sowie fünf Arbeiter (Eisenbahn- und Glashüttenarbeiter). Nicht eindeutig zuzuordnen sind die neun Gewerbetreibenden und fünf Handwerksgesellen, doch zählten sie, als umherziehende Händler und Taglöhner, meist zu den unteren Schichten. Jugendliche, die als Taglöhners-, Häuslers- oder Bauerssöhne bezeichnet wurden, sind unter der Kategorie des Vaters erfaßt.

154 33 der Beschuldigten waren Jugendliche unter 21 Jahren. Zwischen 21 und 30 Jahre alt waren 22 der angeklagten Männer, zwölf waren zwischen 31 und 40 sowie neun zwischen 41 und 50 Jahre alt. 13 Männer schließlich standen im Alter zwischen 51 und 60 Jahren, zehn der Beschuldigten waren über 60 Jahre alt.

155 StAM, AR, Fasc. 3168, Nr. 347. Bericht des Gendarmen vom 20.10.1897.

156 StALa, Rep. 167/1, Nr. 786. Bericht des Gendarmen vom 18.9.1882.

157 StALa, Rep. 167/1, Nr. 805. Aussage vom 24.9.1883.

158 Ebd.

159 Wie erwähnt galten für Jugendliche zudem andere Normen als für Erwachsene. Vgl. S. 173f. dieser Arbeit.

160 StALa, Rep. 167/1, Nr. 814. Aussage vom 1.8.1884.

161 Ebd. Aussage Marias laut Bericht des Gendarmen vom 21.8.1884.

162 StALa, Rep. 167/1, Nr. 743. Aussage des Mädchens in der Voruntersuchung 20.3.1872.

163 StALa, Rep. 167/1, Nr. 961 (1876).

164 StAM, Staw., Nr. 28 (1880).

165 StAM, AR, Fasc. 3144, Nr. 14. Aussage in der Voruntersuchung 4.1.1895.

166 Für das London des 18. Jahrhunderts stellt Simpson, Vulnerability, S. 197, die These auf, daß ein ausgeprägtes »Männlichkeitsethos« mit den Attributen Unabhängigkeit, »toughness« und Aggression sexuelle Gewalt gegenüber Frauen gefördert habe. Dies treffe aber nicht auf sexuellen Kindesmißbrauch zu: »Child abuse went quite against values which extolled patriarchy and the benevolent application of power and strength.« Kinder sollten demnach beschützt werden – diese Einstellung findet sich auch in der ländlichen Gesellschaft und ist sicher ein Grund dafür, daß sexuelle Gewalt gegen Kinder schärfer sanktioniert wurde als Übergriffe auf erwachsene Frauen. Die hier zitierten Fälle zeigen aber auch, daß Männlichkeit in Verbindung mit Potenz bei sexuellem Kindesmißbrauch durchaus eine Rolle spielen konnte.

167 StAM, Staw., Nr. 34. Aussage in der Voruntersuchung 1880.

168 StALa, Rep. 167/1, Nr. 790. Aussage in der Voruntersuchung 1882. Beide Männer stellten mit den zitierten Aussagen die Mädchen überdies als sexuell erfahren und sittlich verdorben dar.

169 Vgl. S. 54 und 58 der vorliegenden Arbeit.

170 StAM, AR, Fasc. 3144, Nr. 14 (1898).

171 Vgl. Kapitel II.2 dieser Arbeit.

172 StALa, Rep. 167/1, Nr. 812. Aussage des Mädchens in der Voruntersuchung 9.1.1884.
173 StALa, Rep. 167/1, Nr. 758. Aussage des Mädchens in der Voruntersuchung am 13.1.1879.
174 StALa, Rep. 167/1, Nr. 849. Aussage in der Voruntersuchung 6.7.1885.
175 StAM, Staw., Nr. 698. Aussage des Mädchens in der Voruntersuchung 21.9.1888.
176 StALa, Rep. 167/1, Nr. 776. Aussage des Vaters in der Voruntersuchung 20.12.1881.
177 StALa, Rep. 167/1, Nr. 786. Bericht des Gendarmen vom 18.9.1882.
178 So etwa ein 19jähriger Knecht, der erklärte, er habe anfangs geleugnet, weil er sich geschämt habe. StAM, Staw., Nr. 192 (1881). Ein weiterer Knecht erklärte in der Voruntersuchung: »ich läugne durchaus nichts; es hat mich schon so viel gereut, daß ich die sündhaften Handlungen mit dem Mädchen schon zweimal gebeichtet habe.« »Sündhaft« waren die Handlungen in der Tat, da es sich um orale Praktiken handelte; der Knecht ist der einzige, der seine Tat als sündhaft bezeichnet und von der Beichte spricht. StALa, Rep. 167/1, Nr. 848 (1885).
179 StAM, Staw., Nr. 1084. Aussage in der Voruntersuchung 2.8.1891.
180 StAM, AR, Fasc. 3153, Nr. 188. Vernehmung vom 11.2.1899.
181 StALa, Rep. 167/1, Nr. 744. Aussage in der Voruntersuchung 7.6.1872.
182 StALa, Rep. 167/1, Nr. 846 (1885) u. Nr. 811 (1884); StAM, AR, Fasc. 3146, Nr. 52 (1898).
183 StAM, AR, Fasc. 3151, Nr. 151. Aussage vom 20.10.1898.
184 Vgl. die juristische Definition der »Geschlechtslust«, Kapitel II.2.
185 StAM, AR, Fasc. 3163, Nr. 243. Aussage in der Voruntersuchung 1897.
186 StAM, Staw., Nr. 698. Aussage in der Voruntersuchung 5.10.1888. Vgl. auch den Fall des Pfarrers Glaser, der behauptete, er sei durch ein 13jähriges Mädchen »ganz aus dem Häuschen gebracht« worden. StAM, AR, Fasc. 3156, Nr. 214 (1902).
187 Vgl. Kapitel VI der vorliegenden Arbeit.
188 StAM, Staw., Nr. 698. Bericht des Gendarmen vom 13.9.1888.
189 StALa, Rep. 167/1, Nr. 790. Urteil LG Deggendorf November 1882.
190 Strafminderungs- oder Strafmehrungsgründe waren »Gründe, welche innerhalb des gegebenen ›Strafrahmens‹ (...) für die ›Strafzumessung‹ von Bedeutung sind«. Thomsen, Begriffe, S. 68. Sie wurden auch strafmindernde beziehungsweise straferschwerende Umstände genannt. Strafmilderungsgründe oder strafmildernde Umstände waren Umstände, für deren Vorliegen ein geringeres Strafmaß vorgesehen war. So war etwa bei der »Notzucht« eine Zuchthausstrafe angedroht, bei mildernden Umständen konnte jedoch auf eine Gefängnisstrafe erkannt werden.
191 StAM, AR, Fasc. 3144, Nr. 14. Bericht des Gendarmen 17.12.1897.
192 StAM, Staw., Nr. 20 (1880). Aussage in der Voruntersuchung.
193 StAM, AR, Fasc. 3148, Nr. 85. Aussage in der Voruntersuchung 20.4.1898.
194 Ähnliche Strategien wenden Täter auch heute an. Vgl. Godenzi, Frauen, S. 102: »Die Männer versuchen, Rückschlüsse auf ihre Gesamtpersönlichkeit zu minimieren. Die Vergewaltigung geschah bloss aus Versehen, im Affekt oder – was fast immer genannt wurde – unter Alkoholeinfluss. Damit wird versucht, die Integrität der Person zu wahren.«
195 »Sand und Gries« war die Bezeichung für Blasenleiden. Hoefler, Krankheitsnamenbuch, S. 504.
196 StALa, Rep. 167/1, Nr. 797. Bericht des Gendarmen vom 27.3.1882.
197 StAM, AR, Fasc. 3148, Nr. 85. Aussage in der Voruntersuchung 6.5.1898.
198 Ebd. Gutachten Dr. Hofmann, München, vom 17.6.1898.
199 Ebd. Urteil LG München II vom 13.9.1898.
200 StAM, AR, Fasc. 3156, Nr. 214. Aussage in der Voruntersuchung 26.11.1901.

201 Ebd. Gutachten Dr. Wetzel vom 12.2.1902.

202 Ebd. Urteil LG München II vom 8.4.1902. Vgl. auch StAM, AR, Fasc. 3156, Nr. 211. Der hier angeklagte Lehrer berief sich darauf, daß er seit ahren an Kopfschmerzen und »Blutandrang nach dem Kopfe« leide. Die beiden Sachverständigen, der Landgerichtsarzt Dr. Wetzel und der Direktor der Kreis-Irrenanstalt München, Dr. Vocke, bezeichneten auch ihn als »belasteten Neurastheniker«. Wieder nahm das Gericht mildernde Umstände an. Urteil LG München II vom 30.4.1901.

203 StAM, AR, Fasc. 3153, Nr. 190. Aussage in der Voruntersuchung 23.11.1898.

204 StAM, AR, Fasc. 3157, Nr. 217. Gutachten Dr. Holterbach vom 29.4.1903.

205 Holterbach ging offensichtlich von Krafft-Ebings Definition der Pädophilie aus, nach der ein Pädophiler sich ausschließlich zu Kinder hingezogen fühlte. Vgl. S. 80 der vorliegenden Arbeit.

206 StAM, AR, Fasc. 3165, Nr. 298. Gutachten Landgerichtsarzt Müller vom 23.3.1897.

207 StAM, AR, Fasc. 3165, Nr. 298. Gutachten Dr. Vocke vom 20.5.1897. Auffällig ist, daß psychiatrische Gutachten sich erst ab Ende der 1890er Jahre in den Akten finden, also in jener Zeit, in der die Psychiater verstärkt auf die routinemäßige Untersuchung bestimmter Täter drängten. Vgl. Kapitel V der vorliegenden Arbeit.

208 Vgl. zur Neurasthenie Radkau, Ära.

209 Im Fall des Georg Mayer liegt der Schluß nahe, daß sein Kontakt zu Ärzten infolge seines Unfalls ihn mit medizinischem Wissen in Berührung brachte.

210 Damit ist gemeint, daß das Kind sich nicht gewehrt hatte oder daß die Gelegenheit so »günstig« gewesen sei, daß die Versuchung zur Tat besonders groß war.

Kapitel XI

1 Vgl. Fischer-Homberger, Schattenwürfe, S. 18: »Auch unsere kulturtypische Geschlechterbeziehung ist eine Machtbeziehung – eine Beziehung zwischen situations- und beziehungsunabhängiger Verfügungsgewalt und ebensolcher Verfügbarkeit; im Rahmen der Männerherrschaft verfügen die Männer über mehr als die Frauen, und sexuell sind sie die Verfügenden, die Frauen die anderen.«

2 Daß diese Linien nicht nur entlang des Besitzes verliefen, wurde bereits erwähnt. Auch ein Knecht oder Taglöhner konnte die Unterstützung der Gemeinde erhalten, wenn er als ehrbar und arbeitsam bekannt war. Vgl. den auf S. 179 geschilderten Fall StAM, Staw., Nr. 20 (1880).

3 Rommelspacher, Diskurse, S. 24.

4 Vgl. hierzu etwa Frommel, Gewalt; dies., Es geschieht zu wenig.

5 Vgl. Brigitte Kerchners Analyse des skandalisierenden Diskurses um die Jahrhundertwende (Kerchner, Bürger) sowie Cremer-Schäfer, Moralisieren.

6 Walker, Rape, S. 3.

7 Foucault, Wille. Vgl. auch Hull, Sexuality, S. 1, und ihr Konzept eines »sexual system« als »the patterned ways in which sexual behavior is shaped and given meaning through institutions«. Zu den theoretischen Grundlagen einer »Sexualitätsgeschichte« vgl. Eder, Sexualunterdrückung; ders., Historisierung.

8 Vgl. Dubinsky, Girls, S. 27: »To suggest that the meaning, politics, and experience of sexuality is constructed socially, rather than being essentially or biologically determined in men and women, is to open the sexual past to historical scrutiny.«

9 Corbin, Vorwort, S. 7. Poetisch ist auch seine Formulierung, Vergewaltigung sei jener Moment, »da die wahnsinnige Begierde sich mit dem erstaunenden Schrecken« vermische. Damit setzt Corbin die lange Tradition fort, den wirklichen Schrecken sexueller Gewalt durch eine poetisch-romantische Sprache zu verschleiern.

Tabellen

Tabelle 1. Anteil der wegen Verbrechen nach Paragraph 173, 174 und 176-178 RStGB verurteilten Personen an den wegen »Verbrechen und Vergehen gegen die Person«[1] verurteilten Personen im Deutschen Reich 1882-1910.[2]

Jahr	*Verurteilte nach § 173, 174, 176-178*	*Verurteilte Verbr./Vg. gegen die Person*	*Vb.Sittl. in %*
1882	3.233	107.398	3,0
1885	3.186	127.865	2,5
1890	3.603	148.096	2,4
1895	4.710	187.834	2,5
1900	5.262	203.177	2,6
1905	5.916	219.068	2,7
1910	5.895	211.589	2,8

Quelle: Statistik des Deutschen Reichs. Neue Folge. Kriminalstatistiken, 1884-1914.

1. Zu den »Verbrechen und Vergehen gegen die Person« zählten solche in Bezug auf den Personenstand, wider das Leben und wider die persönliche Freiheit sowie Beleidigung, Zweikampf und Körperverletzung.
2. Die Tabellen dienen dazu, einige im Text aufgestellte Thesen zu belegen und einen Eindruck von der Häufigkeit der gerichtskundig gewordenen beziehungsweise verurteilten »Sittlichkeitsverbrechen« zu geben sowie einen Einblick in die Rechtsprechung zu vermitteln. Entsprechend wurde auf eine weitergehende Auswertung der Kriminalstatistiken verzichtet, denn die offizielle Kriminalstatistik erfaßte aufgrund hoher Dunkelziffern nur wenige Fälle sexueller Gewalt, die Zahlen spiegeln also keineswegs das reale Vorkommen sexueller Gewalt wider. Die Frage der Strafverfolgungspraxis, zu deren Untersuchung die Auswertung der Kriminalstatistiken etwa nach Alter, Schichtzugehörigkeit oder Familienstand der Verurteilten sinnvoll wäre, wird in der vorliegenden Arbeit nicht behandelt.

Tabelle 2. Zahl der wegen Verbrechen nach Paragraph 173, 174 und 176-178 RStGB verurteilten Personen auf 100.000 strafmündige Einwohner des Deutschen Reiches 1882-1892.

	1882	*1883*	*1884*	*1885*	*1886*	*1887*
§ 173	0,09	1,0	1,0	0,89	1,0	1,1
§ 174	0,21	0,11	0,13	0,11	0,10	0,12
§§ 176-178	9,0	8,6	8,6	8,9	9,8	9,5

	1888	*1889*	*1890*	*1891*	*1892*
§ 173	0,94	0,97	0,91	1,2	1,1
§ 174	0,14	0,13	0,11	0,11	0,11
§§ 176-178	9,2	9,5	9,6	9,5	9,8

Quelle: Statistik des Deutschen Reichs. Neue Folge. Kriminalstatistiken, Bd. 71, S. II.5.

Tabelle 3. Freigesprochene Personen in Verfahren wegen »unzüchtiger Handlungen an Kindern« des Oberlandesgerichts-Bezirks München 1897-1912.

Jahr	*Angeklagte*	*Freigespr.*	*Freigespr. in %*
1897	148	31	21,0
1898	181	34	18,8
1899	187	25	13,4
1900	238	45	18,9
1901	238	30	12,6
1902	219	26	11,9
1903	242	36	14,9
1904	237	37	15,6
1905	265	60	22,6
1906	228	43	18,9
1907	215	41	19,1
1908	222	52	23,4
1909	206	32	15,5
1910	204	29	14,2
1911	192	30	15,6
1912	242	37	15,3
gesamt	3558	588	16,5

Quelle: Statistik des Deutschen Reichs. Neue Folge. Kriminalstatistiken, 1899-1914.

Tabelle 4. Freigesprochene Personen in Notzuchtsverfahren[1] des Oberlandesgerichts-Bezirks München. Vergleich mit Raub und schwerer Körperverletzung 1897-1912.

Jahr	*Angekl.*	*Freigespr.*	*Freigespr. in % Notzucht*	*Freigespr. in % Raub*	*Freigespr. in % schw. Körperv.*
1897	44	13	29,5	6,7	13,7
1898	29	8	27,6	0	7,8
1899	65	9	13,9	17,8	9,9
1900	49	7	14,3	9,1	21,3
1901	31	3	9,7	8,7	15,4
1902	50	15	30,0	0	0
1903	32	7	21,9	0	19,0
1904	47	11	23,4	7,7	22,2
1905	31	6	19,4	22,2	0
1906	37	4	10,8	0	0
1907	36	9	25,0	16,7	7,1
1908	37	8	21,7	16,7	8,3
1909	23	4	17,4	4,8	64,3
1910	27	3	11,1	0	0
1911	34	4	11,8	12,5	37,5
1912	33	10	30,3	0	16,7
gesamt	605	121	20,0	10,2	32,6

Quelle: Statistik des Deutschen Reichs. Neue Folge. Kriminalstatistiken, 1899-1914.

1. Berücksichtigt wurden nicht nur Notzuchtsfälle, sondern auch »unzüchtige Handlungen« mit Gewalt (Paragraph 176,1) und »Mißbrauch bewußtloser oder geisteskranker Frauenspersonen« zum außerehelichen Beischlaf (Paragraph 176,2).

Tabelle 5. Anzahl der nach Paragraph 173, 174 und 176-178 RStGB angeklagten und verurteilten Personen in den Regierungsbezirken Oberbayern und Niederbayern 1882-1889.[1]

	1882				1883			
	Oberbayern		*Niederbayern*		*Oberbayern*		*Niederbayern*	
	Ang.	Ver.	Ang.	Ver.	Ang.	Ver.	Ang.	Ver.
§ 173[2]	5	4	-	-	8	7	11	9
§ 174	-	-	7	5	-	-	2	1
§§ 176-78	107	66	77	74	91	72	67	58

	1884				1885			
	Oberbayern		*Niederbayern*		*Oberbayern*		*Niederbayern*	
	Ang.	Ver.	Ang.	Ver.	Ang.	Ver.	Ang.	Ver.
§ 173	8	8	4	4	10	9	12	12
§ 174	4	-	1	1	5	3	-	-
§§ 176-78	94	76	77	68	108	90	69	58

	1886				1887			
	Oberbayern		*Niederbayern*		*Oberbayern*		*Niederbayern*	
	Ang.	Ver.	Ang.	Ver.	Ang.	Ver.	Ang.	Ver.
§ 173	16	16	9	9	10	8	6	6
§ 174	1	1	-	-	1	1	-	-
§§ 176-78	133	112	57	51	113	99	70	63

	1888				1889			
	Oberbayern		*Niederbayern*		*Oberbayern*		*Niederbayern*	
	Ang.	Ver.	Ang.	Ver.	Ang.	Ver.	Ang.	Ver.
§ 173	8	7	2	2	15	12	10	9
§ 174	1	1	-	-	1	1	-	-
§§ 176-78	113	92	66	60	130	103	83	69

Quelle: Statistik des Deutschen Reichs. Neue Folge. Kriminalstatistiken, 1884-1891.

1. Ab 1890 weist die Kriminalstatistik nur noch die Anzahl der Verurteilungen aus, ohne die Gesamtzahl der Angeklagten zu nennen.
2. Bei Paragraph 173 ist zu beachten, daß etwa beim Vater-Tochter-Inzest die Tochter, sofern sie über 18 Jahre alt war, mitangeklagt sein konnte. Freisprüche bezogen sich in solchen Fällen (auch) auf die Tochter, das heißt sie betrafen nicht nur Täter, die sexuelle Übergriffe verübt hatten, sondern eventuell auch die Opfer.

Quellen- und Literaturverzeichnis

1. Ungedruckte Quellen

Staatsarchiv München
Staatsanwaltschaftsakten (Landgericht München I) (StAM, Staw.)
Antiquar-Registratur (Landgericht München II) (StAM, AR)
Staatsarchiv Landshut (StaLa)
Landgerichtsakten (Landgericht Deggendorf) (Rep. 167/1)

Berücksichtigt wurden die archivalisch erhaltenen Prozeßakten zu Fällen von »Notzucht«, »Unzüchtigen Handlungen«, »Unzucht unter Mißbrauch eines Vertrauensverhältnisses« und »Verführung«, die von 1872 bis 1905 an den Landgerichten München I und II sowie Deggendorf in Untersuchung standen. Die Namen der Beteiligten wurden geändert.

2. Gedruckte Quellen

Aaron, Albert, *Unzüchtige Handlungen mit Kindern*, Diss.jur. Gießen 1910.

Abraham, Karl, »Das Erleiden sexueller Traumen als Form infantiler Sexualbetätigung«, in: *Centralblatt für Nervenheilkunde und Psychiatrie* 18 (1907), S. 854-865.

Alsberg, Max, »Der Fall Riedel und seine Lehren«, in: *Sexual-Probleme* 6 (1910), S. 32-46 u. 139-145.

—, »Die Sittlichkeitsdelikte im Vorentwurf«, in: *Sexual-Probleme* 6 (1910), S. 337-348 u. 457-475.

Anonymus, »Die Fleischesverbrechen und Sittlichkeitsverletzungen nach den neuen Bayerischen Gesetzbüchern«, in: *Zeitschrift für Gesetzgebung und Rechtspflege des Königreichs Bayern* 9 (1867), S. 219-258; 427-475; 618-699.

Anonymus, »Ein Beitrag zur Würdigung der Aussage eines Kindes, das in einem Strafverfahren wegen eines Verbrechens nach § 176 Abs. 3 des Strafgesetzbuches als Zeuge vernommen wurde«, in: *Archiv für Kriminalanthropologie und Kriminalistik* 12 (1903), S. 25-37.

Arnemann, Ernst Otto, *Die Anomalien des Geschlechtstriebes und die Beurteilung von Sittlichkeitsverbrechen*, Leipzig 1904.

Aschaffenburg, Gustav, »Zur Psychologie der Sittlichkeitsverbrecher«, in: *Monatsschrift für Kriminalpsychologie und Strafrechtsreform* 2 (1905/06), S. 399-416.

—, *Das Verbrechen und seine Bekämpfung. Einleitung in die Kriminalpsychologie für Mediziner, Juristen und Soziologen; ein Beitrag zur Reform der Strafgesetzgebung*, Heidelberg 1906².

Aschrott, P.F./Liszt, Franz v. (Hg.), *Die Reform des Reichsstrafgesetzbuchs. Kritische Besprechung des Vorentwurfs zu einem Strafgesetzbuch für das Deutsche Reich unter vergleichender Berücksichtigung des österreichischen und schweizerischen Vorentwurfs*, Bd. 1: *Allgemeiner Teil*; Bd. 2: *Besonderer Teil*, Berlin 1910.

Bar, Carl Ludwig von, *Geschichte des deutschen Strafrechts und der Strafrechtstheorien*, Neudr. d. Ausg. Berlin 1882, Aalen 1974.

Barth, Karl (Hg.), *Das Strafgesetzbuch für das Königreich Bayern vom 10. November 1861. Mit Auslegungsbehelfen*, Landshut 1862[2].

Bayerisches Strafgesetzbuch vom 6. Mai 1813, München 1857.

Bernard, Paul/Garraud, R., »Des Attentats à la pudeur et des viols sur les enfants. Législation-statistique«, in: *Archive de l'anthropologie criminelle et des sciences pénales* 1 (1886), S. 396-435.

Berner, Albert Friedrich, *Lehrbuch des deutschen Strafrechts*, Leipzig 1871[5].

Bernhard, Maximilian, *Die Beteiligung von Staat, Gemeinde und Kirche an der Verwaltung der öffentlichen Volksschule in Bayern*, Diss. Würzburg 1909.

Beseler, Georg, *Kommentar über das Strafgesetzbuch für die preußischen Staaten und das Einführungsgesetz vom 14. April 1851. Nach amtlichen Quellen*, Leipzig 1851.

Binding, Karl, »Unzüchtige Handlungen und unzüchtige Schriften. Gutachten des Leipziger Spruchkollegs«, in: *Zeitschrift für die gesamte Strafrechtswissenschaft* 2 (1882), S. 450-472.

—, *Lehrbuch des Gemeinen Deutschen Strafrechts. Besonderer Teil*, Bd. 1, Leipzig 1902.

—, *Das Strafgesetzbuch für das Deutsche Reich vom 26. Februar 1876*, Leipzig 1905.

Birnbaum, Karl, »Die sexuellen Falschbeschuldigungen der Hysterischen«, in: *Archiv für Kriminalanthropologie und Kriminalistik* 63 (1915), S. 1-39.

Bleibtreu, Georg, »Die Fachaufsicht in der Volksschule«, in: *Theologisch-praktische Monatsschrift* 8 (1908), S. 359-373.

Bloch, Iwan, *Beiträge zur Ätiologie der Psychopathia sexualis*, Dresden 1903.

—, *Das Sexualleben unserer Zeit in seinen Beziehungen zur modernen Kultur*, Berlin 1908[4].

Bloch, Robert, »Über die Beteiligung der Jugendlichen an den Sittlichkeitsdelikten«, in: *Sexual-Probleme* 12 (1914), S. 785-792.

Bonhoeffer, Karl, »Sittlichkeitsdelikt und Körperverletzung. Eine vergleichend-psychopathologische Untersuchung«, in: *Monatsschrift für Kriminalpsychologie und Strafrechtsreform* 2 (1905/06), S. 465-473.

Bresler, Johannes, *Die pathologische Anschuldigung*, Halle 1907.

Buchner, Ernst/Buchka, Otto, *Bericht über die Leistungen auf dem Gebiete der gerichtlichen Medizin im Jahre 1862*, Nürnberg 1864.

Carneri, Bartholomäus, *Sittlichkeit und Darwinismus*, Wien/Leipzig 1903[2].

Casper, Johann Ludwig, »Über Nothzucht und Paederastie und deren Ermittelungen seitens des Gerichtsarztes«, in: *Vierteljahrsschrift für gerichtliche und öffentliche Medizin* 1 (1852), S. 21-78.

—, »Nothzucht und Mord. Wann und wodurch ist die Gemisshandelte gestorben?«, in: *Vierteljahrsschrift für gerichtliche und öffentliche Medizin* 1 (1852), S. 185-203.

—, *Klinische Novellen zur gerichtlichen Medicin. Nach eignen Erfahrungen*, Berlin 1863.

Cohn, Georg, »Zur Reform der §§ 173 und 174 StrGB«, in: *Monatsschrift für Kriminalpsychologie und Strafrechtsreform* 1 (1904/05), S. 326ff.

Dannemann, Adolf, »Zur Genese und Prophylaxe der Sittlichkeitsverbrechen«, in: *Klinik für psychische und nervöse Krankheiten* 2 (1907), S. 559-588.

Dorn, Hans, *Strafrecht und Sittlichkeit. Zur Reform des deutschen Strafgesetzbuches* (=Schriften des Verbandes fortschrittlicher Frauenvereine, Heft 1), München 1907.

Ehmer, R., »Beiträge zum Kapitel über sexuale Verirrungen«, in: *Archiv für Kriminalanthropologie und Kriminalistik* 34 (1909), S. 261-270.

Ellis, Havelock, *Verbrecher und Verbrechen*, Leipzig 1895.
—, *Das Geschlechtsgefühl*, Würzburg 1903.
—, *Die krankhaften Geschlechtsempfindungen auf der soziativen Grundlage*, Würzburg 1907.
—, »Die Liebeskunst«, in: *Die Neue Generation* 6 (1910), S. 8-19 u. 73-84.
—, »Die Psychologie des normalen Geschlechtstriebes«, in: Moll, Handbuch, S. 173-228.
—/Moll, Albert, »Die Funktionsstörungen des Sexuallebens«, in: Moll, Handbuch, S. 605-740.
Ernst, Georg, *Die ländlichen Arbeitsverhältnisse im rechtsrheinischen Bayern*, Regensburg 1907.

Fischer-Dückelmann, Anna, *Das Geschlechtsleben des Weibes*, Berlin 1903[10].
Forel, Auguste, *Ethische und rechtliche Konflikte im Sexualleben in und außerhalb der Ehe*, München 1909.
—, *Die sexuelle Frage*, München 1913.
Fournier, Alfred, »Simulation d'attentats vénériens sur de jeunes enfants«, in: *Annales d'hygiène publique et de médecine légale*, 3e série, 4 (1880), S. 498-519.
Frank, Reinhard, *Das Strafgesetzbuch für das Deutsche Reich nebst dem Einführungsgesetze*, Leipzig 1897.
—, »Strafausschließungs- und Milderungsgründe«, in: Aschrott/Liszt, Reform, Bd. 1, S. 225-278.
Frankenstein, Kuno, *Die Verhältnisse der Landarbeiter in Deutschland*, 2 Bde., Leipzig 1892.
Freud, Sigmund, »Zur Aetiologie der Hysterie« (1896), in: *Gesammelte Werke*, Bd. 1, Frankfurt a.M. 1977[5], S. 423-459.
—, »Drei Abhandlungen zur Sexualtheorie« (1904-1905), in: ders., *Drei Abhandlungen zur Sexualtheorie. Und verwandte Schriften*, Auswahl und Nachwort von Alexander Mitscherlich, Frankfurt a.M. 1989.
Fröhlich, G., *Anleitung zur Erteilung des Erstbeichtunterrichtes*, Donauwörth 1887.
Fuld, Ludwig, »Der Begriff der ›unzüchtigen Handlung‹ nach dem deutschen Strafgesetzbuch«, in: *Magazin für das deutsche Recht der Gegenwart* 2 (1882), S. 289-295.

Gaupp, Robert, »Zur Reform der §§ 173 und 174 RStrGB«, in: *Monatsschrift für Kriminalpsychologie und Strafrechtsreform* 1 (1904/05), S. 111-115.
Gegenentwurf zum Vorentwurf eines deutschen Strafgesetzbuches. Begründung von W. Kahl, K. v. Lilienthal, F. v. Liszt, J. Goldschmidt, Berlin 1911.
Geiger, K.A., »Die geistliche Schulaufsicht in Bayern«, in: *Theologisch-praktische Monatsschrift* 18 (1908), S. 327-347; 411-426; 471-492 u. 531-549.
Geyer, A., »Das Strafrecht«, in: Holtzendorff, Rechtslexikon, Bd. 1, S. 653-711.
Glücksmann, B., *Strafrechtlicher Schutz der Kinder und Jugendlichen gegen Sittlichkeitsdelikte und sittliche Verwahrlosung*, Diss. Leipzig 1914.
Göb, »Bemerkungen zu § 176,1 des Reichsstrafgesetzbuches«, in: *Archiv für Preußisches Strafrecht* 27 (1879), S. 417ff.
Goltz, Theodor Frhr. von der, *Die Lage der ländlichen Arbeiter im deutschen Reiche*, Berlin 1875.
Goroncy, K., »Untersuchungen an in der Kindheit genotzüchtigten weiblichen Personen«, in: *Deutsche Zeitschrift für die gesamte gerichtliche Medizin* 7 (1926), S. 1-15.
Grosch, »Zur Psychologie des ›Lustmörders‹«, in: *Archiv für Kriminalanthropologie und Kriminalistik* 51 (1913), S. 60ff.
Gross, Hans, *Kriminal-Psychologie*, Leipzig 1905[2].

Haberda, Albin, »Ueber den anatomischen Nachweis der erfolgten Defloration«, in: *Monatsschrift für Geburtshilfe und Gynaekologie* 11 (1900), S. 69-88.
—, »Verbrechen und Vergehen gegen die Sittlichkeit«, in: Schmidtmann, *Handbuch der gerichtlichen Medizin*, Bd. 1, Berlin 1905.
Hamm, »Der Strafprozeß«, in: Koerte, Deutschland, Bd. 1, Berlin 1914, S. 301-316.
Haeberlin, Carl F., *Grundsätze des Criminalrechts*, Bd. 3: *Von den einzelnen Verbrechen und deren Bestrafung*, Leipzig 1848.
Hälschner, Hugo, *Das gemeine deutsche Strafrecht, systematisch dargestellt*, Bd. 2, Abt. 1: *Der besondere Teil des Systems*, Bonn 1884.
Harth, E., »Aufgaben des K. Lokalschulinspektors nach der neuen Prüfungsordnung vom 26. Oktober 1911«, in: *Die Christliche Schule* 2 (1911), S. 730-733.
Held, Hermann Gustav, *Bemerkungen zu dem Entwurfe des Strafgesetzbuches für den Norddeutschen Bund*, Dresden 1870.
Hindringer, R., »Die distriktive (mittlere) Schulaufsicht in Bayern, Rechte und Pflichten der Distriktsschulbehörden«, in: *Die Christliche Schule* 8 (1917), S. 141-152.
Hoche, Alfred, »Zur Frage der forensischen Beurteilung sexueller Vergehen«, in: *Neurologisches Centralblatt* 2 (1896), S. 57-68.
—, »Eine Lücke im § 176 des StrGB«, in: *Monatsschrift für Kriminalpsychologie* 1 (1904/05), S. 420-424.
Hoefler, Max, *Deutsches Krankheitsnamenbuch*, München 1899.
Holtzendorff, Franz v. (Hg.), *Rechtslexikon. Encyklopädie der Rechtswissenschaft in alphabetischer Bearbeitung*, 2 Bde., Leipzig 1873 u. 1875.
Hug, Ludwig Anton, *Medicinische Topographie des kgl. Stadt- und Landgerichtsbezirkes Freysing*, Diss. Erlangen 1870.

Ilberg, Georg, »Über Lustmord und Lustmörder«, in: *Monatsschrift für Kriminalpsychologie und Strafrechtsreform* 2 (1905/06), S. 596-622.

Jais, Aegidius, *Schöne Geschichten und Lehrreiche Erzählungen zur Sittenlehre für Kinder und wohl auch für Erwachsene*, Salzburg 1863.
Jellinek, Camilla, »Frauenforderungen zur deutschen Strafrechtsreform« (1908), in: Janssen-Jurreit, Frauen, S. 178-190.
Jessen, »Ueber Mißbrauch einer geisteskranken Frauensperson«, in: *Gerichtssaal* 31 (1879), S. 221-240.
John, Richard Ed., »Strafprozeß«, in: Holtzendorff, Rechtslexikon, Bd.1, S. 713-782.
Jolly, Friedrich, »Perverser Sexualtrieb und Sittlichkeitsverbrechen«, in: *Klinisches Jahrbuch* 11 (1903), S. 199-216.

Kisch, E. Heinrich, *Das Geschlechtsleben des Weibes*, Berlin 1904.
Klein, Willy, *Die Rechtsstellung der katholischen Kirche und ihrer Organe im bayerischen Volksschulwesen*, Diss. Köln/Leipzig 1929.
Köhne, Paul, »Die Bewegungen der preußischen Criminalität in den Jahren 1868 bis 1877 auf Grund der amtlichen Statistik«, in: *Gerichtssaal* 31 (1879), S. 254-271.
Koerte, Siegfried (Hg.), *Deutschland unter Kaiser Wilhelm II*, Bd. 1, Berlin 1914.
Krafft-Ebing, Richard von, »Ueber Unzucht mit Kindern und Pädophilia erotica«, in: *Friedreich's Blätter für Gerichtsmedizin* 47 (1896), S. 261-283.
—, *Lehrbuch der gerichtlichen Psychopathologie. Mit Berücksichtigung der Gesetzgebung von Österreich, Deutschland und Frankreich*, Stuttgart 1900[3].
—, *Psychopathia sexualis: mit besonderer Berücksichtigung der konträren Sexualempfindung; eine medizinisch-gerichtliche Studie für Ärzte und Juristen*, 14. Aufl. Wien 1912; 16. Aufl., bearb. v. Albert Moll, Stuttgart 1924.

Kraus, Karl, *Sittlichkeit und Kriminalität*, Frankfurt a.M. 1966.
Kries, August von, *Lehrbuch des Deutschen Strafprozeßrechts*, Freiburg 1892.

Lacassagne, A., »Attentats à la pudeur sur les petites filles«, in: *Archive de l'anthropologie criminelle et des sciences pénales* 1 (1886), S. 59-68.
Die Landwirtschaft in Bayern. Denkschrift nach amtlichen Quellen bearbeitet, München 1890.
Leers, »Zur Kasuistik der Verletzungen der weiblichen äusseren Genitalien durch Sturz oder Stoss«, in: *Vierteljahrsschrift für gerichtliche Medizin und öffentliches Sanitätswesen*, 3. F. 30 (1905), S. 26-33.
Leppmann, Arthur, »Die 6. Hauptversammlung der Internationalen Kriminalistischen Vereinigung 1895, Sitzungsbericht«, in: *Mitteilungen der Internationalen Kriminalistischen Vereinigung* 5 (1896), S. 456-527.
—, »Die Sittlichkeitsverbrecher. Eine kriminalpsychologische Studie«, in: *Vierteljahrsschrift für gerichtliche Medizin und öffentliches Sanitätswesen*, 3. F. 29 (1905), S. 277-318.
Lilienthal, Karl von, »Die Reform des Vorverfahrens im Strafprozesse«, in: *Deutsche Juristen-Zeitung* 9 (1904), S. 1001-1008.
Liszt, Franz von, »Der Begriff des Rechtsgutes im Strafrecht und in der Encyklopädie der Rechtswissenschaft«, in: *Zeitschrift für die gesamte Strafrechtswissenschaft* 8 (1888), S. 133-156.
—, *Lehrbuch des Deutschen Strafrechts*, Berlin/Leipzig 1899[9].
—, *Strafgesetzbuch für das Deutsche Reich vom 15.5.1871, mit Nebengesetzen. Textausgabe mit Anmerkungen und Sachregister*, Berlin 1910[23].
Löwenfeld, L., *Über die sexuelle Konstitution und andere Sexualprobleme*, Wiesbaden 1911.
Lombroso, Cesare, »Geschlechtstrieb und Verbrechen in ihren gegenseitigen Beziehungen«, in: *Archiv für Preußisches Strafrecht* 30 (1882), S. 1-29.
Lucas, »Das Strafrecht«, in: Koerte, Deutschland, Bd. 1, S. 283-300.

Marbe, Karl, »Kinderaussagen in einem Sittlichkeitsprozeß«, in: *Fortschritte der Psychologie und ihrer Anwendungen* 1 (1913), S. 375-396.
Marcuse, Max, »Zur Kritik des Begriffes und der Tat der Blutschande«, in: *Sexual-Probleme* 4 (1908), S. 129-151.
—, »Zur Psychologie der Blutschande«, in: *Archiv für Kriminalanthropologie* 55 (1913), S. 268ff.
—, »Männer als Opfer von Kindern«, in: *Archiv für Kriminalanthropologie und Kriminalistik* 56 (1913/14), S. 188ff.
—, *Vom Inzest*, Halle a.d.S. 1915.
Maschka, D. J., »Zeichen der Jungfrauschaft und gesetzwidrige Befriedigung des Geschlechtstriebes«, in: ders. (Hg.), *Handbuch der gerichtlichen Medizin*, Bd. 3, Tübingen 1881, S. 87-192.
Meisel-Hess, Grete, *Die sexuelle Krise*, Jena 1909.
—, »Die metaphysische Bedeutung des Hymen«, in: *Zeitschrift für Sexualwissenschaft* 2 (1915), S. 461ff.
—, *Das Wesen der Geschlechtlichkeit. Die sexuelle Krise in ihren Beziehungen zur sozialen Frage & zum Krieg, zu Moral, Rasse und Religion & insbesondere zur Monogamie*, Jena 1916.
Mengelein, *Das Strafgesetzbuch für das Königreich Bayern vom 6. Mai 1813*.
Merkel, Artikel »Nothzucht«, in: Holtzendorff, Rechtslexikon, Bd. 1, S. 246ff.
Merzbach, Georg, *Die krankhaften Erscheinungen des Geschlechtssinnes*, Wien/Leipzig 1909.

Mey, G., *Vollständige Katechesen für die untere Klasse der Volksschule. Mit einem Anhange: Der erste Beichtunterricht*, Freiburg i.Br. 1892[8].
Meyer, Bruno, »Eine Stimme ›für‹ den Mutterschutz«, in: *Die neue Generation* 6 (1910), S. 137-153.
—, *»Sittlichkeits«-Verbrechen? Eine kritische Studie zum XIII. Abschnitte des Deutschen Strafgesetzbuches*, Berlin/Leipzig/Wien 1911.
Meyer, Hugo, *Lehrbuch des Deutschen Strafrechts*, Erlangen 1888[4].
Meyer-Benfey, Heinrich, *Die sittlichen Grundlagen der Ehe*, Jena 1909.
Mittermaier, Wolfgang, »Verbrechen wider die Sittlichkeit«, in: Birkmeyer, Karl (Hg.), *Vergleichende Darstellung des Deutschen und Ausländischen Strafrechts. Vorarbeiten zur Deutschen Strafrechtsreform*, Bd. 2, Berlin 1906, S. 1-216.
Mohr, Wilhelmine, *Das sittlich verwahrloste Mädchen*, Berlin 1912.
Moll, Albert, *Untersuchungen über die libido sexualis*, Berlin 1898.
—, *Sexuelle Perversionen, Geisteskrankheit und Zurechnungsfähigkeit*, Leipzig 1907.
—, *Das Sexualleben des Kindes*, Berlin 1909.
— (Hg.), *Handbuch der Sexualwissenschaften. Mit besonderer Berücksichtigung der kulturgeschichtlichen Beziehungen*, Leipzig 1912.

Näcke, Paul, »Zur Psychologie der Kinder als Opfer von Sittlichkeitsverbrechen«, in: *Archiv für Kriminalanthropologie* 31 (1908/09), S. 149-154.
Nerlich, »Der Lustmörder Dittrich. Kasuistischer Beitrag zur forensischen Beurteilung der Lustmörder«, in: *Archiv für Kriminalanthropologie* 26 (1907/08), S. 11-26.
Nist, Jakob, »Die geistliche Schulaufsicht«, in: *Theologisch-praktische Monatsschrift* 8 (1908), S. 49-55.

Olshausen, Justus von, *Kommentar zum Strafgesetzbuch für das Deutsche Reich*, Bd. 1, Berlin 1927[11].
—, *Strafgesetzbuch für das Deutsche Reich vom 15.5.1871, Textausgabe mit Anmerkungen und Sachregister zum praktischen Gebrauch*, Berlin 1905[8].
Oppenhoff, Friedrich C., *Das Strafgesetzbuch für die preußischen Staaten*, Berlin 1867[5], Repr. Frankfurt a.M. 1991.
—, *Das Strafgesetzbuch für das Deutsche Reich erläutert durch*, Berlin 1873[3].

Puppe, Georg, *Gerichtliche Medicin*, München 1908.

Quanter, Rudolf, *Die Sittlichkeitsverbrechen im Laufe der Jahrhunderte und ihre strafrechtliche Beurteilung*, Dresden 1904.

Radbruch, Gustav (Hg.), *Die Peinliche Gerichtsordnung Kaiser Karls V. von 1532 (Carolina)*, Stuttgart 1996[6].
Raumer, Carl von, *Leitfaden für Polizei-Beamte bei Vernehmungen über Sittlichkeits-Verbrechen und Vergehen*, Berlin 1886.
Reicher, Heinrich, *Die Verwahrlosung der Kinder und das geltende Recht*, Langensalza 1906.
Reukauff, Hugo, »Motiviertes Gutachten über den ›Lustmörder‹ Max Dietze«, in: *Archiv für Kriminalanthropologie* 63 (1915), S. 228-262.
Riede, Karl, *Der Begriff der Gewalt im Reichsstrafgesetzbuch*, Diss. Erlangen 1899.
Rohleder, Hermann, *Vorlesungen über Geschlechtstrieb und gesamtes Geschlechtsleben des Menschen*, 2 Bde., Berlin/Leipzig 1907[2].
—, »Die sexuelle Veranlagung der Frauen«, in: *Die Neue Generation* 7 (1911), S. 259-272.

Rohleder, Hermann, *Die Zeugung unter Blutsverwandten*, Leipzig 1912.
—, *Vorlesungen über das gesamte Geschlechtsleben des Menschen*, 4 Bde., Berlin 1920[4].

Schmidt, Willi, »Inzestuöser Eifersuchtswahn«, in: *Archiv für Kriminalanthropologie und Kriminalistik* 57 (1914), S. 257-270.
Schmitt, Jakob, *Anleitung zur Erteilung des Erstkommunikantenunterrichtes*, Freiburg i.Br. 1893[9].
Schneickert, Hans, »Die Zeugenvernehmung im Lichte der Strafprozeßreform«, in: *Beiträge zur Psychologie der Aussage*, 1. F. 4 (1904), S. 419-461.
—, »Die körperliche Untersuchung zum Nachweis von Sittlichkeitsverbrechen«, in: *Zeitschrift für Sexualwissenschaft* 3 (1916/17), S. 224ff.
Schönfelder, A., *Der Pfarrer in seinem Umgang mit der Gemeinde*, Berlin 1903.
Schrenck-Notzing, Albert von, »Über ein sexuelles Attentat auf eine Hypnotisierte«, in: *Archiv für Kriminalanthropologie* 43 (1911), S. 139-150.
Schröder, Hugo, *Die Gendarmerie in Bayern. Vorgeschichte, Errichtung und Entwicklung der bayerischen Gendarmerie, sowie deren Tätigkeit 1812-1900*, o.O. 1900.
Schwabe, »Mordversuch und Sittlichkeitsverbrechen an einem fünfjährigen Kinde. (Fall Kalitzky.) Chemnitz in Sachsen. 1894«, in: *Archiv für Kriminalanthropologie und Kriminalistik* 4 (1900), S. 305-338.
Schwarze, Friedrich Oskar von, *Commentar zum Strafgesetzbuch für das Deutsche Reich*, Leipzig 1873[3].
—, »Studien zu dem Reichs-Strafgesetzbuche«, in: *Gerichtssaal* 23 (1871), S. 426-436.
—, »Verbrechen und Vergehen gegen die Sittlichkeit«, in: Holtzendorff, Franz v., *Handbuch des deutschen Strafrechts*, Bd. 3: *Die Lehre von den Verbrechensarten*, Berlin 1874, S. 289-328.
Schweyer, Franz, *Schöffau. Eine oberbayerische Landgemeinde. Eine wirtschaftliche und soziale Studie*, Stuttgart 1896.
Senf, Max Rudolf, »Geschlechtstrieb und Verbrechen«, in: *Archiv für Kriminalanthropologie* 48 (1912), S. 1-55.
Sintzel, Michael, *Das Kind in seinem Wandel und Gebete. Ein Lehr- und Gebetbüchlein für die katholische Schuljugend*, Regensburg 1842[3].
Statistik des Deutschen Reichs. Neue Folge. Kriminalstatistiken, hg. v. Statistischen Reichsamt Berlin, 1884-1918.
Stelzner, Helenefriederike, *Analyse von 200 Selbstmordfällen nebst Beitrag zur Prognostik der mit Selbstmordgedanken verknüpften Psychosen. Aus der psychiatrischen Klinik in Berlin*, Berlin 1906.
Stenglein, Melchior, *Commentar über das Strafgesetzbuch für das Königreich Bayern und das Gesetz über die Einführung des Strafgesetzbuches und des Polizeistrafgesetzbuches*, München 1861.
Stieler, Karl, *Bilder aus Bayern*, Stuttgart 1908.
Stöcker, Helene, »Zur Reform der sexuellen Ethik« (1905), in: Janssen-Jurreit, Frauen, S. 110-120.
—, »Ehe und Konkubinat«, in: *Die Neue Generation* 8 (1912), S. 127-142.
Strassmann, Fritz, *Lehrbuch der gerichtlichen Medicin*, Stuttgart 1895.

Tardieu, Ambroise Auguste, *Die Vergehen gegen die Sittlichkeit in staatsärztlicher Beziehung*, Weimar 1860 (Übers. d. 3. Aufl.).
—, »Étude médico-légale sur les sévices et mauvais traitements exercés sur des enfants«, in: *Annales d'hygiène publique et de médecine légale*, 2e série, 13 (1860), S. 361-398.
—, *Étude médico-légale sur les attentats aux moeurs*, Paris 1878[7].
Thal, Max, *Sexuelle Moral. Ein Versuch der Lösung des Problems der geschlechtlichen, insbesondere der sogenannten Doppelten Moral*, Breslau 1904.

Thomsen, Andreas, *Wörterbuch der terminologisch schwierigen Begriffe des Strafrechts*, Berlin 1899.
Toulmouche, Adolphe, »Des Attentats à la pudeur et du viol«, in: *Annales d'hygiène publique et de médecine légale*, 2e série, 6 (1856), S. 100-145.
—, »Des Attentats à la pudeur: des tentatives de viol sur des enfants ou des filles à peine nubiles et sur les adultes«, in: *Annales d'hygiène publique et de médecine légale*, 2. Ser., 22 (1864), S. 333-383.
Türkel, Siegfried, »Sexualpathologische Fälle«, in: *Archiv für Kriminalanthropologie* 11 (1902), S. 214-223.

Untersuchung der wirtschaftlichen Verhältnisse in 24 Gemeinden des Königreiches Bayern, München 1895.

Villnow, »Die Verbrechen und Vergehen wider die Sittlichkeit«, in: *Gerichtssaal* 30 (1878), S. 106-159.
Vorentwurf zu einem Deutschen Strafgesetzbuch. Bearbeitet von der hierzu bestellten Sachverständigen-Kommission, Bd. 1: Text, Bd. 2: Begründung Allgemeiner Teil, Bd. 3: Begründung Besonderer Teil, Berlin 1909.

Wachholz, L., »Zur Lehre von den sexuellen Delikten«, in: *Vierteljahrsschrift für gerichtliche Medizin und öffentliches Sanitätswesen*, 3. Folge, 38 (1909), S. 64-81.
Wächter, Carl Georg von, *Abhandlungen aus dem Strafrechte*, Bd. 1: *Die Verbrechen der Entführung und der Nothzucht nebst einer Erörterung der s. g. Fleischesverbrechen im engeren Sinn. Nach dem gemeinen Deutschen und Sächsischen Rechte und mit Rücksicht auf die neuern Deutschen legislativen Arbeiten*, Leipzig 1835.
Wagner, C., *Die Sittlichkeit auf dem Lande*, Leipzig 1895.
—, *Die geschlechtlich-sittlichen Verhältnisse der evangelischen Landbewohner im Deutschen Reiche, dargestellt auf Grund der von der Allgemeinen Konferenz der deutschen Sittlichkeitsvereine veranstalteten Umfrage*, Leipzig 1897.
Walter, E., »Über den Lustmord insbesondere an Kindern vom gerichtsärztlichen Standpunkte«, in: *Monatsschrift für Kriminalpsychologie und Strafrechtsreform* 6 (1909/10), S. 691-718.
Weisbrod, E., *Die Sittlichkeitsverbrechen vor dem Gesetze. Historisch und kritisch beleuchtet*, Berlin/Leipzig 1891.
Wilmanns, Karl, »Ein Beitrag zur Psychiatrie der Kinderaussage vor Gericht«, in: *Vierteljahrsschrift für gerichtliche Medizin und öffentliches Sanitätswesen* (1914), S. 102-119.
Winkler, Ernst, *Der Begriff der Gewalt im Strafrecht*, Breslau 1908.
Wittenberg, S., *Das geschlechtliche Verhalten der Landbewohner im Deutschen Reiche*, o.O. 1895.
Wulffen, Erich, »Weshalb werden so viele Sittlichkeitsverbrechen an Kindern begangen?«, in: *Breslauer Halbmonatsschrift für Gesetz und Recht* 21 (1907), S. 381-389.
—, *Der Sexualverbrecher. Ein Handbuch für Juristen, Verwaltungsbeamte und Ärzte*, Berlin 1910.
—, *Psychologie des Verbrechers. Ein Handbuch für Juristen, Ärzte, Pädagogen und Gebildete aller Stände*, Berlin 1913[2].
—, »Vergehen in Beziehung auf die Ausübung der Religion, Verbrechen und Vergehen gegen die Ordnung der Ehe und des Personenstandes und gegen die Sittlichkeit«, in: Aschrott/Liszt, Reform, Bd. 2, S. 119-153.

Zucker, »Einige Bemerkungen über die Bestrafung der Sittlichkeitsverbrechen«, in: *Monatsschrift für Kriminalpsychologie und Strafrechtsreform* 1 (1904/05), S. 219-222 u. 523ff.

Abel, Maria Henriette, *Vergewaltigung. Stereotypen in der Rechtsprechung und empirische Befunde*, Weinheim 1988.
Allen, Ann Taylor, *Feminism and Motherhood in Germany, 1800-1914*, New Brunswick 1991.
Althoff, Martina/Kappel, Sibylle (Hg.), *Geschlechterverhältnis und Kriminologie* (=Kriminologisches Journal, Beiheft 5), Weinheim 1995.
Althoff, Martina/Leppelt, Monika, »*Kriminalität« - eine diskursive Praxis. Foucaults Anstöße für eine kritische Kriminologie*, Münster 1995.
Ammerer, Gerhard, »›... als eine liederliche Vettel mit einem ströhenen Kranz zweymahl ofentlich herum geführet ...‹ Zur pönalisierten Sexualität in der zweiten Hälfte des 18. Jahrhunderts anhand Salzburger Kriminalrechtsquellen«, in: Erlach u.a., Privatisierung, S. 111-150.
Angerer, Marie-Luise, »Zwischen Ekstase und Melancholie: Der Körper in der neueren feministischen Diskussion«, in: *L'Homme* 1 (1994), S. 28-44.
Anzieu, Didier, *Das Haut-Ich*, Frankfurt a.M. 1996.
Ariès, Philippe/Duby, Georges (Hg.), *Histoire de la vie privée*, Bd. 4: *De la Révolution à la Grande Guerre*, Paris 1987.

Bagley, Christopher/King, Kathleen, *Child Sexual Abuse. The Search for Healing*, o.O. 1990.
Bailey, Victor/Blackburn, Sheila, »The Punishment of Incest Act 1908: a Case Study of Law Creation«, in: *Criminal Law Review* (1979), S. 708-718.
Bange, Dirk, *Die dunkle Seite der Kindheit. Sexueller Mißbrauch an Mädchen und Jungen. Ausmaß - Hintergründe - Folgen*, Köln 1992.
Baron, Larry/Straus, Murray F., *Four Theories of Rape in American Society*, New Haven 1989.
Bashar, N., »Rape in England between 1550 and 1700«, in: London Fem. Hist. Group, Dynamics, S. 28-46.
Battis, Ulrich/Schulz, Ulrike (Hg.), *Frauen im Recht*, Heidelberg 1990.
Bauer, Max, *Brotzeit. Ein Niederbayer erzählt sein Leben*, Frankfurt a.M. 1991.
Bayerisches Statistisches Landesamt (Hg.), *Die Gemeinden Bayerns: Änderungen im Bestand und Gebiet von 1840-1975* (=Beiträge zur Statistik Bayerns, Bd. 350), München 1975.
Beck, Rainer, »Illegitimität und voreheliche Sexualität auf dem Land. Unterfinning 1671-1770«, in: Dülmen, Richard van (Hg.), *Kultur der einfachen Leute*, München 1983, S. 112-150.
—, »Der Pfarrer und das Dorf. Konformismus und Eigensinn im katholischen Bayern des 17./18. Jahrhunderts«, in: Dülmen, Richard van (Hg.), *Armut, Liebe, Ehre. Studien zur historischen Kulturforschung*, Frankfurt a.M. 1988, S. 107-143.
Becker, Peter, *Leben und Lieben in einem kalten Land. Sexualität im Spannungsfeld von Ökonomie und Demographie. Das Beispiel St. Lambrecht 1600-1850*, Frankfurt a.M. 1990.
—, »›Ich bin halt immer liederlich gewest und habe zu wenig gebetet‹. Illegitimität und Herrschaft im Ancien Régime: St. Lambrecht 1600-1850«, in: Vierhaus, Rudolf u.a. (Hg.), *Frühe Neuzeit – Frühe Moderne? Forschungen zur Vielschichtigkeit von Übergangsprozessen*, Göttingen 1992, S. 157-179.
—, »Kriminelle Identitäten im 19. Jahrhundert. Neue Entwicklungen in der historischen Kriminalitätsforschung«, in: *Historische Anthropologie* 2 (1994), S. 142-157.

Becker, Peter, »Der Verbrecher als ›monstruoser Typus‹. Zur krimonologischen Semiotik der Jahrhundertwende«, in: Hagner, Michael (Hg.), *Der falsche Körper. Beiträge zu einer Geschichte der Monströsitäten*, Göttingen 1995, S. 147-173.

Behlmer, George K., *Child Abuse and Moral Reform in England 1870-1908*, Stanford 1982.

Behringer, Wolfgang, »Gegenreformation und Generationenkonflikt oder: Verhörsprotokolle und andere administrative Quellen zur Mentalitätsgeschichte«, in: Schulze, Winfried (Hg.), *Ego-Dokumente. Annäherung an den Menschen in der Geschichte*, Berlin 1996, S. 275-293.

Bellmann, Elisabeth, *Die Internationale Kriminalistische Vereinigung in den Briefen ihres Gründers Franz von Liszt*, Frankfurt a.M. 1994.

Berg, Christa (Hg.), *Handbuch der deutschen Bildungsgeschichte*, Bd. 4: *1870-1918. Von der Reichsgründung bis zum Ende des Ersten Weltkriegs*, München 1991.

—, »Familie, Kindheit, Jugend«, in: dies, Handbuch, Bd. 4, S. 91-145.

—/Herrmann, Ulrich, »Einleitung: Industriegesellschaft und Kulturkrise. Ambivalenzen der Epoche des Zweiten Deutschen Kaiserreiches 1870-1918«, in: Berg, Handbuch, Bd. 4, S. 1-56.

Berneike, Christiane, *Die Frauenfrage ist Rechtsfrage. Die Juristinnen der deutschen Frauenbewegung und das Bürgerliche Gesetzbuch*, Baden-Baden 1995.

Biographisches Lexikon der hervorragenden Ärzte aller Zeiten und Völker, 7 Bde., München 1962[3].

Bland, Lucy, »›Guardians of the Race‹ or ›Vampires upon the Nation's Health‹? Female Sexuality and its Regulation in Early 20th-Century Britain«, in: Whitlegg, Elizabeth (Hg.), *The Changing Experience of Women*, Oxford 1982, S. 373-388.

—, »Purity, Motherhood, Pleasure or Threat? Definitions of Female Sexuality 1900-1970s«, in: Cartledge, Sue/Ryan, Joanna (Hg.), *Sex and Love. New Thoughts on Old Contradictions*, London 1983, S. 8-29.

—, *Banishing the Beast. English Feminism and Sexual Morality 1885-1914*, London 1994.

Blaschke, Olaf, »Die Kolonialisierung der Laienwelt. Priester als Milieumanager und die Kanäle klerikaler Kuratel«, in: ders./Kuhlemann, Religion, S. 93-135.

—/Kuhlemann, Frank-Michael (Hg.), *Religion im Kaiserreich. Milieus - Mentalitäten - Krisen*, Gütersloh 1996.

—, »Religion in Geschichte und Gesellschaft. Sozialhistorische Perspektiven für die vergleichende Erforschung religiöser Mentalitäten und Milieus«, in: dies., Religion, S. 7-56.

Blasius, Dirk, *Bürgerliche Gesellschaft und Kriminalität. Zur Sozialgeschichte Preußens im Vormärz*, Göttingen 1976.

—, »Kriminalität und Geschichtswissenschaft. Bilanz und Perspektiven interdisziplinärer Forschung«, in: *Geschichte und Gesellschaft* 14 (1988), S. 136-149.

—, »Kriminalität in der Geschichte der modernen Gesellschaft – Bemerkungen zu den Konstitutionsbedingungen von Kriminalität«, in: Deichsel, Wolfgang u.a. (Hg.), *Kriminalität, Kriminologie und Herrschaft*, Paffenweiler 1988, S. 61-78.

—, *»Einfache Seelenstörung«. Geschichte der deutschen Psychiatrie 1800-1945*, Frankfurt a.M. 1994.

Blessing, Werner K., »Umwelt und Mentalität im ländlichen Bayern. Eine Skizze zum Alltagswandel im 19. Jahrhundert«, in: *Archiv für Sozialgeschichte* 19 (1979), S.1-42.

—, *Staat und Kirche in der Gesellschaft. Institutionelle Autorität und mentaler Wandel in Bayern während des 19. Jahrhunderts*, Göttingen 1982.

—, »Kirchenfromm - volksfromm - weltfromm: Religiosität im katholischen Bayern«, in: Loth, Wilfried (Hg.), *Deutscher Katholizismus im Umbruch zur Moderne*, Stuttgart 1991, S. 95-123.

Blessing, Werner K., »Reform, Restauration, Rezession. Kirchenreligion und Volksreligiosität zwischen Aufklärung und Industrialisierung«, in: Schieder, Wolfgang (Hg.), *Volksreligiosität in der modernen Sozialgeschichte*, Göttingen 1986, S. 97-122.

Bock, Gisela, »Challenging Dichotomies: Perspectives on Women's History«, in: Offen, Karen/Pierson, Ruth R./Rendall, Jane (Hg.), *Writing Women's History*, Basingstoke 1991, S. 1-23.

—, »Frauenräume und Frauenehre. Frühneuzeitliche Armenfürsorge in Italien«, in: Hausen/Wunder, Frauengeschichte, S. 25-49.

—, »Weibliche Armut, Mutterschaft und Rechte von Müttern in der Entstehung des Wohlfahrtsstaats 1890-1950«, in: Thébaud, Françoise (Hg.), *Geschichte der Frauen*, Bd. 5: 20. Jahrhundert, Frankfurt a.M. 1995, S. 427-461.

—, »Frauenwahlrecht – Deutschland um 1900 in vergleichender Perspektive«, in: Grüttner, Michael/Hartmann, Rüdiger/Haupt, H.-G. (Hg.), *Geschichte und Emanzipation. Festschrift für Reinhard Rürup*, Frankfurt a.M. 1999, S. 95-136.

Bohnert, Cornelia, *Zu Straftheorie und Staatsverständnis im Schulenstreit der Jahrhundertwende*, Diss. Freiburg 1992.

Bourque, Linda B., *Defining Rape*, Durham 1989.

Braun, Christina von, »Die ›Blutschande‹. Wandlungen eines Begriffs. Vom Inzesttabu zu den Rassengesetzen«, in: dies., *Die schamlose Schönheit des Vergangenen. Zum Verhältnis von Geschlecht und Geschichte*, Frankfurt a.M. 1989, S. 85-112.

Brednich, Brigitte/Brednich, Rolf W./Gerndt, Helge (Hg.), *Erinnern und Vergessen. Vorträge des 27. Deutschen Volkskundekongresses, Göttingen 1989*, Göttingen 1991.

Breit, Stefan, *»Leichtfertigkeit« und ländliche Gesellschaft. Voreheliche Sexualität in der Frühen Neuzeit*, München 1991.

Brockhaus, Ulrike/Kolshorn, Maren, *Sexuelle Gewalt gegen Mädchen und Jungen. Mythen, Fakten, Theorien*, Frankfurt a.M. 1993.

Brownmiller, Susan, *Gegen unseren Willen. Vergewaltigung und Männerherrschaft*, Frankfurt a.M. 1992.

Bruck, Andreas/Fenner, Burkhard, »Erinnern und Vergessen im Forschungsprozeß. Ein systematisierender Überblick«, in: Brednich u.a., Erinnern, S. 103-122.

Brücker, Eva, »›Und ich bin heil da 'rausgekommen.‹« Gewalt und Sexualität in einer Berliner Arbeiternachbarschaft zwischen 1916/17 und 1958«, in: Lindenberger/Lüdtke, Gewalt, S. 337-365.

Buchholz, Stephan, »Das Bürgerliche Gesetzbuch und die Frauen: zur Kritik des Ehegüterrechts«, in: Gerhard, Geschichte des Rechts, S. 670-682.

Burghartz, Susanna, »Rechte Jungfrauen oder unverschämte Töchter? Zur weiblichen Ehre im 16. Jahrhundert«, in: Hausen/Wunder, Frauengeschichte, S. 173-183.

Busch, Norbert, »Frömmigkeit als Faktor des katholischen Milieus. Der Kult zum Herzen Jesu«, in: Blaschke/Kuhlemann, Religion, S. 136-165.

Butler, Judith, *Das Unbehagen der Geschlechter*, Frankfurt am Main 1991.

—, *Körper von Gewicht. Die diskursiven Grenzen des Geschlechts*, Berlin 1995.

Bynum, Caroline, »Warum das ganze Theater mit dem Körper? Die Sicht einer Mediävistin«, in: *Historische Anthropologie* 4 (1996), S. 1-33.

Cameron, Deborah/Frazer, Elizabeth, *Lust to Kill. A Feminist Investigation of Sexual Murder*, Cambridge 1987.

Canning, Kathleen, »Feminist History after the Linguistic Turn: Historicising Discourse and Experience«, in: *Signs* 19 (1994), S. 368-404.

Caputi, Jane, *The Age of Sex Crime*, Bowling Green/Ohio 1987.

Carsten, Ernst, *Die Geschichte der Staatsanwaltschaft in Deutschland*, Aalen 1971 (Neudr. d. Ausg. Breslau 1932).

Caspari, Rolf, »Beobachtungen zur Thematisierung der Kommunikation in deutschen Strafprozeßordnungen des 19. und 20. Jahrhunderts«, in: *Sprachwandel und Sprachgeschichtsschreibung*, Düsseldorf 1977, S. 205-231.

Ceci, S.J./Bruck, M., »Suggestibility of the Child Witness. A Historical Review and Synthesis«, in: *Psychological Bulletin* 113 (1993), S. 403-439.

Chaytor, Miranda, »Husband(ry): Narratives of Rape in the Seventeenth Century«, in: *Gender and History* 7 (1995), S. 378-407.

Clark, Anna, *Women's Silence, Men's Violence. Sexual Assault in England 1770-1845*, London 1987.

—, »Rape or Seduction? A Controversy over Sexual Violence in the Nineteenth Century«, in: London Fem. Hist. Group, Dynamics, S. 13-27.

Claussen, Karl Eduard, »Justizverwaltung 1867-1918«, in: Jeserich, Kurt G.A./Pohl, Hans/Unruh, Georg-Christoph von (Hg.), *Deutsche Verwaltungsgeschichte*, Bd. 3: *Das Deutsche Reich bis zum Ende der Monarchie*, Stuttgart 1984, S. 453-465.

Corbin, Alain (Hg.), *Die sexuelle Gewalt in der Geschichte*, Berlin 1992.

—, »Vorwort«, in: ders., Gewalt, S. 7ff.

Cremer-Schäfer, Helga/Stehr, Johannes, »Das Moralisieren und Skandalisieren von Problemen. Anmerkungen zur Geschichte von ›Gewalt‹ als Dramatisierungskonzept und Verdichtungssymbol«, in: *Kriminalsoziologische Bibliografie* 17 (1990), S. 21-42.

D'Cruze, Shani, »Rape and Sexual Violence: Notes Towards Research«, in: *Women's History Review* 1/3 (1992), S. 377-396.

Deleuze, Gilles, *Michel Foucault*, Frankfurt a.M. 1986.

DeMause, Lloyd, »Evolution der Kindheit«, in: ders., *Hört ihr die Kindern weinen? Eine psychogenetische Geschichte der Kindheit*, Frankfurt a.M. 1980, S. 12-111.

Dickinson, Edward Ross, *The Politics of German Child Welfare from the Empire to the Federal Republic*, Cambridge/Mass. 1996.

Dietrich, Elisabeth, *Übeltäter, Bösewichter. Kriminalität und Kriminalisierung in Tirol und Vorarlberg im 19. Jahrhundert*, Innsbruck 1995.

Döhring, Erich, *Geschichte der deutschen Rechtspflege seit 1500*, Berlin 1953.

Dölemeyer, Barbara, »Frau und Familie im Privatrecht des 19. Jahrhunderts«, in: Gerhard, Geschichte des Rechts, S. 633-658.

Dreyfus, Hubert/Rabinow, Paul, *Michel Foucault: Jenseits von Strukturalismus und Hermeneutik*, Frankfurt a.M. 1987.

Dubinsky, Karen, »›Maidenly Girls‹ or ›Designing Women‹? The Crime of Seduction in Turn-of-the-Century Ontario«, in: Covetta, Franca/ Volverde, Mariana (Hg.), *Gender Conflicts. New Essays in Women's History*, Toronto 1992, S. 27-66.

—, *Improper Advances. Rape and Heterosexual Conflict in Ontario 1880-1928*, Chicago 1993.

Duden, Barbara, »Geschlecht, Biologie, Körpergeschichte«, in: *Feministische Studien* 9/2 (1991), S. 105-122.

—, »Die Frau ohne Unterleib: Zu Judith Butlers Entkörperung. Ein Zeitdokument«, in: *Feministische Studien* 11/2 (1993), S. 24-33.

—, »Das ›System‹ unter der Haut. Anmerkungen zum körpergeschichtlichen Bruch der 1990er Jahre«, in: *Österreichische Zeitschrift für Geschichtswissenschaften* 8 (1997), S. 260-291.

Dülmen, Richard van (Hg.), *Dynamik der Tradition. Studien zur historischen Kulturforschung*, Frankfurt a.M. 1992.

— (Hg.), *Körper-Geschichten. Studien zur historischen Kulturforschung* V, Frankfurt a.M. 1996.

Dürkop, Maren, »Feminismus und Labeling-Approach. Ansätze gegen die Diskriminierung von Menschen«, in: *Kriminologisches Journal* 18 (1986), S. 273-289.

Duerr, Hans Peter, *Der Mythos vom Zivilisationsprozeß*, Bd. 1: *Nacktheit und Scham*, Frankfurt a.M. 1992[4]; Bd. 2: *Intimität*, Frankfurt a.M. 1990; Bd. 4: *Obszönität und Gewalt*, Frankfurt a.M. 1993.

Dupont-Bouchat, Marie-Sylvie, »L'intérêt de l'enfant. Approche historique«, in: Gérard, Ph./Ost, F./Kerkhove, M. van de (Hg.), *Droit et intérêt*, Bd. 3, Brüssel 1990, S. 23-54.

Ebrecht, Angelika, »Weiblichkeit als kulturelle Pathologie - Kulturkritik, Nervosität und Geschlecht in Theorien der Jahrhundertwende«, in: *Feministische Studien* 14 (1996), S. 110-121.

Eckert, Jörn (Hg.), *Sprache - Recht - Geschichte. Rechtshistorisches Kolloquium 5.-9. Juni 1990, Christian-Albrechts-Universität zu Kiel*, Heidelberg 1991.

Eder, Franz X., »›Sexualunterdrückung‹ oder ›Sexualisierung‹? Zu den theoretischen Ansätzen der ›Sexualitätsgeschichte‹«, in: Erlach u.a., Privatisierung, S. 7-24.

—, »Die Historisierung des sexuellen Objekts. Sexualitätsgeschichte zwischen Essentialismus und sozialem Konstruktivismus«, in: *Österreichische Zeitschrift für Geschichtswissenschaften* 5/3 (1994), S. 311-327.

Edwards, Susan, *Female Sexuality and the Law*, Oxford 1981.

—, »Sexuality, Sexual Offences and Conceptions of Victims in the Criminal Justice Process«, in: *Victimology: An International Journal* 7 (1982), S. 113-130.

Egle, Ulrich Tiber/Hoffmann, Sven Oliver/Joraschky, Peter (Hg.), *Sexueller Mißbrauch, Mißhandlung, Vernachlässigung. Erkennung und Behandlung psychischer und psychosomatischer Folgen früher Traumatisierungen*, Stuttgart 1997.

Ehlert, M./Lorke, B., »Zur Psychodynamik der traumatischen Reaktion«, in: *Psyche* 46 (1988), S. 502-532.

Ehlert, M., »Verführungstheorie, infantile Sexualität und ›Inzest‹«, in: *Jahrbuch der Psychoanalyse* 27 (1991), S. 42-70.

Ehmer, Josef/Mitterauer, Michael, »Zur Einführung: Familienstruktur und Arbeitsorganisation in der ländlichen Gesellschaft«, in: dies., Familienstruktur, S. 7-30.

— (Hg.), *Familienstruktur und Arbeitsorganisation in ländlichen Gesellschaften*, Köln 1986.

Eibach, Joachim, »Kriminalitätsgeschichte zwischen Sozialgeschichte und Historischer Kulturforschung«, in: *Historische Zeitschrift* 263 (1996), S. 681-715.

Eisenhardt, Ulrich, *Deutsche Rechtsgeschichte*, München 1995[2].

Elias, Norbert, *Über den Prozeß der Zivilisation. Soziogenetische und psychogenetische Untersuchungen*, Bd. 1: *Wandlungen des Verhaltens in den weltlichen Oberschichten des Abendlandes*; Bd. 2: *Wandlungen der Gesellschaft. Entwurf zu einer Theorie der Zivilisation*, Frankfurt a.M. 1990[15].

Engelhard, Dietrich von, »Sittlichkeitsdelinquenz in Wissenschaft und Literatur des 19. Jahrhunderts«, in: Hess, Henner u.a. (Hg.), *Sexualität und soziale Kontrolle. Beiträge zur Sexualkriminologie*, Heidelberg 1978, S. 141-168.

Engelhardt, Ulrich, *»Bildungsbürgertum«. Begriffs- und Dogmengeschichte eines Etiketts*, Stuttgart 1986.

Engelstein, Laura, »Gender and the Juridicale Subject: Prostitution and Rape in 19th-Century Russian Criminal Codes«, in: *Journal of Modern History* 60 (1988), S. 458-495.

Erlach, Daniela/Reisenleitner, Markus/Vocelka, Karl (Hg.), *Privatisierung der Triebe? Sexualität in der Frühen Neuzeit*, Frankfurt a.M. 1994.

L'Esperance, J., »Doctors and Women in Nineteenth Century Society: Sexuality and Role«, in: Richards, D./Woodward, J. (Hg.), *Health Care and Popular Medicine in 19th-Century England*, New York 1977, S. 105-127.

Estrich, Susan, *Real Rape. How the legal system victimizes women who say no*, Cambridge/Mass. 1987.
Evans, Richard, *The Feminist Movement in Germany 1894-1933*, London 1975.

Farge, Arlette, *Das brüchige Leben. Verführung und Aufruhr im Paris des 18. Jahrhunderts*, Berlin 1989.
Ferenczi, Sándor, »Sprachverwirrung zwischen dem Erwachsenen und dem Kind. Die Sprache der Zärtlichkeit und der Leidenschaft« (1932), in: ders., *Bausteine der Psychoanalyse*, Bd. 3: *Arbeiten aus den Jahren 1908-1933*, Stuttgart 1964^2, S. 511-525.
Finkelhor, David, *Sexually Victimized Children*, New York 1979.
Fischer-Homberger, Esther, *Die traumatische Neurose. Vom somatischen zum sozialen Leiden*, Bern 1975.
—, *Medizin vor Gericht. Gerichtsmedizin von der Renaissance bis zur Aufklärung*, Bern 1983.
—, »Schattenwürfe des Geschlechtsunterschiedes. Zur Abwehrfunktion des Konzeptes vom ›anderen Geschlecht‹«, in: Mixa, Elisabeth u.a. (Hg.), *Körper - Geschlecht - Geschichte. Historische und aktuelle Debatten in der Medizin*, Innsbruck 1996, S. 13-32.
Fleige, Matthias, *Edition des Physikatsberichtes von Wolfratshausen aus dem Jahre 1862*, Diss. TU München 1996.
Foucault, Michel, *Überwachen und Strafen. Die Geburt des Gefängnisses*, Frankfurt a.M. 1977.
—, »About the Concept of the ›Dangerous Individual‹ in 19th-Century Legal Psychiatry«, in: *International Journal of Law and Psychiatry* 1 (1978), S. 1-18.
—, *Sexualität und Wahrheit*, Bd. 1.: *Der Wille zum Wissen*, Frankfurt a.M. 1983.
—, »Subjekt und Macht«, in: Dreyfus/Rabinow, Foucault, S. 243-261.
Franz, Eckhart G./Hofmann, Hanns H./Schaab, Meinrad, *Gerichtsorganisation in Baden-Württemberg, Bayern und Hessen im 19. und 20. Jahrhundert*, Braunschweig 1989.
Fraser, Nancy, »Foucault über die moderne Macht: Empirische Einsichten und normative Unklarheiten«, in: dies., *Widerspenstige Praktiken. Macht, Diskurs, Geschlecht*, Frankfurt a.M. 1994, S. 31-55.
Frauen und Öffentlichkeit. Beiträge der 6. Schweizerischen Historikerinnentagung, Zürich 1991.
Frevert, Ute, *Frauen-Geschichte. Zwischen Bürgerlicher Verbesserung und Neuer Weiblichkeit*, Frankfurt a.M. 1986.
— (Hg.), *Bürgerinnen und Bürger. Geschichte der Geschlechterverhältnisse im 19. Jahrhundert*, Göttingen 1988.
—, »Ehre - männlich/weiblich. Zu einem Identitätsbegriff des 19. Jahrhunderts«, in: *Telaviver Jahrbuch für deutsche Geschichte* 21 (1992), S. 21-68.
—, *Ehrenmänner. Das Duell in der bürgerlichen Gesellschaft*, München 1995.
—, »Weibliche Ehre, männliche Ehre. Das kulturelle Kapital der Geschlechter in der Moderne«, in: dies., *»Mann und Weib, und Weib und Mann«. Geschlechterdifferenzen in der Moderne*, München 1995, S. 166-222.
Frommel, Monika, *Präventionsmodelle in der deutschen Strafzweck-Diskussion. Beziehungen zwischen Rechtsphilosophie, Dogmatik, Rechtspolitik und Erfahrungswissenschaften*, Berlin 1987.
—, »Internationale Reformbewegung zwischen 1880 und 1920«, in: Schönert, Kriminalität, S. 467-496.
—, »Gewalt gegen Frauen. Utopische, realistische und rhetorische Forderungen an eine Reform der sexuellen Gewaltdelikte«, in: Battis/Schulz, Frauen, S. 257-279.
—, »Es geschieht zu wenig«, in: *Die Zeit* Nr. 41, 4. Oktober 1996.

Gadebusch Bondio, Mariacarla, *Die Rezeption der kriminalanthropologischen Theorien von Cesare Lombroso in Deutschland von 1880-1914*, Husum 1995.

Gay, Peter, *Kult der Gewalt. Aggression im bürgerlichen Zeitalter*, München 1996.

Geertz, Clifford, »Dichte Beschreibung. Bemerkungen zu einer deutenden Theorie von Kultur«, in: ders., *Dichte Beschreibung. Beiträge zum Verstehen kultureller Systeme*, Frankfurt a.M. 1983, S. 7-43.

Gerhard, Ute, *Verhältnisse und Verhinderungen. Frauenarbeit, Familie und Rechte der Frauen im 19. Jahrhundert*, Frankfurt a.M. 1981.

—, *Unerhört. Die Geschichte der deutschen Frauenbewegung*, Reinbek 1990.

— (Hg.), *Frauen in der Geschichte des Rechts. Von der Frühen Neuzeit bis zur Gegenwart*, München 1997.

—, »Grenzziehungen und Überschreitungen. Die Rechte der Frauen auf dem Weg in die politische Öffentlichkeit, in: dies., Geschichte des Rechts, S. 509-546.

Gestrich, W.A., *Jugend in Ohmenhausen 1800-1918. Eine sozialgeschichtliche Studie zum Wandel des Jugendlebens in einem württembergischen Dorf unter dem Einfluß der Industrialisierung*, Göttingen 1986.

Geyer-Kordesch, Johanna/Kuhn, Annette (Hg.), *Frauenkörper - Medizin - Sexualität. Auf dem Weg zu einer neuen Sexualmoral*, Düsseldorf 1986.

Ginzburg, Carlo, »Der Inquisitor als Anthropologe«, in: Habermas/Minkmar, Schwein, S. 42-55.

Gleixner, Ulrike, *»Das Mensch« und »der Kerl«. Die Konstruktion von Geschlecht in Unzuchtsverfahren der Frühen Neuzeit (1700-1760)*, Frankfurt a.M. 1994.

Godenzi, Alberto, *Bieder, brutal. Frauen und Männer sprechen über sexuelle Gewalt*, Zürich 1991.

Goffman, Erving, *Stigma. Über Techniken zur Bewältigung beschädigter Identität*, Frankfurt a.M. 1996[12].

Göttler, Norbert, *Die Sozialgeschichte des Bezirks Dachau 1870 bis 1920. Ein Beispiel struktureller Wandlungsprozesse des ländlichen Raumes*, München 1988.

Göttsch, Silke, »Archivalische Quellen zur Frauenforschung. Weibliche Erfahrungen um Körperlichkeit und Sexualität - ein Beispiel«, in: Frauenalltag - Frauenforschung, S. 49-59.

—, »›nachdem das Gerücht überall gegangen ...‹ Sprechen über Kriminalität in der ländlichen Gesellschaft des 18. Jahrhunderts«, in: Pöttler, Burkhard (Hg.), *Innovation und Wandel. Festschrift für Oskar Moser*, Graz 1984, S. 159-164.

—, »Zur Konstruktion schichtenspezifischer Wirklichkeit«, in: Brednich u.a., Erinnern, S. 443-452.

Götz von Olenhusen, Irmtraud, *Klerus und abweichendes Verhalten. Zur Sozialgeschichte katholischer Priester im 19. Jahrhundert: Die Erzdiözese Freiburg*, Göttingen 1994.

Gordon, Linda, »Incest and Resistance: Patterns of Father-Daughter Incest, 1880-1930«, in: *Social Problems* 33 (1986), S. 253-267.

Gorham, Deborah, »The ›Maiden Tribute of Modern Babylon‹ Reexamined: Child Prostitution and the Idea of Childhood in Late Victorian England«, in: *Victorian Studies* 21/3 (1978), S. 353-387.

Grassberger, Roland, »Hans Gross. 1847-1915«, in: Mannheim, Pioneers, S. 305-317.

Grimm, Dieter, »Bürgerlichkeit im Recht«, in: Kocka, Bürger, S. 149-188 (auch in: Grimm, Recht und Staat, S. 11-42).

—, »Rechtswissenschaft und Geschichte«, in: ders., Recht und Staat, S. 399-427.

—, *Recht und Staat in der bürgerlichen Gesellschaft*, Frankfurt a.M. 1987.

Groth, Nicholas A., *Men Who Rape. The Psychology of the Offender*, New York 1979.

Guillais, J., *La chair de l'autre. Le crime passionnel au XIXe siècle*, Paris 1986.

Habermas, Rebekka, »Frauen und Männer im Kampf um Leib, Ökonomie und Recht. Zur Beziehung der Geschlechter im Frankfurt der Frühen Neuzeit«, in: Dülmen, Dynamik, S. 109-136.
—/Minkmar, Nils (Hg.), *Das Schwein des Häuptlings. Sechs Aufsätze zur Historischen Anthropologie*, Berlin 1992.
Haeberle, Erwin E., *Anfänge der Sexualwissenschaft. Historische Dokumente*, Berlin 1983.
Hagemann-White, Carol, *Strategien gegen Gewalt im Geschlechterverhältnis. Bestandsanalyse und Perspektiven*, Pfaffenweiler 1992.
Hämmerle, Christa, »Von heiligen Vor- und Schreckensbildern. Funktionen und Wirkungsweisen katholischer Bildkultur im Kontext religiöser Kindererziehung«, in: Heller u.a., Religion, S. 250-286.
Hanmer, Jalna/Maynard, Mary (Hg.), *Women, Violence, and Social Control*, Atlantic Highlands/N.J. 1987.
Hartmann, Heidi/Ross, Ellen, »Comment on ›On Writing the History of Rape‹, in: *Signs* 3 (1978), S. 931-935.
Haste, Helen, *The Sexual Metaphor*, New York 1993.
Hastenteufel, Paul, *Katholische Jugend in ihrer Zeit*, Bd. 1: 1900-1918, Bamberg 1988.
Hausen, Karin/Wunder, Heide (Hg.), *Frauengeschichte - Geschlechtergeschichte*, Frankfurt a.M. 1992.
Hauzenberger, F., *Die Geschichte des Schulsprengels Thurmansbang (1860-1972). Eine Studie zur historischen Entwicklung des Volksschulwesens im unteren Bayerischen Wald*, Diss. Passau 1980.
Heimann, Andreas, »›Krank, pervers und gefährlich‹ - Homosexuellenfeindliche Stereotypen im Deutschen Kaiserreich«, in: Hahn, Hans Henning (Hg.), *Historische Stereotypenforschung. Methodische Überlegungen und empirische Befunde*, Oldenburg 1995, S. 150-172.
Heller, Andreas/Weber, Therese/Wiebel-Fanderl, Oliva (Hg.), *Religion und Alltag. Interdisziplinäre Beiträge zu einer Sozialgeschichte des Katholizismus in lebensgeschichtlichen Aufzeichnungen*, Wien 1990.
Heller, Andreas, »›Du kommst in die Hölle...‹ Katholizismus als Weltanschauung in lebensgeschichtlichen Aufzeichnungen«, in: ders. u.a., Religion, S. 28-54.
—, »Zur Sozialgeschichte des Katholizismus in lebensgeschichtlichen Erinnerungen«, in: ders. u.a., Religion, S. 287-300.
Hentig, Hans von, »Gustav Aschaffenburg. 1866-1944«, in: Mannheim, Pioneers, S. 421-428.
Hentschel, Gitti (Hg.), *Skandal und Alltag. Sexueller Mißbrauch und Gegenstrategien*, Berlin 1996.
Hering, Karl H. (Hg.), *Der Weg der Kriminologie zur selbständigen Wissenschaft. Ein Materialbeitrag zur Geschichte der Kriminologie*, Hamburg 1966.
Herman, Judith L., *Die Narben der Gewalt. Psychische Traumata verstehen und behandeln*, Reinbek 1993.
—/Hirschman, Lisa, *Father-Daughter Incest*, Cambridge 1981.
Herrman, Ulrich, »Pädagogisches Denken und Anfänge der Reformpädagogik«, in: Berg, Handbuch, Bd. 4, S. 147-178.
Hirsch, Mathias, *Schuld und Schuldgefühl. Zur Psychoanalyse von Trauma und Introjekt*, Göttingen 1997.
—, »Vernachlässigung, Mißhandlung, Mißbrauch im Rahmen einer psychoanalytischen Traumatologie«, in: Egle u.a., Mißbrauch, S. 103-116.
Hodenberg, Christina von, *Die Partei der Unparteiischen. Der Liberalismus der preußischen Richterschaft 1815-1848/49*, Göttingen 1996.

Hoffmann, Carl A., »Aspekte des sozialen und wirtschaftlichen Wandels im ländlichen Bereich Altbayerns. Dargestellt am Beispiel des Bezirks Bruck im 19. Jahrhundert«, in: *Zeitschrift für bayerische Landesgeschichte* 54 (1991), S. 435-488.

Holenstein, Pia/Schindler, Norbert, »Geschwätzgeschichte(n). Ein kulturhistorisches Plädoyer für die Rehabilitierung der unkontrollierten Rede«, in: van Dülmen, Dynamik, S. 41-108.

Holliway, W., »›I Just Wanted to Kill a Woman.‹ Why? The Ripper and Male Sexuality«, in: *Feminist Review* 9 (1981), S. 33-40.

Holthöfer, Ernst, »Deutsche Justizgeschichte des 19. Jahrhunderts im Spiegel der neueren Forschung. Ein bibliographischer Überblick«, in: *Ius commune* 17 (1990), S. 223-291.

Honegger, Claudia, »Frauen und medizinische Deutungsmacht im 19. Jahrhundert«, in: Labisch, Alfons/Spree, Reinhard (Hg.), *Medizinische Deutungsmacht im sozialen Wandel des 19. und frühen 20. Jahrhunderts*, Bonn 1989, S. 181-194.

Huber, Alfons (Hg.), *Beschreibung von Stadt und Landgerichtsbezirk Straubing in einem Physikatsbericht aus dem Jahre 1859. Topographie und Ethnographie des Königlichen Landgerichtsbezirks Straubing*, Straubing 1990.

Hucker, S.J./Bain, J., »Androgenic Hormones and Sexual Assault«, in: Marshall, W.L. (Hg.), *Handbook of Sexual Assault. Issues, Theories and Treatment of the Offender*, New York 1990, S. 93-102.

Hull, Isabel V., »›Sexualität‹ und bürgerliche Gesellschaft«, in: Frevert, Bürgerinnen, S. 49-66.

—, *Sexuality, State, and Civil Society in Germany 1700-1815*, Ithaca 1996.

Hutter, Jörg, *Die gesellschaftliche Kontrolle des homosexuellen Begehrens. Medizinische Definitionen und juristische Sanktionen im 19. Jahrhundert*, Frankfurt a.M. 1992.

Ilien, Albert, »Kommunikationsstile in ländlichen Gemeinden«, in: Bausinger, Hermann/ Moser-Rath, Elfriede (Hg.), *Direkte Kommunikation und Massenkommunikation*, Tübingen 1976, S. 199-206.

—/Jeggle, Utz, *Leben auf dem Dorf. Zur Sozialgeschichte des Dorfes und Sozialpsychologie seiner Bewohner*, Opladen 1978.

Isaac, Rhys, »Der entlaufene Sklave. Zur ethnographischen Methode in der Geschichtsschreibung. Ein handlungstheoretischer Ansatz«, in: Habermas/Minkmar, Schwein, S. 147-185.

Jacobus, Mary/Keller, Evelyn Fox u.a. (Hg.), *Body/ Politics: Women and the Discourse of Science*, London 1990.

Jäger, Herbert, *Strafgesetzgebung und Rechtsgüterschutz bei Sittlichkeitsdelikten. Eine kriminalsoziologische Untersuchung*, Stuttgart 1957.

Janssen-Jurreit, Marielouise (Hg.), *Frauen und Sexualmoral*, Frankfurt a.M. 1986.

—, »Einleitung«, in: dies., Frauen, S. 15-57.

Jarausch, Konrad H., »Toward a Social History of Experience: Postmodern Predicaments in Theory and Interdisciplinarity«, in: *Central European History* 22 (1989), S. 427-443.

Jeffreys, Sheila, »›Free from all Uninvited Touch of Man‹«: Women's Campaigns around Sexuality, 1880-1914«, in: *Women's Studies International Forum* 5/6 (1982), S. 629-645.

Joraschky, Peter, »Die Auswirkungen von Vernachlässigung, Mißhandlung, Mißbrauch auf Selbstwert und Körperbild«, in: Egle u.a., Mißbrauch, S. 117-130.

Jordanova, Ludmilla, *Sexual Visions. Images of Gender in Science and Medicine Between the Eighteenth and the Twentieth Centuries*, Madison 1989.

Kaiser, Günther, *Kriminologie. Eine Einführung in die Grundlagen*, Heidelberg 1993⁹.

— (Hg.), *Kleines kriminologisches Wörterbuch*, Heidelberg 1993³.

Kammler, Clemens, *Michel Foucault – Eine kritische Analyse seines Werkes*, Bonn 1986.
Karstedt, Susanne, »Emanzipation und Moral: die Frauenbewegung als ›Moralunternehmen‹?«, in: Althoff/Kappel, Geschlechterverhältnis, S. 143-160.
Kaschuba, Wolfgang/Lipp, Carola, *Dörfliches Überleben. Zur Geschichte materieller und sozialer Reproduktion ländlicher Gesellschaft im 19. und frühen 20. Jahrhundert*, Tübingen 1982.
Kaschuba, Wolfgang, *Lebenswelt und Kultur der unterbürgerlichen Schichten im 19. und 20. Jahrhundert*, München 1990.
Kaufmann, Doris, »Psychiatrie und Strafjustiz im 19. Jahrhundert. Die gerichtsmedizinischen Gutachten der Medizinischen Fakultät der Universität Tübingen 1770-1860«, in: *Medizin, Gesellschaft und Geschichte* 10 (1991), S. 23-39.
Kelly, Liz/Radford, Jill, »›Nothing Really Happened‹«: The Invalidation of Women's Experiences of Sexual Violence«, in: dies./Hester, Marianne (Hg.), *Women, Violence, and Male Power*, Buckingham 1996, S. 19-33.
Kelly, Liz, *Surviving Sexual Violence*, Cambridge 1988.
Kempe, G.Th., »Franz von Liszt und die Kriminologie«, in: Zeitschrift für die gesamte Strafrechtswissenschaft 81 (1969), S. 804-824.
Kerchner, Brigitte, »Rückzug als Verweigerung. Historische Perspektiven auf Sexualität und Staat«, in: dies./Wilde, Gabriele (Hg.), *Staat und Privatheit. Aktuelle Studien zu einem schwierigen Verhältnis*, Opladen 1997, S. 157-188.
—, »›Unbescholtene Bürger‹ und ›gefährliche Mädchen‹ um die Jahrhundertwende. Was der Fall Sternberg für die aktuelle Debatte zum sexuellen Mißbrauch an Kindern bedeutet«, in: *Historische Anthropologie* 6 (1998), S. 1-32.
Kienitz, Sabine, *Sexualität, Macht und Moral. Prostitution und Geschlechterbeziehungen Anfang des 19. Jahrhunderts in Württemberg. Ein Beitrag zur Mentalitätsgeschichte*, Berlin 1995.
—, »Geschäfte mit dem Körper. Sexualmoral und Überlebensstrategien von Frauen aus der Unterschicht Anfang des 19. Jahrhunderts in Württemberg«, in: *Historische Anthropologie* 3 (1995), S. 433-459.
—, »›Er ließ nicht nach, bis ich ihm zu Willen stand.‹ Zur Gewalt des Begehrens und der kulturellen Konstruktion von Geschlechterbeziehungen«, in: *Kuckuck* 11 (1996), S. 52-60.
Killias, Martin, *Jugend und Sexualstrafrecht. Eine rechtssoziologische und rechtsvergleichende Untersuchung über die Bestimmungsgründe des Jugendschutzes im Sexualstrafrecht, dargestellt anhand der Geschichte des Tatbestandes der Unzucht mit Kindern*, Zürich 1979.
Kittel, Ruth, »Rape in Thirteenth-Century England: A Study of the Common-Law Courts«, in: Weisberg, D. Kelly (Hg.), *Women and the Law. A Social Historical Perspective*, Cambridge/Mass. 1982, S. 101-115.
Klabundt, Per, »Psychopathia sexualis – die ärztliche Konstruktion der sexuellen Perversion zwischen 1869 und 1914«, in: *Medizin, Gesellschaft und Geschichte* 13 (1994), S. 107-130.
Klausmann, Christina, *Politik und Kultur der Frauenbewegung im Kaiserreich. Das Beispiel Frankfurt am Main*, Frankfurt a.M. 1997.
Kocka, Jürgen (Hg.), *Bürger und Bürgerlichkeit im 19. Jahrhundert*, Göttingen 1987.
—, »Bürgertum und Bürgerlichkeit als Probleme der deutschen Geschichte vom späten 18. zum frühen 20. Jahrhundert«, in: ders., Bürger, S. 21-63.
—, »Das europäische Muster und der deutsche Fall«, in: ders. (Hg.), *Bürgertum im 19. Jahrhundert*, Bd. 1: *Einheit und Vielfalt Europas*, Göttingen 1995, S. 9-75.
Körper Macht Geschichte – Geschichte Macht Körper. Studien zur Körpergeschichte, hg. v. Graduiertenkolleg »Sozialgeschichte« an der Universität Bielefeld, Bielefeld 1999.

Kreuter, Alma, *Deutschsprachige Neurologen und Psychiater. Ein biographisch-bibliographisches Lexikon von den Vorläufern bis zur Mitte des 20. Jahrhunderts*, 3 Bde., München 1996.

Krutzenbichler, Sebastian, »Sexueller Mißbrauch als Thema der Psychoanalyse von Freud bis zur Gegenwart«, in: Egle u.a., Mißbrauch, S. 93-102.

Kunz, Karl-Ludwig, *Kriminologie. Eine Grundlegung*, Berlin 1994.

Labouvie, Eva, »Die Geburt einer Hexe. Aspekte von Ausgrenzung und Verfolgung nach einer dörflichen ›sozialen Logik‹«, in: Althoff/Kappel, Geschlechterverhältnis, S. 192-207.

LaFree, Gary D., *Rape and Criminal Justice. The Social Construction of Sexual Assault*, Belmont 1989.

Lambertz, Jan, »Sexuelle Belästigung in Baumwollfabriken um die Jahrhundertwende«, in: Barrow, Logie/Schmidt, Dorothea/Schwarzkopf, Jutta (Hg.), *Nichts als Unterdrückung? Geschlecht und Klasse in der englischen Sozialgeschichte*, Münster 1991, S. 85-113.

Lampe, Ernst-Joachim, »Rechtsgut, kultureller Wert und individuelles Bedürfnis«, in: Stratenwerth u.a., Festschrift, S. 151-165.

Landau, Peter, »Rechtsgeschichte und Soziologie«, in: Killias, Martin/Rehbinder, Manfred (Hg.), *Rechtsgeschichte und Rechtssoziologie*, Berlin 1985, S. 11-28.

Laqueur, Thomas, *Auf den Leib geschrieben. Die Inszenierung der Geschlechter von der Antike bis Freud*, Frankfurt a.M. 1992.

Leguay, Jean-Pierre, »Ein Fall von Notzucht im Mittelalter: Die Vergewaltigung der Margot Simmonet«, in: Corbin, Gewalt, S. 11-28.

Leps, Christine, *Apprehending the Criminal. The Production of Deviance in Nineteenth-Century Discourse*, Durham/N.J. 1992.

Limbach, Jutta, »Die Frauenbewegung und das Bürgerliche Gesetzbuch«, in: Battis/Schultz, Frauen, S. 1-23.

Lindemann, Barbara S., »›To Ravish and Carnally Know‹: Rape in Eighteenth-Century Massachusetts«, in: *Signs* 10 (1984), S. 63-81.

Lindenberger, Thomas/Lüdtke, Alf (Hg.), *Physische Gewalt*, Frankfurt a.M. 1995.

—, »Einleitung: Physische Gewalt – eine Kontinuität der Moderne«, in: dies., Gewalt, S. 7-38.

Lipp, Carola, »Die Innenseite der Arbeiterkultur. Sexualität im Arbeitermilieu des 19. und frühen 20. Jahrhunderts«, in: Dülmen, Richard van (Hg.), *Arbeit, Frömmigkeit und Eigensinn*, Frankfurt a.M. 1990, S. 214-259.

List, Elisabeth, »Der Körper (in) der Geschichte. Theoretische Fragen an einen Paradigmenwandel«, in: *Österreichische Zeitschrift für Geschichtswissenschaften* 8 (1997), S. 167-185.

London Feminist History Group (Hg.), *The Sexual Dynamics of History: Men's Power, Women's Resistance*, London 1983.

Lorenz, Maren, »›Da der anfängliche Schmerz in Liebeshitze übergehen kann.‹ Das Delikt der ›Nothzucht‹ im gerichtsmedizinischen Diskurs des 18. Jahrhunderts«, in: *Österreichische Zeitschrift für Geschichtswissenschaften* 5/3 (1994), S. 328-357.

—, *Kriminelle Körper – Gestörte Gemüter. Die Normierung des Individuums in Gerichtsmedizin und Psychiatrie der Aufklärung*, Hamburg 1999.

Lüdtke, Alf, »Lebenswelten und Alltagswissen«, in: Berg, Handbuch, Bd. 4, S. 57-90.

Maase, Kaspar, »Kinder als Freunde – Kinder als Feinde. Halbwüchsige, Massenkultur und Erwachsene im wilhelminischen Kaiserreich«, in: *Historische Anthropologie* 4 (1996), S. 93-126.

MacKinnon, Catherine A., »Sex and Violence: A Perspective«, in: dies., *Feminism Unmodified: Discourses on Life and Law*, Cambridge/Mass. 1987, S. 85-92.

Malmede, Hans, »Vom ›Genius des Bösen‹ oder: Die ›Entartung‹ von Minderjährigen. Negative Kindheitsbilder und defensive Modernisierung in der Epoche des Deutschen Kaiserreichs 1871-1918«, in: Berg, Christa (Hg.), *Kinderwelten*, Frankfurt a.M. 1991, S. 187-214.
Mannheim, Hermann (Hg.), *Pioneers in Criminology*, London 1960.
Martin, Jochen/Nitschke, August (Hg.), *Zur Sozialgeschichte der Kindheit*, Freiburg i.Br. 1986.
Marx, Michael, *Zur Definition des Begriffs »Rechtsgut«*, Köln 1972.
Masson, Jeffrey M., *Was hat man dir, du armes Kind, getan? Sigmund Freuds Unterdrückung der Verführungstheorie*, Reinbek 1984.
Medick, Hans, »Spinnstuben auf dem Dorf. Jugendliche Sexualkultur und Feierabendbrauch in der ländlichen Gesellschaft der Neuzeit«, in: Huck, Gerhard (Hg.), *Sozialgeschichte der Freizeit*, Wuppertal 1980, S. 19-50.
Meyer-Knees, Anke, »Gewalt als Definitionsproblem. Zur Debatte über die Möglichkeit der ›Nothzucht‹ im gerichtsmedizinischen Diskurs des 18. Jahrhunderts«, in: Lindner, Ines u.a. (Hg.), *Blick-Wechsel*, Berlin 1989, S. 429-435.
—, *Verführung und sexuelle Gewalt. Untersuchung zum medizinischen und juristischen Diskurs im 18. Jahrhundert*, Tübingen 1992.
Meyer-Renschhausen, Elisabeth, »Die weibliche Ehre – Ein Kapitel aus dem Kampf von Frauen gegen Polizei und Ärzte«, in: Geyer-Kordesch/Kuhn, Frauenkörper, S. 80-101.
Micale, M., »Hysteria and Its Historiography. A Review of Past and Present Writings«, in: *History of Science* 27 (1989), S. 223-267 u. 319-351.
Mitterauer, Michael, »Formen ländlicher Familienwirtschaft. Historische Ökotypen und familiale Arbeitsorganisation im österreichischen Raum«, in: ders./Ehmer, Familienstruktur, S. 185-323.
—, *Sozialgeschichte der Jugend*, Frankfurt a.M. 1986.
—, »Gesindeleben im Alpenraum«, in: ders., *Historisch-anthropologische Familienforschung. Fragestellungen und Zugangsweisen*, Köln 1990, S. 257-287.
—, »›Nur diskret ein Kreuzzeichen‹. Zu Formen des individuellen und gemeinschaftlichen Gebets in der Familie«, in: Heller u.a., Religion, S. 154-204.
Molitor, Johannes, »Zwei Physikatsberichte des Landgerichtes Deggendorf aus den Jahren 1830 und 1860«, in: *Deggendorfer Geschichtsblätter* 6 (1986), S. 99-143.
Morris, David, *Geschichte des Schmerzes*, Frankfurt a.M. 1994.
Mort, Frank, *Dangerous Sexualities. Medico-Moral Politics in England Since 1830*, London 1987.
Moser, Tilman, *Repressive Kriminalpsychiatrie. Vom Elend einer Wissenschaft. Eine Streitschrift*, Frankfurt a.M. 1971.
Mrazek, Patricia B., »Definition and Recognition of Sexual Child Abuse: Historical and Cultural Perspectives«, in: dies./Kempe, C. Henry (Hg.), *Sexually Abused Children and Their Families*, Oxford 1981, S. 5-17.
Müller, Helga, *Der Begriff der Generalprävention im 19. Jahrhundert. Von P.J.A. Feuerbach bis Franz von Liszt*, Diss. Frankfurt a.M. 1984.

Naucke, Wolfgang, »Die Kriminalpolitik des Marburger Programms 1882«, in: *Zeitschrift für die gesamte Strafrechtswissenschaft* 94 (1982), S. 525-564.
—, »Stilisierung von Sachverhaltsschilderungen durch materielles Strafrecht und Strafprozeßrecht«, in: Schönert, Kriminalität, S. 59-72.
Nipperdey, Thomas, *Religion im Umbruch. Deutschland 1870-1918*, München 1988.
Nowacki, Bernd, *Der Bund für Mutterschutz*, Husum 1983.

O'Brien, Patricia, »Michel Foucault's History of Culture«, in: Hunt, Lynn (Hg.), *The New Cultural History*, Berkeley 1989, S. 25-46.

Ortmayer, Norbert, »Leben im ganzen Haus. Zum Verhältnis von Bauernfamilien und Gesinde im frühen 20. Jahrhundert«, in: Berdahl, Konrad/Heidrich, Hermann (Hg.), *Freilichtmuseum und Sozialgeschichte*, Bad Windsheim 1986, S. 99-105.

Pelaja, Margherita, »Praxis und Darstellungsformen sexueller Gewalt im Rom des 19. Jahrhunderts«, in: *L'Homme* 7/2 (1996), S. 28-42.

Peters, Helge, *Devianz und soziale Kontrolle. Eine Einführung in die Soziologie abweichenden Verhaltens*, Weinheim 1995^2.

Phayer, Fintan Michael, *Religion und das Gewöhnliche Volk in Bayern in der Zeit von 1750 bis 1850*, München 1970.

Platt, Sabine, »Feministische Rechtswissenschaft zwischen Gleichheit vor dem Gesetz und Differenz der Geschlechter«, in: Althoff/Kappel, Geschlechterverhältnis, S. 42-57.

Pleck, Elizabeth, »Feminist Responses to ›Crimes against Women‹, 1868-1896«, in: *Signs* 8/3 (1983), S. 451-470.

Plößl, Elisabeth, *Kinder auf dem Dorf. 1900-1930*, Gessertshausen 1989.

—, »›Ich gehe Tag für Tag an meine Arbeit‹. Frauen in Landwirtschaft, Industrie und häuslichen Diensten um die Jahrhundertwende 1890-1914«, in: Krafft, Sybille (Hg.), *Frauenleben in Bayern. Von der Jahrhundertwende bis zur Trümmerzeit*, München 1993, S. 9-85.

Pohl, Karl-Heinrich, »Katholische Sozialdemokraten in München: ein Identitätskonflikt«, in: Blaschke/Kuhlemann, Religion, S. 233-253.

Porter, Roy, »Rape - Does it have a Historical Meaning?«, in: ders./Tomaselli, Sylvana (Hg.), *Rape*, Oxford 1986, S. 216-236.

—, »History of the Body«, in: Burke, Peter (Hg.), *New Perspectives on Historical Writing*, Oxford 1991, S. 206-232.

Probst, Christian, »Die Frömmigkeit des Landvolks. Aus den Berichten bayerischer Amtsärzte um 1860«, in: *Zeitschrift für bayerische Landesgeschichte* 57 (1994), S. 405-434.

Radkau, Joachim, »Die wilhelminische Ära als nervöses Zeitalter«, in: *Geschichte und Gesellschaft* 20 (1994), S. 211-239.

Rath, Claus-Dieter, »›Erinnern ist Übersetzungsarbeit...‹«, in: Brednich u.a., Erinnern, S. 63-87.

Reher, Bettina S., *Schamgefühle von sexuell mißbrauchten Mädchen und Frauen*, Frankfurt a.M. 1995.

Riedesser, Peter/Verderber, Axel, *»Maschinengewehre hinter der Front«. Zur Geschichte der deutschen Militärpsychiatrie*, Frankfurt a.M. 1996.

Romer, Hermann, »Historische Kriminologie - zum Forschungsstand in der deutschsprachigen Literatur der letzten 20 Jahre«, in: *Zeitschrift für neuere Rechtsgeschichte* 14 (1992), S. 227-242.

Rommelspacher, Birgit, »Kontroverse Diskurse: Der sexuelle Mißbrauch und seine Ideologisierungen«, in: Hentschel, Skandal, S. 17-34.

Roper, Lyndal, »›Wille‹ und ›Ehre‹: Sexualität, Sprache und Macht in Augsburger Kriminalprozessen«, in: Wunder, Heide/Vanja, Christina (Hg.), *Wandel der Geschlechterbeziehungen zu Beginn der Neuzeit*, Frankfurt a.M. 1991, S. 180-197.

—, »Einleitung«, in: dies., *Ödipus und der Teufel. Körper und Psyche in der Frühen Neuzeit*, Frankfurt a.M. 1995, S. 11-47.

Rosenberger, Fritz Eduard, *Das Sexualstrafrecht in Bayern von 1813 bis 1871*, Diss. Marburg 1973.

Rossiaud, Jacques, »Prostitution, jeunesse et société dans les villes du sud-est au XVe siècle«, in: *Annales E.S.C.* 31 (1976), S. 289-325.

Roth, Andreas, »Die Entstehung eines Jugendstrafrechts. Das Problem der strafrechtlichen Behandlung von Jugendlichen in der Zeit vor dem Ersten Weltkrieg«, in: *Zeitschrift für neuere Rechtsgeschichte* 13 (1991), S. 17-40.

—, *Kriminalitätsbekämpfung in deutschen Großstädten 1850-1914*, Berlin 1997.

Roxin, Claus, »Franz von Liszt und die kriminalpolitische Konzeption des Alternativentwurfs«, in: *Zeitschrift für die gesamte Strafrechtswissenschaft* 81 (1969), S. 611-649.

Rummel, Walter, »Verletzung von Körper, Ehre und Eigentum. Varianten im Umgang mit Gewalt in Dörfern des 17. Jahrhunderts«, in: Blauert, Andreas/Schwerhoff, Gerd (Hg.), *Mit den Waffen der Justiz*, Frankfurt a.M. 1993, S. 86-114.

Rüping, Hinrich/Sellert, Wolfgang, *Studien- und Quellenbuch zur Geschichte der deutschen Strafrechtspflege*, Bd. 2: *Von der Aufklärung bis zur doppelten Staatsgründung*, Aalen 1989.

Rüping, Hinrich, *Grundriß der Strafrechtsgeschichte*, München 1991[2].

Russell, Diana E.H., *Sexual Exploitation: Rape, Child Sexual Abuse and Workplace Harassment*, London 1984.

Ryter, Annamaria, »›Es geht Niemand etwas an, von wem ich die Kinder bekomme...‹. Überlegungen zu Öffentlichkeit und Privatheit auf dem Dorf«, in: Frauen und Öffentlichkeit, S. 125-132.

Sanday, Peggy Reeves, »The Socio-Cultural Context of Rape«, in: *Journal of Social Issues* 37/4 (1981), S. 5-27.

Sandler, Joseph u.a., *Psychisches Trauma. Ein psychoanalytisches Konzept im Theorie-Praxis-Zusammenhang*, Frankfurt a.M. 1987.

Sarasin, Philipp, »Subjekte, Diskurse, Körper. Überlegungen zu einer diskursanalytischen Kulturgeschichte«, in: Hardtwig, Wolfgang/Wehler, Hans-Ulrich (Hg.), *Kulturgeschichte heute*, Göttingen 1996, S. 131-164.

Scarry, Elaine, *Der Körper im Schmerz. Die Chiffren der Verletzlichkeit und die Erfindung der Kultur*, Frankfurt a.M. 1992.

Scharfe, Martin, »Erinnern und Vergessen. Zu einigen Prinzipien der Konstruktion von Kultur«, in: Brednich u.a., Erinnern, S. 19-46.

Schetsche, Michael, *Das »sexuell gefährdete Kind«. Kontinuität und Wandel eines sozialen Problems*, Pfaffenweiler 1993.

Schlüpmann, Heide, »Radikalisierung der Philosophie. Die Nietzsche-Rezeption und die sexualpolitische Publizistik Helene Stöckers«, in: *Feministische Studien* 3 (1984), S. 10-34.

Schmackpfeffer, Petra, *Frauenbewegung und Prostitution. Über das Verhältnis der alten und neuen deutschen Frauenbewegung zur Prostitution*, Oldenburg 1989.

Schmidt, Eberhard, *Einführung in die Geschichte der deutschen Strafrechtspflege*, Göttingen 1965[3].

—, »Persönliche Erinnerungen an Franz von Liszt«, in: *Zeitschrift für die gesamte Strafrechtswissenschaft* 81 (1969).

Schnorbus, Axel, »Die ländlichen Unterschichten in der bayerischen Gesellschaft am Ausgang des 19. Jahrhunderts«, in: *Zeitschrift für Bayerische Landesgeschichte* 30 (1967), S. 824-852.

Schönert, Jörg (Hg.), *Erzählte Kriminalität. Zur Typologie und Funktion von narrativen Darstellungen in Strafrechtspflege, Publizistik und Literatur zwischen 1770 und 1920*, Tübingen 1992.

—, »Zur Einführung in den Gegenstandsbereich und zum interdisziplinären Vorgehen«, in: ders., Kriminalität, S. 11-55.

—, »Bilder vom ›Verbrechermenschen‹ in den rechtskulturellen Diskursen um 1900. Zum Erzählen über Kriminalität und zum Status kriminologischen Wissens«, in: ders., Kriminalität, S. 497-532.

Schroeder, Friedrich-Christian, »Systematische Stellung und Rechtsgut der Sexualstraftaten nach dem 4. StrRG«, in: Stratenwerth u.a., Festschrift, S. 859ff.
Schubbe, Oliver, »Psychotherapie nach sexuellem Mißbrauch. Anregungen aus der Traumatherapie«, in: Hentschel, Skandal, S. 123-134.
Schulte, Christoph, »Böses und Psyche. Immoralität in psychologischen Diskursen«, in: Colpe, Carsten/Schmidt-Biggemann, Wilhelm (Hg.), *Das Böse. Eine historische Phänomenologie des Unerklärlichen*, Frankfurt a.M. 1993, S. 300-322.
Schulte, Regina, *Das Dorf im Verhör. Brandstifter, Kindsmörderinnen und Wilderer vor den Schranken des bürgerlichen Gerichts Oberbayern 1848-1910*, Reinbek 1989.
—, »Bevor das Gerede zum Tratsch wird«, in: Hausen/Wunder, Frauengeschichte, S. 67-73.
—, »Bürgerliches Recht und bäuerliche Norm. Semantische Konfliktlinien im Dorf des 19. Jahrhunderts im Spiegel bayerischer Gerichtsakten«, in: Mohnhaupt, H./Simon, D. (Hg.), *Vorträge zur Justizforschung. Geschichte und Theorie*, Bd. 2, Frankfurt a.M. 1993, S. 405-425.
Schultz, L.G., »Child Sexual Abuse in Historical Perspective«, in: *Journal of Social Work and Human Sexuality* 1 (1982), S. 21-35.
Schwendinger, Julia R./Schwendinger, Herman, *Rape and Inequality*, Beverly Hills 1983.
Scott, Joan, »The Evidence of Experience«, in: *Critical Inquiry* 17 (1991), S. 773-797.
Scully, Diana, *Understanding Sexual Violence. A Study of Convicted Rapists*, Boston 1990.
Schmitter, Romina, »›Geehrte Männer [...] sagt – wie konntet ihr uns vergessen?‹ Bürgerinnenrechte im 19. Und 20. Jahrhundert am Beispiel der Freien Hansestadt Bremen«, Gerhard, Geschichte des Rechts, S. 563-574.
Schwab, Dieter, »Gleichberechtigung und Familienrecht im 20. Jahrhundert«, in: Gerhard, Geschichte des Rechts, S. 790-827.
Sheridan, Alan, *Discours, sexualité, pouvoir. Initiation à Michel Foucault*, o.O. 1985.
Shorter, Edward, »›La vie intime‹. Beiträge zu seiner Geschichte am Beispiel des kulturellen Wandels in den bayerischen Unterschichten«, in: Ludz, Christian (Hg.), *Soziologie und Sozialgeschichte. Aspekte und Probleme*, Opladen 1973, S. 530-549.
—, »On Writing the History of Rape«, in: *Signs* 3/2 (1977), S. 471-482.
Sick, Brigitte, *Sexuelles Selbstbestimmungsrecht und Vergewaltigungsbegriff*, Berlin 1993.
Simmel, Georg, »Zur Psychologie der Scham« (1901), in: ders., *Schriften zur Soziologie. Eine Auswahl*, hg. v. H.-J. Dahme/O. Rammstedt, Frankfurt a.M. 1964[2].
Simpson, Anthony, »The ›Blackmail Myth‹ and the Prosecution of Rape and its Attempt in 18th-Century London«, in: *Journal of Criminal Law and Criminology* 77 (1986), S. 101-150.
—, »Vulnerability and the Age of Female Consent: Legal Innovation and its Effect on Prosecutions of Rape in 18th-Century London«, in: Rousseau, G.S./Porter, Roy (Hg.), *Sexual Underworlds of the Enlightenment*, Manchester 1987, S. 181-205.
Simson, Gerhard/Geerds, Friedrich, *Straftaten gegen die Person und Sittlichkeitsdelikte in rechtsvergleichender Sicht*, München 1969.
Sina, Peter, *Die Dogmengeschichte des strafrechtlichen Begriffs »Rechtsgut«*, Basel 1962.
Smaus, Gerlinda, *Das Strafrecht und die Kriminalität in der Alltagssprache der deutschen Bevölkerung*, Opladen 1985.
Smith-Rosenberg, Carroll, »Discourses of Sexuality and Subjectivity: The New Woman, 1870-1936«, in: Vicinus, Martha u.a. (Hg.), *Hidden from History. Reclaiming the Gay and Lesbian Past*, Ontario 1989, S. 264-280.
Sohn, Anne-Marie, »Unzüchtige Handlungen an Mädchen und alltägliche Sexualität in Frankreich (1870-1939)«, in: Corbin, Gewalt, S. 59-88.
Soltau, Heide, »Erotik und Altruismus. Emanzipationsvorstellungen der Radikalen Helene Stöcker«, in: Dalhoff, Jutta u.a. (Hg.), *Frauenmacht in der Geschichte*, Düsseldorf 1986, S. 65-81.

Spindler, Max (Hg.), *Handbuch der bayerischen Geschichte*, Bd. 4: *Das neue Bayern 1800-1970*, München 1974/75.

Stanko, Betsy, *Intimate Intrusions: Women's Experience of Male Violence*, London 1981.

Stoehr, Irene, »Fraueneinfluß oder Geschlechterversöhnung? Zur ›Sexualitätsdebatte‹ in der deutschen Frauenbewegung um 1900«, in: Geyer-Kordesch/Kuhn, Frauenkörper, S. 159-190.

Stolleis, Michael (Hg.), *Juristen – Ein biographisches Lexikon. Von der Antike bis zum 20. Jahrhundert*, München 1995.

Strasser, Peter, *Verbrechermenschen. Zur kriminalwissenschaftlichen Erzeugung des Bösen*, Frankfurt a.M. 1984.

Stratenwerth, Günter u.a. (Hg.), *Festschrift für Hans Welzel zum 70. Geburtstag*, Berlin 1974.

Summerfield, Penny/Tinkler, Penny (Hg.), *Women's Sexualities. Contest and Control* (= *Women's History Review*, Special Issue 1992).

Tanner, Jakob, »Körpererfahrung, Schmerz und die Konstruktion des Kulturellen«, in: *Historische Anthropologie* 2 (1994), S. 489-502.

—, »Biomedizin und die Produktion des modernen Körpers. Wissenschaftsgeschichtliche und diskursanalytische Interpretationsansätze«. Vortrag gehalten am 16.12.1996 am Institut für Wissenschafts- und Technikforschung an der Universität Bielefeld, unveröff. Typoskript.

Tatar, Maria, *Lustmord. Sexual Murder in Weimar Germany*, Princeton/N.J. 1995.

Teufert, Eveline, *Notzucht und sexuelle Nötigung. Ein Beitrag zur Kriminologie und Kriminalistik der Sexualfreiheitsdelikte unter Berücksichtigung der Geschichte und der geltenden strafrechtlichen Regelung*, Lübeck 1980.

Toengi, Claudia, »Gewalt vor Gericht«. Vortrag gehalten im Kolloquium »Gerichtsakten als historische Quellen« an der Universität Basel, Sommersemester 1996, unveröff. Typoskript.

Ulbrich, Claudia, »›Kriminalität‹ und ›Weiblichkeit‹ in der Frühen Neuzeit. Kritische Bemerkungen zum Forschungsstand«, in: Althoff/Kappel, Geschlechterverhältnis, S. 208-220.

Vicinus, Martha, »Sexualität und Macht. Ein Überblick über den gegenwärtigen Forschungsstand zur Geschichte der Sexualität«, in: *Feministische Studien* 2 (1983), S. 141-156.

Vierhaus, Hans-Peter, »Zur Bedeutung der historischen Kriminologie in der neueren Kriminalsoziologie«, in: *Monatsschrift für Kriminologie und Strafrechtsreform* 73 (1990), S. 137-162.

Volkert, Wilhelm, *Handbuch der bayerischen Ämter, Gerichte und Gemeinden 1799-1980*, München 1983.

Vowinckel, Gerhard, »Kindliche Unschuld. Aufstieg und Niedergang eines Erziehungsideals«, in: *Zeitschrift für Sozialisationsforschung und Erziehungssoziologie* 11 (1991), S. 256-277.

Walker, Garthine, »Rereading Rape and Sexual Violence in Early Modern England«, in: *Gender & History* 10 (1998), S. 1-25.

Walkowitz, Judith R., *City of Dreadful Delight: Urban Culture and Sexuality in Late Victorian London*, Chicago 1990.

—, »Jack the Ripper und der Mythos von der männlichen Gewalt«, in: Corbin, Gewalt, S. 107-136.

Warzecha, Birgit, *Gewalt zwischen Generationen und Geschlechtern*, Frankfurt a.M. 1995.

Weber, Therese (Hg.), *Häuslerkindheit*, Wien 1984.
—, »Einleitung: Religion in Lebensgeschichten«, in: Heller u.a., Religion, S. 9-27.
Wehler, Hans-Ulrich, »Wie ›bürgerlich‹ war das Deutsche Kaiserreich?«, in: Kocka, Bürger, S. 243-280.
—, *Deutsche Gesellschaftsgeschichte*, Bd. 3: *Von der »Deutschen Doppelrevolution« bis zum Beginn des Ersten Weltkrieges 1849-1914*, München 1995.
Weingart, Peter/Kroll, Jürgen/Bayertz, Kurt, *Rasse, Blut und Gene. Geschichte der Eugenik und Rassenhygiene in Deutschland*, Frankfurt a.M. 1988.
Weiß, Wolfgang, »Wandel von Rolle und Selbstverständnis katholischer Landpfarrer des Bistums Würzburg im 19. Jahrhundert«, in: *Jahrbuch für Volkskunde*, N.F. 11 (1988), S. 45-66.
Wellnhofer, Wolfgang, *Alltag und Lebenszyklus im südlichen Oberbayern. Die medizinischen Topographien und Ethnographien aus den Jahren 1858 bis 1861*, Diss. TU München 1993.
Wesel, Uwe, *Geschichte des Rechts. Von den Frühformen bis zum Vertrag von Maastricht*, München 1997.
Wettley, Annemarie/Leibbrand, Werner, *Von der »Psychopathia sexualis« zur Sexualwissenschaft*, Stuttgart 1959.
Wickert, Christl, *Helene Stöcker 1869-1943. Eine Biographie*, Bonn 1991.
Wiebel-Fanderl, Oliva, *Religion als Heimat? Zur lebensgeschichtlichen Bedeutung katholischer Glaubenstradition*, Wien 1993.
Wiener, Martin, *Reconstructing the Criminal. Culture, Law, and Policy in England 1830-1914*, Cambridge 1990.
Wohl, Anthony S., »Sex and the Single Room: Incest among the Victorian Working Classes«, in: ders. (Hg.), *The Victorian Family. Structure and Stresses*, London 1978, S. 197-216.
Wolfgang, Marvin E., »Cesare Lombroso. 1835-1909«, in: Mannheim, Pioneers, S. 232-291.
Wurmser, Léon, »Die innere Grenze. Das Schamgefühl - ein Beitrag zur Überich-Analyse«, in: *Jahrbuch der Psychoanalyse* 18 (1986), S. 16-41.
—, *Die Maske der Scham. Die Psychoanalyse von Schameffekten und Schamkonflikten*, Berlin 1990.

Danksagung

Ohne die Graduiertenförderung des Landes Nordrhein-Westfalen und das anschließende Stipendium am durch die DFG finanzierten Graduiertenkolleg »Sozialgeschichte von Gruppen, Schichten, Klassen und Eliten« an der Universität Bielefeld wäre dieses Buch niemals möglich gewesen.

Viele Menschen haben mich überdies während der langen Phase des Denkens und Schreibens unterstützt. Der erste Dank gilt Prof. Dr. Gisela Bock. Sie begleitete die Arbeit von der ersten Idee bis zur Fertigstellung. Außerordentlich wichtig war für mich die Diskussionskultur im Kolloquium für Frauen- und Geschlechtergeschichte an der Universität Bielefeld, in dem ich Teile meiner Dissertation in verschiedenen Phasen vorstellen konnte. Ebenso anregend war die Atmosphäre am Graduiertenkolleg. Ich danke insbesondere der »Text-AG« und den GastwissenschaftlerInnen Andreas Suter, Christiane Eisenberg und Renate Pieper sowie Prof. Dr. Barbara Potthast-Jutkeit als Leiterin des Kollegs für Kritik und Ermutigung.

Rebekka Habermas, Christina von Hodenberg und Annette Vielhauer danke ich für ihre kritische Lektüre und zahlreiche Hinweise und Korrekturen. Für die Veröffentlichung waren die Anmerkungen von Prof. Dr. Ute Daniel, Prof. Dr. Ute Frevert und PD Dr. Susanna Burghartz sehr hilfreich. Mein Dank gilt außerdem den Angestellten in den Staatsarchiven München und Landshut, die stets sehr freundlich und hilfsbereit waren, wenn es galt, mich zu beraten und mit staubigem Aktenmaterial zu versorgen. Herzlich danken möchte ich auch Heike Franz, Claudia Töngi und Maren Lorenz für den angeregten Gedankenaustausch per Email. Walter Pehle, Antje Herrmann und ganz besonders Adalbert Hepp habe ich ebenfalls für vieles zu danken. Elke Kreil gewährte mir in München Unterkunft und abendliche Gespräche. Elisabeth Emig, Regina Kreker und Karin Hielscher kann ich für ihre Freundschaft und engagierte Diskussionen gar nicht genug danken. Richard Gloger gab mir den nötigen Rückhalt durch Liebe und Vertrauen – und durch sein Know-How am Computer. Marianne Gloger sorgte für mich wie für eine Tochter. Meinen Eltern, meinen Brüdern und meinem verstorbenen Großvater Karl Hommen verdanke ich mehr, als sich in wenigen Worten sagen ließe. Ihnen ist dieses Buch gewidmet.